教育部面向21世纪信息管理与信息系统系列教材

New Tutorial of Management Information System

新编管理信息系统

（第二版）

杜 栋 庞庆华／编著

中国人民大学出版社
·北京·

总　序

自 1997 年教育部调整专业目录以来，新组成的“信息管理与信息系统”专业得到了非常迅速的发展。据统计，设置这个专业的高等学校已经接近 500 所。随着信息化建设的进一步深化，社会各界对于信息管理人才的需求越来越多，要求越来越高。特别是电子商务和电子政务的兴起、物流管理的发展以及首席信息官（CIO）的出现，使得这种需求的增长趋势更为引人注目。这表明，“信息管理与信息系统”作为管理科学的一个重要分支，不但没有由于某些泡沫的破灭而销声匿迹，而且还健康地、稳步地、越来越快地向前发展。培养这方面的专业人才已经成为信息时代不可缺少的一个重要方面。

当初由 5 个分别来自工学、管理学等不同门类的学科，组成“信息管理与信息系统”这个新学科的时候，曾有不少同志对之表示过疑虑：这些背景不同、来源不同的学科能够形成一个有确定内涵、有统一培养目标和学科体系的新学科吗？几年来的事实已经给出了肯定的回答。信息化建设的实践已经表明，信息技术的巨大潜力只有同各行各业的具体业务紧密地、有机地结合在一起，才能充分地发挥出来。它与商业，特别是营销活动的有机结合，派生出了越来越广泛的电子商务；它与政府工作的具体实际相结合，引出了方兴未艾的电子政务，如此等等。现代信息技术这支“利箭”，必须切实瞄准各行各业的业务需求这个“的”，做到“有的放矢”，才能真正发挥作用。现代信息技术造就了“利箭”本身，但是并没有回答如何做到“有的放矢”的问题。正因为如此，近 20 年来，许多学校苦于没有合适的教材，而只是简单地用计算机专业的部分教材，加上管理专业的若干教材，形成了所谓“拼盘式”的教学方案，并没有实现交叉与融合的初衷。出现这种情况的原因，在于我们对信息管理的内涵与实质还没有深入理解。简单地把“矢”和“的”罗列出来，还没有达到“有的放矢”的高度。要做到“有的放矢”，必须认真地研究和认识人们做事的规律。这就是美国著名学者赫伯特·西蒙提倡的“关于人为事物的科学”，也正是我国著名学者许国志先生提倡的“事理学”。具体到教材来说，要求我们针对“有的放矢”的要求，编写具有本专业特色的，真正能够回答如何做到“有的放矢”的教材。这种教材的立足点在于如何在各行各业用好信息技术，而不是信息技术本身，与介绍“矢”本身的教材是有根本区别的。这就是我们组织编写这套教材的出发点。

从 20 多年的实践中，我们深深地体会到信息管理与信息系统这个新专业具有的特点：综合性、实践性、新颖性。从传统的学科分类体系看，这个专业确实有点“不三不四，非驴非马”，然而这正是它的特色与生命力所在。它在实践中的发展非常迅速，以致人们常常困惑于新名词、新概念的层出不穷，然而，这也正是它与社会实践相互促进、相互影响的具体表现。当今时代（包括技术与社会）确实变化太快，理论研究与学科建设不得不追着实践跑步前进。这也许可以为这 20 多年来一直困扰着这个专业的种种议论和非议，找到一点根源和缘由。

当然，这并不等于为理论研究的不足找借口，也不等于这个专业根本就没有理论，或者不需要理论思维。恰恰相反，实践的源头活水为人类深入认识和掌握“事理学”的规律提供了持续不断的推动力和取之不尽的营养和素材。我们相信，以信息化建设的伟大实践为背景和基础，信息管理与信息系统这个专业一定会继续迅速健康地成长，逐步走向成熟和完善，最终成为人类知识宝库中一个有机的、不可缺少的一部分。

基于上述认识，我们对于“信息管理与信息系统”专业教材的理解，就和一般的专业有所不同。在内容的选择上，我们把视野放得比较宽。作为综合性、交叉性、实践性非常突出的一个学科，开阔学生的眼界是非常重要的。我们的信条是：“不是给学生金条，而是给学生点金的手指；不是给学生将来要用的具体知识，而是为学生终身的主动学习打好基础。”具体地说，对于现代信息技术的各个领域，让学生对将来可能用到的“利箭”有广泛的了解；对于当今社会应用信息技术比较广泛的各个领域，让学生对于目标，即“的”有所了解和准备；对于科学的认识论和方法论，是为学生如何做到“有的放矢”做准备的。因此，我们考虑了从计算机、通信等基本技术到信息安全、数据挖掘等一系列课程。其次，我们考虑了企业的信息管理、电子商务、电子政务以及物流管理等方面的内容。再次，主要是系统科学的内容。简单地说，就是这三个方面构成了我们这个学科的三大支柱。

与此相关，本套教材的另一个特殊的地方就是它的使用方法。我们绝不是认为任何一个学校的“信息管理与信息系统”专业，包括我们自己学校的这一专业，都必须开设这里列出的所有课程。我们认为，各学校必须根据自己的具体情况和环境，有重点、有选择地设计符合自己学校的教学计划。教育是实事求是的、需要因势利导的艺术。教条和僵化与培养创新型人才是水火不相容的。我们希望尽可能地为各位老师，提供充分的选择余地，而不是设置新的条条框框。

另外，需要说明的是有关教学方法。从前面的说明很自然地引出，我们的教学方法必须简明扼要、突出实践。每门课程的时间短一些，开设的课程多一些，少讲一点，多练一点。所谓突出实践，包括两个方面，直接联系社会实践，充分利用实验条件。在有条件的课程和章节，尽可能地为学生创造直接接触和了解最新的社会实践的机会。同时，大力建设实验室，为学生动手提供现代技术（包括教育技术）支持的平台和环境。关于这方面，我们正在准备另外一套课程和教材。

总之，这个学科是相当年轻的，相当不成熟的。我们编写这套教材，并不是表明我们已经有了完全成熟的想法，而是为了总结已有的认识，与同行共勉和交流，共同推动这个学科的发展。因此，我们真诚地期待着同行和社会各界的批评意见，因为，只有通过集思广益、互相切磋，才能逐步形成比较成熟的、新的学科体系，这是人类认识发展的规律，也是任何新学科成长的必由之路。

中国人民大学　信息学院
陈禹
2005 年 5 月 29 日　于北京

第二版修订说明

本书2008年出版后，由于视角独特，体系新颖，内容充实，2009年被遴选为江苏省高等学校精品教材。在众多管理信息系统教科书中，本书能被很多学校选用和广大读者认可，让我们感觉到责任感，也促使我们继续完善和修订此书。

本次修订除继续保留原来的章节和风格外，为了便于教学和更好地提高应用性，每章开头安排了先行实例，每章结尾补充了课外实验。希望该精品教材继续发挥传播系统知识和提升综合能力的作用，更好地为读者服务。需要本书教学PPT的老师或学生可以在人大出版社网站上（www.crup.com.cn/jingji）下载。

本书的新补充内容主要由庞庆华博士提供并完成。最终由杜栋教授重新对全书统稿和审定。

主编：杜　栋　庞庆华

2012年龙年岁末于龙城

第一版前言

管理信息系统（MIS）是企业的神经系统，是管理活动的影子，是每一个企业进行管理不能没有的系统。近年来，随着信息技术的不断进步和信息系统建设实践活动的不断深入，管理信息系统的概念、理论、内容、形式、技术和方法已经有了很大的扩充和发展，及时地将这些变化反映到现行的教材中，是我们编写本教材的最初动因。

管理信息系统是组织创新、经营创新和管理创新的重要途径。如今管理信息系统受到管理者越来越多的重视，这有两方面的原因：一是信息技术广泛的应用已深入到组织的基本活动中，信息技术对组织的生存和繁荣的影响越来越大；二是企业对管理信息系统的投资像其他资产一样成为企业经营的必要条件，而且在这方面的投资比例呈现上升的趋势。也就是说我们不仅应该关注其中的技术问题，也应该关注其中的经济问题。特别是，从管理者的角度看，管理信息系统究竟能给企业带来哪些影响？管理信息系统正在如何改变企业的组织结构、业务流程和经营方式？如何组织、实施管理信息系统？如何勾画并设计一个能支持企业目标的卓有成效的管理信息系统？等等，这些都是他们应该关注的问题。研究和经验表明，在建设和运用管理信息系统时，非技术性的组织行为和人员心理方面的问题是不容忽视的。简要地说，我们还应关注其中的行为问题。

到目前为止，管理信息系统学科尚未形成自身完整的理论方法体系。以往多强调技术方法，其实，行为方法并不排斥技术方法。这就要求我们把侧重点从技术方法转向使用这些技术的组织和人员，从系统本身转向系统与组织和人员的交互作用。同时，不能忽视其中的经济学问题和经济方法。基于以上理由，本书以管理信息系统的研究方法论角度构建和展开管理信息系统的体系内容。具体地说，从技术、经济、行为三方面考察组织的管理信息系统。或者说，除了继续从技术的角度研究外，还将从经济、行为等角度分析管理信息系统开发和应用中的各种问题，形成管理信息系统的技术说、经济说和行为说。这也正是此书与传统的管理信息系统教材的不同之处。

作为学者和实际工作者，平时的经验使我们相信，单一的视角不能有效地把握管理信息系统的实质。给读者最好的建议是了解所有学科的观点和看法。事实上，管理信息系统领域的挑战和刺激性恰恰是它需要鉴赏和包容许多不同的方法。我们的尝试将有助于避免对管理信息系统采取单纯的技术方法，并强化管理信息系统的行为方法，补充管理信息系统的经济方法，从而完善管理信息系统的研究方法体系。

另外，我们不仅应该重视理论研究，也应该强化应用研究。现实生活中组织的信息系统建设和使用问题从来就不是单纯的技术问题，这些问题的形成和解决涉及大量的组织和管理的因素，如果不了解问题的成因，不会用综合的措施去解决问题，那么问题永远不可能真正得到解决。为建设一个好的信息系统，必须首先懂得系统所要解决的组织问题，设计解决方案需要考虑约束因素，特别是非技术因素，还应关注形成解决方案的组织过程。所以，完整的研究方法还应包括实证研究方法。因此，在本书的每一章后，均有案例分析内容。

本书还将对管理信息系统的开发和管理以及管理信息系统的新表现形式进行重新讨论，对管理信息系统与组织管理创新以及管理信息系统的综合评价等话题也将做讨论。

作为未来的管理信息系统工作者，需要建立起一个完整的管理信息系统知识体系。我们的意图就是奉献给读者一个全新的管理信息系统教科书。

本书与其他管理信息系统方面的教材的另一大不同之处在于，那些教材要么是把计算机硬件和软件基础知识、计算机通讯与网络和数据库技术全包容进来，而没有交代读者到底应如何学习这些内容和掌握到什么程度以及这些技术是如何对组织进行支持的；要么是把此课程和相近的信息系统分析与设计或信息系统开发与管理等课程混淆，过分强调信息系统分阶段开发方面的内容。这些都造成相关课程之间的内容重复和协调困难，给教学上带来不少麻烦。特别是，很多教材对 MIS 的“外围”知识或者说是管理知识没有给予足够的认识和重视，更多的是陷入到信息技术基础和信息系统开发的“死穴”，使得很多学生和工作者误以为MIS就是技术、MIS是信息技术人员或者是信息系统开发人员的事情。当然，本书并不是说信息技术知识和信息系统开发技能不重要，只是觉得要针对不同读者对象处理应得当，有时，一个极为概括的引导和适当的渗透就够了。另一个长期的探索和考虑是，我们希望培养学生和工作者以“管理导向”取代“技术导向”，要求他们从组织管理实际应用的需要出发，主动地寻求相关知识和技术支持，而不是被动地去接受某些内容。当然，这些只是尝试，恐怕最容易引起争议。

本书由杜栋教授主编，孙滨丽老师编写了第五章，庞庆华、刘高峰参与了部分案例的收集和整理工作。

本书的编写得到我国管理信息系统学界的前辈、中国人民大学信息学院前院长陈禹先生的指导和帮助。此外，对中国人民大学出版社在本书编辑和出版过程中所做的工作深表谢意。

管理信息系统目前还是一门正在发展的学科，由于撰稿时间紧迫，加之水平有限，书中难免存在许多不妥之处，还望读者批评指正。

编者

2007年7月于龙城

目　录

第一章

管理信息系统的基本概念

先行实例

一家使用了计算机点菜的连锁餐厅最近在某市开业，生意格外兴隆。客人到餐厅后，在计算机上进行选菜，计算机就会显示出餐厅所供应的品种，想吃什么菜，在上面轻轻一点，屏幕上就会出现菜的样子、价钱、原材料以及菜中所含蛋白质和各种维生素的含量，供客人根据自己的需求和口味情况选择。顾客选好菜并付款后，计算机自动将选菜结果通知厨房进行配菜。计算机的使用，不仅给顾客提供了方便，而且使餐厅环境改观。

现在我们假定餐厅中整个业务流程设计成这样：所有微机连成一个局域网，在餐厅、厨房、配餐间、收款处、经理室等都有终端。当顾客来到餐厅时，由服务员携带一台掌上型微机到餐桌前开点菜单，顾客选好后，点菜单的信息被传送到后台的服务器上，在该过程中系统会自动分类，根据顾客点的菜的品种，直接将信息送到制作它的厨师那里。例如顾客点的凉菜订单会被送到凉菜配餐间的计算机上；酒水饮料会被送到饮料室的计算机上；如果是炒菜，就送到厨房的计算机上。如果某菜原材料用完，厨师可以在厨房中通过计算机立即输入信息，从而服务员在顾客点菜时，马上就可以通知他某菜的缺货情况。顾客输入信息后，马上就可看到他点的菜的总价格。通过餐厅的打印机也可以很快得到账单，上面列出所有顾客点的菜名和计算的结果。系统也对经理提供信息，例如能提供关于各种原料的价格和采购量，系统能对销售额和各种菜的成本进行比较，从而可以进行成本控制。经理也可以看到一定时期内每一道菜的销售情况，算出它们在总销售额中所占的比例。经理可以根据这些信息来调整菜谱。

问题：1. 计算机信息系统是如何支持餐厅经营管理的？

2. 实时信息共享有什么好处？

本章导读

管理信息系统涉及管理、信息和系统的基本概念，因而关于它们的知识是非常基本和重要的。管理工作的成败，取决于能否作出有效的决策，而决策的正确与否在很大程度上依赖于信息。我们更关注的是管理中的信息和对这些信息的管理。对信息进行处理或管理的系统就是信息系统。而且，我们最终是要建立一个适合组织的信息系统，这个信息系统也就是我们要研究和学习的管理信息系统。

学习目的

通过本章的学习，应该重点掌握以下知识点：

1. 管理的信息功能；
2. 系统的概念和特性；
3. 不同层次的信息需求；
4. 信息系统的定义；
5. 信息系统在组织中的发展过程。

第一节　管　　理

一、管理的定义与职能

（一）管理的定义

管理是人类最古老的活动之一，是人类社会活动和生产活动中普遍存在的社会现象。近几十年来，随着社会的不断进步，科学技术的飞速发展以及管理活动内容的日益丰富，管理在人们的实际生活和生产过程中的作用越来越受到广泛关注和重视。

什么是管理？作为科学概念，许多学者提出了各种各样的见解，但由于不同的人下定义的角度不同，或强调的方面不同，表述也就千差万别。

#管理是一种程序，通过计划、组织、控制等职能完成既定目标。

#管理就是决策。决策程序就是全部的管理过程。

#管理就是协调人际关系、激发人的积极性，以达到共同目标的一种活动。

#“管理就是领导”，强调管理者个人的影响力和感召力对管理工作的重要意义。

…………

可见，管理是一个十分广泛的概念，有着丰富的内涵和外延。

综合各种观点，对管理的比较系统的理解应该是：管理是管理者或管理机构，在一定范围内，通过计划、组织、控制、领导等工作，对组织所拥有的资源（包括人、财、物、时间、信息）进行合理配置和有效使用，以实现组织预定目标的过程。

(二) 管理的职能

通常，管理可分为五大职能，即计划、组织、指挥、协调和控制，它们的意义如下。

(1) 计划。这是管理的首要职能，它对未来事件作出预测，以制定出行动方案。计划工作是为事物未来的发展规定方向和进程，重点要解决好两个基本问题：一是目标的确定。如果目标选择不对，计划再周密具体也枉费心机，这是计划的关键。二是进程的时序。即先做什么，后做什么，可以同时做什么，均不能错位，这是计划的准则。管理的计划职能就是要选择组织的整体目标和各部门的目标，决定实现这种目标的行动方案，从而为管理活动提供基本依据。计划的内容既反映出管理目标的各项指标，又规定着实现目标的方法、手段和途径。

(2) 组织。是指完成计划所需的组织结构、规章制度以及人、财、物的配备等。它有两个基本要求：一是按目标要求设置机构、明确岗位、配备人员、规定权限、赋予职责，并建立一个统一的组织系统；二是按实现目标的计划和进程，合理地组织人力、物力和财力，并保证它们在数量和质量上相互匹配，以取得最佳的经济和社会效益。组织是保证管理目标实现的重要手段，是管理的重要问题。管理者的能力是有限度的，当下属人数太多时，划分层次就成为必然，不同的管理层次标志着不同的职责和权限。另外，管理部门的划分是在管理工作横向分工的基础上进行的，其任务是将整个管理系统分解成若干相互依存的基本管理单位，这就形成了部门。

(3) 指挥。是指对所属对象的行为进行发令、调度、检查。指挥职能是运用组织权限，发挥领导的权威作用，按计划目标的要求，把所有的管理对象集合起来，形成一个高效的指挥系统，保证人、财、物在时间和空间上的相互衔接。指挥使系统内部人员的意志服从于一个权威的统一意志，将计划和领导的决策变成全体成员的统一行动。

（4）协调。是指使组织内部的每一部分或每一成员的个别行动都能服从于整个集体目标，是管理过程中带有综合性、整体性的一种职能。它的功能是保证各项活动不发生矛盾、重叠和冲突，以建立默契的配合关系，保持整体平衡。与指挥不同，协调不仅可以通过命令，也可以通过调整人际关系、疏通环节、达成共识等途径来实现平衡。

（5）控制。控制是促使组织的活动按照计划规定的要求展开的过程。控制职能是按照既定的目标、计划和标准，对组织活动各方面的实际情况进行检查和考察，发现差距，分析原因，采取措施，予以纠正，使工作能按原计划进行，或根据客观情况的变化，对计划作适当的调整，使其更符合实际。控制必须具备三个基本条件：一是有明确的执行标准，如数量、定额、指标、规章制度、政策等；二是及时获得发生偏差的信息，如报表、简报、原始记录、口头汇报等；三是纠正偏差的有效措施。缺少任何一个条件，管理活动便会失去控制。

有时，也把管理的指挥和协调职能合称为领导职能。即管理的四职能说：计划、组织、领导、控制。无论如何，管理的上述职能都是相互关联、不可分割的一个整体。通过计划职能，明确组织的目标与方向；通过组织职能，建立实现目标的手段；通过指挥、协调职能，把个人的工作与所要达到的集体目标协调一致；通过控制职能，检查计划的实施情况，保证计划的实现。管理的这几个职能的综合运用，归根结底为了实现组织的目标。

二、管理中的信息功能

我们知道，构成一个管理系统的两个基本部分是管理者和被管理对象，而建立管理者与被管理对象之间联系的正是信息（见图 1—1）。

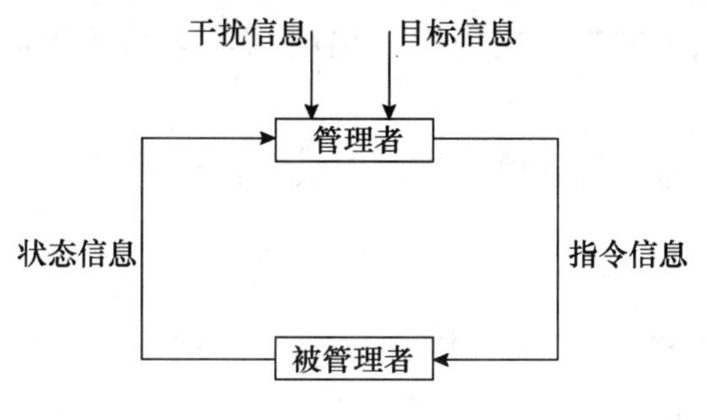

图 1—1　最简单的管理模型

从图 1—1 中可以看出，无论是管理者的目标，还是管理者发出的指令，或者被管理者的状态，以及被管理者对管理指令的反馈（包括对管理者的各种干扰因素），都是以信息的形式存在的。正是这些信息构成了管理者与被管理者之间所有的关系。而且，管理本身就是一个有序化的过程，在这个过程中，管理者不断向被管理者传递信息，监督被管理者的运行状态，及时收集反馈信息，并不断地作出调整，以保证目标的实现。

同时，在管理活动过程中，所有的管理组织机构都要依靠信息来进行联系和交流。一方面是不同管理层次之间的纵向联系和交流；另一方面是同一层次中不同管理部门和环节之间的横向联系和交流。没有这种联系和交流，整个管理系统将陷于瘫痪。这种信息联系和信息作用一旦正确地建立起来，管理系统就能发挥自己的功能，即实现管理的目标。

从一般原理的角度，我们可将信息在管理中的地位和作用归纳为以下四个方面：

（1）从管理系统的角度看，信息是管理系统的基本构成要素和有机联系的介质。离开了信息，既不能有管理系统的存在，也不能有管理活动的存在。

（2）从管理过程的角度看，整个管理过程实际上就是以信息为媒介，表现为信息的不断输入、变换、输出和反馈的过程。所有管理工作也就是以信息处理为中心的工作。

（3）从管理组织的角度看，信息是各管理部门、管理层次、管理环节相互间沟通联络、协调行动的桥梁和纽带。信息是使各项管理职能得以发挥的重要前提。

（4）从管理目的的角度看，信息的开发利用是提高经济效益和社会效益的重要途径。信息出速度、出效益、出财富，它是比物质和能量更为重要、更为关键的资源。

以上可见，信息是管理的基础、关键和灵魂。没有信息，便不可能有真正有效的管理。

三、管理决策与管理现代化

（一）管理决策

决策是人们为达到一定目的而进行的有意识、有选择的活动。决策通常包含以下步骤：

(1) 发现问题。管理者通过收集管理系统运行中的有关信息，根据经验或有关标准，发现现行组织机构中存在的问题。

(2) 拟定方案。针对具体的问题拟定出若干种解决方案，并对每一种方案进行成本效益分析。

(3) 作出决策。经过综合考虑，选择最为合理的方案来实施，并随时监督和控制实施情况。

值得注意的是，决策贯穿于管理的全过程。

管理工作的成败，取决于能否作出有效的决策，而决策的正确与否在很大程度上取决于可获取信息的数量和质量。

管理的过程就是基于信息的决策过程。要实现管理目标，管理人员就必须实时地了解情况（信息），作出反馈（决策）。

为了实时、准确地收集、处理信息，以便于管理人员决策，有必要将计算机技术引入管理活动，建立信息系统，这不但可以提高管理的质量，而且也是管理现代化的重要标志。

(二) 管理现代化

什么是管理现代化呢?

所谓的管理现代化并不是一个静止的概念，而是相对于一个时期、一定阶段而言的，其内容是随着社会的变化、生产力的发展和科学技术水平的提高而不断更新和充实的。它是一个整体的概念，主要包括管理思想、管理组织、管理方法和管理手段的现代化（见图 1—2）。

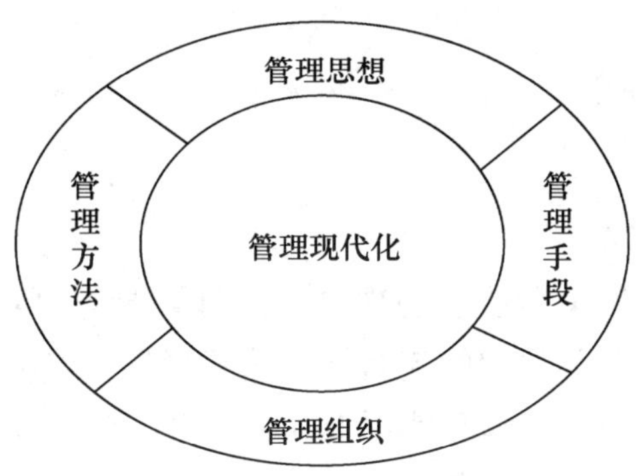

图 1—2　管理现代化示意图

没有管理思想和观念上的转变，就无法实现管理组织和管理方法的现代化，也谈不上管理手段的现代化。管理思想的现代化有多种表现形式，例如，重视经营、重视决策的思想。

管理组织的现代化包括管理体制、机构设置、生产组织和劳动组织等几个方面的现代化。为实现管理现代化，在管理体制上应做到集权和分权适度，加强各管理层的经济责任制，采用与实行的现代化的管理方法和手段相适应的高效率的劳动组织和生产组织形式等。

管理方法是在管理活动中为实现管理目标、保证管理活动顺利进行所采取的工作方式。管理方法一般可分为：管理的法律方法、管理的行政方法、管理的技术方法、管理的经济方法、管理的教育方法。它们构成了一个完整的管理方法体系。管理方法的现代化主要表现在对生产经营活动中的各种事务，从定性概念发展为定量分析，从依靠经验判断逐渐转向应用数学模型与经验判断相结合来进行决策。

管理手段的现代化能直接促进管理体制、管理组织、管理方法的现代化进程。当今，电子计算机和通信技术的发展已经成为实现管理现代化的重要内容和标志，计算机在企业管理中的应用程度，反映了管理现代化的程度。计算机信息系统的建立可以从一定程度上反映出管理现代化的整体内容，也是由传统管理向现代管理过渡的桥梁。信息系统对管理具有重要的辅助和支持作用，现代管理要依靠信息系统来实现其管理职能、管理思想和管理方法。管理信息系统几乎成了现代化管理的代名词。

第二节　信　　息

一、什么是信息

信息是普遍存在于人类社会的现象。信息无时不有，无处不在。现代社会，信息似乎已成为人所共知的流行词，人们每时每刻都在信息的海洋里工作和生活，然而在该词的理解和使用上却存在着不少“混乱”。这说明，在理论研究和实际应用中都不可避免地要回答这一基本问题——什么是信息？

事实上，人们对信息的定义还没有统一的认识。关于信息的定义已不下上百个，它们都从不同的侧面反映了信息的某些特征，但也都有这样或那样的局限性。可以说，在信息及其相关领域，信息定义仍是一个研究热点。而且，随着信息的地位的不断提高和作用的不断增强，以及人们对信息的认识的不断加深，信息的含义也在不断发展。

信息作为科学概念被确定下来，是专门研究信息的科学——信息论的创始人 C. E. 香农的贡献。香农认为，信息是“用来消除未来的某种不确定性的东西”。信息是通信的内容。通信的直接目的就是要消除接受端（信宿）对于发出端（信源）可能会发出的那些消息的不确定性。

科学的信息概念起源于通讯技术的需要，后来被广泛应用于各门传统学科和新兴学科领域，已经成为一个普遍有效的概念。原来适用于通讯领域的定义，自然不能适用于其他各个领域。

从哲学的高度看，信息是物质的一个重要方面。信息是客观世界各种事物特征的反映。它并非指事物本身，而是指用来表现事物特征的一种普遍形式。有事物之间的相互联系和相互作用，就有信息。信息概念反映了物质世界的本质联系，标志着物质的运动和变化的状态。物质的运动过程与信息的运动过程是同步的，人们通过信息的运动可以了解物质的运动。

从控制论的观点看待信息比从哲学的高度看待信息会具体化一点。控制论的创始人 N. 维纳认为，信息是人们在适应客观世界的过程中与客观世界进行交换的内容的名称。在这里，维纳把人与外界环境交换信息的过程看成是一种广义的通信过程。信息是人与外部世界的中介。没有信息，没有这种中介，人就将同外部世界隔绝，就无法认识世界，更谈不上去改造世界。

根据近年来人们对信息的研究成果，科学的信息的概念应该概括如下：信息是客观世界中各种事物的运动和变化的反映，是客观事物之间相互联系和相互作用的表征，表现的是客观事物运动和变化的实质内容。

在理解信息概念的时候，要注意两个方面：首先，信息是客观世界中各种事物的特征或运动状态在人脑中的反映，它体现出了人们对事物的认识和理解程度；其次，信息是人们从事某项工作或行动所需要的客观依据，人们可以通过获取有用的相关信息来认识事物、作出决策、改造世界。

比较完整的考虑是，在“纯客观”的定义之外，还必须把信息的使用者（即“用户”）考虑进来。从用户观点来看，信息就是关于事物运动和变化状态的广义知识，因而有着“现实或潜在的价值”。同样的信息对于不同的使用者可能有不同的价值。信息必须服务于使用者的目的。由于社会分工的不同，人们所从事的工作目的不尽相同，这就要求提供信息服务时必须与使用者的目的联系起来，只有这样才能发挥信息的价值和效用。

二、相近的一些概念

信息与消息、情报、知识等有一定的联系，但又有明显的区别。

（1）人们通常所说的消息是指包含某种内容的音讯。消息是信息的反映形式，信息是消息的实质内容。信息不同于消息，消息只是信息的外壳，信息则是消息的内核。而且，不同的消息中包含的信息量是不同的，有的消息包含的信息量大一些，有的小一些，有的消息甚至不包含信息。

（2）情报，是指有目的、有时效、经过传递获取的涉及一定利害的特定的情况报道或资料整理的结果。信息的范围比情报广泛得多。可以说所有的情报都是信息，但不能说所有的信息都是情报。对于过去称为“情报”而现在称为“信息”的概念认识，我们必须适应时代的变革。

（3）知识，是人类社会实践经验的总结，是人的主观世界对于客观世界的概括和反映。信息也不等于知识。有的信息有丰富的知识内容，有的信息就没有什么知识内容。人类要通过信息来认识世界和改造世界，又要根据所获得的信息组织知识。信息是知识的原料，这些原料又将会成为新的系统化的知识。

三、信息的重要作用

信息能帮助人们提高对事物的认识，减少活动的盲目性。这是信息最基本的作用，是由信息的本质所决定的。人们从事何种活动，都必须了解和掌握与这种活动有关的各种情况和知识，也就是信息。人们在掌握信息的基础上进行分析判断，才能作出正确的决策，安排好工作计划并监督、控制计划的执行，从而保证各项活动取得较好的效果，否则，就是盲目的活动。盲目性来源于人们对事物了解不详和认识不清，也就是存在某种不确定性，而信息奉献给人们的是知识，是事物属性的反映，这种知识和反映能消除人们对事物了解、认识上的不确定性。

从管理和决策的角度看，信息的重要作用表现如下：

（1）信息在现代管理中起着十分重要的作用。

管理活动主要包括三个环节：计划决策、组织指挥和控制监督。管理活动的每一个环节都离不开信息。信息是计划的基础；信息是组织的依据；信息是控制的手段。管理活动就是一种获取信息、筛选信息和利用信息来实现组织目标的信息运动。信息应用渗透进管理科学领域，为科学管理提供了有效方法，大大促进了管理技术的提高、管理手段的改善和管理科学的发展。

（2）信息在科学决策中也起着十分重要的作用。

所谓决策，是指个人或组织为达成既定目标，从若干个可供选择的行动方案中挑选出最优方案并付诸实施的过程。信息影响着决策，因为信息可以消除不确定性。决策正确与否，是与能否及时准确地收集信息、加工处理信息、传递信息密切相关的。及时获取决策活动所必需的、完整的、可靠的信息，是保证决策成功的前提条件。

第三节　系　　统

一、系统的概念

所谓系统是一组相互关联、相互作用、相互配合的部件，为达到特定的功能或目标，按一定的结构组成的整体。系统是由以下几个基本要素组成的。

1. 系统的环境

任何系统都不能孤立地存在，它必须处于一定的环境中。环境是系统存在的前提。同时系统也影响环境。

2. 系统的边界

系统的边界是系统与其环境的分界。系统通过其边界与外界进行物质、能量和信息的交换。

3. 系统的输入与输出

系统是通过输入和输出与环境发生关系的。输入是指所有由环境进入到系统的东西，输出是指从系统向其环境传输的东西。

4. 系统的部件

系统的部件是指完成某种特定功能而不必进一步分解的工作单元。它是一个动态的概念，取决于研究者的角度和意图。

5. 系统的结构

系统的结构有静态和动态两个方面的含义。从静态的角度来看，系统的结构是指组成系统的部件有哪些；从动态的角度来看，系统的结构是指系统的部件之间的相互关联、相互作用、相互配合的关系是什么。

6. 子系统

在研究和表示复杂系统的结构时，常常将整个系统按某种特性分解成多个子系统，子系统再进一步分解，直到所得到的子系统的规模易于理解和处理为止，或直到系统的部件。

7. 系统的功能和行为

系统具有特定的结构，表现为一定的功能和行为。系统整体的功能和行为由构成系统的要素和系统的结构决定，而这些功能和行为又是系统的任一部分都不具备的。

二、系统的特性

系统具有集合性（整体性）、目的性、相关性和环境适应性等特征。

1. 集合性（整体性）

单个元素不能构成系统，系统就意味着一个以上的元素及其相互关系构成的一个集合、一个整体。系统之所以成为系统，首先是系统具备整体性。从“质”的方面讲，整体具有其构成要素所没有的性质。从“量”的方面讲，整体可以大于、等于或小于其部分之和。

2. 目的性

目的就是其基本宗旨，是系统追求的一种状态。目标是目的的具体化。系统必须有目标，但是目标不一定是单一的。系统的多个目标之间也可能是互相冲突的，这种情况下通常需要在两个冲突的目标的实现中寻求一种平衡，使总目标最优。

3. 相关性

在考察一个系统时，不能孤立地考察组成系统的各个要素，还应该考察它们相互作用、相互依存的关系。系统中各要素不是孤立地存在着，而是每个要素都在系统中起着特定的作用。要素之间相互关联，构成一个不可分割的整体。

4．环境适应性

系统的环境是复杂多变的。外部环境的变化必然会引起系统内部各要素之间的变化，一个系统必须适应环境的变化才不会消失。不能适应环境变化的系统是没有生命力的，而能够经常与外部环境保持最优适应状态的系统，才是理想的系统。

三、系统的分类

由于系统的来源、目的、组成方式等特征的不同，我们可以从各个角度对系统作出分类。

从形成的方式看，系统可划分为自然系统、人造系统与复合系统。

按物质属性来划分，可分为实体系统（硬系统）与概念系统（软系统）。

从系统与环境联系的方式及密切程度来划分，有封闭系统和开放系统。

从系统的状态与时间的关系来考虑，可分为静态系统和动态系统。

根据系统对环境变化的响应来区分，有自适应系统和非自适应系统。

根据其控制的模式，分为开环系统（见图 1—3）和闭环系统（见图 1—4）。等等。

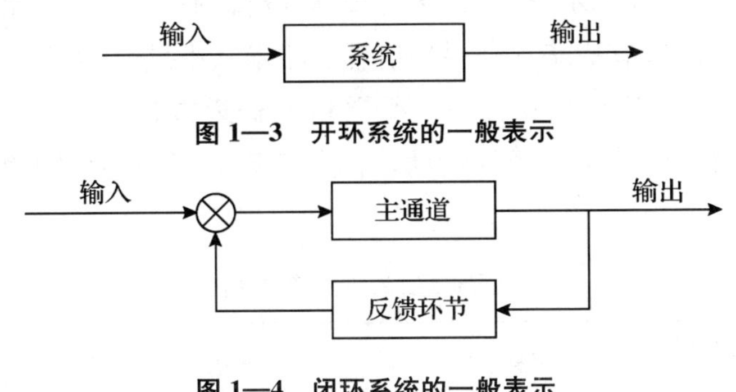

图 1—3　开环系统的一般表示

图 1—4　闭环系统的一般表示

自然界和人类社会的许多系统是十分复杂的，以上的分类并不是绝对的。一个复杂的系统往往是多种系统形态的组合与交叉。

第四节　管理信息

一、管理中的信息

管理的任务在于通过有效地管理好人、财、物等资源来实现企业的目标，而要管理这些资源，需要通过反映这些资源的信息来管理。在管理学界，信息被理解为管理活动的特征及其发展情况的情报、资料等的统称。

具体地说，管理信息是指那些用文字、数据、图表、音像等形式表现的能够反映企业生产经营活动在空间上的分布状况和时间上的变化程度的情报、资料。简要地说，管理信息是反映与控制管理活动的经过加工的数据，是管理中一项极为重要的资源。通过对它们的分析，可以帮助人们揭示企业经营及其环境变化的规律。

从广义上看，任何管理系统都是一个管理信息输入、变化、输出并反馈的系统，管理信息的反馈性是对管理行为进行调控以使得管理系统正常、稳定运行的必要保证。事实上，管理过程就是一个计划、执行、控制、再计划、再执行、再控制的螺旋上升的循环过程，即管理信息的反馈控制过程。

我们知道，管理一般分为三个层次或三个级别：高层管理（也称战略管理）；中层管理（也称战术管理）；基层管理（也称业务管理）。相应地，在一个具体的组织中，就有战略（高层）信息、战术（中层）信息、业务（基层）信息（见表1—1）。战略信息涉及一个单位的长远方针大计；战术信息关系到企业在一个时期内的生产经营活动；作业信息是指与企业日常业务活动有关的信息。

表1—1　　不同管理层次的主要信息属性

信息属性 管理层次	信息层次	信息表现	信息来源
战略层	战略信息	预测性	大多外部
战术层	战术信息	现实性	内外都有
业务层	业务信息	记录性	大多内部

从系统的角度来看，企业的信息从本源上可以分为两类：来自企业内部的信息和来自企业外部的信息。来自企业内部的信息就是产生于企业内部、存在于企业内部并主要在企业系统内部循环流动的信息，如生产信息、计划信息、技术信息、财务信息等。来自企业外部的信息是指存在于企业外部社会环境中的公共信息或者其他企业共享利用的信息，如合同信息、交易信息、政策法规信息、市场趋势信息、竞争对手信息等。

信息是管理和决策的重要依据。对于高层管理人员，提供的信息有组织外部信息、组织内部信息，其中又以外部信息为主，以便得到辅助决策信息。而中层管理人员起承上启下的作用，主要提供企业的内部信息，要求得到控制信息。而基层管理人员要获得的是日常性的、精确的内部信息，即作业信息。

根据时态的不同，可以将信息划分为历史性信息、现时性信息和预测性信息。历史性信息是反映企业活动在历史上留下的痕迹的信息。这类信息大多已被使用过，但为了帮助人们从历史事件中找到借鉴和启发，仍需将它们以资料的形式作为企业档案的一部分。现时性信息是反映企业目前活动情况及其环境特征的那些信息。它的时效性很强，对于指导和控制企业目前的生产经营活动有着非常重要的作用。这类信息往往是企业信息工作的重点。预测性信息是在利用上述两种信息的基础上形成的一种再生性信息。它可以研究并揭示事物发展的一般规律，据此对企业未来进行预测和估计。它对于指导企业及时决策、尽早采取相关措施是非常重要的。

二、对信息的管理

美国信息管理专家 F. W. 霍顿对信息下的定义是：信息是按照用户决策的需要经过加工处理的数据。简单地说，信息是经过加工的数据。或者说，信息是数据处理的结果。如图 1—5 所示。

数据 ——→ 加工处理 ——→ 信息

图 1—5　数据与信息的关系

一般来说，原始数据在没有经过分析加工以前，其意义不容易被看出与认识。为了得到有意义的、有用的信息，必须对其进行加工处理。就像地下的矿产资源需要开发一样，数据资源也需要开发才能知道它的真正价值。处理工作可以是自动化的或手工的。由数据转化为信息具体是由信息管理者完成的。

数据和信息的关系，可形象地解释为原料和成品的关系，数据是原材料，信息是制成品。必须指出的是，数据与信息这两个概念的区别是相对的。在一些不很严格的场合或不易区分的情况下，人们经常将它们当作同义词，笼统地使用。因为原始数据可能会经过若干个加工处理过程，在这种情况下，前一个处理输出的信息，又会成为后一个处理的输入数据。总之，信息处理的主要目的正是为了产生出对用户更加有用的新的信息。

信息按加工深度分为一次信息（原始信息）、二次信息（对原始信息加工处理后的信息）、三次信息（管理决策信息）。原始信息是无序的、无规则的，无法进行存储、检索、传递和使用；二次信息是有序的、有规则的，易于存储、检索、传递和使用；三次信息是人类研究的结晶，是为管理决策服务的信息（见图 1—6）。我们进行信息管理，目的正是为管理决策服务。

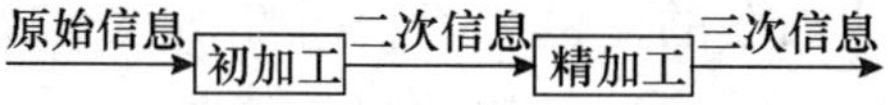

原始信息 → 初加工 → 二次信息 → 精加工 → 三次信息

图 1—6　信息加工的一般模式

第五节　信息系统

一、信息系统的含义

从对信息的处理过程来看，信息系统是不断地输入和输出信息的开放式系统。输入数据，经过加工处理后输出信息的系统，称为信息系统（见图 1—7）。

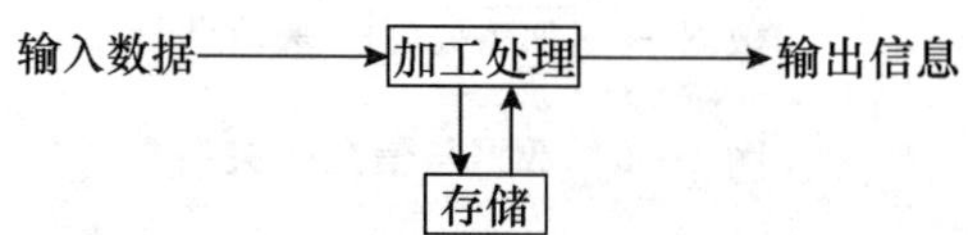

图 1—7　信息系统的基本模式

一个信息系统由输入（数据）部分、信息处理部分和输出（信息）部分组成。

（1）输入：捕获或收集来自企业内部或外部环境的原始数据。

（2）处理：将原始输入的数据转换成更有意义、更有用的形式。

（3）输出：将经过处理的信息传递给有关人员或用于生产活动中。

广义理解的信息系统包括的范围很广，各种处理信息的系统都可算作信息系统。狭义理解的信息系统仅指基于计算机的数据处理系统。

有许多人认为有了计算机后才有信息系统，或者说没有计算机就没有信息系统。显然，这种观点是不对的。从概念上说，任何一个组织都有信息系统的存在，它可以是建立在手工基础上的。早期的信息系统有几千年的历史，这些信息系统我们称之为基于人的信息系统，简称人基信息系统。

从概念上讲，组织中的信息系统可以不依赖电子计算机而存在，但事实上正是计算机所具有的功能才使信息系统得以充分实现。所以，这里重点讨论的是以计算机为基础的信息系统，简称基于计算机的信息系统或机基信息系统。

虽然计算机信息系统利用计算机技术把原始数据加工处理成为有意义的信息，但从某种意义上讲，计算机与信息系统之间仍有着明显的区别。计算机只提供了信息系统的技术功能，但信息系统的许多工作，诸如输入数据或使用系统的输出结果等还需要作为用户的人来完成。也就是说，计算机仅仅是信息系统中的一部分。用户和计算机共同构成了一个组合系统。如果一个系统光有计算机，而不能和人配合进行运作，那么这样的系统无疑是失败的。计算机系统必须为人服务，能够辅助管理人员进行决策。所以，准确地说，信息系统是以计算机为基础的人—机系统。

应该注意到的是，由于一个组织中的信息处理往往都是分布式的，把分布在不同地理位置的信息按其本来面目由分布在不同位置的计算机进行处理并通过计算机网络把分布式信息集成起来，是目前信息系统运行的主要方式。新一代信息系统是基于网络环境下的信息处理系统。尤其是在20世纪末，一方面，信息技术突飞猛进地发展，特别是网络技术的发展和“信息高速公路”的建设，使计算机化了的信息系统快速地朝网络化方向迈进；另一方面，世界经济也发生了巨大变化，具体表现为市场全球化、需求多样化、竞争激烈化等，企业对内通过企业内联网进行业务流程重组，对外通过企业外联网和国际互联网进行供应链管理和电子商务。这个阶段网络对信息系统的重要性不言而喻，所以有人干脆将这一阶段称为基于网络的信息系统，简称网基信息系统。

现代信息系统概念多指狭义的基于计算机、通讯技术等现代化的信息技术手段且服务于管理领域的信息系统，即管理信息系统。严格地说，信息系统比管理信息系统有更宽的概念范围，用于管理方面的信息系统就是管理信息系统。而国外一般谈信息系统就是指管理信息系统，两者恰似同义语。近年来一个比较普遍的趋势也是用信息系统代替管理信息系统。而且，近期的一些理解更偏向管理，而不是偏向计算机。但在国内，由于一些电子技术专业从信息技术的角度出发抢先用了信息系统这个名词，使得国内外对信息系统的理解略有不同。本书所研究的信息系统是为管理服务的信息系统，它充分运用了当代先进的信息技术手段。为了与国际接轨，我们在后面几章的论述中，有时会把“信息系统”与“管理信息系统”作为同一概念来对待和使用。

在信息系统界，美国学者从技术和经营管理两个角度对信息系统下的定义被推崇备至。他们认为，从技术角度看，信息系统是收集、处理、储存和传递来自组织外部环境和内部经营的信息，通过输入、处理、输出、反馈等基本活动以支持组织决策和经营管理的一组相互关联的组成部分。从经营管理角度看，信息系统是组织和管理上针对环境带来的挑战而作出的基于信息技术的解决方案。这说明，信息系统不只是一个技术系统，还是一个管理系统、社会系统。信息系统是一种组织和管理的手段，它建立在信息技术的基础之上，用以应付商业环境带来的挑战。

二、信息系统的功能

从数据处理的角度看，一个完整的信息系统通常都具有数据的输入、传输、存储、加工处理和输出等功能，这些功能可根据具体情况，分别由计算机和人工过程承担。

1. 数据收集和输入功能

该功能把分散在各地的数据进行收集并记录下来，整理成信息系统要求的格式和形式，在大多数情况下，这项工作由人工进行（也有直接通过仪器自动地输入数据的）。整理好的数据可直接通过键盘输入系统进行处理，也可以先录入其他介质，待需要时再统一输入系统处理。

2. 数据传输功能

数据主要有两种传输方式：一是数据通信，即以计算机为中心，通过通信线路与其他设备连接，形成联机系统，或通过通信线路将微机联网；二是介于人工传输与计算机传输之间的磁盘传输。

3. 数据存储功能

管理中的大量数据需要被今后的数据处理过程所共享，需要保存下来多次调用。这些数据通常保存在磁盘等存储设备上，以便需要时随时进行存取和更新。

4. 数据加工处理功能

这是信息系统中的一项重要功能，原始数据只有经过适当的方法进行加工处理，才能成为可供各层管理者使用的信息资源，起到辅助决策的作用。数据处理的基本方式大致可分为核对、变换、分类、合并、更新、检索、抽出、分配、生成和计算等。

5. 数据输出功能

根据不同需要，将加工处理后的数据以不同的方式进行输出。例如，输出报表、图形等供管理人员使用，输出磁盘文件等供计算机进一步处理。

6. 查询功能

信息系统应具有各种查询功能，用户可以进行单项查询、组合查询和模糊查询，并且可以将查询结果打印输出或以文件方式存储起来。查询功能应既可以实现对本地信息的查询，也可以通过网络系统实现远程信息查询。

7. 统计分析与预测决策功能

各信息系统一般都具有运用统计理论和概率理论对大量数据进行统计分析的功能。该功能根据统计分析的结果和历史数据，应用数学模型对业务活动进行预测，并建立决策支持系统（DSS），对某一问题提供一个或多个方案供使用者参考。

8. 系统管理功能

系统管理功能主要包括系统维护和数据恢复备份功能。数据恢复和备份是指对数据有条件地备份和截取，以便于在数据遭遇到意外的丢失或损坏时能迅速有效地恢复。系统维护包括系统参数设置功能和数据字典维护功能。

三、信息系统的发展过程

计算机在管理中应用的发展与计算机技术、通讯技术和管理科学的发展紧密相关。虽然，信息系统和信息处理在人类文明史开始时就已经存在，但直到电子计算机问世、信息技术的飞跃以及现代社会对信息的需求增长时，才迅速发展起来。

美国哈佛大学教授诺兰根据大量历史资料与对实际发展状况的考察，提出信息系统的发展大体上经过六个阶段，它们分别是：

（1）初装：安装第一台计算机作为标志。这个阶段人们对计算机还很不了解。系统的初步应用使人们尝到了计算机的甜头，带动了计算机在企业中的应用。

（2）扩展：由于第一台计算机取得应用效果，决定增加计算机，使应用扩展。在这一阶段，应用集中在解决业务中的局部问题，数据处理能力有了提高。

（3）控制：扩展的结果使机器越来越多，许多低水平信息系统重复开发。由于缺乏标准化、信息不能共享，使用上出现混乱等现象，于是对信息系统的增长开始控制。

（4）整体化：随着应用经验逐步丰富，应用项目不断积累，客观上也要求实现"集成"。控制的结果是从全局出发，由分散到一体化。这是一个非常重要的阶段。

（5）数据管理：一体化的结果，有一个统一的标准化的数据库，各子系统之间形成了一个有机的整体，互相共享数据。

（6）信息管理：数据处理趋于成熟，信息成为资源，此时各部门在共享信息的基础上支持组织的目标，信息系统将产生巨大的经济与社会效益。

诺兰认为，这是一个客观的发展规律，要想跳跃某个阶段或几个阶段是很难的，前三个阶段可以称为计算机时代的信息系统，而后三个阶段则可称为信息时代的信息系统（见图 1—8）。随着现代信息技术的引入和应用的深入，许多组织的信息系统已经发展到转折点，面临着从计算机（数据处理）时代转入信息（信息管理）时代的挑战。成功地实现这一转变关键就是要把重点或重心从技术转向管理。

计算机时代			信息时代		
初装	扩展	控制	整体化	数据管理	信息管理

图 1—8　信息系统的六个阶段

诺兰模型代表了典型的美国式研究风格，重视经验研究。它总结的是 1978 年以前美国信息系统发展的进程，带有明显的地区局限性和时代局限性，尤其在技术发展上，与今天的实际情况已大相径庭。但诺兰模型是第一个有世界影响的信息系统进展模型，有许多值得借鉴的内容。

我国学者李慧文和邱瑞华提出了以术语的变化作为划分计算机信息系统发展过程的标志。他们划分出了四个阶段：一是 20 世纪 50 年代，计算机信息系统部门称作“计算中心”，主要强调的是计算机，重点放在设备上。二是 20 世纪 60 年代，流行的是“数据处理”或“电子数据处理”，强调的是功能，同时引入了“系统”一词。系统由人员、设备、软件等要素构成。三是 20 世纪 70 年代，出现了“信息系统”一词，后来又加上了“管理”一词形成了“管理信息系统”，它有着更为确切的含义。四是 20 世纪 80 年代，出现了“办公自动化”，说明计算机信息系统处理的信息范围与形式更为广泛。最引人注目的是出现了“信息资源管理”术语，这使管理信息系统达到了这样一个阶段，即在竞争上，信息成了有用、有价值的资源。

本章小结

管理需要信息，现代组织的管理需要信息系统的支持。管理信息系统是管理现代化的重要标志，是现代化管理的代名词。

信息是管理的基础、关键和灵魂。不同层次的管理者有不同的信息需求，为了实用，信息系统必须真实地反映组织的信息需求。信息系统是以处理信息为主的系统，目的是及时、正确地收集、加工、存储、传递和提供信息。

本章从管理、信息、系统的基本概念开始，介绍了管理决策、管理现代化、管理信息、信息管理、信息系统、基于IT的信息系统、管理信息系统等一系列概念和相关的内容，它们是整个管理信息系统知识的基础。认真学习这方面的知识，将为我们建立管理信息系统的知识体系这座大厦打下一个牢固的地基。

关键词汇

管理　决策　管理现代化　信息　系统　管理信息
信息管理　信息系统　管理信息系统

习　题

1. 管理的定义是什么?
2. 论述信息在管理中的作用。
3. 什么是管理现代化?
4. 什么是信息?
5. 分析组织不同层次的信息需求。
6. 讨论数据和信息的区别与联系?
7. 什么是系统?
8. 系统的特性有哪些?
9. 比较开环控制系统和闭环控制系统。
10. 什么是信息系统?
11. 计算机信息系统和管理信息系统有什么不同?
12. 诺兰模型对我们有什么启示?

案例分析

常州依维柯客车有限公司通过IT形成企业新动力

当前我们已经进入现代信息技术为先锋的知识经济时代。对于制造业来说，就是将信息技术运用于企业的产品设计、制造、管理和销售的全过程，以提高市场的应变能力，也就是采用信息技术来增强整个产品生命周期全过程的竞争能力。

常州长江客车集团有限公司是国内最早研制、生产城市客车及其专用底盘的大中型企业之一，是江苏省常州市支柱产业中的重点企业，是我国大客车行业唯一的国家重点高新技术企业。公司具备年产 7 000 辆整车和 8 000 台客车专用底盘的规模能力，公司产品在国内大、中型客车市场上的占有率为15%，在城市公交用车市场上的占有率为 26.86%，已成为我国目前规模最大的大、中型城市客车生产和开发基地。

2001 年 6 月，常州长江客车集团有限公司和意大利菲亚特集团依维柯公司合资组建了常州依维柯客车有限公司，生产各类城市客车、客车底盘及相关零部件并提供优质的售后服务。该合资项目是国家重点支持发展的城市公共交通基础设施技改项目，项目总投资 82 581 万元（9 982 万美元），注册资本 66 400 万元（8 000 万美元），其中，常州长江客车集团有限公司以固定资产、无形资产及流动资产等投入，依维柯以现汇及技术作价投入，双方各占50%的注册资本。

在过去的许多年里，企业的决策者制定决策时靠的是传统的管理经验和灵活地对市场作出反应的天赋。然而，现代企业管理所面临的内外环境逐步发生着深刻的变化，随着企业规模的不断扩大、内部分工日益明确和管理机构配置的健全，传统的管理手段在提升管理水平、提升市场竞争力、确保经营质量以及国际化经营方面已不能满足需要。公司决策层深深感到，管理薄弱已成为公司发展的制约瓶颈，传统的管理模式、方式已经越来越不满足以信息管理技术为载体的现代化企业管理的要求。为此，公司决策层认识到，不能再凭经验和直觉评价企业运行的效率、作出企业的经营决策，必须运用信息技术，借助于系统化的定性、定量分析法来提高企业的技术创新能力和管理创新能力，从而提高我们的经营决策水平。在各级政府领导的大力关心支持和技术依托单位的帮助下，通过近几年来的努力实践、不断推进，公司的信息化建设有了长足的发展。

一、企业信息化建设实施概况

常客集团是常州地区较早应用计算机进行产品设计与企业管理的企业之一，是常州地区信息化建设的排头兵。公司在 1992 年首次应用计算机进行产品设计和管理后，企业初步获得收益。之后，每年都投入大量的人、财、物进行企业的信息化管理系统的建设。1999 年公司开始进行计算机集成制造系统（CIMS）的初步设计工作。公司按照“需求牵引，效益驱动，总体规划，分步实施”的十六字方针，于2000年3月启动了CBC-CIMS示范一期工程（这项工程为国家863高新技术计划CIMS应用示范工程），经过六个月的项目实施工作，于2000年9月企业资源规划（ERP）系统上线运行，2000年10月通过国家CIMS专家组的验收，取得了江苏省示范工程第三名的成绩。专家组认为，常客集团通过CIMS工程实施，促进了企业组织结构和业务流程的重组，提高了企业的现代化管理水平，增强了企业的创新能力和市场竞争力，培养了一批复合型人才，提高了企业的整体素质。

2001年6月常州依维柯客车有限公司成立后，中意双方决定，进一步深化实施公司CIMS工程。经过精心准备，2001年8月公司CIMS二期工程正式启动。

公司已建成了集团有限公司范围内的基于TCP/IP协议的千兆快速以太网络，为企业深层次的应用实施打下了坚实的基础。公司内部所有办公楼、部门、车间以及底盘公司等终端用户都已联结到内部网络；集团成员厂、销售公司各办事机构与本部的信息沟通可通过远程访问系统直接进入公司内部网络；公司接入了100M光纤宽带网，公司内部用户可通过代理服务器直接进入Internet网络，进行信息的查询；公司网络系统拥有核心交换机一台，部门级交换机26台，网络Web服务器一台，代理服务器一台，远程访问服务器一台。公司拥有Internet网站一个，国际顶级域名www.cbc-iveco.com和www.iveco-cbc.com。

产品工程设计已形成了较为成熟的系统，实现了以AutoCAD为基本环境的二维设计；以Pro/E软件为基本环境的产品三维造型设计、渲染效果设计、有限元分析、模拟装配及其干涉试验；为了与外方进行图纸的交换，又购进CADDS 5三维产品设计软件；采用华软的InterCAPP，按照卡片模板进行工艺设计；采用华软的InterPDM进行图档管理和产品结构的管理。

企业信息管理系统采用荷兰BAAN公司的BAAN VI C4系统，此系统是基于Oracle 8i数据库的ERP系统，ERP系统服务器采用美国COMPAQ公司的ES-40型企业级小型机，两台双机备份。BAAN系统实施的主要模块有：销售管理、工程物料数据EBOM的管理、生产物料清单PBOM的管理、计划管理、生产管理、车间管理、采购管理、质量管理、仓库管理、财务管理、产品配置等。目前已有30多个车型的EBOM、PBOM、主要工序、工时等相关数据全部进入了系统，和整车相关的生产计划、采购计划、外协计划、仓库领/发料、车间工序管理等企业经营管理业务在系统中已基本完成，形成了生产管理系统的闭环，大大提高了企业生产管理的效率。

二、取得的主要成效

为适应发展需要，公司把BAAN ERP的实施作为制造业信息化建设的关键。在各级领导的冷静分析和指导下，否定了不顾企业管理的现有基础条件而试图一步到位的“跃进论”，以及抛开企业自身业务流程特点搞“门面工程”。从规范化、标准化基础管理入手，从整体的人、财、物信息流以及适应企业特点的管理理念等因素入手，以向BAAN系统要效益为目标，以全面提升企业的管理水平为目标，组织实施人员扎实推进各项工作，通过两年的努力公司已基本实现了系统的上线工作，取得了一定的成绩，在全市、全行业中起到了一定的示范作用。

1. 产品工程设计

每个设计人员人手一机，有较强的计算机应用水平，都能熟练应用各类绘图工具。加快了新产品开发周期，提高了设计质量，降低了设计成本。公司原来开发一项新产品需要半年到一年的时间，目前已达到2～6个月，缩短产品开发周期10%～30%，降低设计成本10%～20%。实施CIMS工程以来，公司开发的CJ6121GCHK、CJ6870TCHK、CJ6100SLCHK新产品累计共计降低设计成本18.5万元。开发的CJ6870TCHK、CJ6100GQYH、CJ6100SLCHK等新产品实现销售额783.65万元，取得直接经济效益150.628万元。

2. 数据管理

基础数据的真实性、准确性、完整性是企业提高决策水平的重要基础，是否能向其他各个相关部门及时提供明细的、准确的而不是人为分摊的、粗糙的、无分析价值的数据是决定整个系统运行精度的关键所在。数据失真大多是由企业内部管理落后和混乱造成的，尤其是受到各种人为因素的干扰。通过实施信息化管理，数据来源唯一，只由一个部门、一个员工录入，避免了因重复录入而造成混乱；减少了重复劳动，提高了效率，责任明确；实时共享，实时更新，减少传递，决策一致。

3. 物料管理

在企业里，物料即意味着钱，管物如管钱。ERP 系统的实施，建立了一套完善、规范、统一的编码体系；建立了新的仓库，对每个物料实行定置定位管理；根据各个物料的重要度进行 ABC 分类跟踪；合理控制库存，及时处理呆滞、积压物资，每年减少积压、报废等造成的损失达 400 万元；在新引进的生产线旁建立线旁仓库，实施看板管理，即准时制库存管理制度，使生产、供应、存储的各个环节能相互协调一致地进行无缝配合，有效地组织输入、输出物流，满足用户的需要，从而使整个物流过程实现准时化和库存储备最小化，减少资金占用，降低库存成本。

4. 财务管理

企业实施了 BAAN 财务管理模块，与“用友”财务软件相比，“用友”主要是一个电算化软件，功能以计算机记账、核算代替手工作业。BAAN 的财务模块的主要优点有：实时、集成、分析、决策、优化。它提供了事前计划、事中控制、事后分析的依据；加强了成本控制功能，可以得出每种产品的真实成本，更好地控制和实现目标成本。

5. 管理方式

信息化是管理者的语言，它从根本上改变了人的思想状态。信息化的应用，使业务透明化、管理流程化、监控高效化、运作系统化，规范并理顺了生产经营管理，提高了管理水平，使中意双方能很快相互适应，缩短磨合期，并逐渐向现代化管理模式接轨。随着企业的技术进步，产品品质得到保证，服务更为完善，品牌优势进一步加强，可持续发展能力明显增强，企业的无形资产增值潜力巨大。

三、成功保障

1. 企业最高管理层的高度重视，做好人的集成

ERP 的实施是企业一把手全程参与的过程，他除了给予资金、人力的支持外，还必须在必要的时候作出决策，例如组织机构的调整、职位设置的变动、企业流程的改变，这些都必须由一把手决策完成。它对企业一把手提出了更高的要求，头脑中需要有知识管理的内容，需要从战略和战术上理解企业信息化，只有真正地了解企业信息化，才能支持企业信息主管（CIO）制定企业正确的信息化战略。在公司 ERP 项目实施的过程中，公司董事长亲自

挂帅，担任项目总负责人，并由董事长每月定期召集 CIMS 工程检查协调会，及时发现问题、解决问题。同时，CIMS 工程又是一项全员工程，从一开始就让各部门负责人直接担任各自模块的负责人，加速了经营观念的转变和各项措施的落实。让各业务部门参与进来，发挥各方面人才的主观能动性，使 IT 人员与业务人员集成为一个整体，从一开始有畏难、抵触情绪，逐渐不自觉地用，到现在的自觉要用，保证了系统的顺利运行。

2. 企业对自身的需求必须充分了解

时常说选择软件要适合中国国情，其实不能单单笼统地谈国情。中国企业有千千万，每个企业都有其自身的特点，有不同的行业特点和厂情。该公司是一个多品种、小批量、离散型的制造企业，经营方式主要是按订单制造，所有产品的供货合同的签订均需双方直接见面，通过用户提出需求、技术谈判、询价、报价、商务谈判及对合同的评审而最终签订供货合同，产品的交货期短。因此公司考虑实施了产品配置模块，进行通用化、结构化、模块化的设计，提高了企业对市场的反应速度。

3. 加强和完善企业的基础工作

基础数据的准确性是 ERP 系统运行成功与否的重要保障，起源点数据的不准确，在其后紧密相连的各点处理时将逐层扩大和增强，即牛鞭效应。计算机信息处理的一个基本原理是：垃圾进垃圾出，甚至会成倍放大。企业在实施信息化建设前，基础数据不完整，准确性不是很高，很多数据只是某些资深人员头脑中的经验值，随着人员的调动，这些经验值就逐渐消失了。ERP 系统的建立，使这些数据规范、完整、系统，并在不断地运行过程中得到了完善，这是企业的最宝贵的资源所在。

4. 高度重视人员的培训工作

ERP 涉及企业的各个技术领域，在一个企业里大规模地推行 ERP 系统管理，一定要让这个企业的各个阶层了解 ERP，因此，要求各个层次的人员参与进来，包括高层决策人员、中层管理人员、技术支持人员和最终的使用人员。CIMS 工程的参与人员对工程意义的理解程度、认识水平、技术水平和参与的积极性的大小都是决定系统实施能否顺利进行的关键因素。公司在 ERP 的实施过程中，开展了各层次的培训工作约 60 多场 2 000 余人次，针对不同的岗位需要不同的操作技能，把 CIMS 的理论考试和实务操作结合起来，组织考核，并把考试成员作为员工职务升降、待遇增减的重要考核条件。通过培训，已建立了一支相对稳定的CIMS骨干队伍，为信息化建设的成功奠定了基础，为企业的腾飞做了人才的培养和储备。

5. 信息化建设工作是一项永无止境的系统工程

技术创新和管理创新是企业不竭的动力，也是企业追求的永恒主题。企业必须利用信息技术对信息资源进行有广度和深度的开发利用，推进管理创新和科学管理，从而对企业实现有效的管理和监控。而且，随着信息化管理向纵深推进，不仅能通过对信息管理系统进行自我诊断，自然而然地发现改进和不足之处，而且能找到影响企业的发展瓶颈。因此，这就决定了企业的信息化建设不可能一劳永逸，必须主动适应内、外部环境的需要，进行信息资源的改造和业务流程的延伸和拓展。

课外实验1

本实验的目的是认识有关的管理信息系统。实验的内容为熟悉管理软件的界面和相关操作方法，认识该系统的总体功能结构，模拟某一图书管理人员进行操作。

本实验选择的软件为《潘多拉图书租赁管理系统4.0》（共享版）这是一款适合于图书租赁店使用的管理系统，同时也是一款实用性比较强的管理系统。系统的主界面如图1—9所示。

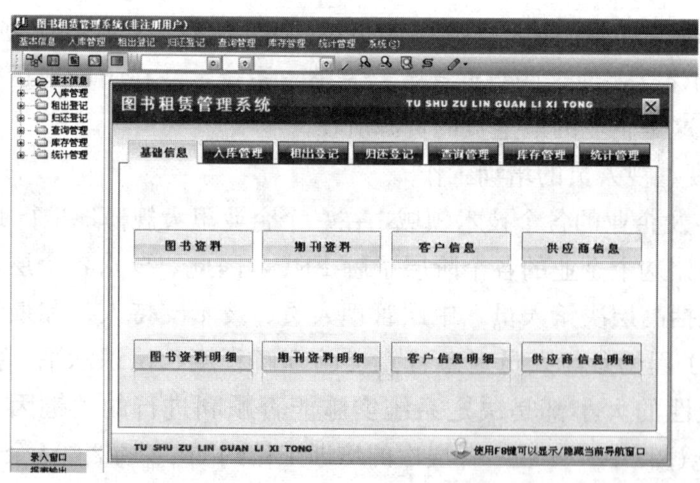

图1—9　图书租赁管理系统主界面

该系统的功能主要包括基本信息（图书资料、期刊资料、客户信息、供应商信息）；入库管理（图书入库、期刊入库）；租出登记（图书借阅、期刊借阅）；归还登记（图书归还、期刊归还）；查询管理（期间借阅查询、期间归还查询、客户借阅查询、客户归还查询）；库存管理（库存明细、库存查询）；统计管理（入库期间统计、租出期间统计、归还期间统计、客户统计、租金统计）。该系统通过简单录入图书（或期刊）信息、客户信息、供应商信息，入库出库时库存会自动计算，可根据客户编号查询一定时间内这个客户借阅（或归还）的所有图书（或期刊）的情况，也可根据客户姓名和图书（或期刊）编号查询这个客户借阅（或归还）图书或期刊的情况。统计管理方便，可统计一定时间内图书（或期刊）入库、借阅和归还情况，也可统计出客户借阅、图书租金和期刊租金情况。

软件来源：http://img.newhua.com/softimg/101611/。

第二章

管理信息系统概述

先行实例

某公司生产所用到的原材料有数千种，分为黑色金属、有色金属、建材、土产杂品、石油化轻、五金交电、耐火材料、燃料、铁合金、炉料等。如此庞大的物资数量单靠手工管理会带来很多弊病，主要表现为信息传递缓慢、容易造成差错、重复劳动、重复储备、库存积压，等等。

下面就材料管理系统的主要功能模块加以说明。

1. 材料申请计划管理

各业务科室的业务员，把各生产厂提交的年、月计划归并成符合条件的物资代码，输入计算机作为购买依据。如果在物资代码表中找不到申请计划的物资，就需要先添加代码，然后才能把申请计划输入到计算机中，一旦把计划输入到计算机后，就可以启动发送功能，把计划传递给采购人员。

2. 材料采购计划管理

采购人员根据材料申请计划、当前库存情况、库存定额以及未进厂材料的在途情况和市场信息情况进行综合平衡计算出实际采购数量，采购人员就根据这个采购计划选择合适的供应商进行材料采购。

3. 材料采购合同管理

采购员根据采购计划选择合格的供应商签订采购合同，然后将合同信息录入计算机，并与采购计划相关联。合同管理中包含合同基本信息、合同执行情况、合同修改信息等，并且与供应商信息管理密切相关。

4. 质量验收管理

材料进厂要进行质量验收处理。这主要由技能处和质管处处理。把材料进厂过磅单、质量验收单等信息汇总，未合格的材料要进行退货处理。

5. 材料库存管理

库存管理是物资管理的基本事务处理。保证物资账务相符，为各种用途的台账查询提供及时准确的物资收、发、存信息。

6. 综合查询

为了充分利用计算机容量大、速度快、信息共享的优点，在取消手工账的情况下，系统提供了大量的查询功能，如按物资代码查询库存信息。

还可以进行计划信息、合同信息、采购质量信息、库存综合信息、报表综合信息以及单据的查询，等等。

7. 系统维护

系统维护包括帮助、数据备份、修改口令、用户权限、物资代码、费用项目等功能。对数据进行备份，保证数据的完整性；设定用户权限，保证数据的安全性，并能对系统软件进行不断的升级。

8. 供应商信息管理

供应商信息管理是物资管理采购管理中的关键功能，选择价格适中、产品质量好、交货期短和信誉度高的供应商是保证物资供应和产品质量的重要管理环节。供应商信息管理包含四个层次的管理：供应商基本信息管理；供应商质量信息管理；对供应商进行质量体系评价信息的管理；对供应商信誉度进行管理。

问题： 1. 建立管理信息系统的动因是什么？

2. 为什么要研究管理信息系统？

本章导读

管理信息系统是一个不断发展的概念。管理信息系统不仅是一个信息系统，而且是一个面向组织管理的综合系统。首先，我们应该抓住它的四种基本资源：人、硬件、软件和数据；其次，应该看到 MIS 的三大支柱：计算机网络、数据库和组织协调；最后，在对 MIS 的结构和功能做初步分析的基础上，本章详细介绍了 MIS 的类型和模式，它们是与 MIS 有关的应用系统。通过本章的学习，我们会对 MIS 的全貌有个大概的认识和了解。

学习目的

通过本章的学习，应该重点掌握以下知识点：

1. MIS 的概念；
2. MIS 的四种基本资源；
3. MIS 的发展历程；
4. MIS 的三大支柱；

5. MIS的结构和功能；
6. MIS的几种类型和应用模式。

第一节　MIS的定义和基本资源

一、MIS的定义

管理信息系统（MIS）一词最早出现在1970年，瓦尔特·肯尼万给它下了一个定义："以书面或口头的形式，在合适的时间向经理、职员以及外界人员提供过去的、现在的、预测未来的有关企业内部及其环境的信息，以帮助他们进行决策。"很明显，这个定义是出自管理的，而不是出自计算机的。它强调了用信息支持决策，但没有强调应用模型。

直到20世纪80年代，管理信息系统的创始人高登·戴维斯才给出管理信息系统的一个较完整的定义；"它是一个利用计算机硬件和软件，手工作业，分析、计划、控制和决策模型以及数据库的用户—机器系统。它能提供信息，支持企业或组织的运行、管理和决策功能。"它说明了管理信息系统的目标在于高、中、低三个层次（即决策层、管理层和运行层）上支持管理活动。

最早从事管理信息系统工作的中国学者在《中国企业管理百科全书》中为管理信息系统下的定义是：MIS是一个由人、计算机等组成的、能进行信息的收集、传递、储存、加工、维护和使用的系统。它能实测企业的各种运行情况，利用过去数据预测未来，从企业全局出发辅助企业进行决策；利用信息控制企业的行为；帮助企业实现其规划目标。

复旦大学薛华成教授明确指出，管理信息系统面向管理，它不只是计算机的应用，计算机只是一种工具。根据当今世界的发展和变化，他重新描述了管理信息系统的定义：管理信息系统是以人为主导，利用计算机硬件、软件、网络通信设备以及其他办公设备进行信息的收集、传输、加工、储存、更新和维护，以企业战略竞优、提高效益和效率为目的，支持企业高层决策、中层控制、基层运作的集成化的人机系统。这个定义说明了管理信息系统绝不仅仅是一个技术系统，而是把人包括在内的人机系统。

MIS是一个人机系统，这意味着管理信息系统的工作必须由人和机器协同来执行。人员包括高层决策人员、中层职能人员和基层业务人员。机器包含计算机硬件及软件、各种办公机械及通讯设备。因此，必须权衡把什么工作交给人做比较合适，什么工作交给计算机做比较合适；人和机器如何联系，如何构成它们的最佳配合，从而充分发挥人和机器的特长。

任何一个管理信息系统只能部分代替人的工作，而不能代替人的创造性劳动。戴维斯曾指出：现在人们所关心的不是计算机是否要用于信息系统，而是各种处理工作究竟应该计算机化到何种程度。随着现代信息技术的广泛应用，很多传统的信息管理机构的计算机应用水平达到了新的高度，但不能因为强调计算机化的信息系统而忽视大量存在的以人工为基础的信息系统，更何况计算机化的信息系统的建设很多方面都需要人工信息系统的配合。

总之，管理信息系统是为管理活动的各个层次、各个部门提供所需信息的系统。组织中每个层次、每个部门都包含一定程度的管理工作，都需要信息上的支持。对管理信息进行管理，就是将传统的管理活动记录作为数据，经由管理信息系统的收集、加工、处理、传递，转变为指导管理活动的信息。管理信息系统首先是一个信息系统，应当具备信息系统的基本功能；同时，管理信息系统又具备它特有的预测、计划、控制和辅助决策等功能。所以管理信息系统是一个对组织进行全面管理的综合系统。

综合来说，我们可以从以下方面来进一步理解管理信息系统的内涵：

(1) 提供高效准确的信息管理服务。管理信息系统是一个为管理工作服务的信息系统，它必须能够根据管理的需要，及时提供所需要的信息，进而帮助决策者作出决策。

(2) 综合性。从广义上说，管理信息系统是一个对组织进行全面管理的综合系统。一个组织在建设管理信息系统时，可根据需要逐步应用个别领域的子系统，然后进行综合，最终达到应用管理信息系统进行综合管理的目标。

(3) 人机系统。在管理信息系统中，各级管理人员既是系统的使用者，又是系统的组成部分，因而，在管理信息系统开发过程中，要根据这一特点，正确界定人和计算机在系统中的地位和作用，充分发挥人和计算机各自的长处，使系统整体性能达到最优。

(4) 注重与现代化的管理方法和手段相结合。管理信息系统不是简单的模拟人的手工工作，若不采用先进的管理方法，管理信息系统的应用充其量只是减轻了管理人员的劳动，其作用的发挥十分有限。管理信息系统要发挥其在管理中的作用，就必须融进现代化的管理思想和方法。

二、MIS的基本资源

全面地看，人、硬件、软件和数据是管理信息系统的四种基本资源。

人指系统开发人员和系统使用人员。系统开发人员包括系统分析人员、系统设计人员、程序员、网络施工人员、设备安装人员、测试人员等；系统使用人员包括系统维护人员、操作员和利用系统获取信息及辅助决策的管理人员。

硬件主要指运行信息系统的网络硬件环境，包括服务器、交换机、工作站、外围设备和连接线路等。软件指信息系统运行和开发必须的系统软件和支持软件，如操作系统、数据库管理系统、开发工具等，此外还包括构成信息系统的一些成熟的商品化应用软件。

这里要强调的是，系统建设的最基本的、最重要的一步就是收集和整理作为系统输入的数据。常常会出现计算机系统投入运行后等待数据输入的情况，形成数据库设计完成后仅有试验数据存入的局面。

概括起来讲：

(1) 管理信息系统是一项系统工程，不是只靠一些计算机开发人员就可以完成的，必须要有企业管理人员，尤其是企业领导的积极参与。而且还要注意各类人员之间的协调配合问题。

(2) 计算机技术（包括硬件和软件）是管理信息系统得以实施的主要技术。只有计算机进入企业实际应用，管理信息系统才能显示其功能。

(3) 第四种因素——数据也不能忽视。如果输入数据不及时，计算机再快，也不能做“无米之炊”；如果输入的数据不准确，计算机再聪明，也算不出正确的结果，正如一句话所说“进去的是垃圾，出来的还是垃圾”，无法为企业管理者提供信息管理服务。

第二节　MIS的发展历程

管理信息系统的概念可以追溯到20世纪30年代，那时伯纳德就强调了决策在组织管理中的作用。20 世纪 50 年代，西蒙提出了管理依赖于信息和决策的概念，这为管理信息系统的发展奠定了理论基础。1946 年世界第一台计算机的发明使管理信息系统应运而生，并得到飞速发展。管理信息系统的发展基本上经历了四个阶段。

(1) 起步阶段。这一阶段指 20 世纪 50 年代中期至 60 年代中期。1954 年美国通用电气公司安装的第一台商业用数据处理计算机，开创了信息系统应用于企业管理的先河。在这一时期，管理信息系统主要是以商业、企业中的单项事务子系统为主，主要利用电子计算机代替对局部数据量大、操作方法简单的业务进行处理，如工资核算、物料管理等。其目的主要是单纯用计算机代替人的重复劳动，减轻工作强度，提高工作效率，这也是管理信息系统的萌芽时期。这个阶段的主要特点是：集中的批处理；计算机的普及率很低，设备功能简单且运行效率很低；在软件上没有操作系统，应用软件是个空白，数据无法共享，对数据采用文件式的管理，没有现在意义上的数据库系统。

(2) 发展阶段。这一阶段是指 20 世纪 60 年代中期。在这一时期，计算机在商业、企业及各个领域中得到了较为广泛的应用。管理信息系统的特点是以计算机为中心，实现分散管理和集中服务相结合的形式，针对不同的业务建立以数据处理为基础的各种业务信息系统。这个阶段的信息系统有以下特征：处理方式以实时处理为主；硬件方面有了很大的发展，出现了大容量的磁盘；数据以文件方式存储在磁盘上，实现了初步的数据共享；在软件方面出现了操作系统，特别是出现了主从式系统。

(3) 定型阶段。这一阶段是指 20 世纪 70 年代中期至 70 年代末期。在这一时期，管理信息系统从以处理事务为主开始转向以管理控制为主。这一时期美国 IBM 公司开发的 COPICS 系统是有代表性的管理信息系统成功的范例之一。这个阶段的特点是：计算机在性能上的提高和价格上的进一步降低为计算机的广泛使用铺平了道路；分布式系统技术出现，操作系统更加完善，数据库、计算机软件也逐渐兴起；开始运用系统的理论和方法进行管理信息系统的开发。

(4) 成熟阶段。这一阶段是指 20 世纪 80 年代以后至今。在这一时期中，管理信息系统开发的基本理论、方法和手段已渐趋完善，开始广泛地运用计算机网络和数据库技术，并注重运用数学模型来进行预测和辅助决策。其特征是：个人计算机普及；数据库技术有了很大发展；网络技术得到巨大的应用；在系统设计上，逐渐产生了一些成熟的方法；管理信息系统从原先的战术管理层向战略管理层转变；在应用上，管理信息系统结合其他学科的发展内涵更加丰富。可以说，信息系统的应用在这个阶段已经达到了一个相当高的水平。

从国外一些发达国家看，管理信息系统的最早开发与使用是在20世纪50年代初，当时主要以单项业务子系统为主，其特点是单纯以减轻人的重复劳动、提高处理效率为目的。从20世纪70年代初开始，管理信息系统引起了各界的重视，一些典型的、成功的管理信息系统相继出现。进入20世纪80年代以后，管理信息系统进入成熟阶段，其特点是在大量收集处理信息的基础上引入决策机制，应用数学模型进行优化处理，大量应用以微型机为主的计算机网络，采用数据库达到资源共享的目的。后来，为了使电子计算机能在更大的范围和更深的层次上对管理和决策活动提供支持，人们先后提出或发展了一些新的系统，例如决策支持系统、办公自动化系统、专家系统、计算机集成制造系统等。事实上，可以把它们看作是管理信息系统的一种补充或新的表现形式。20世纪90年代的信息技术有了革命性的发展，集中体现在图形界面技术、互联网及其相关技术和人工智能技术方面。当前管理信息系统正向着人工智能的方向发展，尤其是进入20世纪90年代以来，一股席卷全球的信息高速公路兴建的热潮更把管理信息系统的发展推向了一个崭新的阶段。此外，还出现了不少新的概念，诸如经理信息系统、战略信息系统、电子商贸系统、知识信息系统等，有关内容后面章节会有介绍。

第三节　MIS的四大支柱

对管理信息系统而言，计算机网络是信息共享的基础，数据库又是信息的战略贮备和有效供给机构，管理创新和组织协调则分别为管理信息系统的有效运行提供了“一个智慧的大脑”和“一颗奔腾的芯”。

一、计算机网络

管理信息系统的主要任务是从大量的数据中提炼有用的信息，以辅助各级管理者的决策。要完成这一任务，一个重要的途径就是使信息资源在不同部门、不同子系统间充分共享。从这个意义上讲，只有以计算机网络为基础，才可能实现现代企业中分工协作所需的信息交流的及时性、准确性、一致性和可靠性，才能真正做到下情上达、上情下传，保持企业信息通道的通畅，以利于管理活动的顺利实施。

归纳起来，管理信息系统之所以要以计算机网络为基础，主要有以下几点原因：

(1) 便于上下级间的信息交流。即下级管理部门向上级主管汇报执行情况，上级主管向下级布置工作、传达命令。

(2) 便于横向部门间的信息交流。一方面可能避免信息的重复采集，不但节省了大量的人力、物力，而且保证了信息的一致性、可靠性；另一方面有利于部门间的交流，充分发挥协同效应。

(3) 节省投资。计算机网络的最大特点就是资源的共享，这意味着在资金有限的情况下，不必为每个人、每个部门均配备打印机、高档的计算机以及相互独立的软件和数据库系统，因为网络上几乎所有资源均可在企业内充分共享。

(4) 有利于信息的安全存储。信息是企业的生命，如果在物理介质上将信息集中存储在一台机器上，将不利于信息资源的安全，一旦出现灾害或人为的破坏，则后果可想而知。现代信息安全理论认为，应将信息资源分散存储于多台计算机中以便于信息的安全保密，但这样做的前提是必须有网络为依托，使企业信息互通互达，从逻辑上成为一体。

随着社会生产力的发展和信息高速公路的兴建，计算机网络已经进入了社会各个角落，因特网（Internet）、企业内部网（Intranet）等技术日趋成熟并得到了广泛的应用。在此种大环境下，如果再局限于一张办公桌、一台计算机、一个操作员式的方式构建信息系统，不但有悖于时代的发展，而且也不可能完成信息的采集、传送、储存、加工和维护。所以，现在不仅能把组织内部的各级管理联结起来，而且能够克服地理界限，把分散在不同地区的计算机网互联，形成跨地区的各种业务信息系统和管理信息系统。

二、数据库

在管理信息系统中，信息和数据是一个非常重要的部分，它们已成为企业组织中不可忽视的重要资源。

在管理信息系统中，数据量大、面广，数据的来源、处理十分复杂，如何将这些结构复杂的数据合理地组织起来，有效地加以管理，以满足数据加工处理的需要，得到有价值的信息，是管理信息系统中一个至关重要的问题，它影响到一个管理信息系统的好坏、成败。数据库具有完善的数据管理功能，包括对管理者数据的组织、输入、存取及控制，使数据为具有不同处理需求的用户服务。

信息只有集中在一起才能成为可以利用的资源。具有集中统一规划的数据库是管理信息系统成熟的重要标志，它象征着管理信息系统是经过周密的设计而建立的，它标志着信息已集中成为资源，为各用户所共享。

另外，由于历史的或技术上的原因，企业数据多分散在多种互不兼容的系统中，具有不同的信息结构，加之文档的缺乏，这些都妨碍人们把旧系统和新系统集成起来。虽然数据库管理员一直在倡导文档完善的、集成的数据库设计，使其能为各种应用程序共享，但大多数组织并未重视这种意见，结果使分析员不建立集成的数据结构就无法进行跨应用程序的分析。而且，今天的企业要求访问并综合来自各种数据源的数据，能够对其进行复杂的数据分析。因此，近几年，又有人提出了数据仓库的概念和技术方法。

三、管理创新

管理信息系统的建设不是简单购买几台计算机、选择一个管理软件、搭建一个计算机网络就完成的，也不是简单的计算机应用。管理信息系统的建设涉及企业的战略规划、管理体制改革、管理业务流程重组等诸多方面的变革。从某种意义上来说，管理信息系统的建设，相当于企业在管理方面的一项创新重组工程。

在企业管理信息系统的建设过程中，管理创新包括管理思想、管理方法、管理组织等方面的创新。管理信息系统不是在企业现有管理水平上简单地模拟人工工作，而是如何提供企业的管理水平和管理效率，进而提升企业的核心竞争力，这就注定企业不可能在管理模式落后、管理方法陈旧等基础上建立管理信息系统。因此，开展管理信息系统的建设必须首先开展企业管理创新工作。

不同的企业管理信息系统建设工作可能存在一定的差别，管理创新的内容也不尽相同，但在建设管理信息系统之前要进行管理创新这点是相同的，特别是对那些管理水平落后的企业尤为重要。企业在管理创新上必须实事求是，根据企业的情况和需要，确定管理创新的内容和步骤，以更有效地实现组织的目标活动，比如，吸收价值链理论进来，或者引进商务智能手段等。

四、组织协调

管理信息系统在技术上依靠计算机网络和数据库，但是管理信息系统不单纯是一个技术系统，而是一个一体化的“人—机”合成系统，需要在不同的人之间协调，需要管理者的积极参与，需要强有力的组织领导，并制定合理的管理制度和考核办法，建立统一的信息标准。从管理信息系统的定义可以看出，这个系统是广大管理者使用的工具，是为管理者服务的，尤其是为决策层的管理者服务。

国内外正反两方面的大量实践和经验证明，只有管理者包括各级领导进入角色，在信息系统建设和使用中起主导地位，系统的建设才会成功。信息系统的建设“三分靠技术，七分靠管理”，意思是说计算机软硬件的开发调试、计算机网络与数据库的实施对信息系统的成功仅起30%的作用，而管理、组织协调工作要起70%的作用，因此在信息系统建设过程中，始终要坚持“一把手”原则，即企业高层领导参与的原则。主要原因在于：一方面企业管理过程存在着极其复杂的内部关系，而这种关系不是一般工作人员或系统开发人员能够协调、解决的；另一方面信息系统的建设需要投入大量的资金、人力，而其收益是无法用简单的加减法衡量的。此外，信息系统建成并投入使用后，会使企业现有的人员、组织机构发生重组，一些管理人员可能会面临下岗或转岗的问题，因此，信息系统建设过程中会遇到来自各个方面的阻力，而这也不是一般工作人员或系统开发人员所能解决的，同样需要企业高层领导出面协调。注意，在信息系统建设过程中坚持一把手原则是系统成功与否的关键所在，但这并不是说企业高层领导要亲自参与信息系统的组织管理，而是要重视并推动这项工作，协调副手们无法解决的问题，并在人、财、物方面给予充分保证。

第四节　MIS的结构和功能

一、管理信息系统的结构

管理信息系统的结构是指管理信息系统各个组成部分之间相互关系的综合。对各个组成部分不同的理解就构成了不同的结构方式，比较常见的结构有：硬件结构、软件结构和概念结构。如果从使用者的角度来看，管理信息系统具有多种功能，形成其功能结构。

从概念上看，管理信息系统由四大部件组成，即信息源、信息处理器、信息用户和信息管理者（见图2—1）。

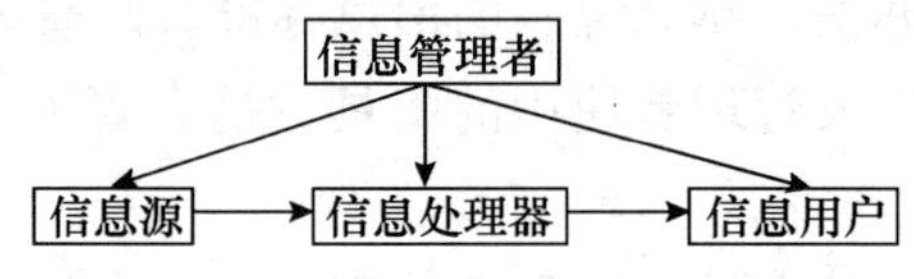

图2—1　管理信息系统的概念结构

（1）信息源是信息的产生地，是指被采集和输入的原始数据的来源，有内部信息源、外部信息源之分。内部信息源产生于企业自身的系列活动，如生产、人事、销售、成本等方面的信息；外部信息源主要产生于企业涉及的外部环境的信息来源，如国家经济政策、同行业竞争、市场需求等方面的信息。

（2）信息处理器负责信息的传输、加工、存储，是指读取数据并将它们转换成信息，向信息用户提供这些信息的一套完整的装置。

（3）信息用户是系统的用户，他们应用信息进行决策。注意，也有信息系统的输出是向存储介质输出，为进一步处理所用或者进行备份。

（4）信息管理者是指对包括信息系统在内的信息要素进行协调、控制的人员，负责系统规划、分析、设计、实现、运行和维护。

二、管理信息系统的功能

MIS是为企业管理服务的，所以管理人员最关心的是MIS能做什么，即一般能提供哪些功能。从管理的角度来看，管理信息系统的功能大体上有以下五个方面：

1. 数据处理功能

数据处理功能是指对各种类型的数据进行收集录入、加工处理、存储检索、传输提供等处理工作。这是管理信息系统首要的任务和基本功能。

2. 预测功能

数据预测功能是指运用一定的数学方法和预测模型，利用历史的数据对未来进行预测的工作。这是管理计划和管理决策工作的前提。

3. 计划功能

计划功能是指对各种具体工作合理地计划和安排，例如生产计划、销售计划等。这是指导各个管理层次高效工作的依据。

4. 控制功能

控制功能是指通过信息的反馈可以对整个企业生产经营活动的各个部门、各个环节的运行情况进行监测、协调、控制，保证系统的正常运行。

5. 辅助决策功能

辅助决策功能是指运用运筹学的方法和技术，为合理的配置企业的各项资源作出最佳决策提供有力的支撑。

正确理解管理信息系统的功能是正确评价管理信息系统的基础，只有正确理解管理信息系统的功能，才能更好地推动信息系统的发展。

第五节　MIS的类型与模式

一、MIS的类型

管理信息系统的发展与管理科学和计算机的发展密切相关，其发展大致经历了三个阶段，即单项事务处理阶段、综合数据处理阶段和系统数据处理阶段。从信息使用的角度看，相应的应用系统就是电子数据处理系统、管理信息系统（狭义）和决策支持系统。

20世纪50—60年代出现的电子数据处理系统（EDPS）是用计算机代替以往人工进行事务性数据处理的系统，所以也有人称其为事务处理系统（TPS）。TPS是信息系统最初级的形式，也是最基本的形式，面对的是高度结构化的管理问题。它是以提高效率为目的的，为计算机在信息管理领域的应用奠定了基础，是企业其他类型的信息系统的信息产生器。

每个组织中都有事务处理系统，这些系统处理有关组织的基本业务，记录事务的详细数据。这类系统是面向数据的，对日常往来的数据进行常规的处理，它是基层业务人员的得力助手。TPS 主要针对管理中的具体业务（库存、销售、会计核算等）来辅助操作人员进行数据的输入、加工和输出。输入的通常是原始单据，输出的一般是分类或汇总的报表。

TPS 多为一项一项地处理各种信息，各项处理之间的联系很少。TPS 获取和处理反映企业基本事务的数据。这些数据用来更新数据库并产生公司内部和外部人员使用的报告。TPS 基本的数据处理活动包括数据收集、数据编辑、数据修改、数据操作、数据存储和文档生成。我国在目前发展阶段，绝大多数应用于管理的系统，不论其名称如何，其实质都是这类系统。我国许多企业开发信息系统也大都是从此系统开发入手的。

TPS 的主要目标是提高管理人员处理日常例行事务工作的效率，但它很快便不能满足现代管理对信息处理的需要了。一个重要的原因是它将各项管理信息分开处理，但现代企业的各种管理活动是一个统一的整体，因此企业必须从整体目标出发，系统地、综合地处理各项管理信息。

管理信息系统（MIS）是在事务处理系统基础上于 20 世纪 60 年代中期发展起来的信息系统。MIS 是为实现整体管理目标，对管理信息进行系统化综合处理，并辅助各级管理人员进行管理决策的信息系统。MIS 主要应用于结构化问题的解决，为管理者进行结构化决策提供信息支持。它的目的在于支持企业管理过程，实现信息的价值。20 世纪 80 年代出现的制造资源计划（MRP2）系统是 MIS 的典型应用形式。

从理论上讲，MIS 的主要服务对象是企业的管理层，但它必然包含 EDPS/TPS 的事务处理和数据计算功能，否则就无法胜任职能管理的需要。但在实际应用中很多 MIS 过多地关注对企业管理层的支持，所开发的 MIS 直接从企业的管理层切入，而忽视了 EDPS/TPS 的基础数据计算和业务处理功能，结果造成了大量 MIS 应用的失败，这也是信息技术“黑洞”问题发生的主要原因之一。

当前，MIS 是指输入与管理有关的信息，而输出供管理人员使用的有用信息的一个信息处理系统，用以辅助各级管理人员进行管理和决策。管理信息系统的输入数据源来自内外两方面。最清楚的内部数据源便是组织内的各种 TPS。外部数据源则包括客户、供应商、竞争对手、股东等。管理信息系统运用获取的数据，并对它们进行处理，以便管理者使用。MIS 以各种不同形式提交报告。MIS 产生的是定期的总结性的报告。这些报告可分为进度报表、定制报表、异常报表和常规报表四类。

注意，这里的“管理信息系统”概念不同于广义概念上的管理信息系统。广义概念上的管理信息系统一般指企业组织中的所有信息系统的总和，包括了所有层次的信息系统。而我们这里的“管理信息系统”则专指位于战术管理层的信息系统，该系统提供各种预定的、定期的报告和报表。如果按广义定义去理解，那么狭义的管理信息系统作为它的一个组成部分，有人称之为管理报告系统。本书认为，为了不引起误会，称之为“信息管理系统”（IMS）更妥。本书后面的论述基本就采用此名词。

可以看到，如果说事务处理系统是面向数据、以数据处理为核心的，那么信息管理系统则是面向信息、以生成有用信息为核心的。如果说事务处理系统是针对某一种职能，那么信息管理系统涉及各个职能部门，涉及综合职能。

IMS 的特点是所处理的信息是面向企业内部已发生的数据，信息的需求是稳定和已知的，但由于所使用的数学模型较为简单也较少，分析能力不强。严格地说，IMS 只是一种辅助管理系统，它所提供的信息需要由管理人员分析、判断和决策。然而，对于复杂多变环境中组织所面临的许多决策问题，IMS 无法给予人们所期望的支持。

决策支持系统（DSS）就是 20 世纪 70 年代初期在 IMS 基础上针对这类问题而迅速发展起来的一种信息系统。它解决的问题是针对半结构化的决策问题。它的进步在于将信息系统的注意力转向高层管理决策者，并相应引入外部信息，以及强调人机交互和用户友好。它是辅助决策工作的一种信息系统，其特点是重点在于“支持”而非决策工作的自动化。管理和决策的主人是人，计算机只是辅助设备。

目前有关信息管理系统和决策支持系统的差异问题还有不少争论。因为从某种意义上讲，决策支持系统强调决策支持，而信息管理系统也提供决策支持。要区别这两类系统，首先要对它们支持解决的决策问题进行分析。不过，IMS 侧重于管理；DSS 侧重于决策。IMS 的目标是提高工作效率和管理水平；而 DSS 的目标是追求工作的有效性和效益。IMS 是以数据驱动的系统；而 DSS 则是以模型驱动的系统。由此可见，IMS 与 DSS 是分担不同任务，而又有着诸多联系的两类计算机信息系统。

DSS 不同于主要用于记录数据的 TPS，也不同于主要用于产生预定报告的 IMS。它主要用于分析数据，可以说是一个灵活的分析工具。TPS 是面向业务的信息系统，IMS 是面向管理的信息系统，DSS 则是面向决策的信息系统。决策支持系统是电子数据处理系统、信息管理系统进化发展的产物，但是它不能代替数据处理和信息管理系统。它不仅支持高层管理的决策，而且也支持其他管理层中的决策。由于系统进行决策分析时是人与计算机协作进行的，所以系统一般都是人机交互系统，具有较强的灵活性和适应性。

20 世纪 80 年代是人工智能研究盛行的时代。人们开始研究将人工智能理论应用于企业管理以及与决策支持系统相结合等，用于管理的专家系统（ES）也开始出现。

专家系统是用于处理那些通常需要经验和专门知识才能解决的问题的信息系统。它是以计算机为工具，利用专家知识及知识推理等技术来理解与求解问题的知识系统。简而言之，专家系统是一种模拟人类专家解决领域问题的计算机程序系统。专家系统的核心是知识库和推理机，其中知识库用来存储专家系统所需要的所有知识，推理机利用一定的推理方法依据知识库中的知识来解决实际问题。

专家系统的研制和开发作为一个颇有前途的领域至今仍方兴未艾。专家系统的开发，特别是知识的获取、知识库的建立以及推理机的设计，都必须是知识工程师同领域专家密切合作、共同努力的过程。现有的专家系统可以是专门针对一个领域的特定问题的专用系统；也可以是一种通用性的开发工具，供使用者自己开发特定的系统。总的来说，现在专家系统的应用面还比较窄，应用水平也较低。专家系统还不能像人类一样地“思考”，不能借助基本原理进行类推。虽然专家系统缺乏强大和通用的人类智能，但如果认识到了它的局限性，它仍可以为组织发挥作用。

同时，利用信息系统支持主管高效率工作、高效益决策的经理信息系统或主管信息系统（EIS）一直是技术人员和管理人员的愿望和梦想。

EIS实际上是一种面向组织中高层管理人员的决策支持系统。EIS是为高层管理者提供与关键成功因素相关的企业内部信息和外部信息，以满足他们的使用需要和管理决策信息的需求，并且进一步提供包括信息报告、办公支持、通信帮助等的综合性支持系统。EIS能够使经理们得到更快、更广泛的信息。与决策支持系统相比，它不需要很多的分析模型，因为最终的决策要依靠决策者自身的思维，它只是一种辅助工具。对于经理信息系统来说，系统与经理人员的交互界面是至关重要的。

经理信息系统主要为某些非结构化的决策提供服务。由于这类决策已经完全无法规律化，只能依赖人类的分析、判断甚至好恶来进行，所以，经理信息系统的主要目标就是能够将决策者感兴趣的信息迅速收集起来，并以灵活方便的形式及时提供给决策者。经理信息系统的实施是组织信息系统中开始时间不长的领域，但却是企业应用计算机中的热点。其最主要的困难就是经理信息系统的所有活动缺乏结构化，专家在解决这类问题时还没有很好的计算机方法。不过，许多企业和计算机的专家在这方面开发了很多好的系统。

另外，由于办公室是信息资源的主要产地，所以大力发展办公自动化系统（OAS）是必要的。

办公自动化是20世纪70年代末期迅速发展起来的一项处理办公业务的综合性科学技术，是一个以信息技术和自动化办公设备为主的系统。目前是指计算机和相关办公设备在网络环境下的一类面向办公应用的计算机信息系统。通常来说，办公信息包括数据、文字、语音、图形和图像。根据现代办公业务的需求，办公自动化应该具备文字处理、数据处理、图像处理、声音处理和网络化基本功能。OAS面向非结构化的管理问题。其目的是尽可能利用信息资源和现代设备，提高办公效率。

我们知道，在办公室中工作的有三种人，即文书、专家和管理人员。因为支持对象的不同，办公自动化系统中可使用两种支持系统：支持文书工作的系统，即文书处理支持系统；支持专家和管理人员的系统，即知识工作支持系统。支持文书的文书处理系统是办公自动化的初期，主要解决秘书级事务。支持专家的知识工作系统是辅助企业专业人员开发新产品或新服务项目所使用的专业化的信息系统，是一种利用专业领域的知识对来自企业内、外部信息进行高效处理的信息系统。支持管理人员的知识工作系统是协助行政管理人员协调和管理本部门内部、部门与部门之间、企业和外部环境之间的关系，保证其信息畅通的有力工具，是一个组织不可缺少的重要组成部分。目前 OA 的发展有两种趋势：一是逐渐朝着智能化和同管理信息系统、决策支持系统相互渗透的方向发展，形成协同管理系统（CMS）；二是与现代办公大楼的自动服务等功能相结合，构成所谓的智能化办公大楼系统。

新技术革命导致信息时代的到来，20 世纪 80 年代国际上提出了信息资源管理（IRM），反映了信息系统发展过程中的一个重要变化。

20 世纪 80 年代以后，管理信息系统的研究发生了很大变化。一是研究范围逐步扩展，研究内容包括组织特征、目标、结构、文化等对管理信息系统的作用与影响；二是研究方法由早期的纯技术方法转变为社会技术方法，强调对信息系统进行综合管理；三是管理信息系统面向的对象由信息系统开发人员转变为组织的各级管理人员，特别是面向组织的高级管理人员，侧重研究如何利用管理信息系统对组织战略的支持，探索战略信息系统对组织获得竞争优势的作用；四是管理信息系统的研究者转而研究信息资源管理，国外主流信息资源管理的研究者多来自于信息系统领域。

在信息技术急速发展和竞争环境急剧变化的背景下，如何合理开发和有效利用信息资源以增强竞争实力、获得竞争优势，一种体现信息资源管理思想的新一代信息系统——战略信息系统（SIS）迅速兴起。SIS 是针对组织内外信息资源的战略应用系统。战略信息系统可应用于组织的任何层次，其影响之大、意义之深远是任何已提过的其他系统多不及的。任何一个信息系统，不管它服务于组织的什么层次，只要能帮助组织取得竞争优势，就具有战略意义。战略信息系统概念的出现是人们的信息和信息系统观念演变的产物。

在一定程度上讲，战略信息系统是管理信息系统与决策支持系统思想的结合，并且具有更加灵活的生成报告和数据分析的能力，可以帮助高层经理监视组织行为、跟踪竞争对手的活动、发现问题、把握时机和预测趋势。战略信息系统也不是代替高级经理决策的系统，而只是高级经理决策的工具。

战略信息系统根本性地改变着企业的目标、产品、服务或内外部关系。信息资源的战略应用系统最终是要达到三个目标：生产率的提高、企业对市场的反应能力的增强以及获得或维持竞争优势。其中生产率的提高是目的，市场反应能力的增强是表现形式，竞争优势的强化或者保持是最终结果。总的来说，利用信息技术寻找机会是现在的一个重要趋势，现在使用信息系统获得战略上的优势已成为人们关注的焦点。

计算机应用于管理领域的总趋势是从初级到高级、从单项到系统（见图2—2）。从单纯的事务管理到高级的辅助决策，经历了约40年的时间。40年中人们不断地从多方面来改进自己的工作，从失败中吸取教训，从成功中积累经验，从多方面来发展并完善计算机的这一重要应用领域。

EDPS→IMS→DSS/OAS→ES/EIS→SIS/IRM

图2—2　信息系统的发展

一个组织的管理信息系统的建设有一个从局部到全局、从初级到高级的发展过程。一个组织在发展过程中，按不同的发展阶段以及管理与业务工作的实际需要，其信息系统在某个时期可能侧重于支持某一两个层次的管理决策或业务运作。事务处理系统、信息管理系统、决策支持系统和高层支持系统解决的是企业和组织内部的信息收集、分析、处理、传递和信息资源共享问题。这些系统的建立为企业和组织内部的各级管理和决策人员提供信息和决策支持、提高企业的经营管理水平，发挥了极其重要的作用。这些系统的应用极大地提高了企业的工作效率和经济效益。

但是，随着企业面临的市场环境的变化，为了谋求生存和发展，企业必须具有快速响应市场变化的能力，即要能及时提供适应市场需要的且质量高、价格低、服务好的产品和服务。为了能快速响应市场，一方面从管理角度来看，企业必须加强与其合作伙伴之间的协作；另一方面从信息角度来看，必须要及时、准确、完整地收集、分析、处理和传递大量的企业内部和外部信息。因此，信息系统技术在企业中的应用不仅要解决企业内部各部门之间的信息快速、准确传递和信息资源共享问题，更为重要的是实现企业和其合作伙伴之间的信息快速、准确传递和资源共享。在这种企业内部需求的拉动和迅猛发展的计算机网络技术的推动下，20世纪90年代初出现了一种新型的计算机信息系统，即企业间信息系统。

前述的EDPS/TPS、IMS和DSS都是分别针对企业不同的管理层的需求独立开发的或相对独立开发的。20世纪90年代以后，随着网络技术的发展和应用，整合企业内部三个层面的信息系统以及企业与外界信息的条件逐渐成熟，为此企业资源计划（ERP）应运而生。ERP 对企业业务的支持也是全方位的。ERP 系统不仅实现了企业各职能领域的集成管理，而且实现了全流程的动态作业管理。也就是说，一方面，ERP 从纵向上整合了企业的 EDPS/TPS、IMS 和 DSS，缩短了企业决策层和操作层的距离，促进了企业组织的“扁平化”变革；另一方面，从横向上整合了企业的生产控制、物流管理、财务管理和人力资源管理等功能模块，带动了企业业务流程的重组，从而实现了职能部门内部的信息资源集成管理，消除了传统管理信息系统造成的“信息孤岛”。而且，通过与供应链管理（SCM）和客户关系管理（CRM）系统的整合，ERP 还能够集成企业上游的供应商和下游的分销商与消费者的信息资源。这三者的集成，加上电子商贸系统，就可以开展真正的电子商务（EC）了。我们在后面将对这些内容进行详细讨论。

总的来说，信息系统作为现代社会组织的一部分，其目的是为了实现组织的整体目标，对与管理活动有关的信息进行系统、综合管理，以支持各级管理决策活动。它既是一个组织的信息资源的有序组合，又是开发利用信息资源以支持组织目标的战略手段。

二、MIS 的模式

目前，对管理信息系统的结构描述尚无统一的模式，可以用横向结构和纵向结构来描述组织管理功能。横向结构把同一管理层次的有关职能部门的数据综合。如企业组织可分为基层、中层、上层三个管理层次，根据各管理层次所需的信息不同，把有关职能所需的数据进行综合。纵向结构对不同管理层次的数据进行综合。从基层作业管理的数据综合出中层战术管理所需的信息，再从中层战术管理数据综合出上层战略管理所需的信息，从而使各级管理层之间的信息畅通。

纵横综合，或者称总的综合，可形成一种完全一体化的系统结构。我们可以了解到，一个管理信息系统支持着组织的各种功能子系统，包括供应、生产、销售、人事、财务，还有涉及各个功能的信息管理。高层管理也可以认为是一种独立的功能。使用每个功能子系统可以完成业务执行、管理控制、战略规划，如图 2—3 所示。

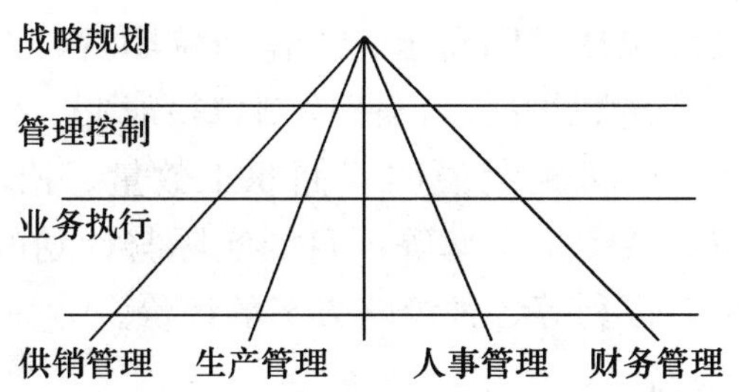

图 2—3　横向与纵向应用模式

（一）横向子系统

1. 市场销售子系统

市场销售子系统一般包括产品销售和服务。销售的事务处理主要是销售订货、广告推销等。作业控制包括销售人员的雇佣和培训，销售的日常调度，销售数量按地区、按产品、按顾客的定期统计分析。管理控制的主要活动是将销售情况与销售计划比较，分析产生偏差的原因，采取有效措施，保证计划的完成。战略规划方面的活动是研究市场战略和开发新市场。

2. 生产管理子系统

生产管理的职能包括产品设计、生产设备计划、作业计划、生产人员的雇佣与培训、质量控制等。典型生产的事务处理有根据成品订单分解为零部件需求及成品单、工时单的统计等。作业控制要求将实际情况与生产计划相比较，找出薄弱环节，分析影响进度的难点。管理控制要求考虑总进度、单位成本、单位工时。战略规划包括选用的一些加工制造方法、自动化方法等。

3. 物资供应子系统

物资供应的职能包括原材料的采购、收货、库存管理和分发。事务处理的对象包括进货要求、购货订单、加工订单、验收报告、存货卡片、运输要求、提货单据等。作业控制的内容包括给出过期购货报告、过期发货报告、库存缺货报告、库存积压报告、存货周转率报告，进行供货商信誉分析、运输单位信誉分析、发货分析，等等。管理控制包括对实际库存水平与计划库存水平的比较、外购物品的价格分析、库存缺货和存货周转率分析。战略规划涉及对新分配策略、供货商的新政策和策略的分析等。

4. 人事管理子系统

人事管理子系统包括人员的录用、培训、考核、人事记录的保存、工资及解雇情况。事务处理包括雇佣需求、工作岗位职责、人员培训计划、职工基本情况、工资变动和离职情况。作业控制包括雇佣、培训、期满通知、工资调整、发放津贴等。管理控制说明雇佣职工数量、招聘费用、技术构成、培训费用、应付工资、劳动生产率等项目的实际与计划的偏差。战略规划涉及招聘、工资、培训、福利等各种策略方案的评价。

5. 财务管理子系统

财务与会计有区别，但二者是相关的。财务的职责是有效地使用流动资金和固定资金，以最有效的方式使企业有适当的资金筹措。会计则是把财务数据分类，编制财务报表、制定预算、进行核算和成本分析。与财会有关的事务处理包括处理分类账、流水账、支票、收账凭证、收账文件等。作业控制需要每日差错报告和例外报告，处理延迟记录及未处理的业务报告等。管理控制包括预算和成本数据的比较分析。战略规划包括制定长远的财务计划、税收会计方案等。

6. 信息管理子系统

信息管理子系统的职责是，保证其他功能子系统有必要的信息资源和服务。其事务处理包括对数据和程序进行校正和变更，处理硬件、软件运行报告。作业控制包括日常任务调度、统计差错率、排除设备故障。管理控制则包括给出计划需要使用的数据、设备性能价格、程序员的情况，比较各项目的实际进度与计划进度，等等。战略规划包括整个信息系统的计划、战略、硬件和软件环境等。

7. 高层管理子系统

高层管理部门由总经理及高级管理人员组成。高层管理的事务处理主要是信息查询和决策咨询。作业控制包括会议计划、通信、联系。管理控制是利用其他职能部门提供的综合信息来评价这些部门是否按计划进行工作。战略规划涉及企业的发展方向以及资源规划之类的活动。

在实际工作中，由于时间、人力、技术、经费等方面的限制，一个组织开发的信息系统可能涉及某几个子系统，很难开发这样一个完整的系统，即使开发出来，这样的系统维护也是很困难的。不过有了这样一个框架，我们对管理信息系统就有了一个全面的清晰的认识。

（二）纵向子系统

前面介绍了按企业各个职能部门建立职能子系统，也可以基于管理层次，分别建立战略规划子系统、管理控制子系统、业务执行子系统。从工作量来讲，业务执行的工作量最大，越往上工作量越小，战略规划工作量最小。

1. 业务执行子系统

业务执行子系统的任务是确保基层的生产经营活动正常、有效地进行。通常使用预定的处理过程和决策规则。

2. 管理控制子系统

管理控制子系统的任务是为企业各职能部门的管理人员提供用于衡量企业的经济效益、控制企业的生产经营、制定企业资源分配方案等活动所需要的信息。它从业务执行子系统中取出信息进行汇总及其他处理。

3. 战略规划子系统

战略规划子系统的主要任务是为企业战略规划的制定和调整提供辅助决策。它关注的主要问题是企业如何适应外部环境的变化。该子系统所需要的信息一般都是经过业务执行子系统或管理控制子系统加工处理的，以及来自企业外部的。同时，该子系统所采用的数据处理通常很难用简单的过程或规则来实现，在很大程度上仍取决于管理者长期积累的丰富经验。

上面提到的三层子系统也基本对应于前面我们提到的事务处理系统、信息管理系统、决策支持系统。EDPS 是信息系统的基础，IMS 是 EDPS 的高级形式，DSS 又是 IMS 的高级形式。EDPS 是 MIS 的数据处理部分，DSS 又是 MIS 中支持高层决策的部分。而且，EDPS、IMS、DSS 的功能目前正在逐渐融合，彼此之间的界限越来越模糊而不可能被截然分开。关于这三者关联的讨论对于我们把握信息系统的整体框架也是有帮助的。

本章小结

简要地说，管理信息系统是指按照系统思想和方法建立起来的以计算机、网络等信息技术为工具，为组织管理决策服务的信息系统。

人、硬件、软件和数据是管理信息系统的四种基本资源。计算机技术（包括硬件和软件）是管理信息系统得以实施的主要技术。但人是关键，数据是核心，这两者不可忽视。

MIS 不仅具有一般信息系统的信息收集、加工、存储、传递和提供功能，而且还具有预测、计划、控制、优化、决策等功能。

近半个世纪以来，管理信息系统（MIS）的发展大体经历了由单机到网络、由集中式到分布式、由电子数据处理系统（EDPS）到信息管理系统（IMS）再到决策支持系统（DSS）的演变。与其有关的应用系统主要还有办公自动化系统（OAS）、专家系统（ES）、经理信息系统（EIS）、战略信息系统（SIS），还有新近出现的企业资源规划（ERP）系统、客户关系管理（CRM）系统、供应链管理（SCM）系统、电子商务（EC）等。它们为企业的不同层次、不同部门的信息需求提供相应的系统。信息系统纵横交错、内外结合，已经渗透到企业的方方面面、各个角落。

关键词汇

管理信息系统　电子数据处理系统　信息管理系统　决策支持系统
办公自动化系统　专家系统　经理信息系统　战略信息系统
企业资源规划　客户关系管理　供应链管理　电子商务

习　题

1. 你是如何理解管理信息系统的？
2. 在管理信息系统中，如何处理人与计算机之间的关系？
3. 叙述 MIS 的四种基本资源。
4. 管理信息系统的发展大体经历了哪些阶段？
5. 论述管理信息系统的四大支柱。
6. 广义的管理信息系统和狭义的管理信息系统的区别和联系有哪些？
7. 与一般信息系统相比，管理信息系统具有哪些特有功能？
8. 叙述一下管理信息系统的概念结构。
9. 比较一下组织中管理信息系统的主要类型。就每一种类型，用例子来说明。
10. 描绘管理信息系统的纵横应用模式。讨论横向综合和纵向综合的系统。

案例分析

金蝶 ERP 促进金风科技股份有限公司快速发展

金风科技股份有限公司成立于 1998 年，2001 年 3 月由新疆新风科工贸有限责任公司整体改制设立，由国内最早从事风力发电的新疆风能公司、新疆风能研究所发起成立，公司注册资本 3 230 万元，2004 年增资扩股为 7 000 万元，是国家认定的高科技企业。公司在乌鲁木齐经济技术开发区建成占地 18 000平方米、厂房面积 6 000 平方米的现代化生产基地。配备有 50T、32T、10T 行吊，总装台车，风机地面检测系统、实验设备等相关设备及其他专用工具、仪器、软件等，具备年产 300 台大型风电机组的生产能力，一些关键部件，如：风机叶片、齿轮箱、偏航、发电机等均建立了专门的生产部门和生产线，部分风机部件已开始出口德国。根据市场需求，公司不断开拓新的经营理念与经营模式，建立国际化研发平台，开展最优供应链建设、第三方质量监控，持续改进管理、风力机组专项化设计与优化设计、基于质量与创新的成本控制，为客户提供全面的解决方案。公司在强调生产经营的同时，非常重视资本运营。2001—2003 年，年营业收入平均增长率为 107%，2004 年为 113.65%，名列中国企业家协会 2004 年度“未来之星”——最具成长性的中小企业排名第五位。

一、金风科技实施企业信息化的背景

金风科技由 1998 年仅仅有 20 名员工发展到 2004 年具有员工 220 人、产值达到 25 000 万元的规模，除了企业不断完善各种机制、管理、技术的创新改革以外，应用计算机产业，借助计算机工具实施企业信息化无疑是能够取得快速发展的重要环节。

由于风机产量低，财务管理、物流管理等环节效率低等因素，2000 年之前公司已经开始尝试借助计算机辅助管理的手段来管理企业。作为一个以新的风力能源开发为主导思想的企业公司，金风科技也面临着与国际大型企业（比如美国通用、日本三菱重工等大型企业）的竞争。所以为了更加有效地参与市场经济活动，增强企业的市场竞争能力，应用现代化的计算机产业、建立企业信息化来提高企业的生产效率、加强企业的财务和制度管理显得尤其重要。企业实施信息化建设，不仅可以实现网络化、数字化环境，提高管理水平，还有助于实现开发、生产、管理、销售等各环节的信息化整合和信息资源共享，提高企业核心竞争力。

公司在 2002 年提出了建立信息化的总体目标，即：在企业统一的规划下全面推进 E 化的应用，规范企业管理，提高生产效率。

确立的四个目的是：

（1）为金风设计、生产、销售、管理、决策提供无地域限制和时间限制的信息平台。

（2）利用信息平台整合国内设计、生产的制造资源。

（3）为设计产品提供快速产业化转化的平台。

（4）使信息化成为金风科技的核心竞争力之一。

同时，公司为了企业信息化的顺利进行，特别成立了项目领导小组和信息化管理办公室。领导小组组长由公司董事长兼总经理担任，小组成员由公司董事会各部门负责人组成。设信息化管理办公室为公司的常设办公室，由行政办公室主任兼任主任职务并且聘请新疆大学有关信息专家为专门顾问。这为以后实施企业信息化打好了坚实的管理基础，从而有规划、有目的、有组织方式地去实施企业信息化的建设，实现办公效率的提高和企业管理的不断完善。

二、企业信息化的实施

1. 企业信息化的前期建设

2001 年公司设计和开发了基于 LOTUSNOTES 平台的办公自动化系统，并且在 2003 年进行了升级改版。此系统用于各子公司及部门内部的办公管理及各部门间的文件传递，当时基本实现了无纸化办公。

财务业务一体化进程采用国产某品牌软件，使财务部、采购部在统一软件平台下进行工作。

在产品的设计研发方面，采用国际领先的风力发电机组设计研发软件：Bladed for Windows、有限元分析软件 ANSYS、疲劳分析软件 FE-SAFE 等。这些软件在本企业内的应用有效提升了产品质量，缩短了设计周期。

市场及客户服务方面，购买了专业测风软件 WASP 为客户提供风电场的选址服务、WINDFAMER 软件为客户提供风电场的运营管理服务。公司客户服务中心在 2003 年与新疆金泰隆软件公司合作设计开发了“金风客户服务 MIS 系统”。遍及各地的客户人员每天的工作内容可以通过此系统进行管理，并且可将包括风电场运营及风力发电的所有数据上传到公司总部客服中心。中心能够在第一时间掌握现场的管理及运行情况，及时发现问题，协调资源。

2. ERP、OA 系统的实施与现状

公司的发展规模不断壮大，产值逐年实现百分之百递增，但在信息化的使用过程中，多种孤立、不兼容的遗留系统显现出越来越多的弊端，主要表现在以下几个方面：

(1) 企业中的信息系统越来越多；

(2) 产品没有统一的编码，信息传递的问题；

(3) 不兼容的数据格式；

(4) 不兼容、无法移植的开发语言；

(5) 无法满足集团全局的管理需求。

2004 年初公司设想建立一个更强大的信息化软件，并在 2004 年 2 月完成了实施项目的规划。公司董事长兼总经理武钢等人多次赴外地参观考察，借鉴成功的企业信息化方案，最终综合考虑企业自身的建设情况以及发展需要，确定了把金蝶 K/3 解决方案作为金风科技 ERP、OA 等系统的管理软件。

同时为了配合系统的开发，公司又专门制定了信息战略，分别是：

第一主线：以研发为主线的研发协同平台、研发技术平台、产品数据管理。

第二主线：以生产物流为主线的 ERP、供应链、电子商务的建设。

第三主线：以销售服务为主线的客户关系管理的建设。

第四主线：以人为本的人力资源系统的建设。

第五主线：以知识管理为核心的知识管理信息系统的建设。

第六主线：信息平台搭建后，对海量数据的挖掘、筛选，供公司决策层进行工作和战略调整。

金风科技进行的 ERP 建设主要包括：财务管理系统、生产制造管理系统、工作流管理系统。

软件部分主要实施 ERP 信息系统、客户关系管理系统、人力资源管理系统、知识管理系统、协同设计系统、产品数据管理系统等。这些软件的具体应用将企业的管理推上了一个新台阶，而且趋于规范化。信息的快速交流使每个员工可以快速地了解企业内部的信息和同类行业的产品信息。

金蝶软件新疆分公司自 2004 年 7 月至 2005 年 6 月快速完成了 ERP 系统的实施和 HR、OA、CRM 系统的实施。在项目实施过程中，金蝶新疆分公司的实施顾问和金风公司信息管理部门共同制定了详尽可行的实施计划，在实施过程中有效地做到了“执行、监督、反馈”，共同推进项目实施按计划执行。

在金风科技 ERP 项目实施过程中，通过制定科学的编码方案、优化业务规程等工作，夯实了金风科技的基础管理。在实施过程中发现了企业现存的一些问题，并且在实施过程中金风科技、金蝶公司双方紧密沟通协调，对相应的问题进行了纠正和调整，理顺了企业的实际业务运行。在项目刚开始实施的时候，各业务部门的业务人员对信息系统没有一个整体运行的理解和认识。在初始化及业务运行过程中，通过系统培训及原型测试，明确了企业的业务操作规程，业务人员逐步理解了 ERP 系统真正意义，实现了财务业务的一体化管理，财务部门对业务运作起到真正意义上的监督作用，加强了企业的管理手段，提高了企业的核心竞争力。

三、实施企业信息化后取得的成果

因全球风力能源本身能源储量大、易于开发利用、对生态环境影响小、无污染、并网式风力发电技术日趋成熟、成本逐步降低等特点，再者金风科技自从建立起一直推广计算机工具的应用，建立成套与企业配套的计算机管理系统，所以，近年来，企业已能够自主生产大型风电机组，而且实现了企业总产值每年百分之百的递增。由于企业信息化的实施，公司取得了以下几个方面的显著成果：

1. 产品设计周期缩短 20%

由于采用了办公自动化（OA）系统，除设计图纸的无图化以外，设计人员通过网络，专业技术性问题能够及时进行查询或参考，极大地提高了产品设计的工作效率，缩短了产品设计周期。

2. 产品投放市场的进度加快 20%～30%

公司实施企业信息化过程中，由于生产物流系统的介入，员工的生产速度加快，了解市场的需求也变得简单快捷。这样不仅能够加快产品投放市场的进度，还能准确、有效、快速地了解市场需要的新型产品，增强企业创新意识。

3. 企业总成本降低 10%

由于企业信息化建设实现了与互联网的连接，所以企业能够不需要专人专程考察就能快速了解市场产品信息，节省了人力成本。另一方面，公司也能够了解市场上的供应信息，从中比较，获得物美价廉的原材料。

4. 企业利润增加 15％

提高顾客满意度，保持与老客户的联系，同时积极发展新客户，让企业对外在环境变化时的应变能力变得更迅速。信息化的实施还让员工学到更多技能，在提升员工素质的同时也协助企业制定更佳的决策方案。

5. 不断创新，取得技术成果

金风科技在信息化实施中不断创新。如：综合信息系统的高度集成；跨企业的信息平台整合；不同应用系统的数据保密与协同工作；无地域时域限制的信息系统等。

总之，通过企业信息化的建设，加上配套的“ISO9001 质量管理体系”及目标管理体系在企业中应用，企业逐步细化了管理，提高了管理水平，优化了整个企业的资金流、物流与信息流，充分利用企业内的各项资源，降低了企业运营成本；通过建立门户网站“金风网”，在互联网上宣传普及洁净能源知识，提高企业的知名度，并在网络上为客户提供售后服务，拓展售后服务渠道。金风科技坚信通过信息化建设能够提高企业决策能力与对市场的把握能力，最终实现企业管理的整体优化，确保企业在市场中的竞争力，并为企业发展开拓更大的空间。

课外实验 2

本实验的目的是从总体上认识企业生产管理信息系统。实验的内容为熟悉管理软件的界面和相关操作方法，认识该系统的总体功能结构，对其功能进行了解。

本实验选择的软件为佳宜生产管理软件 v1.71（共享版），系统的主窗口如图 2—4 所示。

（1）业务管理：业务管理模块包括了企业生产管理中的各个环节，包括原材料入库、原材料出库、生产计划、生产领料等。

（2）查询统计：在本模块中可以实现各种查询，如：生产计划查询、材料往来查询、产品销售查询、生产进度查询等，并可以将查询结果打印或者以文件方式保存起来。

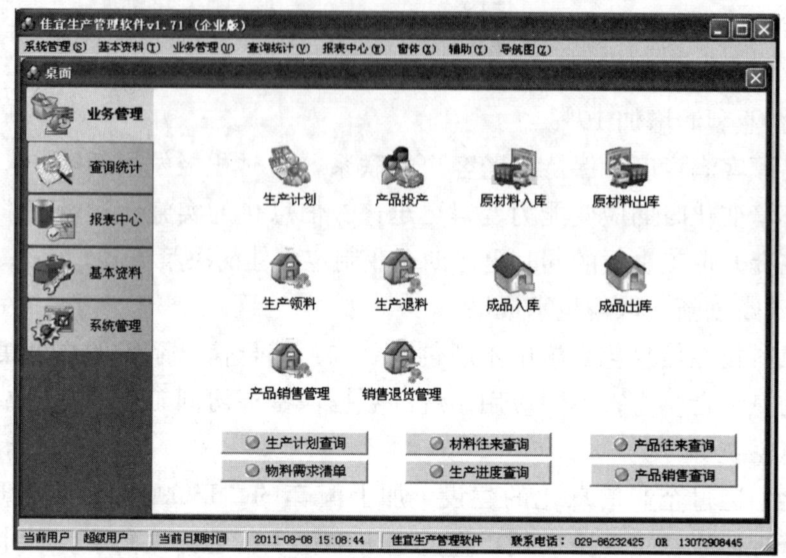

图 2—4　生产管理系统主界面

(3) 报表中心：在本模块中可以看到各种资料汇总或者明细，如：原材料出入口汇总及明细、材料领用汇总及明细、原材料库存对账、日旬月材料流通分析等。

(4) 基本资料：包括原材料管理、产成品管理、原材料类型、产成品类型等。

(5) 系统管理：在本模块中可以实现对公司资料设置、角色权限管理、数据备份与恢复、货品资料与材料信息导入等。

软件来源：http://www.jyitsoft.com/。

第三章

管理信息系统的研究方法论

先行实例

任何一项研究都离不开方法的支撑。没有研究方法的科学研究是不存在的。没有研究方法，其研究就成了无源之水、无本之木，就不是真正的研究。科学发展史也表明了研究方法的重要性，例如培根用实验法最早发现了热的运动本质；伽利略用实验—数学方法发现了自由落体定律，运用理想实验发现了惯性定律，开创了动力学研究的先河；牛顿用公理化的方法、归纳与演绎的方法完成了经典力学体系；汤姆生、卢瑟福、玻尔等用模型化的方法揭开了物质微观粒子的结构，建立了各种原子结构模型；门捷列夫用分类法、比较法发现了元素周期表；达尔文用观察法、实验法、分类法、比较法等提出了进化论。从中不难发现，这些物理学、化学、天文学等自然科学领域的研究成果都是通过各种各样的方法来实现的。从国内来说，吴文俊的数学、袁隆平的杂交水稻等最新研究成果也都是采用新的方法取得的，因此，要想做好研究工作，取得一定的研究成果，就必须使用一定的研究方法。

研究方法是人们在从事科学研究过程中不断总结而提炼出来的。需要注意的是，科学研究通常是分阶段进行的，在不同的阶段应该选择不同的研究方法来完成相应的研究任务。从某种意义上说，有什么样的研究方法，就有什么样的科学研究。

问题：1. 你知道的研究方法有哪些？

2. 你看过科学方法论方面的书籍吗？

本章导读

MIS的研究方法论是一个非常重要但又被忽视了的研究课题。本书将此课题列为一章专门讨论，希望引起有关理论研究者和实际工作者的重视。管理信息系统研究是一个多学科领域，其研究方法大体上可分为技术途径和行为途径，或者说用技术和行为两种方法研究信息系统。这两种方法进一步可以合为一个研究MIS的社会—技术方法。本章首先提出了MIS研究方法论的体系框架，然后分别解释了我们总结的MIS研究的四种基本和主要方法：信息学方法、系统学方法、管理行为方法、技术经济方法。

学习目的

通过本章的学习，应该重点掌握以下知识点：

1. MIS研究的技术方法、行为方法、社会—技术方法；
2. MIS研究的方法论体系框架；
3. 通信信息系统模型；
4. 信息生命周期方法；
5. 几种系统工程方法论；
6. 系统分析与系统集成的概念；
7. 行为科学方法对研究MIS的重要性；
8. 组织行为学和管理心理学的区分，运用它们研究MIS；
9. 技术和经济的关系；
10. 成本效益分析方法。

第一节　MIS的研究方法论体系

管理信息系统并不是一门“纯”的学术领域。它是一门边缘学科，是管理理论、信息技术和系统科学的混合体。当管理理论和信息技术相互独立的时候，它们解决的是各自领域的问题，组织管理可以不用信息技术支持，而信息技术也可以不用在管理方面，这时它们的关系是分离的。但是当人们用系统科学的观点，将管理理论与信息技术有机地结合起来以后，就产生了管理信息系统这一新的学科。

有些人认为，管理信息系统属于技术学科；有些人认为，管理信息系统属于社会科学。本书认为，管理信息系统归于系统科学的范畴较为妥切。因为管理信息系统是涉及社会因素和技术因素的人—机工程，是一个庞大的系统工程，必须用系统工程的理论和方法来分析、研究、建设和管理。

由于管理信息系统是一门综合性学科，是涉及多个领域的交叉性学科，所以没有哪一个学科能单独代表整个管理信息系统领域的研究和发展。管理信息系统的学科发展大体经历了技术学派、行为学派、社会—技术学派几个不同的发展阶段。

早期的管理信息系统更关注信息系统的技术层面，我们可以称之为技术学派。实际上，技术学派面临的问题有时不是技术的难题，而往往是技术以外的难题，即由于使用人员的行为、态度和心理等引起的问题，由此便产生了另一个学派：行为学派。完整地说，行为学派侧重于研究信息技术和信息系统对人、群体、组织和社会行为的影响，强调信息技术和信息系统经常是引发行为问题的重要因素。当然，行为方法与技术方法并不矛盾，事实上，信息系统的技术经常能够促进企业行为问题的解决，而行为的研究对解决信息系统某些方面的问题又有独到的功效。但是，行为方法的重点一般不在技术方案上，它侧重于态度、管理、政策、行为等方面。

在信息系统的实际应用中，仅从某一个方面出发也很难抓住信息系统的本质特征，信息系统本身以及信息系统所解决的组织和管理问题不可能是纯技术或纯行为的，而必须以社会—技术的观点来研究和应用信息系统。采用社会—技术观点来研究信息系统，强调必须使信息系统的技术部件和行为部件相互匹配。社会—技术学派一方面强调任何信息系统都是为组织或个人服务的，必须从实际需求出发进行技术的设计和应用；而另一方面，组织和个人又必须不断学习和接受培训，以充分发挥新技术的作用和优势。

应该特别关注的是，现在人们已经认识到信息系统的价值，对信息系统的投资逐年增加。在这种情况下，如何衡量信息系统的价值？如何给信息系统投资？如何用较小的信息系统成本获取较大的收益？诸如此类的问题自然就成为人们所关注的焦点。信息系统的开发、应用和管理过程，受到各种经济因素的制约，或者说是在有着明显经济动机的前提下进行的。为了有效地进行信息系统的规划、投资、开发、管理和维护，使其获得良好的经济效益和社会效益，便产生了运用经济学理论和方法研究信息系统的需要。

当然，除了管理行为和经济问题外，与信息系统相关的社会问题还有很多，主要包括有关的法律、制度、伦理道德、文化背景、价值观念等。这是一项崭新而有意义的研究课题，目前，国内已经开始这方面的研究。本书暂不涉及。

本书认为，从技术的角度，虽然信息学方法和系统学方法更多地关注信息技术本身和系统开发知识，但它们可认为是 MIS 研究的方法论基础；从社会的角度，管理学的管理行为方法和经济学的技术经济方法可认为是 MIS 研究的前提，因此人们应该越来越多地关注 MIS 的管理行为学说这一管理问题和 MIS 的投入产出这一经济问题。这样就基本上形成了 MIS 的研究方法论体系框架（见图 3—1）。

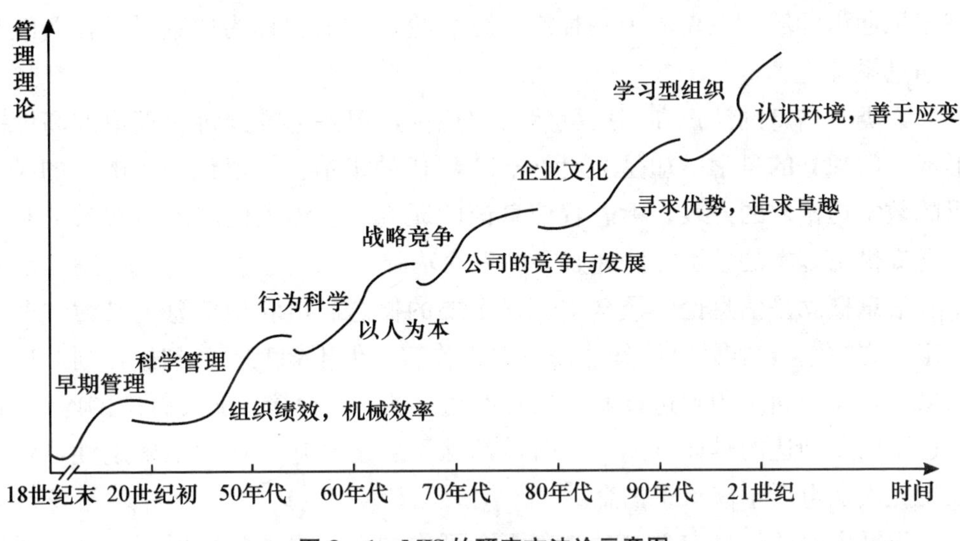

图 3—1 MIS 的研究方法论示意图

另外，我们不仅应该重视理论研究，也应该强化应用研究。现实生活中组织的信息系统建设和使用问题从来就不是单纯的技术问题，这些问题的形成及解决涉及大量的组织和管理方面的因素，如果不了解问题的成因，不会用综合的措施去解决问题，那么问题永远不可能真正得到解决。为建设一个好的信息系统，也必须首先懂得系统所要解决的组织问题，设计解决方案需要考虑的约束因素（特别是非技术因素）以及形成解决方案的组织过程。所以，完整的研究方法论还应包括实证研究。

第二节 MIS 研究的信息学方法

一、信息论

信息论产生于 20 世纪 40 年代末，它的主要创立者是美国的数学家申农和维纳。

最初，信息论仅局限于通讯领域，后来，信息论成为了控制论的基础。它是一门应用概率论与数理统计方法研究通讯和控制系统中普遍存在的信息传递和信息处理的科学。随着现代科学技术的发展，信息概念及其方法远远超出了通讯领域，发展成为一种广义信息论。在美国称为信息科学，西欧称为信息系统。

人类对信息的认识和利用虽然历史悠久，但是上升到科学理论的高度并形成一门独立的科学，却是 20 世纪 40 年代的事情。一般认为，申农的《通讯的数学理论》的发表，标志着信息论的诞生。它为人们广泛而有效地利用信息提供了基本的技术方法和必要的理论基础。

信息概念是信息论中最基本和最重要的概念。申农把信息定义为“两次不定性之差”。比如，某人知道朋友要来作客，但不知其何时到达，则对这个人来说，关于朋友的到达日期存在着不确定性。当他接到朋友打来的电话后，知道了朋友到达的具体日期，这时就消除了朋友到达日期的不确定性，就可以说此人从电话中获得了信息。

根据申农的信息定义，对信息概念可作如下两方面的理解：一是从通讯角度看，信息是消息的内核，消息是信息的外壳。或者说，信息是消息的内容，消息是信息的形式。二是从实用角度看，信息是指能为人们所认识和利用的，但事先又不知道的消息、情况。信息能提供给我们关于事物运动状态的知识。

信息量是指用来度量信息大小的量，它是信息论的中心概念。只有在申农提出度量信息的科学方法，使通讯理论由定性进入定量阶段之后，对信息的研究才被公认为一门完善的科学。

信息量的大小取决于消息的不确定程度。消息的不确定程度要依赖于它在整个消息集合中发生的概率。信息的定量描述是用概率的方法来实现的。

如果我们事先知道某一事件出现的概率是 P，有一个消息使我们知道这一事件的确发生了，则可以说我们获得了一定量的信息。若某事件发生的概率越大，当有消息证实其确实发生了时，则从中获得的信息量越小；若事件发生的概率越小，当有消息证实其确实发生了时，则从中获得的信息量越大。这与我们的常识也是相符合的。这种关系，正如申农在《通讯的数学理论》

中指出的：采用对数作为信息的度量，在数学上比较合适。

一般地说，若某事件出现的概率为 P，则这一事件所具有的信息量为：$h=-\log P$，其中对数以 2 为底。单位称为比特（bit），这是信息量最常用的单位。

信息之所以称为信息，在于它的可传递性。我们把发出信息的一方称为发讯者（信源），接受信息的一方称为受讯者（信宿）。通讯就是通过信道（传递信息的通道）将信息由发讯者传给受讯者。信源、信道、信宿构成了一个最简单的系统，叫做通讯信息系统（见图 3—2）。

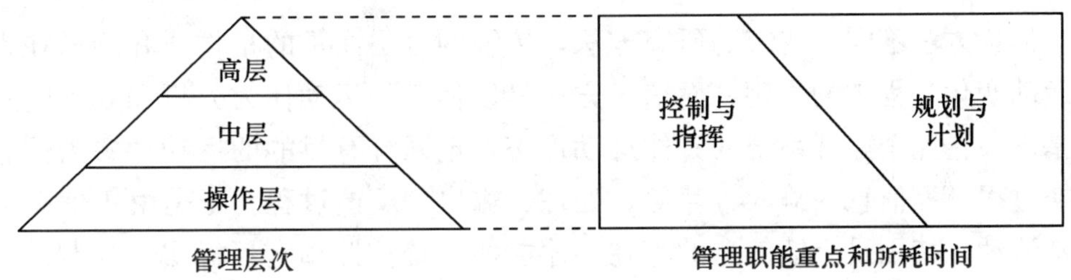

图 3—2　通讯信息系统的简单模型

任何信道都具有一定的传输信息的能力，标志信道传输信息能力的量称为信道容量。决定信道容量大小的因素有：信源发出信息的能力，信道的传递能力，信宿接收信息的能力，信道内外干扰的强弱。

通讯的主要目的就是使收信端收到与发信端尽可能相同的信息。但在许多情况下，由于系统内、外原因（通讯中称为“噪声”），使得收发信息之间往往有差别，这种情况通常叫“失真”。把信息在受讯者那里所引起的效果与发讯者的意图相符合的程度称为接受率。接受率越高，就认为信息的沟通程度越好。反之则认为沟通程度越差。若接受率为零，表明未能沟通信息。

香农信息论就是用数学方法来实现上述模型（即信息传递过程）的一般信息理论。在通信系统中，信息传递的最根本要求就是尽可能高效率、高质量地传递信息。高效率是数量指标，高质量是质量指标。如果考虑到实际的实现，还要增加低成本、易操作等方面的要求和指标。

二、信息方法及信息科学方法论体系

信息方法这一术语，是控制论的创始人维纳在其 1948 年出版的《控制论》一书中提出的，如图 3—3 所示。尽管技术装置与生物有机体中的反馈回路可以很不相同，但作为信息通道来说，却是相同的。这样就便于控制论从统一的角度来一般地研究各类不同的控制论系统。

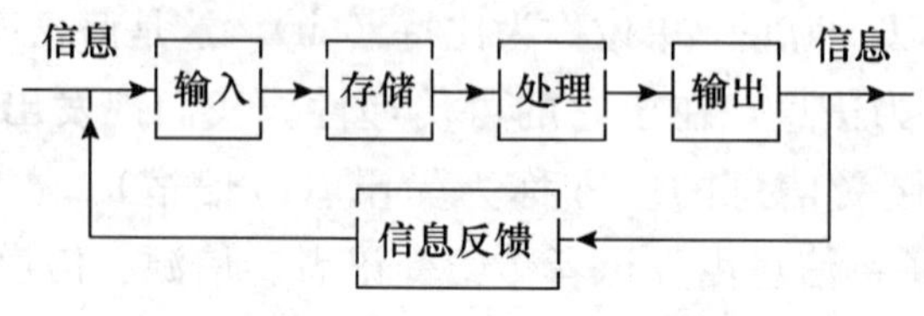

图 3—3　信息方法示意图

信息方法不同于传统的研究方法，传统的方法注重的是物质和能量在事物运动变化过程中的作用，而信息方法是以信息的运动作为分析和处理问题的基础，它完全撇开系统的具体运动形态，把系统有目的的运动抽象为信息变换过程，即信息的输入、存储、处理、输出、反馈过程。正是由于信息的正常流动，特别是反馈信息的存在，才能使系统按照预定目标实现控制。它根据系统与外界环境之间的信息输入和输出关系，以及系统对信息的整理和使用的过程，来研究系统的特性，探讨系统的内在规律。

信息方法是实现科学管理的有效手段。我们知道，管理的成败首先取决于管理决策是否正确。决策正确与否又与能否及时准确地获取足够的信息有直接的关系。决策过程的实质就是信息反馈控制过程。从信息方法的角度看，我们可以把管理过程抽象为信息过程。整个管理活动就是信息从输入到输出，经过反馈再一次重新输入的过程。

信息方法包括两个基本的方面，即信息分析方法和信息综合方法。信息分析方法主要解决认识问题；信息综合方法主要解决实践问题。信息分析和综合方法对于各种管理信息系统及其他应用信息系统的分析、设计与实现也具有直接的指导意义。

信息方法有两个准则，即功能准则和整体准则。信息方法的功能准则是指运用信息方法对负责事物进行研究时，不需要对事物的具体结构加以解剖性的分析，而是对其信息流程加以综合性的考察，着眼于该系统与环境交互作用过程中的动态功能。同时，信息方法并不是要割断系统的联系，也不是用鼓励的、局部的、静止的方法研究事物，更不是在剖析的基础上进行简单的有机综合，而是直接从整体出发，用联系的、全面的、转化的观点去综合分析系统的运动过程，这就是信息方法的整体准则。

作为一门新兴学科，信息科学的方法论体系包括一个方法和两个准则。一个方法是指信息方法；两个准则是指功能准则和整体准则。在这个体系中，信息方法是核心，功能准则与整体准则是信息方法能够正确实施的保证。

三、信息生命周期方法

信息如同世界上所有的其他事物一样都有其发生、发展、成熟和死亡的过程。信息生命周期是信息运动的自然规律。从信息的产生到最终被使用、发挥其价值，一般可分为信息的收集、传输、加工、存储、维护和使用这几个阶段。

（1）信息的收集。

主要是通过已有渠道或建立新的渠道去收集需要的数据。信息收集遇到的第一个问题是确定信息需求的问题或者叫做信息的识别。信息识别以后，下一步就是信息的采集。信息收集的最后一个问题是信息的表达。

（2）信息的传输。

从信息采集地采集的数据需要传送到处理中心，经过加工处理后传送到使用者手中，这些都涉及信息的传输问题。信息传输实现信息从发方到收方的流动。具体地说，信息的传输实现了系统内部各个组成部分之间的信息共享以及系统与外界的信息交换。这里就需要借助先进的网络通信技术。

（3）信息的加工。

将收集到的数据按照规定的要求进行处理，这时数据才成为真正的信息。信息加工往往不是一次完成的，在许多情况下，是根据不同的需要逐步分层进行的。现代化的信息处理系统都是以计算机为基础来完成信息处理工作的，其处理能力越来越强。

（4）信息的储存。

信息存储是将信息保存起来，以备将来应用。存储并不是目的，而只是手段，检索才是存储的目的。当组织相当庞大时，所需存储的信息量也非常大，这时就要依靠先进的信息存储技术。信息存储应包括物理存储和逻辑组织两个方面。

（5）信息的维护。

保持信息处于合用状态是必要的。信息维护的主要目的在于保证信息的准确、及时、安全和保密。

（6）信息的使用。

信息的作用在于为用户所接收和采用。信息的使用包括两个方面，一是技术问题，即以什么方式提供用户所需要的信息；二是如何实现价值转换的问题。

第三节　MIS研究的系统学方法

一、系统论

系统论是20世纪迅速发展起来的、具有普遍适用范围的现代科学。系统论的主要创立者是贝特朗菲，他于1945年发表了《关于一般系统论》的论文，宣告了这门学科的诞生。1968年，贝特朗菲出版了《一般系统论——基础·发展·应用》一书，全面地总结了自己40年来研究一般系统论的成果，为广泛而深入地发展系统科学提供了指导意义的理论纲领，被公认为一般系统论的经典著作。

20世纪70年代以后，不同领域的科学家各自独立地从自己的角度研究系统理论，形成了许多关于系统论的分支理论，并取得了突破性的进展。如耗散结构理论、协同学理论和突变理论等。这些研究不仅是定性的，而且是定量的。

一般系统论经过几十年的发展，其内容已远远超过了原有的范围。我们现在说的一般系统论，是广义系统论。贝特朗菲曾把广义系统论研究的领域划分为以下三个方面：一是关于“系统”的科学和数学系统论；二是系统技术，包括“纯粹”的系统技术，也包括系统技术的应用；三是系统哲学，研究系统论的哲学方面的性质。贝特朗菲关于广义一般系统论研究领域的划分，直到晚年发表的《一般系统论的历史和现状》一文，一直坚持这种看法。这一关于系统科学体系的富有探索性和启发性的构想，在系统研究领域产生了广泛的影响。

关于系统科学的体系问题，我国著名科学家钱学森认为，系统科学是与自然科学和社会科学等并行的一个学科门类。它不是自然科学，不是社会科学，不是数学，而是一个不能为这些学科体系所包括的新兴学科体系。它有三个层次：系统的工程技术层次；系统的技术科学层次；系统的基础科学层次——系统学。他认为在系统的基础科学与哲学之间还存在着一个桥梁，即系统论。钱学森关于系统科学体系结构的框架，是他长期从事系统科学研究所获诸多成果中的重要部分，对我国系统科学的发展产生了深远的影响。

系统这一概念来源于人类长期的社会实践。贝特朗菲把系统定义为"相互作用的诸要素的综合体"。钱学森认为："系统由相互作用和相互依赖的若干组成部分结合成具有特定功能的有机整体。"

可见，一个形成系统的诸要素的集合永远具有一定的特性，而这些特性是它的任何一个部分都不具备的。系统的特定结构决定系统的特定功能，这正是区别一个系统和另一个系统的主要标志。换句话说，一个系统是一个由许多要素所构成的整体，但从系统功能来看，它又是一个不可分割的整体，如果硬把一个系统分割开来，那么它将失去其原来的性质。

系统论认为，世界上各种对象、事件、过程都是由一定部分组成的整体，而这一整体中的各个部分又是由更小的部分组成的，如此下去，以至无穷。构成整体的各个层次和部分不是偶然地堆积在一起的，而是依一定规律相互联系、相互作用的。

系统整体大于系统各部分之和。这包括两方面含义：其一是指系统整体的性质大于其各个部分性质的机械相加和；其二是指系统整体的功能大于其各个部分功能的机械相加和。贝特朗菲指出：整体大于它的各部分的总和，是基本的系统问题的一种描述。这是系统论最基本的思想。

二、系统工程方法及其方法论

系统论不仅在技术科学、生物科学和社会科学等领域结出了丰硕果实，而且给人类带来了新的思想观念，引起了思维方法的巨大变化。如果说系统论的基本概念和原理主要是从理论上研究系统，那么，系统方法则主要是从应用上研究系统。国外有人把系统方法称为"全科学的方法"。整体性是系统方法的基本出发点，最优化是运用系统方法所要达到的目的。任何系统都是一个动态系统，要在动态中把握系统整体，使系统最优化地前进。这里重点介绍系统工程方法。

由于系统工程是一门新兴的交叉学科，尚处于发展阶段，还不够成熟，至今还没有统一的定义。钱学森等指出，系统工程是一门组织管理的技术。也就是说，系统工程是系统方法在组织管理中的具体应用。具体地讲，系统工程就是一种对所有系统都具有普遍意义的科学方法。它应用定量分析和定性分析相结合的方法和电子计算机等技术工具，强调最优化，充分地发挥人力、物力的潜力，通过各种组织管理技术，使局部和整体的关系协调。

“系统工程与其他工程学不同之处在于它是跨越多学科的科学，而且是填补这些学科边界空白的边缘科学。因为系统工程的目的是研究系统，而系统不仅涉及工程学的领域，还涉及社会、经济和政治等领域。为了圆满解决这些交叉领域的问题，除了需要某些纵向的专门技术以外，还要有一种技术从横向上把它们组织起来，这种横向技术就是系统工程。”日本学者三浦武雄的这段话对于我们理解系统工程很有帮助。

系统工程是一门技艺。探讨系统工程方法论是有意义和必要的。具有代表性的是霍尔的三维结构和李怀祖的系统工程方法论框架。

美国的 A. D. 霍尔提出的系统工程的三维结构，是把系统工程的活动分为相互联系的三个方面，即按时间进程把活动分为七个阶段，按处理问题的逻辑关系把活动分为七个步骤，为完成各阶段和步骤所需的各种专业知识设置科学技术体系，并将活动的三个方面用空间直角坐标系形象地表示出来（见图 3—4），这就为解决大规模复杂系统提供了较科学的思想方法。

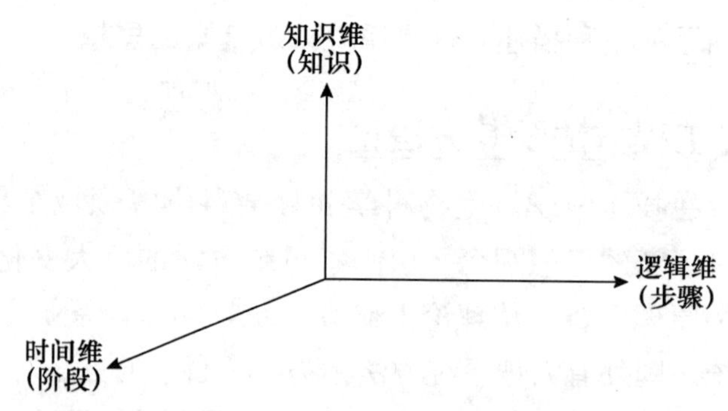

图 3—4　系统工程方法三维结构

具体地讲，运用系统工程方法进行思考、分析和处理系统问题时应遵循的一般程序为：A. 明确问题；B. 选择目标；C. 形成方案；D. 建立模型；

E. 方案优化；F. 作出决策；G. 付诸实施。

西安交通大学教授李怀祖根据多年的研究和实践，提出了概括性程度高、可操作性强的、非常具有特色的系统工程方法论框架。他把系统工程分成三个阶段，五个环节。它们是：(1) 阐明问题阶段。既是一个阶段，也是一个环节。(2) 分析研究阶段。包括提出备选方案，预测未来环境，建立模型和预测后果三个环节。(3) 评比备选方案阶段。在大多数情况下，这五个环节不可能一次就完成，需要多次反复迭代。

另外，下面的软系统方法论和物理—事理—人理系统方法论对我们研究管理信息系统和建设管理信息系统也有很好的借鉴作用和指导价值。

美国学者切克兰德把霍尔的系统工程方法论称为硬思想或硬系统方法论，他自己则提出了一种软系统思想或软系统方法论。他首先对问题作了区分。把一般便于观测、便于建模、边界清晰、目标明确、好定义的问题称为具有良结构的硬问题；而把难以观测、不便建模、边界模糊、目标不定、不良定义的问题称为具有劣结构的软问题。由于硬系统方法论在工程领域的成功应用，不可避免地使人们把这种方法论扩大化来用于求解社会系统的问题，期望获得同样的成功。事实证明，这是一种奢望。由于社会系统的复杂性、当用硬系统方法论解决社会系统问题时，其局限性便暴露出来。软系统方法论认为对社会系统的认识离不开人的主观意识。软系统方法旨在提供一套系统方法，使得在系统内各成员间开展自由的、开放的讨论和辩论，从而使各种观念得到表现，在此基础上达成对系统进行改进的方案。简而言之，软系统方法论是处理非结构化问题的程序化方法。它强调反复对话、学习，因此整个过程是一个学习过程。

1995 年，中国系统工程学会理事长、中国科学院系统科学研究所顾基发研究员等提出了物理—事理—人理系统方法论，简称 WSR 系统方法论。物理这个名词大家都很熟悉，主要涉及物质运动的规律，通常要用到自然科学知识。没有人的系统（自然系统）的运动总可以用物理加以说明，而有人的系统（社会系统）则要加上事理、人理。事理是做事的道理，通常用到管理科学方面的知识。人理是做人的道理，通常要运用人文和社会学科的知识。处理任何事和物都离不开人去做，以及由人来判断这些事和物是否恰当，并且协调各种各样的人际关系。WSR 系统方法论认为，在处理复杂问题时既要考虑对象的物的方面（物理），又要考虑如何更好地使用这些物的方面，即事的方面（事理），还要考虑认识问题、处理问题、实施管理和决策都离不开的人的方面（人理）。把这三方面结合起来，去组织实践活动，产生最大的效益和效率。应该看到，不仅任何社会系统都是由物、事、人所构成的，而且它们三者之间是动态的交互的过程。因此，物理、事理和人理三要素之间不可分割，所有的要素都是不可或缺的，如果缺少了、忽略了某个要素，那么对系统的研究将是不完整的。

三、系统分析与系统集成方法

20世纪50年代在系统工程发展的同时，出现了成为“系统分析”的方法论思想。这一发展与兰德公司有很大关系。兰德公司早期研究偏重于系统工程，但很快转向关于成本和策略的研究，主要从事长远的研究和分析，以帮助策略和技术的规划和执行。其方法的基本要点是：

（1）一个或一组希望达到的目标；

（2）供选择的技术或手段；

（3）一个或一组数学模型；

（4）选择最佳方案的标准。

可以看出，系统分析、系统工程有很多相似之处。它们的相似性来自于对某种系统性方法的信奉。当存在着一个目标状态和一个当前状态，并且有多种方式从当前状态到达目标状态时，按照这种观点，“问题求解”的步骤是：定义目标状态和当前状态，选择最好的方法减少二者的差距。这样，在系统工程中，两者之差定义了需求或者要达到的目标；系统分析则提供了一种能满足该需求的各种技术和手段中作出选择的规范化方法。其措辞稍有不同，但思想相同：在研究之初，必须知道并陈述我们的目的，我们要去的地方；在给出这种定义后，才能用系统思想指导我们选择一种有效的方法来达到目的。

有的学者认为，系统分析是系统方法在科学决策中的具体应用。有的甚至认为，系统分析就是运用数学方法研究系统的一种方法。完整地说，系统分析的方法既具有科学性，又具有某种艺术性。但在有些场合或在学术界往往把它与系统工程混淆。广义的系统分析是把系统分析作为系统工程的同义语；狭义的系统分析是把系统分析作为系统工程的一个逻辑步骤。美国学者奎德对系统分析做过这样的说明：所谓系统分析是指通过一系列的步骤，帮助决策者选择决策方案的一种系统方法。这些步骤是研究决策者提出的整个问题、确定目标及建立方案；根据各个方案的可能结果，使用适当的方法去比较各个方案，以便能够依靠专家作出判断和依靠他们的经验去处理问题。很显然，这是广义的系统分析。而在霍尔模型中，系统分析是系统工程逻辑的一个步骤。在这里，系统分析是系统工程的重要组成部分，处在系统工程全过程的前期阶段，这个阶段对于系统工程起着非常关键的作用，是其他所有后续阶段的基础。系统分析是对系统工程的特定对象（即复杂的系统）进行多方位的分析，通过对系统的目标、环境、结构和功能等内容的分析，为系统的下一步工作提供基础。

系统集成是近年来引起人们重视的一个新概念。系统集成还没有统一的定义，在不同的项目中，系统集成的要求和工作范围也有很大的差别。

集成的含义一般被理解为：组成整体的各要素之间彼此有机地协同一致，以发挥综合效益，达到整体优化。可见，集成不是简单系统组成要素数量上的简单叠加，而是要素之间的有机结合，系统整体功能的优化。

系统集成是为了达到系统目标将可利用的资源有效地组织起来的过程和结果。系统集成在概念上绝不只是联通，而是有效地组织。有效地组织意味着系统中每个组成部分都能够有效地联系起来，并发挥更多的作用或者产生新的功能。系统集成是要通过有效地组织不同的资源达到新的系统目标。

与其他任何对象的分类一样，从不同的角度可以把系统集成分为不同的类型。

按照设计的范围，可将系统集成分为技术集成、信息集成、组织和人员集成以及形象集成。

（1）技术集成主要要达到技术上的联通，解决技术上的问题。

（2）信息集成要达到数据共享，要解决数据上的问题。

（3）组织和人员集成要达到组织人员的协同，要解决组织和人员的问题。

（4）形象集成说明要达到组织良好形象的树立，要解决企业整体形象的问题。

按照具体程度，可将系统集成分为概念集成、逻辑集成和物理集成。

形象地说，概念集成是看不见、摸不着的；逻辑集成是看得见、摸不着的；而物理集成是看得见、摸得着的。它们一个比一个更具体，但从重要性来说，概念集成是最重要的，是决定一切的。现实问题总要经过人的表达，根据这种表达提取经验与知识，接着就要进行概念的集成，首先是定性地给出解决问题的思路，有可能的话，给出定量的描述，勾画出系统集成的模型或框架；然后再利用相关的知识（包括规则和公式），将其深化为逻辑集成模型，利用逻辑集成模型把状况进行表达、比较，以确定集成方案能否很好地解决这个问题，然后再进行物理集成和实现。只有由概念到逻辑、再到物理集成这条路，才能真正做到最优集成。

第四节　MIS研究的（管理学的）管理行为方法

一、管理理论的发展

管理理论建立于19世纪末20世纪初，这个阶段所形成的管理理论称为“古典管理理论”或“科学管理理论”。第二次世界大战后，特别是20世纪50年代至70年代，世界的经济、政治环境发生了极大的变化，这些变化对企业的管理提出了新的要求，如突出企业的经营决策问题、对更先进的管理手段的运用、如何充分调动人的积极性，等等。在这一阶段，有不少的管理学家和企业家从事现代管理理论的研究。他们从不同的侧重点出发，使管理思想出现学派林立的局面，如管理科学学派、行为科学学派、决策理论学派、系统理论学派等。

（一）从“科学管理”到“管理科学”

科学管理的概念是由美国工程师泰勒提出来的。他的经历使他对生产基层很了解。他认为单凭经验进行管理的方法是不科学的，必须加以改变。泰勒的管理理论有以下几个特点：

（1）科学管理的根本目的是提高劳动生产率。

（2）提高劳动生产率的重要手段是用科学的管理方法代替旧的经验管理，将管理工作科学化、制度化；比如，制定科学的工艺规程，并用文件形式固定下来，以利于推广；用科学的操作方法训练工人，以便合理利用工时，提高工效。

(3) 实施科学管理的核心问题，是要求管理人员和工人双方在精神和思想上取得统一的认识，双方增强责任观念，利用友好合作的方式增加盈利，使双方均从中获利。

在实践的基础上，泰勒将研究成果上升到理论高度，著书立说，于1911年出版了《科学管理原理》。泰勒被称为“现代管理之父”。

虽然泰勒的管理理论在生产现场管理上效果显著，但也存在弱点。它忽视了企业成员之间的交往和工人之间的感情、态度等社会因素对生产率的影响。此外，其管理的范围和内容仅限于现场的操作和控制，而企业的供应、财务、销售、人文等方面的活动基本没有涉及。

以上这些局限性，后来由法国的法约尔加以补充。法约尔在较长的时间内担任大公司的领导工作和总经理职务，积累了很多管理大企业的经验，因此其管理思想更开阔。1925年他出版了代表作《一般管理和工业管理》。他认为要经营好一个企业，不仅要改进生产现场的管理，而且应当注意改善有关企业经营的方方面面。尤其是他提出了管理职能的普遍性原理，即管理人员无论职位高低，均有计划、组织、领导、控制等管理职能。法约尔的贡献在管理的范畴、管理的原则方面提出了崭新的观点，为以后管理理论的发展奠定了基础。

在以上科学管理理论的基础上，随着科技进步，管理工作中应用了很多新的科技成果，从而形成了许多新的管理思想和管理技术，使管理工作的科学性达到了新的高度，人们将这些新的思想和技术称为“管理科学”。

管理科学理论的主导思想是使用先进的数学方法及管理手段，使生产力得到最为合理的组织，以获得最佳的经济效果。它具有以下特点：

(1) 生产和经营管理各领域的行动方案，应以总体的最少消耗获得总体的最大经济效益为目的；

(2) 使衡量各项活动效果的标准定量化，并借助于数学模型找出最优实施方案；

(3) 依靠计算机进行各项管理；

(4) 特别强调使用先进的科学管理理论和管理方法，如控制论、运筹学等。

管理科学的重要特点是将数学方法和模型广泛用于管理领域，因此管理科学学派又称为定量学派。管理科学的狭义理解是运筹学加计算机，即用计算机收集信息，用运筹学列出模型，然后再用计算机求解。管理科学强调定量，把管理过程数量化，用计算机求解，达到系统的目的。管理科学的应用说明管理已由以艺术为主的阶段发展到以科学为主的阶段。然而与科学管理理论一样，其较少考虑人的行为因素。

（二）从“人群关系”到“行为科学”

泰勒的科学管理理论把人视为“活的机器”、“经济人”，而行为科学认为人不但是“经济人”，还是“社会人”，即影响工人生产效率的因素除了物质条件外，还有人的工作情绪。人的工作情绪又受到人所在的社会组织及本人心理因素的影响。

行为科学是一门研究人类行为规律的科学。行为科学的发展是从人群关系论开始的。

人群关系论的代表人物是梅奥。他参加了很有名的“霍桑实验”。实验结果发现，不论工作条件如何变化，工人的生产效率没有明显的决定性的改变，但是实验中尊重工人，倾听工人的意见，因此使工人与研究小组之间、工人与工人之间增加了接触，建立了良好的感情，从而使生产热情提高，生产量增加。梅奥等人就实验访谈结果进行了总结，得出的结论是：生产效率不仅受物理和生理因素的影响，而且受社会环境、社会心理的影响。这一点是与科学管理的观点截然不同的。

人群关系论主要强调改善人际关系，满足工人的社会欲望，从而提高士气，促进生产效率的提高。人群关系理论是行为科学管理学派的早期思想。行为科学还要求进一步研究人的行为规律，找出产生不同行为的影响因素，探究如何控制人的行为以达到预定目的。

总的来说，在这种管理理论中，对物的管理是通过对人的管理来实现的，人在组织中的地位与作用被肯定了，人的价值被重新发现。但是过分强调人际关系的和谐及员工满意，有时也会使管理协调的成本过大，组织效率降低，从而影响组织和个体的长期利益。

（三）决策理论学派

决策理论学派是以管理科学学派的理论为基础，加入行为科学理论后形成的。

决策理论学派的主要观点如下：

(1) 管理就是决策。以西蒙为代表的决策理论学派认为整个管理过程就是一系列的决策过程。

(2) 决策分为程序化决策和非程序化决策。程序化决策可以用常规的、标准的工作程序或事先编制好的程序进行，可由数学方法或模型提供帮助。非程序化决策则是一类重要而复杂的、非结构化的或新生的决策问题，一般位于中高层管理领域，这类决策通常需要借助于行为科学理论的支持。

(3) 信息是决策的前提。决策是以命令、情报或建议的形式出现的。当今是信息爆炸的时代，重要的不是获得信息，而是对信息的加工和分析，使之对决策有用。

(四) 系统理论学派

一些现代管理学家应用一般系统理论和方法来观察企业和对企业进行管理，提出了管理的系统理论，认为管理就是根据一个系统所固有的客观规律，对这个系统施加影响，使它呈现一种新状态的过程。这种观点包括四方面的内容：

(1) 任何社会组织都是复杂的系统；

(2) 系统的发展变化遵循一定的客观规律；

(3) 管理的职能就是根据客观规律对系统施加影响；

(4) 管理的任务是使系统呈现新状态，达到预期的目的。

管理系统就是为了达到组织的目标，针对管理对象，由具有特定管理职能、相互联系的各种管理机构、管理制度、管理方法和技术等所构成的完整的组织管理体系。管理系统需要用系统思想和方法加以研究，以搞清系统的各种要素，即人力、物力、资金、信息、时间之间的关系，明确系统的工作步骤。

建立一个高效可靠的信息系统，必须对管理系统有深入的了解，掌握管理系统的特点。要充分认识以下几点：

(1) 管理系统是把人作为结构成分的组织系统。

(2) 管理系统是一个有输入、输出的开放式系统。

(3) 管理系统是一个反馈系统。

(4) 管理系统都是多目标系统。

以上可见，后一种学派的产生，一般不是对前一种学派的否定，而相反地是对前一学派的弱点加以改进，使前者的愿望更能得以实现。例如，行为科学能激励工人更好地完成定额，更便于科学管理的实现；计算机的出现使数学方法的应用成为可能，促进了定量学派的发展；而系统理论学派则是集过去之大成，更加综合，更加全面。

另外，20世纪60年代中后期到80年代初，管理学界开始重点研究如何适应充满危机和不断变化的动荡环境，谋求企业的生存发展，并获取竞争优势。较为突出的是将“战略”的概念引入管理界。安索夫《公司战略》（1965）一书的问世，开始了战略规划的先河。劳伦斯与罗斯奇合著的《组织与环境》（1969）提出，公司要有应变计划，以求在变化及不确定的环境中得以生存。迈克尔·波特的《竞争战略》（1980）把战略管理推向了高峰。书中许多思想被视为战略理论的经典，比如五种竞争力、三种基本战略、价值链分析等。这一套理论与思想在全球范围产生了深远的影响。这对我们研究如何通过信息系统获取竞争战略很有帮助。

下面我们强调的是MIS研究中比较薄弱、进展缓慢而又值得去关注和探讨的行为科学理论中的拓展内容，包括组织行为学方法和管理心理学方法。

在管理工作的实践中，甚至在不少管理教学活动中常常有人将组织行为学与管理心理学画上等号，当作一回事，视为同一学科。其实，无论是从学科的发展看，还是从实际包含的内容看，这两者之间是不能画等号的，它们是不完全一样的，二者之间既有联系又有区别。联系和区别分别如下：

联系：集中表现在心理活动与行为的联系上。心理活动是行为的内在表现，心理活动只用行为来衡量和表现；行为是心理活动的外在表现，行为是在一定心理活动指导下进行的。两者是密不可分的。

区别：集中表现为心理活动是内在的，行为是外在的。管理心理学着重研究作为内在表现的这种心理活动的规律性，而组织行为学则着重研究作为心理的外在表现的这种行为的规律。管理心理学侧重于理论研究，而具体应用方法较少，而组织行为学不但有理论研究，而且还有许多具体应用方法。

二、组织行为学方法

组织是由人组成的，又是由人来管理的。要了解组织，就必须了解组织中的人，了解组织的构成，了解组织是如何影响组织中的个体行为和群体行为的，以及组织中的个体和群体又是如何影响组织行为的，这些又会对管理和组织绩效产生什么影响。这些是管理学研究的重要方面，也是组织行为学研究的主要领域。

按照美国著名管理学学者罗宾斯的说法，组织行为学是一个研究领域，它探讨组织中个体、群体以及结构对组织行为的影响，以便运用这些知识来改善组织的有效性。组织行为学关心人们在组织中做什么，研究这些行为是如何影响组织绩效的；它也探讨组织是如何影响组织中的个体和群体行为的，希望通过对组织行为的分析和研究，能够解释和预测组织成员为什么会有这样的行为，以及在特定的情境下会采取什么样的行动；同时它也关注组织本身，把整个组织放在大的环境之下，来分析、解释组织与环境之间的关系，探求影响组织变化的因素，寻求提高组织绩效的办法。

组织行为学并不是研究一切人类的行为规律，而是只研究一定组织范围内的人的行为规律，其中包括个体行为、群体行为以及整个组织的行为。组织行为学研究一定组织的行为规律，不是为了研究规律而研究规律，而是为了通过掌握规律性来提高预测、引导、控制、激励人的行为的能力，特别是要采取相应的措施变消极行为为积极行为，以实现组织预期的目标，取得最佳的工作绩效。简单地说，组织行为学的研究对象是组织中的人和行为，它的目的是提高管理人员预测、解释、改善人的行为的能力，以提高组织的绩效，实现组织的目标。通过对组织行为学的学习，可以帮助我们分析、解释和预测组织中个体行为、群体行为和组织行为，开发我们的人际技能，提升管理工作的有效性。

注意，由于所研究的对象是人及由人组成的组织，而且人是千变万化的，组织的类型也是千差万别的，故组织行为不主张采取通用的最佳模式，而主张根据不同情境采用不同的理论及管理方式。

三、管理心理学方法

管理心理学是研究组织中人的心理活动规律，用科学的方法改进管理工作，以充分调动人的积极性的一门科学。

人是现代管理的手段之一，也是管理对象之一，因此，现代管理必须重视人的因素。对管理过程的分析研究，不能离开人的思维活动、心理状态、人际关系的考察分析。

由于管理心理学的研究对象是人，而人与人之间在管理体制中呈现出的是一种复杂的多边关系，包括管理者上下级之间的关系，管理者同级之间的关系，管理者与被管理者之间的关系以及被管理者之间的关系，因此，管理学的内容包括个体心理的研究、群体心理的研究、组织心理的研究、领导心理的研究。

管理心理学以普通心理学为理论基础，这是因为普通心理学研究的重点在于心理现象产生、发展和存在的最一般的规律的理论和方法等问题。管理心理学正是从普通心理学所揭示的人的心理规律出发，研究人的心理活动的规律性，探索正确有效的管理方法和途径，以调动人的积极性与创造性，提高工作效率。

管理心理学的研究方法与心理学的研究方法是一样的，它主要有观察法、实验法、调查法、测验法四种主要类型。管理心理学研究的方法还有很多。由于人的心理活动非常复杂，因此研究人的心理活动不能单独采用某一种方法，而必须根据研究课题的需要，几种方法兼而用之，使之能相互补充。

第五节　MIS 研究的（经济学的）技术经济方法

一、技术与经济的关系

在人类社会的物质生产中，技术与经济是密切相关的，它们是互相促进、互相制约的两个方面。经济发展的需要是技术进步的原动力和方向，技术进步则是推动经济发展的重要条件和手段。

技术的经济目的性是十分明显的。对于任何一种技术，都不能不考虑其经济效益。技术不断发展的过程同时也是其经济效益不断提高的过程。随着技术进步，人类能够用较少的人力、物力获得更多、更好的产品或服务。从这一方面看，技术的先进性同它的经济合理性是一致的。一般来说，先进的技术通常具有较高的经济效益。

另一方面，在技术的先进性及其经济性之间又存在着一定的矛盾。因为在实际生产中采用何种技术，不能不受当时当地的自然条件与社会条件的约束，而条件不同，同一种技术所带来的经济效益也不同。某种技术在特定条件下体现出较高的经济效益，在另一种条件下则不是这样。可能从长远发展来看应该采用某种技术，而从近期利益来看却需要采用另外一种技术。所以考察技术不仅要看先进性，还要看适用性。

研究技术和经济之间的合理关系，寻求技术和经济协调发展的规律，是技术经济学的任务。技术经济学既是一门技术与经济交叉的边缘性学科，也是一门以研究方法论为主的应用性学科。

技术经济学采用定量分析和定性分析相结合、以定量分析为主的分析方法，把分析的因素定量化，通过数学计算进行比较分析。所以，计量性是技术经济分析的重要特点之一。如果脱离了计量性，技术经济分析结果的准确性、合理性就缺乏科学依据，也缺乏具体性，方案的择优也难以进行。近年来，随着计算机和计算技术的迅速发展，使定量分析，特别是通过各种技术指标、经济效果指标进行量化计算变得简化，定量分析的范围也日益得到扩大。

二、成本效益分析方法

技术经济学是研究技术实践的经济效果、寻求提高经济效果的途径与方法的科学。所谓经济效果也就是投入与产出的对比。所谓产出是指技术方案实施后的一切效果，包括可以用经济指标度量的和不能用经济指标度量的产品和服务。所谓投入是指各种资源的消耗和占用。以最少的投入取得尽可能多的产出，是各种技术方案追求的经济目标。下面介绍普遍使用的成本效益分析。

所谓成本是以货币形式表示的各种耗费之和。费用也是各种资源的耗费。因此，从资源耗费来看，成本与费用是统一的，正因为如此，费用有时计入到成本之中，这就构成了广义上的成本。

所谓效益则是用成本换来的价值、功能或效果，它可以用货币来表示，也可以用其他意义的指标来表示，例如安全性、可靠性、声誉、完成任务的工期等单项指标或综合性指标。在不同的问题中采用不同的指标。

成本效益分析，是在多个备选方案之中，通过成本与效益的比较来选择最佳方案。

（1）效益相同时，取成本最小者；

（2）成本相同时，取效益最大者；

（3）当成本与效益均不相同时，定义效益与成本的比率，取比值最大者。当比值相同时，如果还要评价其优劣，则应该考虑其他指标或通过其他途径。

另外，资金与时间有密切关系，资金具有时间价值。今天可以用来进行投资的一笔现金比将来同一数量的资金更有价值，因为当前可用的资金能够立即进行投资并在将来获得更多的资金，将来才能收取的资金则不能在今天投资，也无法赚得更多的资金。

三、投资项目管理方法

技术经济学是针对具体的工程技术项目进行的经济研究。技术经济学为投资项目管理提供了理论依据。

项目就是在一定的资源约束下完成既定目标的一次性任务。这里的资源包括时间资源、经费资源、人力资源和物质资源。可以把时间从资源中单列出来，并将它称为“进度”；而其他资源都看作可以通过采购获得并表现为费用或成本。

项目周期是指投资项目从提出、立项、决策、开发建设直到竣工投产、收回投资、达到预期目标的过程。尽管每个项目所处的具体社会经济环境不同，但多数项目都必须经历一个由产生、发展和终结的循环发展的生命周期。这一周期需经过项目设想、项目初选、项目准备、项目评估决策、项目实施与监督、项目投资与经营、项目评价与总结七个工作阶段。

投资项目管理，是指项目管理者采用科学的理论和方法，按照客观规律的要求，对项目发展的全过程进行系统有效的管理。即从投资项目的决策到实施全过程进行计划、组织、指挥、协调、控制和总结评估，以实现投资项目管理的目标。总体而言，项目管理从时间上可以分为两个阶段或两个部分：一是项目规划，一是项目监控。没有良好的规划，项目就没有明确的目标和清楚的边界。而没有良好的监控项目就可能达不到预期的目标，或者花费了太多的时间和成本。随着现代管理理论的发展，投资项目管理已从经验型的传统管理逐渐转变为科学型的现代项目管理。

在项目实施过程中，如何分配实施费用，结合项目进度和时间安排，将项目成本控制在计划之内，是每一个开发信息系统的企业需要认真对待的问题。如果最终开发完成，但是花费远远超出了预算，那么客观上也容易造成项目的不成功。

在项目管理中，赋予任务责任人一定职责的同时，还要赋予他一定的经费支配权，同时要对其进行适当的控制。

在经费管理中要制定两个重要的计划，即经费开支计划以及经费开支的预测分析和控制。

经费开支计划包括：

(1) 完成任务所需的资金分配；

(2) 确定任务的权责和考虑可能的超支情况；

(3) 系统开发时间表及相应的经费支出；

(4) 如果需要变动，及早通知项目经理。

经费开支的预测分析和控制包括：

(1) 估计在不同的时间所需的经费情况；

(2) 了解项目完成的百分比；

(3) 与经费开支计划相比较；

(4) 允许项目经理做有计划的经费调整。

另外，再附带谈谈可行性研究和项目评估。

所谓可行性研究就是对一个想要去实践的项目，在明确的目标和限制条件下作出科学的回答：这个项目是否可以上马？如果上马，采取何种方案为好？回答这两个问题，要有一套比较完整、比较严格的程序和方法，它们构成可行性研究的丰富内容。可行性分析法，即以项目的可行性为目标，通过从技术和经济两方面的调查研究和分析论证，为决策提供具体而科学的依据。

项目评估是项目决策的重要依据。项目评估和可行性研究具有十分密切的关系。两者的共同点表现在：它们都属于投资项目的前期工作，都围绕投资项目进行技术经济论证，采用的分析方法和指标体系也基本相同。但两者又存在明显的区别。项目评估一般在项目立项并在可行性研究完成后进行，项目评估是对可行性研究的结果进行分析和评价。可行性研究侧重于项目技术的先进性和建设条件的论证；项目评估侧重于经济效益的评估和偿还能力的分析。

本章小结

本章第一次比较系统地概括了MIS研究的方法论，提出了MIS研究的方法论框架，目的在于更好地看待管理信息系统，促进管理信息系统的建设。

信息学方法是MIS研究的基础。信息论为人们广泛而有效地利用信息提供了基本的技术方法和必要的理论基础。信息方法是实现科学管理的有效手段。换句话说，从信息方法的角度看，我们可以把管理过程抽象为信息过程。信息生命周期方法对我们认识信息系统的功能和开展信息管理工作具有直接的指导意义。

系统学方法也是MIS研究的基础。如果我们要建立和管理一个系统，我们就要熟悉系统学的基本知识。管理信息系统的建设是一个复杂的系统工程，运用系统工程的方法论指导我们的工作大有用武之地。无论是具有代表性的霍尔的三维结构和李怀祖的系统工程方法论框架，还是软系统方法论和物理—事理—人理系统方法论，都对我们研究管理信息系统和建设管理信息系统有很好的借鉴作用和参考价值。尤其是，系统分析方法和系统集成方法更是对我们进行管理信息系统的系统分析和系统集成有直接的意义。

MIS研究中比较薄弱、进展缓慢而又值得去关注和探讨的是管理行为方法，包括组织行为学方法和管理心理学方法。学习一些组织行为学知识和管理心理学知识对我们更好地开展管理信息系统的研究和建设大有裨益。

最后，MIS研究的技术经济方法也是一个越来越引起重视的研究途径。管理信息系统问题本身就面临着面对MIS的投资挑战，如何确定其商业价值的问题。费用效益方法和投资项目管理方法都可引进到我们的MIS研究和实践工作中来。

关键词汇

技术学派　行为学派　社会—技术学派　信息论　通讯信息系统
信息方法　信息生命周期　系统论　系统工程　软系统方法论
物理—事理—人理系统方法论　系统分析　系统集成　人际关系
行为科学　组织行为学　管理心理学

技术经济　　费用效益分析　　投资项目管理

习　题

1. 论述MIS研究的技术方法、行为方法和社会—技术方法。
2. 哪些主要学科有助于理解MIS?
3. 叙述通信信息系统的模型。
4. 谈谈信息方法的含义和意义。
5. 信息生命周期有什么内容?
6. 系统论的主要思想有哪些?
7. 什么是系统工程?
8. 你觉得有哪些系统工程方法可以借鉴到信息系统工程之中?
9. 谈谈系统分析和系统集成的重要性。
10. 说说你对行为科学的理解。
11. 谈谈组织行为学和管理心理学的区别和联系。
12. 你是如何理解技术与经济的关系的?
13. 费用—效益分析的关键是什么?
14. 投资项目管理中如何控制成本或费用?

案例分析

广州本田运用系统学驶上信息化快车道

广州本田汽车有限公司（以下简称广本）是我国知名的汽车生产企业，拥有研究开发中心、排放试验室等强大的技术研发力量和冲压、焊接、注塑、涂装、总装、整车检测等先进的工艺生产车间，以及物流配送中心、综合培训中心等辅助设施。目前，广州本田生产的车型有2003年全面换型的新一代雅阁（Accord）轿车系列、多人乘坐的多功能轿车奥德赛（Odyssey）以及汇聚本田最新技术的精巧型轿车飞度（Fit Saloon）。

伴随着中国汽车产业的高速增长，信息化成为汽车行业提高竞争力的重要策略。据有关研究资料表明，排名世界前500名的企业中，绝大部分实行了信息主管机制，形成技术主管、财务主管、信息主管“三驾马车”的管理模式，信息部门已经在为企业创造着巨大的财富。

广本在信息化建设方面也不例外，并且让信息化成为支撑企业发展的基础平台。从1998年IT科成立至今，IT科秉承广州本田“少投入、快产出、滚动发展”的策略，把钱用在刀刃上，确保最大的投资回报率。

广本的信息化建设在经过多年的积累和发展后已经达到相当高的水平，建立了企业财务管理系统、结算中心、分销管理系统、决策分析系统等，实现了产业链的信息流通和共享。并以此为基础，实现了对分布在全国的250多家特约销售店的信息联动，开展支付型电子商务应用。

IT科在信息系统运行和各种业务系统的开发工作中多次得到公司领导的表扬。那么，广本的IT科是如何有效地支撑企业的发展的？如何做到工作有计划、有目标、有标准、有总结、分工明确、责任到人的？如何建立并实现满足广本年产24万量汽车要求的信息系统的？如何通过系统集成有效地利用了企业的信息资源，提高了业务部门的效率，从而降低成本，成功实现了企业产能的提升的？

一、像设计汽车一样设计汽车企业信息化设计框架

广本在2003年侧重于信息化方面基础应用的建设，而2004年则开始了深化应用。为了保证信息系统能够支撑整个企业的经营管理思路，与企业发展相协调，广本对信息化的建设也有其独特而完整的理解与思路。

广本信息化建设的指导思想是完全基于系统工程的理论，结合ERP、SCM和CRM的思想和管理理念，充分利用计算机和互联网技术，努力实现企业物流、资金流、信息流的统一管理，科学有效地管理企业人、财、物、产、供、销等各项具体业务，最大限度地利用企业的现有资源取得更大的经济效益。

1. 系统学

系统是具有特定功能的、相互间具有有机联系的许多元素所构成的一个整体。以系统的观念来看企业资源，企业就是一个系统。企业的元素分为有形元素和无形元素，企业的有形元素包括产品、制造过程、人员以及资金等，企业的无形元素包括企业经营理念、企业文化等。企业作为一个系统，其输入就是原材料，在制造过程中被处理成不同程度的在制品以及半成品，而企业的输出就是制成品。因此，各种企业资源中，产品可以说是主流资源。系统存在于环境中，系统中的元素是可以控制的，系统外的环境是不完全可控

制的，因此主要是去适应后者。例如，销售预测是环境因素，故经常是不正确的，而材料的采购及制造是系统因素，是可以控制的。系统的综合功能大于其各子系统功能之和。但是必须注意，企业作为一个系统，综合功能对企业发展不一定是有利的。利用系统论来指导企业资源整合就是趋利避害，使得企业系统的综合功能为企业的健康稳定发展服务。

2. 企业资源计划（ERP）理论

ERP是建立在信息技术的基础上，利用现代企业的先进管理思想，全面地集成了企业所有资源信息，为企业提供决策、计划、控制与经营业绩评估的全方位和系统化的管理平台。企业的所有资源简要地说包括三大类：物流、资金流、信息流。ERP就是对这三种资源进行全面集成管理的管理信息系统。

遵循上述理念，广本一直在有步骤地进行信息系统的建设和完善。广本目前应用的生产管理信息系统是由日本本田计算机系统部开发的，经过广本IT科人员的本土化后投入应用。在用于生产的EDP系统及其他“生产”系统运行稳定之后，逐步开发计算机的“辅助”功能。整个过程如同汽车的整体设计一样，整体考虑、综合实现，遵循系统性、发展性和规划性，其信息化建设思想为：

（1）以系统的观点来看待信息子系统的建设，需要充分考虑到信息子系统和其他子系统的相互联系、相互制约等因素。

（2）以发展的眼光来管理和建设信息系统，随着管理模式、计算机技术和管理人员等的变换，有效地制定出相应的发展对策。

（3）以辨证的思维来制定信息系统的规划，目前还不存在能够满足100%需求的系统。因此，在系统规划时，需要辨证地去选择各种方案，尽量优化信息系统建设。

二、广本驶上信息化的快车道

广本的信息化建设的核心理念始终围绕着“实事求是，服务生产”的原则。广本IT科研发人员李亮说道：“ERP是数据的挖掘，它可以帮助我们挖掘有用的信息，提供可预测的走势，帮助管理与生产。”广本应用的生产管理信息系统是沿用日本本田本部开发的EDP系统，核心部分是由印度的分公司引入并落户中国广本的。系统包括了产品定义、物品表、生产计划、生产订单、生产过程、零件库存管理和不良品管理、同期物流管理、整车销售管理、售后服务管理等模块。这样广本与日本本田的管理思想保持一致，物料需求清单（BOM 表）也保持一致，能够及时跟上总部设计的变化，避免了自己单独采用一套系统的代价高、风险大的问题。

由于该系统引进得比较早，广本希望在原有系统上进行扩充以保证系统能满足广本的快速发展。根据汽车企业的生产管理特点以及服务要求，广本在整体规划的基础上，重点进行了以下几个方面的建设

（1）高效的物流系统。物流是汽车企业的核心和关键，影响着企业生产效率和生产成本。广本通过物流系统的整合保证零部件和原材料的及时供货，并在保证生产进度要求的同时，降低库存，提高库存周转率，向零库存迈进。

（2）完善客户关系管理系统。完善客户关系管理系统是汽车企业对经销商进行有效管理的必要手段，通过保证广本与特约店之间大量的电子数据交换的效率和可靠性，以及直接客户数据源的有效管理，为扩大市场销路、保证售后服务和配件供应提供了高效的管理工具。

（3）进行有效的数据挖掘和分析，进行信息化的深化应用。广本通过对各方面数据的跟踪、挖掘和数据分析，提高了质量信息反馈的深度以及故障追溯的速度和精度，为公司质量管理和服务管理搭建了更好的基础，有利于公司根据市场、生产和服务情况及时调整策略，提高顾客满意度，占领市场先机。

2003—2004 年间，广本先后完成了呼叫中心、物流系统、电子采购、财务系统、零件追溯等系统的升级和功能改进。经过广本 IT 科同仁的不断开发与调整，形成了如今主要以生产、物流为主的运行体系，大大提高了系统的支撑和服务能力。为广本的生产运营过程中的生产过程保证、库存管理、零部件采购、售后服务以及成本核算等方面的工作效率的提高提供了更好的支持。

三、广本信息化的幸福体验

作为企业，信息化的最终目标是提高企业的生产力和生产效率。而正是由于一系列行之有效的系统和完善的举措，系统而且明确的信息化建设的指导思想，才使得广本 IT 科充分地发挥了信息化建设前锋的作用。根据信息化

建设的理论、思想和规划进度，广本结合企业的实际要求和发展进程，不断地完善信息系统，促进企业的产能提升，提高管理效率，为企业的健康良性发展创造优良的内环境。

信息化建设不仅仅是一项信息系统工程，而且也是一项信息化人才工程。广本在信息化建设方面一直注重发挥青年党团员的骨干作用。广本的IT科也一直注重对青年人才的培养和使用，安排青年员工参加公司内外的培训和考察学习，在工作上给他们创造机会并将一大批重要项目交给年轻骨干承担，使得IT科培养出了一批能够很好胜任本职工作的年轻骨干。而谈到对企业信息化建设的体验时，广本IT科蔡襄说道："ERP只是信息化的一个代名词，信息化的建设要根据企业自身的情况，一切从实际出发，打造适合我们的ERP。"目前很多企业实施ERP的结果往往与企业的预期还有一定差距，蔡襄认为这是一个很普遍的问题。"ERP是一个不断完善的过程。"究其原因，主要是IT科人员与应用部门人员对系统的理解与运用的差异造成的，ERP的项目需要分阶段逐步实现。

广本已经驶上了信息化的快车道，如同一辆参加比赛的汽车，要不断更新、调整和检测，以保证最佳的竞技状态。

课外实验 3

本实验的目的是进一步认识有关的管理信息系统。实验的内容为熟悉管理软件的界面和相关的操作方法，认识该系统的总体功能结构，模拟某一企业的管理人员进行操作。

本实验选择的软件为青岛商易软件有限公司研发的商易进销存（V9.3免费版本），系统的主窗口见图3—5。

商易进销存贯穿于商品的采购、销售、库存三个核心环节，包括采购管理、销售管理、库存管理、往来管理、报表管理和系统维护六大管理模块。

（1）采购管理：包括采购订货单、采购进货单、采购单审核结算、采购退货单、调价补差单、估价入库单、采购发票等功能。

（2）销售管理：包括销售订货单、销售出货单、销售单审核结算、销售退货单、销售发票等功能。

（3）库存管理：包括入库单、出库单、库存调拨单、库存盘单、组装拆

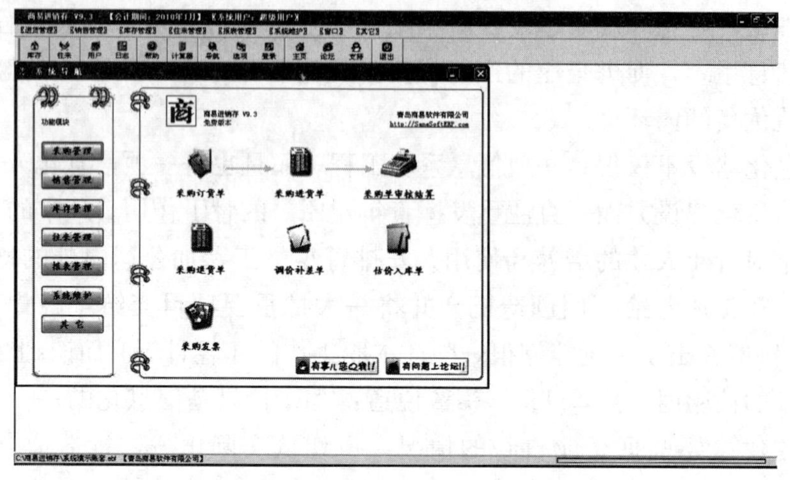

图 3—5　商易进销存系统主界面

卸单、库存查询等功能。

（4）往来管理：包括采购预付查询、销售预收查询、采购结算查询、销售结算查询、往来查询、票据核算等功能。

（5）报表管理：包括商品汇总表、商品明细表、往来汇总表、往来明细表、库存明细账、往来明细账、单据一览表、销售利润表、发票核销账、数据曲线等功能。

（6）系统维护：包括商品信息、库位信息、供应商信息、客户信息、职员信息、用户管理、口令设置、操作日志、财务转账等功能。

软件来源：http://sanesofterp.com/。

第四章

管理信息系统的技术说

先行实例

石化企业往往是大型或大型联合企业，分支机构庞杂，与企业相关的分厂和公司较多，如热电、腈纶、炼油、化肥、机械等分厂和供销公司等。对于建设这样一类大型企业的计算机网络系统，必须要先为系统设定建设目标，然后再逐步实现系统目标。

某石化厂计算机网络系统的建设目标是：实现生产、经营主环节中各种信息的收集（包括部分工况信息的实时采集）、处理；实现与总厂计算机系统的资源联网；实现应用子系统间的信息共享；实现与总公司的联网通讯。

为了实现系统的上述目标，必须建立一个覆盖全厂的计算机网络。由于各分厂地理位置分散，局域网覆盖范围小，考虑到信息集成的需要，系统采用由多个局域网通过主干互连而形成的扩展局域网与广域网的混合结构。

该厂包括销售处，供运公司，炼油、热电、花肥、机械等分厂和部门，各部门之间既相互独立又有较多联系。由于各分厂的网络应用主要在分厂内部，故在网络建设中，每个分厂和总厂机关建立各自的局域网络，并经由3COM路由器和3COM交换器把这些局域网互联，形成覆盖总厂的扩展局域网。

各分厂局域网均采用802.31标准体系结构，为总线型拓扑结构；主干网采用光缆与高性能路由器方案，为星型结构。

局域网采用了当时最为成熟的Ethernet，这种网络采用IEEE 802.3标准，为工作站/文件服务器结构。如前文所述，Novell采用总线型结构，当网络流量很大时，网络效率会严重降低。在各分厂和总厂机关局域网建设中，由于用户数量和数据传输量相对较小，采用这种网络能够满足分厂内部信息传输的需要，故选用了较为流行的Novell，以双绞线和粗缆作为传输介质。

考虑到总厂与石化总公司远程数据交换的需要及Internet技术的飞速发展和信息基础设施在未来经济发展中的作用，系统采用路由器方式，通过公用电信网实现了与石化总公司的远程拨号通信以及与Internet的接口。

在销售公司局域网中，由于销售公司特殊的工作性质，存在着很多远程用户，为实现这些远程用户同销售公司各部门的信息交互，系统通过一台通信服务器和总厂的内部电话网把这些远程用户与局域网中的资源联系起来，把远程信息集成到系统中来。

系统还提供了远程访问路由器，有特殊需要的用户可以在任何地方通过远程拨号的方式入网，访问网络信息资源。主干网络通信协议选用了在 Internet 中广泛采用的、已成为事实上的工业标准的 TCP/IP 协议。因而，投资是安全的。

这样，整个网络采用了多种现代通信技术和计算机网络技术，形成了基于开放式标准的广域网结构，满足了该厂计算机辅助管理和生产过程检测系统中当前和未来信息传输的需要，并可方便地升级到 FDDI（光纤分布式数据接口），有效地保护系统投资。

问题：1. 你应该上过网，但你知道企业的网络体系吗？

2. 你是如何看待“计算机网络系统是 MIS 的基础”这一说法的？

本章导读

作为一个实用性的领域，管理信息系统和信息技术紧密相关。管理信息系统与信息技术究竟是如何关联的？我们必须要用一种全局的观点来认识，这样对管理信息系统的学习和研究才有一个立足点。信息技术是一个外延很广的概念，信息技术的内容也相当丰富。我们将考虑信息技术的最新进展，重点介绍 MIS 所用的核心信息技术，主要包括：计算机网络和 WWW 技术、数据库与数据仓库技术。

学习目的

通过本章的学习，应该重点掌握以下知识点：

1. MIS 和信息技术的关系；
2. MIS 所涉及的信息技术；
3. 计算机网络的概念、功能和体系结构；
4. 因特网（Internet）及其核心技术 WWW；

5. 企业内联网（Intranet）及其与MIS的关系；
6. 企业外联网（Extranet）的含义；
7. 数据库的概念、功能和体系结构；
8. 数据仓库（DW）、联机在线分析（OLAP）、数据挖掘（DM）。

第一节 MIS与信息技术

一、MIS与信息技术的关系

一方面，管理信息系统是信息技术应用的结果，没有信息技术的支持，管理信息系统就无从谈起。信息技术的进步促进了管理信息系统研究和应用的发展。另一方面，管理信息系统是用于一个组织的信息系统，组织的目标、组织的环境、组织的结构、组织的行为、组织的文化以及它们与信息技术的关系等，都是令人寻味的课题。

（1）从技术角度对管理信息系统作的定义是：为了支持组织决策和管理而进行信息收集、处理、存储和提供的系统。就这个定义而言，它并没有涉及计算机技术，计算机只是进行数据收集、处理、存储和提供信息的一种手段和工具而已。但我们研究的信息系统一般是基于计算机的信息系统，即指数据的收集、处理、存储和信息的提供是借助于计算机技术来实现的信息系统。而且，我们感兴趣的是组织中采用的、正式的基于计算机的信息系统。

正式的信息系统是指具有固定的和众人公认的数据定义和过程定义，系统收集、存储、处理和使用数据时遵守这些定义。而非正式的信息系统就没有关于信息的定义，或如何存储和处理信息的规定。正式的信息系统既可以是计算机系统，也可以是人工系统。人工信息系统在组织中起着很重要的作用，但它们不是本书有关的主题。计算机信息系统依靠计算机硬件和软件技术来处理和传播信息，我们所指的就是这类依靠计算机技术的信息系统。

（2）电子计算机现在已越来越成为管理的重要工具，是现代管理的主要技术手段。信息系统是以计算机技术为主要技术基础的，离开计算机技术的人工信息处理系统谈不上现代意义的管理信息系统。但是现在不少人在认识和实践上有个误区，把计算机技术作为管理信息系统的关键或全部。虽然计算机、软件技术是管理信息系统的基础，但是任何一个管理信息系统都是一个具体行业中特定企业的信息系统，没有对企业管理流程的充分理解、没有丰富的管理知识是不可能作出一个适用系统的。企业采用何种信息系统或信息技术是由管理需求决定的，不是为了使用新技术而使用新技术，而是为了满足管理的需要而使用新技术。

从管理信息系统的实践方面看，随着信息技术的迅速发展，实际运行的信息系统越来越多，对社会和经济的影响日益深入。可是信息系统建设的道路却历尽坎坷。许多系统的效益远不如当初的承诺，甚至半途而废，使建设单位背上了沉重包袱的情况时有发生。人们为信息系统建设的效率和成功率担忧。将信息系统建设与一般技术工程相比较，我们可以看到，信息系统建设的困难不仅来自技术方面，还来自企业内外环境。可是，在相当长的一段时间里，人们把信息系统看作是计算机技术在某个组织的应用，认为信息系统开发是一个技术过程。信息系统建设的实践，使人们越来越重视社会人文因素对信息系统建设的影响。信息系统不只是单纯的计算机系统，而且是辅助企业管理的人机系统。

以上可见，我们在对待 MIS 所用的信息技术时，应该首先有正确的立足点。对管理信息系统来说，更为重要的是对信息的研究，而且是对管理信息的研究，这包括许多非技术性的内容。在管理信息系统的发展过程中，计算机科学与技术有着十分重要的作用，从学科的诞生到发展都与计算机科学和技术的发展分不开，但管理信息系统学科又区别于信息技术本身的计算机、通讯、电子等学科。管理信息系统作为一个学术领域是管理科学的延伸而不是计算机科学的延伸。归根结底，管理信息系统是用来解决组织所面临的问题的系统，信息技术是用来为管理服务的工具。工作的中心仍然应该是为管理提供信息服务，而不是信息技术本身。因此，“为使用计算机而建立的系统”，“为信息化而建立的系统”都偏离了其宗旨。这是我们在学习和对待 MIS 中的信息技术所应持的正确态度和基本观点。当然，我们并不是说信息技术不重要。不可否认，信息技术的确是 MIS 的基础，依靠这个基础，才能使 MIS 真正很好地发挥作用。

二、MIS 中所用的信息技术

管理信息系统采用计算机硬件技术、软件技术、存储技术和通信技术。

计算机硬件是物理设备，用于信息系统的输入、处理和输出活动。它由下列各部分组成：计算机处理部件；各种输入、输出和存储设备；连接这些设备的物理媒介。计算机处理部件又称为中央处理单元或中央处理器，是进行处理活动的主要部件。输入设备负责把程序指令和数据输入到计算机中。输出设备提供给人们计算机处理的结果。内存，又称主存，用来暂时保存程序指令和数据，是中央处理器的工作空间。辅助存储器用来存储程序指令和数据，在需要的时候，调入内存。

计算机软件由详细编制的指令组成，这些指令控制和协调信息系统的计算机硬件部件。计算机指令的集合称为程序，程序和相应的文档构成了计算机软件。软件主要有两类：系统软件和应用软件，它们各自有不同的功能。系统软件管理计算机的资源，应用软件是针对特定问题为用户编写的程序。

通信技术由物理设备和相关软件构成，连接各类硬件并将数据从某个物理地点传送到另一个物理地点。

存储技术既包括存储数据的物理媒介，也包括管理物理媒介上的数据组织的软件。

其中，值得一提的是，管理并控制计算机活动的系统软件叫操作系统（OS）。如今，操作系统已成为现代计算机系统必不可少的关键部分，成为软件系统的核心。操作系统是建立在硬件基础上的，驱动硬件运行。程序设计语言和数据库管理系统等都是以操作系统为基础的或在特定的操作系统上运行。应用软件是基于数据库管理系统或特定的程序设计语言开发的。那么，如何选择微机操作系统？如果一个公司需要一个主要为商业应用的操作系统，那么它需要一个能与其商业应用软件兼容的操作系统。操作系统的使用和安装应该是很容易的，操作系统的用户界面应该是很容易学的。核心任务应用程序有特定的操作系统需求，它们是商业活动赖以高效运作的基础。对于这些应用，一个能够为多任务和内存管理提供可靠支持的操作系统是必需的。操作系统必须能够快速地运行多个应用，并且不会出现因为多个应用用同一内存空间而使系统瘫痪的情况。核心任务等应用通常有大量的事务要处理，并且要求操作系统能处理大量复杂的软件程序和大量的文件。在当前日益激烈的操作系统大战中，作为信息系统的系统软件环境，要特别注意 UNIX，Windows NT 和 Linux 三大操作系统平台。

本章不再重复计算机软硬件的基础知识，考虑到信息技术的最新进展，下面只讨论管理信息系统的核心信息技术。

第二节　MIS的核心信息技术——计算机网络与WWW技术

一、计算机网络的概念与功能结构

在实际使用中，人们经常选择性地使用计算机网络和计算机通信网这两个术语。一般把计算机之间为协调动作的目的而进行的信息交换称为计算机通信网，而把两个或多个计算机通过一个通信网相互连接所形成的集合称为计算机网络。如果使用术语的目的侧重于用户如何共享和使用计算机资源，就用计算机网络；如果侧重于计算机之间的信息通信，则使用计算机通信网。

计算机通信网在物理结构上具备了计算机网络的雏形，但它的主要目的在于相互传输数据，故资源共享能力不强。计算机通信网由一系列用户终端、具有信息处理与变换功能的节点及节点间的传输线路组成。因此，从功能结构来说，计算机通信网包括两方面的内容：数据通信与联网信息处理。前者为后者提供信息传输服务，后者则在其基础上实现系统之间的信息交换和应用方面的要求。这样，我们将完成数据通信功能的部分称作计算机网络中的“通信子网”，而将实现联网信息处理功能的部分称作“资源子网”。

计算机网络是计算机技术和通信技术相结合的产物。凡将地理位置不同且具有独立功能的多个计算机系统，通过通信设备和线路将其连接起来，由功能完善的网络软件实现网络资源共享者称为计算机网络。计算机网络主要由四部分构成：计算机系统、通信设备、传输线路和网络协议软件。计算机系统称为网络中的节点或站点。通信设备是计算机系统和传输线路之间的接口。对于传输线路，局域网的信号传输一般需要铺设专用线路；广域网多采用公用信号传输系统。网络协议软件是为了保证网上数据的正常传输所制定的通信双方共同遵守的规则。

计算机网络是指在计算机间以实现资源共享和传输信息为目的而连接的计算机系统的集合。计算机网络一时间搞得十分神秘，其实不然，它只不过是一个自治的计算机互联系统。但是，计算机实现互联以后，与单台计算机相比，产生了新的整体性能：一是资源共享。资源共享是指网上的用户能部分或全部地享用系统中的资源，从而大大提高系统资源的利用率。共享的资源包括软件资源、硬件资源和数据资源。连入网络的计算机软、硬件资源不再属于自己，而是属于整个网络系统，供系统内的用户共享。二是产生了数据通信功能。数据通信是计算机网络最基本的功能。利用计算机网络，人们可以加强相互间的通信，大大地缩短了人与人之间的距离。随着 Internet 在世界各地的风行，电子邮件、在线聊天等已为人们广泛接受，网上电话、视频会议等各种通信方式正在迅速发展。三是产生了分布式处理功能，当网络中某台计算机负荷过重时，网络操作系统自动完成对多台计算机的协调工作，将任务分布到多台计算机上进行处理，平衡了各台计算机的负载，提高了每台计算机的可用性以及处理能力。

计算机网络是一个极为复杂的系统，为简化其设计通常采用结构化的设计方法。结构化方法有很多，一种非常有效的方法是把计算机网络按功能划分为若干层，形成层次结构。较高层次建立在较低层次的基础上，又为其更高层次提供必要的服务功能。网络体系结构是指整个网络系统的逻辑结构和功能分配。目前，网络体系结构被普遍用来描述网络的组织、构造和功能。

有了网络体系结构，满足同一体系结构的计算机系统就能够很容易地互联在一起。然而，为了更加充分地发挥计算机网络的作用，就应当使不同厂家的计算机能够互相通信。十分明显，这就需要制定一个国际范围的标准。为了建立一个国际范围的网络体系结构，国际标准化组织在 1978 年为开放系统互联成立了一个专门委员会，并于 1980 年 12 月发表了第一个草拟的开放系统互联参考模型的协议书，1983 年把基本参考模型正式批准为国际标准，即著名的“开放系统互联基本参考模型 OSI”。在开放系统互联的术语中，“开放”是指按 OSI 标准建立的系统可以和世界上任意一个也按 OSI 标准建立起来的系统相互通信。

在计算机网络中，计算机之间仅仅通过彼此的物理连接来发送和接收信号是不够的，因为在数据交换过程中，应有一套数据交换所必须遵循的规则，按照彼此认可的规则行事，只有这样才能顺利进行通信。这些在通信过程中必须遵循的规则就是通信协议。协议是网络通信中最重要的基础，各种厂商生产的不同型号的计算机、终端设备或其他网络通信设备，只有遵从相同的协议，才能彼此通信。OSI 可以被认为是一种理想的工业标准，TCP/IP 是事实上的标准。我们需要更多地重视事实上的标准 TCP/IP。TCP 是传输层控制协议，IP 提供网络服务。它已有 20 多年的发展历史，独立于特定的计算机软硬件，可以运行在局域网、广域网和互联网上，具有统一的网络地址分配方案，可以提供多种可靠的用户服务。TCP/IP 协议族成功地解决了不同硬件平台、不同网络产品和不同操作系统之间的兼容性问题，标志着网络技术的一个重大进步。

而网络拓扑是从结构的角度来研究网络体系的。它将网络上的工作站点视为一个节点，通信信道视为一条线，整个网络系统变为一张平面图，用图论的方法进行研究。最常见的网络拓扑结构有；星型、总线型和环型（如图 4—1 所示）。星型结构的网络有一个中央节点，它与其他所有节点直接相连。星型结构的优点是建网容易、控制简单、成本较低、延时性较短。缺点是属于集中控制，对中心的依赖性大，一旦中心节点出故障，整个网络系统就瘫痪。在总线型结构中，所有的节点和工作站都连在一条公共的电缆线上。总线型结构的优点是使用的电缆线较少，容易安装，网络连接的成本较低。缺点在于由于总线是所有工作站共享的，所以一旦总线发生故障将会影响到所有用户，使整个网络瘫痪。在环型结构中，所有的计算机用公共传输电缆组成一个闭环。环型结构网络管理简单，通信线路节省，可靠性高，但环上节点增多时效率下降，负载能力较差。

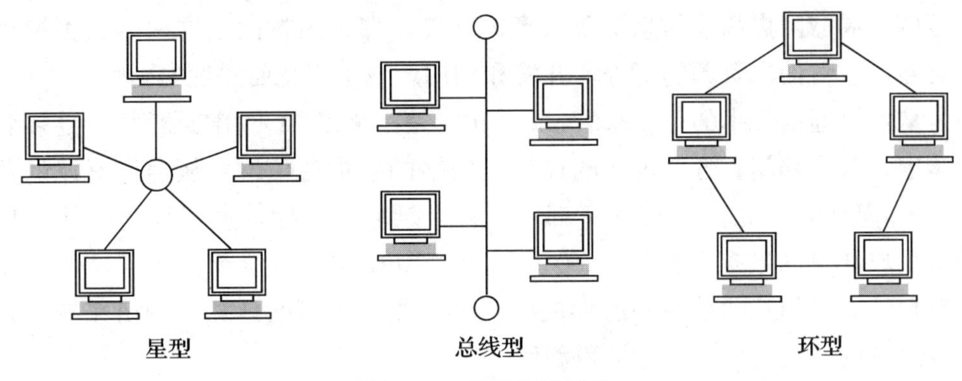

图 4—1　网络拓扑结构

除了这三种典型的结构之外，还有一些其他类型的拓扑结构，如树型、网络型等。实际上，较少采用单一结构，往往根据需要采用一种混合型结构。

选择拓扑结构时，应将网络应用方式、网络操作系统及现场环境结合起来考虑，并考虑布线费用、适应节点调整（增加、拆卸、移动）的灵活性以及网络可靠性等几个方面的问题。

二、Internet 与 WWW 技术

计算机网络按地域的分布分为局域网（LAN）和广域网（WAN）。局域网作用的地理范围较小，通常是利用专用的通信线路将许多计算机连接起来。局域网的主要特点是覆盖地理范围比较小，通信速率较高，从应用角度而言通常属于一个部门所有，采用共享和交换方式组网。其成本低，便于安装和维护，可靠性高。而广域网可将跨城市、地区甚至国家的若干计算机连接起来，其作用范围从数十公里到数千公里。广域网的根本特点是网络中的计算机分布范围很广，从数十公里到数千公里，针对这个特点，单独为每个系统建造一个广域网是极其昂贵和不现实的，因此只能采用公共的网络数据线路来实现。

全世界出现了不计其数的局域网、广域网，如何将它们连接起来，以便达到扩大网络规模和实现更大范围资源共享的目的？因特网（Internet）的出现正好解决了这个问题。值得一提的是，Internet 是现今世界上最大、最流行的计算机网络，又被人们称之为全球性、开放型的信息资源网。

经过 30 多年的发展，Internet 已从最初简单的研究工具演变为世界范围内个人及机构之间重要的信息沟通工具。如果说广域网扩大了信息资源共享的范围，局域网提高了信息资源共享的深度，那么因特网在这两方面都取得了突破，它对信息资源的管理、开发和利用产生了广泛而深远的影响。

从网络通信技术的角度来看，Internet 是一个以 TCP/IP 通信协议连接各个国家、各个部门、各个机构的计算机网络的数据通信网；从信息资源的角度来看，Internet 是一个集各个部门、各个领域、各种信息资源为一体的供网上用户共享的数据资源网。简单地说，Internet 是由位于世界各地的成千上万台计算机相互联结在一起形成的、可以相互通信的计算机网络系统，是当今最大的、最著名的国际性资源网络。

Internet 组网技术主要就是基于 TCP/IP 协议的网络互联技术，而 Internet 的应用技术主要指基于万维网（WWW）服务器和浏览器的应用技术。WWW 提供给用户一种非常直观的信息表示方式，帮助用户进行信息检索或

者相互通信。它能把因特网上各种类型的信息（如文本、声音、静止图像、动态影像等）综合集成起来提供给用户。WWW 通过交互式的查询方式，提供简单的信息查询接口和直观统一的用户界面，受到了广大用户的欢迎。其诸多便于商业应用的功能和特征，大大促进了因特网的商业应用，甚至成为因特网应用的象征和典型。

WWW 信息服务的主要特点是便于多媒体信息的发布和网络用户的查询。在 Internet 上，信息发布一般总是以网站为基础，每个网站都有自己的主页，用以体现网站的主题。任何想通过因特网发布信息的机构或个人，必须建立自己的主页，即介绍其信息服务功能及引导用户查询浏览的图文界面，并通过主页将用户引导到其他页面去浏览查询。WWW 就是通过这种相互链接的图文界面（简称网页）向用户提供信息服务的。每个机构或个人提供的全部信息服务都是以网页的形式体现的，展示信息的所有网页及其链接关系形成了该机构或个人的网络站点（简称网站）。因特网上的所有信息服务站点都有一个唯一的网络地址（简称网址），用户就是通过特定的网址获得相应的信息服务的。

WWW 最具特色的是将文本、图像、声音等多媒体信息结合起来的超媒体信息检索。通过将位于全世界 Internet 上不同地点的相关数据信息有机地编织在一起，WWW 提供这样一种友好的信息查询接口：用户仅需提出查询要求，而到什么地方查询及如何查询则由 WWW 自动完成。只要操纵计算机的鼠标器，你就可以通过 Internet 从全世界任何地方调来你所希望得到的文本、图像和声音等信息。通过超媒体网页之间的超级链接，可以在同一网页的不同内容之间，同一主机的不同网页之间、不同站点之间、不同机器之间根据信息的关联性建立直接的链接，使用户方便地按照自己的思路或兴趣在不同的信息和站点之间进行遨游。

除了信息检索和 WWW 服务外，Internet 还提供给网络用户多方面的实时或非实时的交互式服务。

以上可见，Internet 的主要价值在于它能够将全球各地的各种网络资源以简单而低成本的方式连接起来，任何一个网络用户都可以通过自己的计算机跨越空间，访问世界上任何一个角落的计算机系统，而完全不必关心该计算机的地理位置、机器类型以及操作系统等环节，直接享用该系统中的各种资源。

Internet 上的商业应用是一个广泛的领域，为企业和商家实现跨国家和跨地区运作奠定了雄厚的设施基础，具有广阔的开发前景。随着企业发展越来越集团化，企业的分布也越来越广，遍布全国各地甚至跨国界的公司越来越多。这些集团化的企业面对日趋激烈的市场竞争，需要及时了解各地的市场行情、经营管理状况，企业内部也需互通信息。Internet 技术正是解决这些问题的利刃。

目前，世界上很多企业都有自己的 Intranet 地址，企业经理可以通过它促销产品，宣扬企业经营思想，在网上捕捉商机；客户可以随时通过该网获得企业概况、产品介绍以及技术支持，甚至进行电子贸易；银行可以在网上为客户提供货币转账和支付服务；个人可以从数据库中检索信息，还可以在网上讨论专题，发表自己的观点。总之，Intranet 已经引起了企业和个人的极大关注和兴趣，并且正在改变着人们的工作和生活方式。

三、Intranet 及其与 MIS 的关系

近年来，随着 Internet 的飞速发展，内联网（Intranet）得以应用。Intranet 即企业内部互联网，是企业或公司内部使用的网络，以达到企业内部资源共享和信息快速传递的目的。

Intranet 是指与全球国际互联网隔离开的一个较小的专用电子空间，以 Internet 技术，主要是 WWW 技术为基础的企业内部信息交换平台。它既可以通过接入的方式成为因特网的一部分，也可以自成体系，实现企业内部的管理。简单地说，Intranet 就是建立在企业内部的 Internet。

在 Internet 产生之前，许多企业内部可能已经有了自己的网络，但是这种网络由于没有引入 Internet 技术，因此只能算作局域网。企业无法通过这种局域网与外界用户、合作伙伴之间借助于计算机进行信息交流。而且由于以前企业内部计算机的应用模式通常是主机/终端方式，因此，即使是企业内部的信息交流也会受到一定的局限。

为了取得进一步的发展，最大限度地发挥网络的效能，企业把目光投向了运用 Internet 的优秀机制，通过进入 Internet，并利用 WWW 技术构造企业专用网——Intranet。这比传统的专用广域网便宜得多，而且使得

企业与客户之间、企业内部人员之间、企业与合作伙伴之间很容易实现信息共享。

由于 Intranet 沿用了 Internet 的主要技术，所以它们的连接是十分自然的、容易的。又由于 Intranet 能够为企业提供一个广阔的信息发布和获取平台以及电子商贸手段，所以企业 Intranet 一般都应留有与 Internet 的接口，或直接与之相连。

Intranet 所具有的显著优势主要表现在：

（1）系统建立费用低。建立 Intranet 也许比我们想象的要容易。如果企业已经具有了传统的网络设施，几乎不需要重新投资。换句话说，Intranet 可以最大限度地保护企业过去的网络设施投资。

（2）通信费用少。同现有企业内部通信方式比，Intranet 的性能价格比是很有吸引力的。利用现有企业内部网络和 Internet 的公共通信设施，会使 Intranet 的通信费用投入相对非常低。

（3）可虚拟地运行在任何平台上。WWW 服务器软件采用的是公开的协议和技术标准，因而不局限于任何硬件平台或操作系统，企业原有的计算机都可以胜任。

（4）采用统一的浏览器界面。Intranet 如同 Internet 的 WWW 功能，在整个企业的系统中提供一个基于浏览器的一致窗口。能够熟练操作 Internet 的用户甚至不必进行专门的训练，即可独立操作 Intranet。

（5）开发周期短。Intranet 应用程序的开发比传统网络上的应用程序的开发来得容易。完全摆脱了为每一种客户机单独编程和为所有用户进行应用软件的升级的麻烦。

值得注意的是，单位组建 Intranet 与设置 Internet 站点的目的是不同的。Internet 的站点是面向全世界的公众和组织开发的，所有 Internet 用户都可以访问，因而它常常被作为一种面向市场或公众的工具。而 Intranet 则面向单位内部，一般只有内部用户才能访问，是一种内部管理工具，着眼于内部的信息交流与沟通。

Intranet 从其诞生到现在已得到了飞速的发展，究其原因不能不归于它给企业带来的利益。Intranet 的精髓也在于，利用 Intranet 的技术改造企业内部的信息系统结构，从而增进企业整体的效能和利益。当然，Intranet 除了给企业带来实惠和利益外，它给企业在管理、技术、企业文化等方面带来的冲击也是我们不得不面对的现实。Intranet 技术可给企业内部管理带来诸多便利，但同时也会带来一些令企业担忧的问题。其中首要的问题就是网络和信息资源的安全性问题。

众所周知，信息是企业的无形资产，企业数据是企业赖以生存的生命线，一旦企业的信息和数据出现安全隐患，将会给企业带来无法估量的损失。随着 Intranet 技术的日益普及，出现在网络上的企业、公司数据遭窃或遭破坏的现象日趋严重。当然，现在有了防火墙技术。防火墙就是针对 Intranet 的网络特点而建立的对外部入侵者的防范措施。防火墙由软件和硬件设备组成，是加强 Internet 与 Intranet 之间安全防范的一个或一组系统。Intranet 实质上就是进行系统访问的控制，它控制企业网与外部的信息进出，使入侵者不能进入企业网内，而内部人员仍能访问 Internet，并且不与外界脱离。

随着现代信息技术和社会经济的迅速发展，传统的管理信息系统无论是从技术上还是从功能上都已不能很好地满足现代组织信息管理的需要。这就需要利用一些新的信息技术平台，而计算机网络的诞生及其迅速发展为此提供了必不可少的技术支持。尤其是 Intranet 技术的出现，促进了网络环境下的组织信息资源管理理论和实践的发展。

关于 MIS 的平台，早期的概念仅指计算机主机及其操作系统组成的基本内核，现在的概念已扩展为软硬件体系结构的系统平台，要求软件平台和硬件平台形成支持 MIS 应用开发与运行监控的一体化的开放系统环境。客户机/服务器（C/S）是目前最流行的网络结构，现已逐渐成为 MIS 应用环境中体系结构的首选。

客户机/服务器的体系结构，首先在逻辑上将应用工作划分为前端用户界面和后台数据库访问两部分。前者称为客户，后者称为服务器，两者之间相互通信。虽然两者都是连接在网络上，但各自承担并完成各自的功能。客户机向服务器提出对某种信息或数据处理的请求，服务器针对请求来完成处理，将结果作为响应返回给客户机。

客户机/服务器结构是一个分布式环境，任一个客户都可以访问网络上所有的服务器，而不必关心它的物理位置。客户机/服务器作为一种计算机处理模式，能够有效地解决各种实际应用问题。客户机/服务器模式要求应用程序分成两个或多个独立的部分来书写，分别安装并运行在不同的机器上，但操作起来的感觉就像是一个独立的应用一样。

客户机/服务器结构比较容易扩充。由于客户机/服务器模式对应用环境的适应性、数据处理的特点、程序设计的思想等方面的原因，该模式是我们需要关注的方向。不过，客户机/服务器也存在问题。虽然目前许多客户机/服务器软件已商品化，但编写将客户机与服务器之间处理功能分开的软件仍是一件困难的事。当同时访问同一服务器的用户数量过多时，该服务器有可能很快死机。于是，浏览器/服务器（B/S）模式成为热门话题。

B/S是一项新技术，它的结构是对客户机/服务器结构的继承和发展。Intranet在传统的客户机/服务器结构中，把服务器分解为两个，一个是数据库服务器，另一个是Web（站点）服务器，把原来的两层结构——客户机/服务器，发展为三层结构——客户机（浏览器）/ Web服务器/数据库服务器（见图4—2）。Web服务器与数据库服务器相连，接受用户的请求，提供实时变化的数据，再返回给客户端的浏览器。这种结构在硬件和软件环境发生变化时的适应能力比客户机/服务器的两层结构更强。

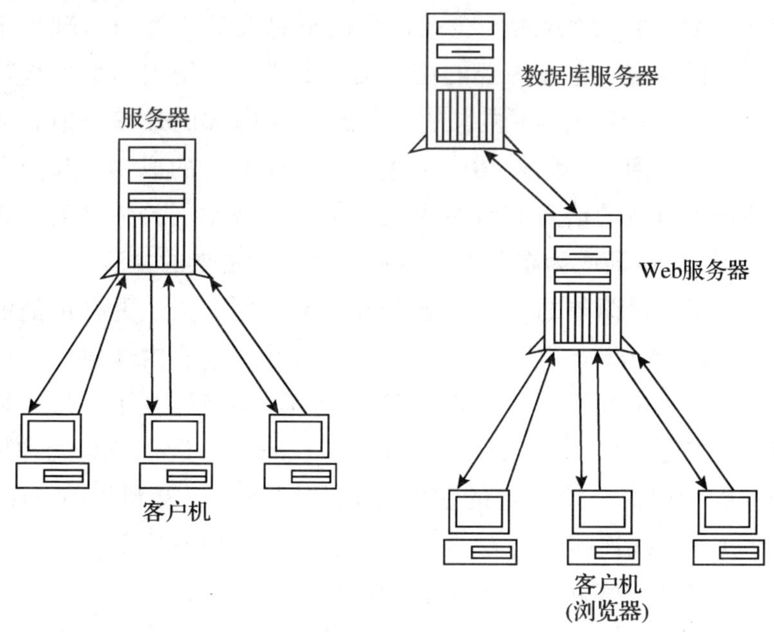

图4—2　二层结构与三层结构

B/S 模式无需像 C/S 模式那样在不同的客户机上安装不同的客户应用程序，而只需安装通用浏览器软件即可。以 B/S 模式开发的系统维护工作集中在服务器上，客户端不用维护，操作风格比较一致，有浏览器的合法用户都可以十分容易地使用。如今，B/S 模式的应用已非常广泛，逐渐成为一种流行的信息系统平台。

Intranet 是一种新的企业内部信息管理与交换的基础设施。它不仅是企业内部信息发布系统，而且是企业内部业务运转系统。从目前的情况来看，传统的管理信息系统变革的方向应该是开发基于 Intranet 的新型的管理信息系统。也就是说，Intranet 技术的应用，为 MIS 的实现提供了一种新的选择。Intranet 技术已经渗透到企业的信息资源管理之中。

四、Intranet 与 Internet、Extranet

Intranet 深受企业的关注和青睐，其原因之一就是它与 Internet 有所不同，它只为一个组织内部专有，对网络的访问完全在企业的控制之下，外部用户不能通过 Internet 对它进行访问。Intranet 所定义的企业网络除访问 Internet 的公用资源外，纯粹用于企业内部的信息交流。然而从现代企业的应用情况来看，仅局限于企业内部的信息交流非常少，绝大多数的应用都包括与企业外部的通信。Intranet 强调的是提高企业内部的效率，但企业内部的高效率并不等于在商业上的成功。企业要取得商业上的成功，与企业能否与其贸易伙伴进行有效的信息交流有很大的关系。从发展趋势来看，企业外联网（Extranet）将逐渐成为企业信息资源管理技术框架的主流。

Extranet 是以最简单的形式扩展 Intranet 的更安全、更有价值的解决方法。Extranet 是 Intranet 的延伸和扩展，它不限于企业内部成员，而是可以延伸到企业之外，把相互合作的企业的 Intranet 网络连在了一起，特别是包括了那些想与之建立联系的供应商和客户。Extranet 是一种观念和模式，并不是一个可以看得见、摸得着的实实在在的网络，而是利用 Internet 技术，通过 Internet 或专线连接企业与企业、企业与客户而形成的一个专用网，以分享 Intranet 提供的信息，达到彼此的商业目的。

Extranet 可以作为公用的 Internet 和专用的 Intranet 之间的桥梁。在网络应用的发展史上，Internet、Intranet 分别被喻为第一、第二次冲击波，而 Extranet

则被视为第三次冲击波。Internet 是面向非特定用户的开放的服务与商业网络。Intranet 则利用 Internet 技术实现企业内部各职能机构的功能整合，是企业内部的 Internet。而 Extranet 的出现，是对前二者功能上的补充。它的服务对象既不限于企业内部的机构和工作人员，也不像 Internet 那样不加区分地对全社会所有成员开发，而是有选择地扩大到与本企业相关联的商家和顾客。所以它较之 Intranet 安全，也较之 Intranet 灵活。Extranet 兼具 Internet 和 Intranet 的优点于一身，它所具有的安全性和半开放性为企业间的交流提供了一个良好的商业贸易环境，因此必将在今后得到进一步的大规模的推广与应用。

从三者的应用范围来看，Intranet 主要实现企业内部信息流的共享，提高企业内部的工作效率，增强竞争优势。Extranet 则根据企业经营需要将信息网络延伸到了特定的厂家与客户之间，改善了经营状况和服务质量。Internet 则是面向广阔的国内、国际市场，宣传企业形象，争取更多的商机。

完整地看，企业网络不只是单纯的一种网络技术的应用，而是多种网络技术的综合应用。企业网络的组建需要完成三部分工作：组建 Intranet、组建 Extranet 以及接入 Internet。这三部分的工作不一定都在一期工程中全部上马。企业可以根据自身发展的需要来选择需要建设哪几部分。但是，组建 Intranet 是必须首先完成的工作。

总的来说，Internet 的迅猛发展与广泛应用，为管理信息系统的建设与应用提供了新的机遇。基于 WWW 的信息系统大大扩展了信息系统收集、处理与提供信息服务的深度和广度，给管理信息系统的体系结构和应用范围带来了深刻的变化。以 Internet 技术为主要支柱的 Intranet 和 Extranet 已经为许多企业的信息系统提供了新的运行环境，以 Internet 技术为基础的电子商务的迅速发展也将推动企业信息化乃至整个国民经济的信息化。

第三节　MIS 的核心信息技术——数据库与数据仓库

一、数据库概述

（一）数据库的基本概念

数据库是数据组织与管理的最新技术。数据库以一定的组织方式在计算机中存储相互有关的数据集合。数据的存储方式独立于使用它的应用程序。数据库概念的基本目标是减少数据冗余和增加数据的独立性。它以最佳的方式、最少的数据、最大的共享以及安全保密性，提供多种应用服务。

数据库是被存储起来的数据及数据间逻辑关系的集合体。数据库技术主要解决的是对于给定的一组数据如何构造一个适合于它们的数据库模式，即数据库的逻辑结构。这种逻辑结构一般用关系数据库来描述。在关系数据库中，一个关系既可以用来描述实体及其属性，又可以用来描述实体之间的联系。物理实现数据库模式，则要视具体所使用的数据库管理系统而定。使用数据库管理系统来专门管理数据，可实现数据与程序的真正独立性，并且最大限度地降低了数据的冗余度，充分做到了数据为多个用户共享。

关系式数据库是表达数据间逻辑关系所广泛应用的模型。关系式数据库中，数据处于一张二维表格中，数据间的联系由该二维表来反映。这样的二维表格也称为“关系表”。二维表格是表达现实世界中实体间的相互关系时最常用、也是人们最熟悉的方法。表格是同类实体各属性的集合。在一张二维表中，一个竖列反映实体的某一特性，实体的多方面特性可用多个竖列来反映；表中的一行形成一个实体记录，它由多个数据项组成，反映了某一实体的所有有关特性。这样由许多行和列组成的二维表可以用来反映同类实体中全部实体的所有有关的信息。由于表中的实体属于同一类实体，也正因为这一点，这些实体才联系在一起，使它们具有某种共同的特性。关系数据库模型最大的优越性是建立二维表（关系）后，描述信息间的关系十分便利，而且非常容易处理二维表所包含的信息。

数据库的体系结构分成三级：内部级、概念级、外部级（如图 4—3 所示）。外部级是与用户相连接的一级，表达了用户所理解的实体、实体属性和实体之间的联系。概念级是一种对数据库组织的全局逻辑观点，它是数据库管理员所看到的实体、实体属性和实体之间的联系，是数据库数据内容和结构方式的完整表示。内部级是最接近存储设备的一级，是数据库的数据内容如何在存储介质上存放的存储结构的描述。数据库的三级之间存在着两种映射：一种是把用户级数据库与概念级数据库联系起来，另一种是把概念级数据库与物理数据库联系起来。

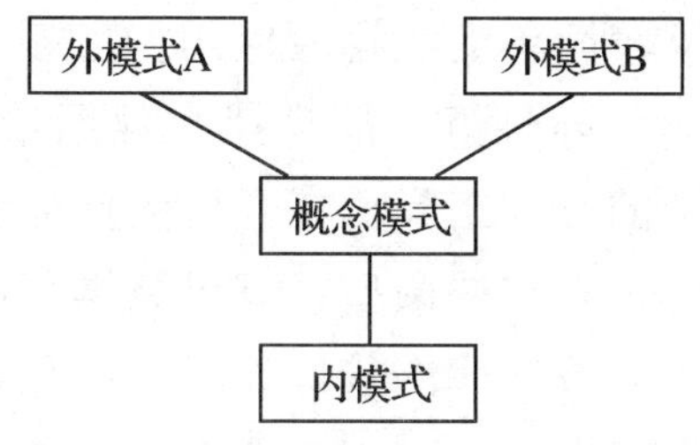

图 4—3　数据库系统的体系结构

数据库系统是在计算机文件系统的基础上发展而来的。与文件一样，都是数据项和记录的集合，但数据库中的数据是有结构的，而文件中各记录之间是没有联系的；文件是面向单个的程序，而数据库则是面向整个应用。由于整个数据是结构化的，而且数据的组织是面向全体用户、全部应用的，因此，可以最大限度地满足多个用户、多种应用对数据共享的要求。整个数据库系统由三部分组成：用户应用程序、介于数据库和应用程序之间的数据库管理系统（DBMS）和存储在外存储器上的经过组织的共享数据库（DB），如图 4—4 所示。

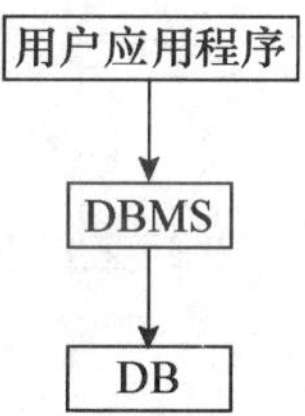

图 4—4　数据库系统的组成

其中，数据库管理系统是指对数据进行组织和管理的软件系统，它是数据库系统的核心，用户应用程序对数据库进行的所有数据操作都是在数据库管理系统的统一管理下进行的。也就是说，数据库管理系统处理用户对数据库的操作，负责数据库组织的逻辑细节和物理细节的处理，使用户可以不受这些细节的影响，从而可以从更加抽象的角度看待和使用数据库。具体地讲，数据库管理系统主要完成以下工作：（1）描述数据库；（2）管理数据库；（3）维护数据库；（4）数据通信。

当前数据库管理系统可以划分为两类。一类是基于微型计算机的小型数据库管理系统，它具有数据库管理的基本功能，易于开发和使用，可以解决对数据量不大且功能要求较简单的数据库应用。另一类是大型的数据库管理系统，其功能齐全，安全保障性好，能支持大数据量的数据库系统的开发，还提供了数据库系统应用的开发工具。在今后的任何计算机应用开发中都离不开对数据库技术的了解，先掌握微型计算机数据库的应用，再了解大型数据库的技术和应用，是掌握数据库的较好途径。而且，数据库管理系统一般又是在操作系统的支持下工作的，这一点要特别注意。目前流行的 DBMS 产品有 Xbase 系统、SQL Server、Oracle 等。

自 20 世纪 60 年代末数据库产生后，随着计算机技术的飞速发展和社会对信息处理的迫切需要，数据库技术得到了较快的发展。近年来，数据库技术又有了新的发展，出现了分布式数据库、面向对象的数据库和超媒体数据库。分布式数据库是一种将数据存储在多个不同物理存储位置的数据库。数据库的一部分存储在某一物理位置，而其他部分被存储在其他位置。面向对象的数据库是基于对象的。一个对象既包含数据又包含过程，两者是不可分的。因此，在面向对象的数据库中除了存在大量含有内在结构的数据外，还有大量描述过程的相应编码。传统的数据库管理系统主要是为预先定义数据项和记录结构的单纯数据而设计的，但当今和未来的许多应用都要求数据库不但要能够存取结构化的数字和字符，还应该能够存储图像、声音等。超媒体数据库是一种超出传统数据库方法的某些限定的信息管理方法。

（二）数据库的设计与建立

数据库的设计在信息系统开发中占有重要的地位。设计的质量将影响信息系统的运行效率及用户对数据使用的满意度。

数据库的设计可以说是一个从现实世界向计算机世界转换的过程。要建立一个数据库，需要经历两个设计阶段：概念设计和物理设计。

数据库的概念设计就是从企业的角度形成数据库的抽象模型。可用 E—R 图表示现实世界的实体和联系。E—R 图是建立数据模型的基础，从 E—R 图出发则可导出计算机系统上安装的 DBMS 所能接受的数据模型。

而数据库的物理设计是描述数据库在直接存取的存储设备中是如何安排的。要结合具体的 DBMS 的功能，进行数据的存储组织和存放位置的设计。也就是主要指对数据库在物理设备上的存储结构和存取方法的设计。

我们的重点是掌握 E—R 图与关系式数据模型的转换，即把 E—R 图转换为一个个关系框架，使之相互联系构成一个整体化了的数据模型。E—R图中包括：实体、联系和属性三种基本图素。E—R图直观易懂，能比较准确地反映现实世界的信息联系。关系式数据库模型是采用二维表格形式的数据模型。这样的二维表格也称为“关系表”。关系模型将数据库中所有数据用多个简单的二维表来表示。

完整地说，数据库设计的步骤包括用户需求分析、概念结构设计、逻辑结构设计和物理结构设计四个阶段，其中概念结构设计是根据用户需求设计的数据库模型（称为概念模型）；逻辑结构设计是将概念模型转换成某种数据库管理系统支持的数据模型；物理结构设计是为数据模型在设备上选定合适的存储结构和存取方法。

在数据库设计开始之前，首先必须选定参加数据库设计的人员，包括数据库分析设计人员、用户、程序员和操作员。数据库分析设计人员是数据库设计的核心，他们自始至终参与数据库设计，他们的水平决定了数据库系统的质量。用户在数据库设计中也是举足轻重的，他们主要参与需求分析和数据库的运行维护，他们的积极参与不但能加速数据库设计，而且也是决定数据库设计质量的又一因素。

由于数据库系统已形成一门独立的学科，所以，当我们把数据库设计原理应用到信息系统开发中时，数据库设计的几个步骤就与系统开发的各个阶段相对应，且融为一体，它们的对应关系如图4—5所示。

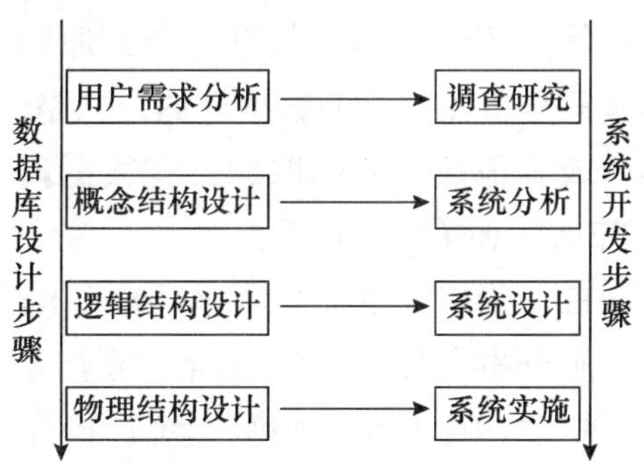

图4—5　数据库设计与系统开发的阶段对照

随着社会信息化进程的加快，信息量的剧增，当前数据库已成为计算机信息系统和应用系统的基础和核心。数据库应用系统通常是指以数据库为基础的信息系统。严格说来，数据库设计是数据库应用系统设计的一部分。在实际使用中，这两个概念区分得往往不是那么清楚。但在某些需要区分的场合，不难从其上下文的含义中，对两者加以区别。

另外，数据库系统需要组织认识到信息的战略作用，并把信息作为公司的资源来管理和规划。这意味着组织必须设置数据管理职能部门，来确定整个公司的信息需求和使用权限。数据管理的主要任务是制定政策和规则，以便有效地管理信息，目的在于使信息成为资源。数据管理的基本原则是所有数据归整个组织所有，数据不能单属于任何一个部门或某个业务范畴。所有数据对任何部门来说，在履行其使命的过程中都是可以使用的。数据管理在组织中是非常重要的，被认为是非常有挑战性的工作。

二、数据仓库的概念

近年来，数据仓库（DW）成为信息技术领域谈论的一个热门话题。在美国，数据仓库已成为继 Internet 之后的又一技术热点。数据仓库概念是对数据库概念的进一步深化。数据仓库的建立并不是要取代数据库，而是来源于其他数据库，它需要建立在一个较全面和完善的信息应用基础之上，用于支持高层决策的分析。数据仓库是数据库技术的一种新的应用，到目前为止，数据仓库还是用数据库管理系统来管理其中的数据。

数据仓库是现有的数据库系统中的数据和其他一些外部数据的一次重组，重组时以能更好地为决策分析应用提供数据支持为原则。简单地说，数据仓库就是一个为特定的决策分析而建立的数据仓储。它是一个专门的数据仓储，用来保存从多个数据库或其他数据源选取的已有数据，并为上层应用提供统一的用户接口，用以完成数据查询和分析。

与数据仓库比较而言，我们把目前技术已经成熟的数据库也称为传统数据库。传统数据库主要用于事务处理，即面向日常业务，通常对一个或一组记录完成增加、删除、修改、查询和一些基本统计操作，主要用于支持特定的应用服务，也称为操作型处理。数据仓库的提出是以关系数据库、并行处理和分布式等技术的飞速发展为基础、用于解决实际当中拥有大量数据但是有用信息贫乏的一种综合解决方案，其数据处理的方式以分析为主，也称为分析型处理。

数据仓库通常包含大量的、经过提炼的、面向主题的数据。它具有如下特征：

(1) 数据仓库具有面向主题的特征。一个数据仓库必须是根据某些企业关心的主题来建立的。面向主题意味着对于数据内容的选择以及对信息详细程度的选择，把与决策问题无关的数据排除在数据仓库之外。

(2) 数据仓库的数据是集成化的。即从各个部门提取的数据要进行转化或称"整合"处理，以统一原始数据中所有矛盾之处，这样才能构成数据仓库中的分析型数据，这是数据仓库中最关键的因素。

(3) 数据仓库主要保存历史性数据。这些数据反映组织环境和状态在一个很长时间轴上的变化，形成时间序列数据，而且随着时间的流逝而增加。数据一旦进入数据仓库，它就只能被用户检索，不会再被改变。

(4) 和传统的数据库相比，数据仓库系统对数据检索和处理的时间性要求较低。使用者提出查询要求后，数据仓库可以经过若干小时将数据查到，用户还可以对所得到的信息包进行进一步加工处理。

概括地说，数据仓库就是面向主题的、集成的、稳定的、不同时间的数据集合。数据仓库中的数据面向主题与传统数据库面向应用相对应。数据仓库的集成特性是指首先要统一原始数据中的矛盾之处，然后将原始数据结构做一个从面向应用到面向主题的转变。数据仓库的稳定性是指数据仓库反映的是历史数据的内容，而不是日常事务处理产生的数据。因为对于决策分析而言，历史数据是相当重要的，许多分析方法必须以大量的历史数据为依托。数据仓库是不同时间的数据集合，它要求数据仓库中的数据保存时限能满足进行决策分析的需要，而且数据仓库中的数据都要标明该数据的历史时期。

数据仓库技术解决了事务处理系统处理不了的决策问题，具有动态集成和综合处理能力。具体地讲，它能解决如下问题：

(1) 传统在线事务处理系统进行数据抽取时，由于层层抽取的不一致性产生了严重的"蜘蛛网"问题，导致对同一个问题不同部门的结论不同，且可能相距甚远。数据仓库技术给数据加上时间维度，分离原始数据与导出数据，消除同类数据的算法差异，提高了数据的可信性。数据仓库技术，使得决策支持系统进入了实用化阶段。

(2) 数据仓库可以通过数据转移工具将位于不同地理位置、不同平台、不同数据库中的数据按照一定的规则，高度集中在一个数据仓库中，达到充分利用各种数据源的目的。同时，在构建数据仓库的过程中，它还充分考虑了企业原环境数据的不一致问题，可以将系统中不一致的数据按数据的一致性原则转移到数据仓库中，从而保证数据的完全一致，这对作出正确的决策是至关重要的。

（3）在传统的在线事务处理系统中，要查询历史数据是费时、费力的事情，就更不必说进行数据分析了，况且各年的数据可能存储在不同的介质上，导致数据处理效率低也就可想而知了。数据仓库中主要存储的就是历史数据和大量经过预先处理的汇总数据，因此基于历史数据的分析在数据仓库系统中就显得非常方便，而且效率也显著提高。

数据仓库存储了大量的数据，包括历史数据、当前数据和综合数据等。数据仓库随着其中数据的不同抽象程度可分成层次化结构。一般包括历史详细数据、当前详细数据、轻度综合数据、高度综合数据以及元数据五个部分。一个典型的数据仓库的数据组织结构如图 4—6 所示。

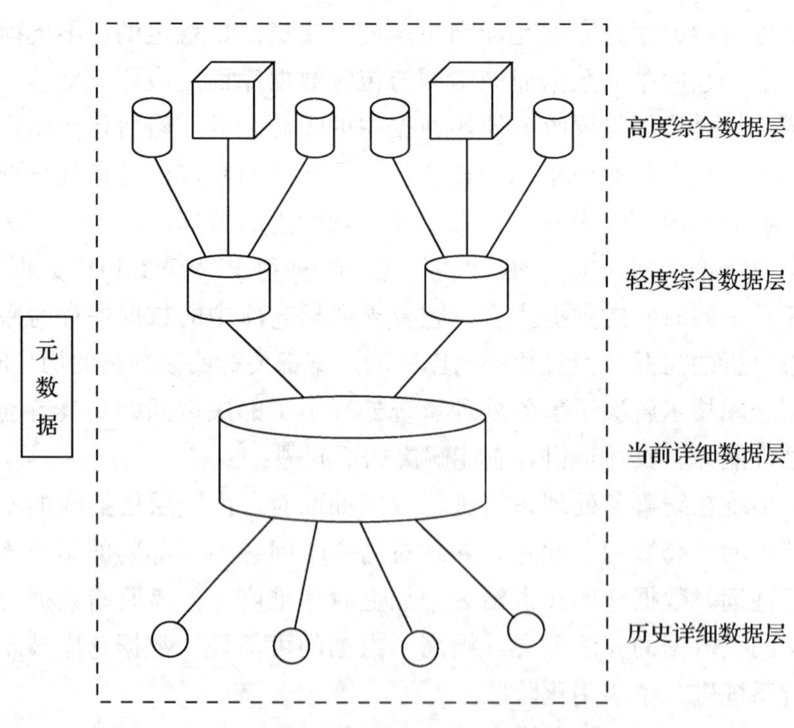

图 4—6　典型的数据仓库的数据组织结构

（1）当前详细数据。保存从各种数据源复制过来的、反映当前状态的详细数据。它存储最新详细数据，随着时间的推移，当前详细数据中老化的部分被移到历史详细数据中。

（2）历史详细数据。其详细程度和当前详细数据一样。历史详细数据的使用频率不高。一般很少有对历史详细数据的查询，它的主要任务是为联机分析和数据挖掘提供数据支持。

（3）轻度综合数据。它是由当前详细数据经一定程度的提炼而得到的，一般只用于组织内部。

（4）高度综合数据。它是对数据高度抽象的结果，反映组织的综合情况，可被外部环境引用。

（5）元数据。它是有关数据的结构、内容和来源的数据，反映各种信息在数据仓库中的位置分布和处理方式等。简而言之，元数据就是关于数据的数据。

在构建具体的数据仓库系统时，不一定具备所有的数据层次，如果系统资源紧张，数据仓库可以省去详细数据，直接从数据源中提取数据进行综合后进入综合数据库。

数据从外部进入“仓库”时，首先进入当前基本数据层，之后分别作不同的归纳、汇总、整理和分析，结果存入轻度综合数据层乃至高度综合数据层。老化的数据将进入历史数据层。

在数据仓库中，元数据具有重要的作用。元数据是数据仓库的基础，是整个数据仓库概念的中枢部件。整个数据仓库的组织结构由元数据来组织。

数据仓库的任务分为四个阶段：收集数据，集成数据，存储信息，提供信息。它首先从企业业务系统（即操作型系统）的各种不同应用中收集数据，然后将这些数据集成到企业主题领域的逻辑模型中，再以决策者易于访问和理解的方式来存储信息，最后通过各种报表生成工具和查询工具向企业中的所有决策者提供信息。

三、OLAP和DM

在实际决策过程中，决策者需要的数据往往不是某一指标单一的值，他们希望能从多个角度观察某一指标或多个指标的值，并且找出这些指标之间的关系。另外，目前的数据库系统可以高效地实现数据的录入、查询、统计等功能，但无法发现数据中存在的关系和规则，无法根据现有的数据预测未来的发展趋势。可见，对于一个企业来说，若仅仅拥有数据仓库，而没有高效的数据分析手段，就难以提高数据仓库中数据的利用率。另外，在海量数据背后隐藏着许多重要信息，人们希望能够对其进行深层次的分析，以便更好地利用这些数据。

联机在线分析（OLAP）和数据挖掘（DM）都是与数据仓库技术紧密相关的术语。其中OLAP是在数据仓库的基础上，针对特定问题的联机数据访问和分析。DM则表示在大量的数据中寻找用户未知的潜在关系的过程。

（一）联机在线分析

联机在线分析是在传统的联机事务处理（OLTP）的基础上发展起来的一种数据分析技术（见表4—1）。它用于完成基于某种数据存储的数据分析功能，它是数据仓库的用户接口部分。与人们更为熟悉的OLTP相比较，OLAP是专门为特殊的数据存取和分析而设计的技术，面对的是决策人员和高层管理人员，是以数据仓库为基础的数据分析处理。而OLTP一般来说仅仅依赖于关系数据库，是指操作人员和低层管理人员利用计算机网络对数据库中的数据进行查询、增、删、改等操作，以完成事务处理工作。

表4—1　　　　OLAP与OLTP对比表

OLTP	OLAP
原始数据	导出数据
细节性数据	综合性或提炼性数据
当前数据	历史数据
可更新	不可更新，但周期性刷新
一次处理的数据量小	一次处理的数据量大
面向应用，事务驱动	面向分析，分析驱动
面向操作人员，支持日常操作	面向决策人员，支持管理决策

根据OLAP产品的实际应用和用户对OLAP产品的需求，人们提出了一种更简单明确的对OLAP的定义，即共享多维信息的快速分析。

1. 快速性

用户对OLAP的快速反应能力有很高的要求。系统应能在5秒内对用户的大部分分析要求作出反应，虽然这个规则没有硬性地对所有类型的查询都如此要求，但它的思想是要尽快地把结果传给用户。

2. 可分析性

OLAP系统应能处理与应用有关的任何逻辑分析和统计分析。用户无需编程就可以定义新的计算，将其作为分析的一部分，并以用户理想的方式给出报告。

3. 多维性

多维性是OLAP的关键属性。系统必须提供对数据分析的多维视图和分析。这可以通过将数据存在一个多维模式，而不是事务系统中常用的关系模式下来实现。

4. 信息性

不论数据量有多大，也不管数据存储在何处，OLAP系统应能及时获得信息，并且管理大容量信息。提供给用户的信息不应受到其大小和位置的限制。

我们知道，决策数据是多维数据，多维数据分析是决策分析的主要内容。但传统的关系数据库系统及其查询工具对于管理和应用这么复杂的数据显得力不从心。OLAP目前以多维分析为主。OLAP逐步成为事务型数据的多维视图的同义语，这些多维视图是由多维数据库技术支持的，它们为数据仓库应用中所需的计算和分析提供了技术基础。

另外，OLAP侧重对分析人员和高层管理人员的决策支持，可以应分析人员的要求快速、灵活地进行大数据量的复杂查询处理，并且以一种直观易懂的形式将查询结果提供给决策制定人。

（二）数据挖掘

数据挖掘和数据仓库作为决策支持新技术在近十年来得到了迅速发展。而且，数据仓库和数据挖掘是结合在一起发展的。数据挖掘是从数据中发现隐含有用的信息或知识的技术，是为弥补和解决当前“数据太多，信息不足”而发展起来的技术。具体地讲，数据挖掘就是应用一系列技术从大型数据库或数据仓库的数据中提取人们感兴趣的信息或知识，这些知识或信息是隐含的、事先未知而潜在有用的。

数据挖掘又称数据采掘或数据开采，是知识发现的关键步骤。通常情况下人们不严格区分“数据挖掘”和“知识发现”。它融合了数据库、人工智能、机器学习、统计学等多个领域的理论和技术，可以帮助决策者寻找数据间潜在的关联，发现被忽略的因素。

数据挖掘研究的主要内容是算法和应用。数据挖掘是应用特定的发现算法，从大量数据中搜索或产生一个感兴趣的模式或数据集。特别要指出的是，数据挖掘技术从一开始就是面向应用的。

如果把知识发现看作发现知识的完整过程，那么数据挖掘只是这个过程中的一个部分。知识发现过程一般由三个主要的阶段组成：

1. 数据准备

首先了解相关领域的有关情况，熟悉背景知识，弄清用户要求。这个阶段可进一步分成四个子步骤：数据集成、数据选择、数据预处理、数据转换（编码）。

2. 数据挖掘

这个阶段进行实际的挖掘操作，利用机器学习、统计分析等方法，从数据库中发现有用的模式或知识。包括的要点有：决定如何产生假设、选择合适的工具、挖掘知识的操作、证实发现的知识。

3. 结果表述与解释

经过分析和挖掘得到的数据结果，一般都需要经过结果表示工具的重新表示再展现给用户，这样可以使结果更容易被用户所理解。根据最终用户的决策目的对提取的信息进行分析，把最有价值的信息区分出来，并且通过决策支持工具提交给决策者。因此，这一步骤的任务不仅是把结果表达出来，还要对信息进行过滤处理。如果不能令决策者满意，就需要重复以上数据挖掘的过程。

知识的发现可以描述为这三个阶段的反复过程。知识发现过程用图 4—7 表示，它是多个步骤相互连接起来，反复进行人机交互的过程。

最后指出，知识发现可以看作是用以概括从大量、复杂的数据中寻找某种规律的所有活动的术语。它为促使企业的信息资源向知识资源转化提供了一个可行的技术方向。它们可以分别应用于信息系统的设计和实现中，以提高相应部分的处理能力。

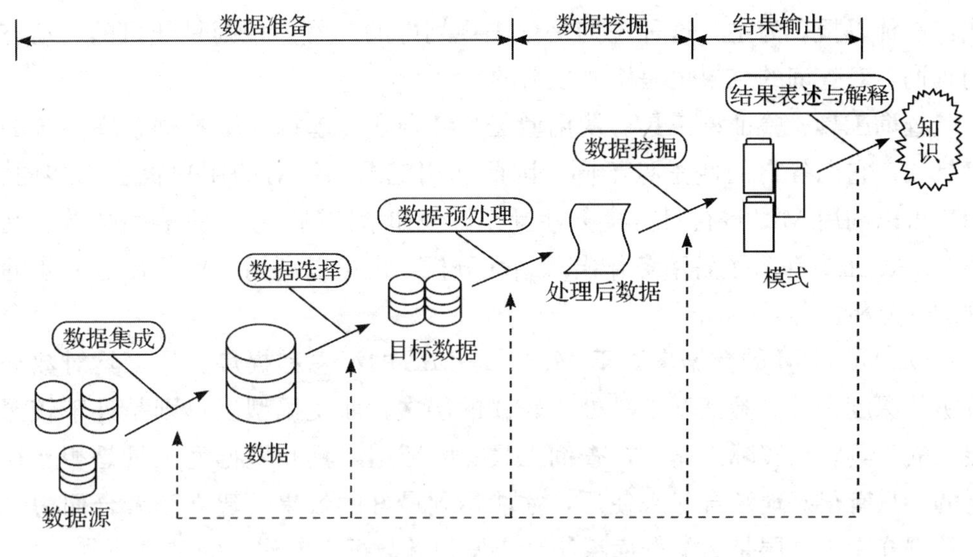

图 4—7 知识发现过程图

四、数据仓库系统与商业智能（BI）

下面首先引入数据仓库系统的概念，进一步从技术角度来看 DW、OLAP、DM 三者的关系，然后引出商业智能的概念。

数据仓库系统以数据仓库为基础，通过查询工具和分析工具，完成对信息的提取，满足用户的各种需求。数据仓库系统由数据仓库、数据仓库管理系统、数据仓库工具三个部分组成。在整个系统中，数据仓库居于核心地位，是信息提取的基础；数据仓库管理系统负责整个系统的运转，是整个系统的引擎；而数据仓库工具则是整个系统发挥作用的关键，只有通过高效的工具，数据仓库才能真正发挥出数据宝库的作用。

数据仓库中最主要的工具是分析型工具。用户从数据仓库提取信息时可能有多种不同的方式，但大体可以分成两种模式，即验证型和发掘型。作为分析型工具，上面提到的 OLAP 和 DM 在 DW 系统中占有相当重要的位置，OLAP 是一种验证型的分析工具，而 DM 是一种挖掘型的分析工具。

数据仓库中的工具以分析型为主，但仍包括查询工具。这里提到的查询，并不是指对记录级数据的查询，而是指对分析结果的查询，这就要求有更加友好的表述方式。数据仓库系统的查询通常都非常复杂，主要有两种查询方式：一种以报表为主，这种查询是预先规划好的；另一种则是随机的、动态的查询，对查询的结果也是不能预料的。

查询工具、验证型工具、发掘型工具结合在一起构成了数据仓库系统的工具层，它们各自的侧重点不同，因此适用范围和针对的用户也各不相同。用户可以利用MIS进行日常事务性操作，例如增、删、改、报表生成等，利用OLAP工具深入了解事务作出总结性分析，也可以利用DM作出进一步的预测性分析。

OLAP、DM的数据来源于MIS，是MIS的汇总和提炼。从工具对数据分析的深度来看，验证型工具处于较浅的层次，而发掘型工具则是处于较深层次的工具。在实际工作中，查询工具、验证型工具和发掘型工具是相互补充的，只有很好地结合起来使用，才能达到最好的效果。建立三者合而为一的数据仓库工具层是数据仓库系统真正发挥其数据宝库作用的重要环节。

数据仓库是一种解决问题的方案。它是对原始的操作数据进行各种处理并转换成有用信息的处理过程。数据仓库以传统的数据库技术作为存储数据和管理资源的基本手段，以统计分析技术作为分析数据和提取信息的有效方法，以人工智能技术作为挖掘知识和发现规律的科学途径。这样，对于那些决策者明确了解的信息，可以用查询、OLAP或其他工具直接获取，而另外一些隐藏在大量数据中的关系、趋势等信息，就需要数据挖掘技术来完成。

数据仓库应用是一个典型的C/S结构，客户端工作包括客户交互、格式化查询以及结果和报表生成等，服务器端完成各种辅助决策的SQL查询、复杂的计算和各类综合功能。但现在最普遍的一种形式是三层结构，即在客户和服务器之间增加一个多维分析服务器，它能加强和规范支持的服务工作，集成和简化原客户端和DW服务器的部分工作，降低系统数据的传输量，因此工作效率更高。

数据仓库解决了数据不统一的问题。数据仓库自底层数据库收集大量事务级数据的同时，对数据进行集成、转换和综合，形成面向全局的数据视图以及整个系统的数据基础。

联机分析处理从数据仓库中的集成数据出发，构建面向分析的多维数据模型，用户可以使用不同的方法，从不同角度对数据进行分析，实现了分析方法和数据结构的分离。

数据挖掘以数据仓库和多维数据库中的大量数据为基础，自动地发现数据中的潜在模式，并以这些模式为基础自动作出预测。数据挖掘反过来又可以为联机分析处理提供分析的模式。

可见，DW、OLAP 和 DM 是三种独立的信息处理技术。DW 用于数据的存储和组织；OLAP 集中于数据的分析；DM 则致力于知识的自动发现。这三种技术之间并没有内在的依赖关系，但这三者之间确实存在着一定的联系和互补关系，如果把它们结合起来，就可以使它们的能力更充分地发挥出来。于是，便形成了一种新的决策支持系统的框架，即 DW＋OLAP＋DM。随着企业竞争的日益加剧，这种新型的决策支持系统解决方案必将受到越来越多企业的青睐。

一般的数据库系统主要是组织和管理与业务活动或事务处理有关的信息。由于它面向一般的管理层，因此对信息的组织主要立足于使这些管理部门便于存取和访问这些数据，并对这些数据进行加工处理，生成本部门所需的数据。而对于企业的领导层来说，他们不仅要求知道各部门的一些关键信息，以了解企业当前的运行情况，更需要的是对这些数据进行汇总、分析与推理，形成对决策有用的信息。因此，需要在数据库的基础上再建立一个系统，以提供分析型的数据，作为领导决策的依据。把分析型数据从事务处理环境中提取出来，按照决策支持系统处理的需要进行重新组织，建立单独的分析处理环境。数据仓库正是为了构建这种新的分析处理环境而出现的一种数据存储和组织技术。

数据仓库系统是一个解决问题的过程，而不是一个可以买到的现成产品。不同企业会有不同的数据仓库。企业人员往往不懂如何建立和利用数据仓库，发挥其决策支持作用，而数据仓库公司人员又不懂业务，不知道建立哪些决策主题，从数据源中抽取哪些数据，这就需要双方互相沟通，共同协商开发数据仓库。需要强调的一点是，数据仓库的创建将会是一项长期、复杂并面临很大风险的工作，需要对其进行很大的投资，因此，对于数据仓库的创建应该谨慎。当然，数据仓库创建的成功将会给企业带来巨大的效益，使企业具有更强的智能和竞争力。

商业智能（BI）最早由 Gartner Group 的 Howard Dresner 在 1989 年首次提出，是对商业信息的搜集、管理和分析过程，目的是使企业各级决策者获得知识，促使他们作出更加合理的决策。BI 将数据仓库、联机在线分析和数据挖掘等结合起来应用于商业活动中，从由不同的数据源收集的数据中提取有用的数据，对数据进行清洗以保证数据的正确性，将数据经转换、重构后载入数据仓库或数据集市；然后利用合适的工具对数据进行处理，这时信息变成辅助决策的知识；最后将知识呈现于用户面前，为管理决策提供参考。可见，BI 并不是基础技术或产品技术，而是一种解决方案。

商务智能支持企业内各种角色的应用：战略决策层将通过建立战略企业管理模式的商务智能系统来实时了解企业对战略目标的执行程度；中、高层管理人员通过建立运营智能系统来随时了解企业运行情况；企业分析研究人员则可通过商务智能分析工具对企业现状进行分析，向高层领导提供分析结果，支持决策。

本章小结

MIS 的相关信息技术包括计算机技术、计算机通信和网络技术以及数据库技术。本章重点介绍了其中的核心技术，并强调新兴的和实用的信息技术。

在介绍了计算机网络基本知识的基础上，重点推出了 Internet、Intranet、Extranet。从应用的角度，探讨了这三者之间的区别和联系，特别是探讨了 Intranet 与 MIS 的关系。

另外，在介绍了数据库基本知识的基础上，着重强调了数据库的设计和建立，推出了 DW、OLAP、DM，探讨了这三者之间的区别和联系，并最终给出了数据仓库系统的框架。

关键词汇

信息技术　计算机硬件　计算机软件　操作系统　计算机网络
网络协议　TCP/IP 协议　Internet　WWW　Intranet　C/S
B/S　Extranet　数据库　关系式数据库　DBMS　E—R 图
关系表　DW　OLAP　DM　数据仓库系统

习　题

1. 你是如何看待 MIS 和信息技术的关系的？

2. 信息技术大致包括哪些方面?
3. 区分计算机通信网和计算机网络。
4. TCP/IP 协议指什么?
5. 什么是 WWW 技术?
6. 防火墙的作用是什么?
7. 比较一下 C/S 和 B/S。
8. 你是如何理解 Extranet 的?
9. 描述一下数据库的体系结构。
10. 什么是关系式数据库?
11. DBMS 的作用是什么?
12. E—R 图的含义和组成是什么?
13. 介绍一下关系模型的概念。
14. 论述一下数据库设计的大体过程。
15. 什么是数据仓库? 它和数据库有什么不同?
16. 论述一下数据仓库系统。

案例分析

江苏正昌集团有限公司企业信息化平台

一、正昌集团企业信息化基础设施建设介绍

江苏正昌集团有限公司是专业生产饲料机械和承接成套工程的企业，始建于 1918 年。该公司主要有五个方面的产业，即饲料机械、成套工程、农牧饲料、油脂化工、环保工程。正昌集团设计的先进设备和工程技术广泛应用于饲料、牧草、环保、石化、肥料等各个行业。饲料机械年产量 2 000 多台套，可为国内外客户提供 300 多个系列、500 多种产品和 50 多项配套服务。

江苏正昌集团有限公司早在 20 世纪 80 年代末就开始了企业的信息化改造工作，是机械行业中最早实现百分之百 CAD 出图的企业。由于领导重视和员工们的努力，正昌的信息化进程从未停止过，几年来公司在信息化建设方面总投入已达数百万元，占固定资产总投入的 35%以上。

(1) 硬件方面：公司每年都有大部分的预算投资在硬件设备的购置上，企业内部的台式 PC、笔记本、PC 服务器等设备每三年左右就要更新换代。

（2）软件方面：几年前的正昌就已经是常州地区第一批实现会计电算化的企业，经过几次升级和扩充，现在逐步成为正昌的 ERP 系统。购销存一体化的 U8 系统、CRM（客户关系管理）系统、OA（办公自动化）系统，目前都已应用到企业内部相关部门，大大提高了企业的生产效率和工作效率，并节约了大量的内部开支。

（3）网络建设方面：公司的网站建设已经有十余个年头了，经过几次改版之后，正昌的网站已经成为公司、客户、员工之间互动的最有效、最便捷的平台。一方面，公司通过网站发布新闻和产品等相关信息，另一方面，客户也可以通过网站获得技术支持等相关服务。通过使本企业的网站与行业、地方政府网站链接，目前的正昌不仅架构了溧阳市范围内最大的城域网络，而且形成了自己独特的网上销售、网上招聘、网上信息发布、网上采购等网络格局（见图 4—8）。

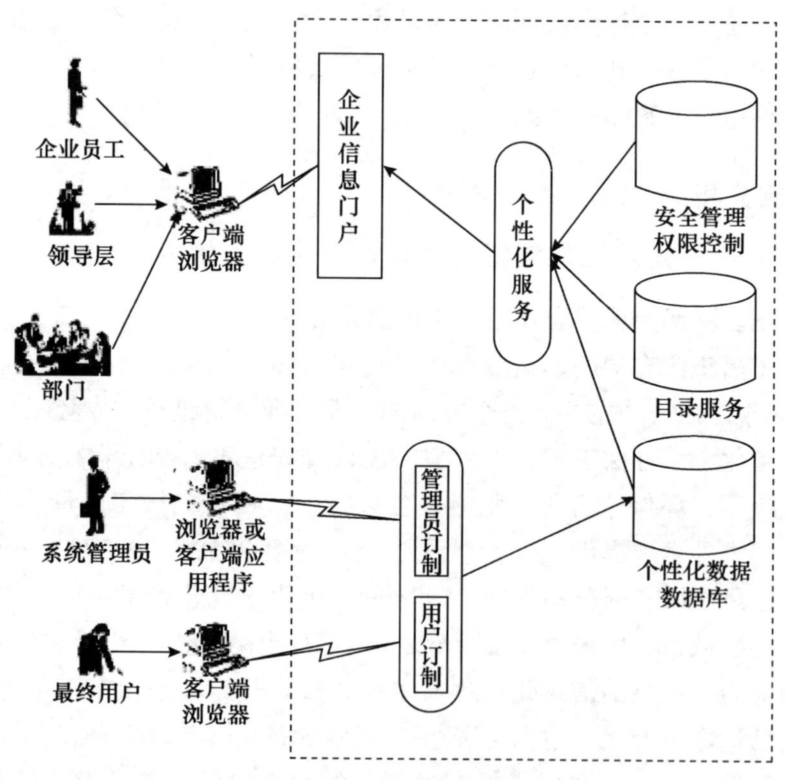

图 4—8　正昌集团网络体系

正昌集团的企业信息化建设经过多年来的努力，已经初具规模。在工程设计方面，早就是百分之百的计算机辅助设计；在企业资源管理方面，财务核算，材料进、销、存，产品成本核算，生产管理，等等，也都是用计算机网络在快速、高效地处理着各种数据；在客户管理方面，用 CRM 软件面对销售、市场、服务等环节，用电脑处理着各种相关数据；在企业行政管理信息的处理方面，有办公自动化软件和网络平台；公司的网站（www.zhengchang.com）全天不间断地向公众展示企业形象、产品样本、服务理念和内涵、采购信息和招聘信息，等等。

随着企业的持续发展，企业信息化工作还需要进一步地向前推进，进一步优化网络结构和提升系统性能，进一步整合资源。公司准备升级改造现在的网络系统，系统升级改造之后，将可以满足公司在信息化建设方面较高层次的需求：

(1) 建立企业级目录服务，实施全面的用户、计算机集中管理，从而降低 IT 管理复杂度和管理成本，并且保证 IT 系统的安全性和可靠性。

(2) 可以完成总公司和各地分公司之间的网络连接、整合，为上层的 IT 系统和业务系统提供可靠的网络基础平台。

(3) 建立企业范围的邮件系统、办公协作系统，提升原来的办公协作平台。

(4) 在基本的办公协作平台上，建立企业信息门户，打破信息孤岛，实现企业内信息资源的整合。

二、推进信息化给企业带来的变化

通过多年来在企业信息化方面的工作实践，公司深深体会到信息化给企业带来的竞争优势，主要表现在如下几个方面：

1. 过程重组，促进组织结构优化

信息技术的飞速发展，从根本上改变了组织收集、处理、利用信息的方式，从而导致组织形式的巨大变革，推动了业务流程再造（BPR）乃至组织结构的重组。原有的塔型结构被精良、敏捷、具有创新精神的扁平化“动态网络”结构所取代。在这种结构中，一方面，计算机系统将取代中层监督和控制部门的大量职能，加强决策层与执行层的直接沟通，使中层管理的作用大为降低，从而减少了管理层次，缩小了机构规模。另一方面，各种“工作小组”将成为企业的基本活动单位，管理方式从控制型转为参与型，实现了决策层对执行层的充分授权。另外，企业实现了动态管理，不仅使信息沟通畅通、及时，降低了对各层的监督协调成本，使市场和周围的信息同决策中心间的反馈更加迅速，提高了企业对市场的快速反应能力，而且极大地调动了组织成员的潜能和积极性，促进了相互间知识和经验的交流，形成了学习型组织，从而更好地适应竞争日益激烈的市场环境。

2. 有效降低成本，扩大企业竞争范围

信息技术的应用范围涉及整个企业的经济活动，它可以直接影响企业价值链任何一环的成本，改变和改善成本结构。信息技术的应用尤其是迅速发展的电子商务大大降低了企业的交易成本，从而形成成本优势。信息化企业成本下降，其实质是通过提高信息资源开发利用率和扩大信息资源开发利用范围，使企业能以低信息成本实现共享管理，并随着管理规模的扩大形成规模管理效应，从而改变了企业的竞争方式，给企业提供了新的竞争空间，使众多企业尤其是中小企业能通过“虚拟企业”这种战略联盟方式赢得集成竞争优势。一般地，虚拟企业是一种由多家独立企业通过信息技术联系起来的临时性网络，网络中各成员充分信任和相互合作，发挥各自的核心优势，共享技术，分摊费用，迅速将共同开发与制造的产品或者服务推向市场，一旦市场机遇不存在，该虚拟企业就解体。虚拟企业通过企业间的最佳动态组合，不仅能迅速抓住市场，提供差别化的产品和服务，快速响应复杂多变的市场，而且能通过集成各成员企业的核心能力，发挥综合效应，充分利用成员企业现有的资金、技术、设备、人力及信息资源，节约产品开发费用，降低生产成本，促进企业快速发展。此外，虚拟企业改变了过去企业间你死我活的输赢竞争关系，代之以竞争合作式的双赢关系。合作建立在优势互补的基础之上，极大地拓展了企业资源优化配置的范围，并通过联盟双方的互相学习，实现单一企业想实现而又难以实现的目标，从而扩大了经营范围，降低了风险。竞争则提高了企业的创造性和积极性。总之，信息技术的发展和应用，使虚拟企业这种“战略联盟”组织形式成为可能，实现了以最低的柔性成本对外部需求作出敏捷的组织变化，促进了资源的最佳配置，极大地提高了企业竞争力。

3. 加快产品和技术创新，提高差别化

一方面，由于 Internet 的发展，全球信息获得了前所未有的跨地区、跨国界流动。信息的流动创造了无限商机，尤其是随着电子商务在企业经营管理中的广泛应用，企业与消费者的距离缩短了，企业获取新技术、新工艺、新产品、新思路的效率，也极大地提高了，给消费者和企业提供了更多选择消费与开拓市场的机会，使企业与供应商及客户建立起高效、快速的联系，从而提高了企业把握市场和消费者了解市场的能力，使企业能迅速将消费者的需求变化及时反映到决策层，促进企业针对消费者需求进行研究与开发活动，及时改变和调整经营战略，不断向市场提供差别化的产品和服务，形成不易被竞争对手模仿的独特竞争优势。另一方面，现代企业级的计算机技术实现了企业开发、设计、制造、营销及管理的高度集成化，使企业生产经营趋于并行、敏捷、智能和虚拟化，极大地增强了企业生产的柔性、敏捷性和适应性，使之更为精良、灵活、高效。

4. 提高了企业的整体管理水平

信息技术实现了跨越地域的同步信息交换，尤其是随着 Internet/Intranet 的发展以及各种决策工具，如专家系统（ES）、群体决策支持系统（GDSS）等的应用，企业在获取、传递、利用信息资源方面更加灵活、快捷、广域和开放，人的行为与经营流程组成了一个整体的人机系统，形成信息—决策—行为三者高度集成化，从而极大地增强了决策者的信息处理能力和方案评价选择能力，拓展了决策者的思维空间，延伸了决策者的智力，最大限度地减少了决策过程中的不确定性、随意性和主观性，增强了决策的理性、科学性及快速反应能力，提高了决策的效益和效率。此外，企业信息化不只是计算机硬件本身，更为重要的是与管理的有机结合，即在信息化过程中通过转变传统的管理观念，提高全体员工的整体素质，建立良好的管理规范和管理流程，构建扎实的企业管理基础，实行科学管理，从而提高了企业的整体管理水平。

概括地说，企业信息化实质上是将企业的生产过程、事务处理、客户沟通、业务往来过程通过网络这一特定的工具数字化，通过电脑、网络将其加工成新的信息资源，从而使人们更方便、更快捷地提供给各个层次的人们洞悉，也使企业更快地适应瞬息万变的市场经济竞争环境，用最低的“销售成本”获取最大的经济效益。

课外实验 4

本实验的目的是掌握简单的 Access 数据库操作，实验内容以某公司的职工工资管理为例，建立相关数据库并进行查询检索等。

（一）数据资料

档案表中的各字段的数据类型

字段名称	数据类型	字段属性				
		常规				查阅
		字段大小	格式	输入掩码	索引	显示控制
职工号	文本	3			有（无重复）	
姓名	文本	6				
性别	文本	2				
出生日期	日期/时间			99-99-99		
婚否	是/否		"已婚" "未婚"			文本
职称代码	文本	3				
部门代码	文本	2				
备注	备注					

档案表的数据如下：

职工号	姓名	性别	出生日期	婚否	职称代码	部门代码	备注
101	郑重	男	77-09-15	未婚	112	01	
102	萧柏杨	男	81-12-01	已婚	211	02	
103	陈露瑶	女	81-06-17	未婚	122	03	
104	杨增一	男	80-09-09	已婚	111	01	
105	陈文革	男	80-04-13	已婚	211	02	
106	刘芳	女	81-10-20	已婚	213	04	
107	王冬梅	女	79-09-09	未婚	133	04	
108	杨骏一	男	79-08-08	未婚	131	03	

工资表中的各字段类型如下：

字段名称	数据类型	字段属性	
		常规	
		字段大小	索引
职工号	文本	3	有（无重复）
基本工资	货币		
奖金	货币		
水电费	货币		

工资表的数据如下：

职工号	基本工资	奖金	水电费
101	800	450	165
102	800	350	98.5
103	750	350	98.5
104	980	450	180
105	750	300	80
106	650	300	70
107	400	100	50
108	650	300	70

职称编码表中各字段类型如下：

字段名称	数据类型	字段属性	
		常规	
		字段大小	索引
职称代码	文本	3	有（无重复）
名称	文本	8	

职称编码表的数据如下：

职称代码	名称
111	总经理
112	副总经理
121	处长
122	副处长
131	科长
132	副科长
133	科员
211	高工
212	工程师
213	助工

部门编码表中各字段类型如下：

字段名称	数据类型	字段属性	
		常规	
		字段大小	索引
部门代码	文本	3	有（无重复）
部门名称	文本	8	
电话号码	文本	20	

部门编码表的数据如下：

部门代码	部门名称	电话号码
01	经理办公室	62345678，32435436
02	行政办公室	84321223，44323432
03	市场部	53623211，23313331
04	开发部	32145667，35445455

（二）关系

（1）档案表中“职工号”为主键。

（2）工资表中“职工号”为主键。

（3）职称编码表中“职称代码”为主键。

（4）部门编码表中“部门代码”为主键。

（5）建立四个表之间的联系。

（三）查询

（1）用“设计视图”对档案表创建一个查询——“档案表查询”，其结果显示“职工号”、“姓名”、“出生日期”3个字段，要求查询结果按“出生日期”字段升序排列。

（2）修改第（1）题创建的“档案表查询”设计，在“出生日期”字段前插入一个“性别”字段，在末尾追加一个“婚否”字段。

（3）在“档案表查询”中显示性别为“男”且20世纪60年代出生的所有记录。

（4）对“工资表”创建一个带参数的“基本工资查询”，要求当执行该查询时，屏幕提示“请输入要查询的基本工资”，查询结果将显示低于该基本工资额的所有记录。

（5）利用“档案表”、“工资表”和“职称编码表”之间的联系，创建一个带参数的“按姓名查询”，要求：

1）当执行查询时，屏幕提示“请输入要查询的姓名”。

2）查询结果显示姓名、性别、职称、工资总额，其中“工资总额”是一个计算字段，由“基本工资＋奖金－水电费”计算得到。

（6）利用“简单查询向导”创建一个基于“工资表”的“工资统计查

询”，要求：

1）统计“基本工资”的最高工资、最低工资和平均工资。

2）用“最高工资”、“最低工资”和“平均工资”作为查询结果的列标题名。

第五章

管理信息系统的经济说

先行实例

某市的农电管理信息系统（农网 MIS）的总体以网络为基础，业务为功能实体，计算机为工具，数据库为核心，用计算机科学技术和方法，综合应用行为科学技术等现代化科学技术，为某市农网有效提高生产率、降低生产成本、缩短生产周期、加速资金周转并最终实现企业目标而服务，在企业现有的人力、财力、物力的条件下，使企业的管理工作更加规范化、有序化、科学化、实用化，使企业对业务数据的采集更加及时、高效、准确，以获得最佳的工作效率及社会、经济效益。

利用计算机实现企业现代化管理，所追求的是最佳综合经济效益，这里既有计算机的作用，又有人的作用。这种综合经济效益包括直接效益、管理效益和社会效益。

1. 直接效益

物力资源的充分发挥：农网 MIS 系统投入使用后，可以随时获得电网的各种运行数据，及时了解各个变电所的运行情况和各个供电所的工作情况，从而掌握全公司的生产经营状况，对生产计划的安排、调度作出及时、合理的决策，对线路和变电设备出现的故障及时进行维修，可以减少不必要的电量损失（包括线损或其他浪费），提高供电服务质量。此外，本系统的使用，还可以在设备、物资材料、技措项目等管理方面挖掘出较大的潜力，定量采购，减少库存，为全公司增收节支作出贡献。据估计，仅定量采购、减少库存和易耗品使用管理一项，每年盘活的流动资金占物资采购资金的5%以上。

财力资源的合理利用：财务系统与工程管理相结合，为各项工程的估算、审核、创优达标、取得最佳经济效益提供了可能，同时财务管理可以进一步标准化，并盘活流动资金，发挥资金效益，使得财力资源得到充分利用。

2. 管理效益

工作效率的提高：使用计算机收集、加工、存储、传递生产经营管理信息可以完整、准确、及时地为企业提供决策依据，并改善了手工处理速度慢、易出错、数据不统一、信息利用率低、信息流动滞后于生产经营活动等情况，使宝贵的信息财富能够在生产经营中发挥重要的指导和控制作用。

辅助决策系统发挥重要作用：使用计算机管理信息系统，可使公司领导及时了解全公司的生产经营状况，并借助专家辅助决策信息，有效地把握全公司发展方向，指导全公司工作。

管理人员主观能动性得到充分发挥：使用管理信息系统改善了管理人员的工作条件，减轻了工作强度，使他们可以利用更多的精力研究企业管理方面的高层次问题，发挥主观能动性，不断提高管理水平和劳动生产率，这是对人们传统管理观念进行的一次变革。

充分发掘人力、物力和财力资源：使用计算机管理信息系统可以对设备、物资、资金、人员进行管理，可以充分发挥资源优势，人尽其才，物尽其用。

规范化管理有益于企业的发展：管理信息系统本身的逻辑联系实际上是实际业务的过程的反映，它以规范的、预定的程式运行，使业务处理过程标准化，避免了人主观的随意性对企业管理产生的危害，对企业规范化管理有重大意义。

3. 社会效益

推动同行的信息化建设：我国电力行业由于各种原因，进行企业管理信息系统建设起步较晚，然而电力行业的技术性相当强，属技术密集型行业，电力企业对生产、经营和管理的整体性和实时性要求也相当高，同时企业属对外服务性单位，与外部的联系广泛，随着电力企业生产的发展和管理体制改革的不断深入，企业横向和纵向间的交往不断增加，企业内部各个部门之间对信息交换和信息共享的要求也越来越高，而且电力企业数据信息的种类繁多，数据处理过程复杂。此外，由于电力企业的生产要以安全第一为原则，要求各种数据真实可靠，因而企业决策所使用的数据要准确及时。为了提高企业自身的管理素质，促进企业进一步发展和经济效益的不断提高，同时满足企业生产管理发展对各种复杂数据处理和信息交换的迫切要求，企业必须借助先进的数据信息管理手段，建设和使用现代化的信息管理系统，实现信息资源交换和共享的现代化。

为地方经济发展提供可靠保证：该电力公司是县级供电企业，担负着县城和下属乡镇的电力供应，而且每年还有许多新增用户：在这种情况下，建设现代化企业管理信息系统，能够提高电力公司的生产管理水平，保证电力公司不断为用户供应大量电力，并保证供电质量，满足广大用户在生产或其他方面对电力能源日益增长的需求，从而为本地区整体经济的繁荣发展作出应有的贡献。

问题： 1. MIS给企业带来的效益是明显的，但是如何获得最佳效益？

2. 你觉得如何把你学习过的会计学和财务管理等知识与MIS课程联系起来？

本章导读

随着企业对IT的依赖性越来越强，企业在IT方面的投资也急剧攀升。今天，许多企业对信息系统的投资已占其总投资支出的相当大的份额，有些企业的这一份额已超出了一半。管理信息系统的建设与运行需要高昂的经费支持，同时可取得很好的经济效益、管理效益和社会效益，而且它们所产生的间接效益往往大于直接效益。以尽可能少的费用建立与完善效益尽可能好的信息系统，是必须贯彻执行的重要原则。本章从投入预算、成本管理和效益分析三方面讨论管理信息系统所涉及的经济问题。

学习目的

通过本章的学习，应该重点掌握以下知识点：

1. 投入预算和费用估算的概念、联系和区别；
2. MIS的成本构成；
3. 成本管理的过程与特点；
4. 成本控制分析方法；
5. MIS给企业带来的效益会有哪些；
6. 如何分析MIS给企业带来的效益。

第一节　MIS的投入预算

企业开发实施管理信息系统（MIS）是企业信息化过程中的重要内容，

也是一项重大投资。企业领导通常在了解情况阶段或有了基本投资意向时，就要对可能的投入做一个预算，以便对系统开发实施的决策进行可行性分析。

开发实施管理信息系统是一个复杂的过程，其投入预算也是一项复杂工作。通常这项分两步完成，一是费用估算，二是投入预算。

一、费用估算和投入预算

费用估算是对完成项目工作所需要的费用进行估计和计划，是项目计划中的一个重要组成部分。MIS 费用估算实际上是对完成 MIS 项目全部工作所需资源的一个估算过程。投入预算是项目的基准费用执行计划的形成过程。投入预算不同于费用估算，尽管它们工作的依据都是基于工作分解结果和项目进度计划，也采用相似的技术方法，但费用估算是对项目各项工作所需要的费用的一个近似估计，而投入预算则是将整个项目的费用分配到各项活动和各部分工作中，产生一个费用使用计划，从而为项目的成本管理提供一个可以依据的方案。二者之间的关系见表 5—1。

表 5—1　　费用估算与投入预算的联系与区别

比较项目	费用估算	投入预算
含义	确定一个为完成项目各项工作所需经费的近似估计值	把整个项目估算的费用分配到各项活动或各部分工作上，进而确定测量项目实际执行情况的费用基准。
依据	工作结构分解、资源要求、资源价格、活动持续时间估计、历史信息、财务规范等	工作结构分解、费用估算、项目进度计划等

二、费用估算方法

对管理信息系统项目的费用做估算是一项复杂的任务，需要知识与经验。企业领导常常在刚刚有开发实施管理信息系统的想法时就要求估算人员给出费用估算值，这时的估算值是非常不准确的。因为此时企业所需要的信息系统的功能并不明确，系统目标还没有确定，费用估算人员难以给出一个准确的结果。

由于开发实施信息系统的过程复杂，工作任务很多，精确的估算很难在早期完成。即使企业确定了系统的功能与目标，估算人员为了给出比较准确的价值预测，通常也要使用项目分解法将复杂的信息系统工作分解成简单的工作，再对这些简单的工作进行估算，最后加总，形成一个总体的估计值。常用的分解法有阶段分解法和任务分解法。

阶段分解法是按照时间进度分解项目成本的一种方法，主要应用于工期长、工作量大的项目。管理信息系统也具有工期较长、任务较多的特点，因此按时间分段计划成本是经常使用的方法。

任务分解法是将一个大型的信息系统按工作与性质分解成许多工作量较少的任务，任务与任务之间的工作内容相对独立，然后分析完成这些工作所需要的费用，再将费用汇总，形成总的费用估计值。

为提高估算的准确度，还可以采取以下措施提高估算质量：

（1）必要的培训。进行费用估算的人往往没有太多费用估算的经验，对大型项目的费用更难以把握。对系统技术与应用熟悉的评估人员常常缺乏成本估计知识，工作中又缺少足够精确、可靠的数据作为费用估算的依据；而懂得费用估算的人又不了解信息系统开发与实施技术。因此，对估算人员培训系统知识和费用估算知识会有助于提高估算的准确度。

（2）对企业规模进行量级分类。同一规模再按业务量分类，可形成一个供参考的量级与费用的对应关系。如果企业业务种类多，分支机构多，实现企业内部业务流程与信息集成的复杂程度就高，对应的硬件设备就多，开发实施费用必然较高。这也是一种同类对比的方法，先开发的企业的投入对后开发企业有很大的参考作用。

（3）防止低估。通常人们有低估的倾向。例如，高级信息技术专业人员或项目经理可能以他们自身的能力为基础做估算，而没有考虑其他工作人员的能力和素质，甚至有时还会忘记一些额外费用，比如系统测试、人员培训和监理等。对企业而言，审查估计和询问重要问题以确保估算不产生偏差是十分重要的。

三、投入预算方法

MIS投入预算是指根据费用估算的结果，按MIS项目的各项任务或各阶段对资源的需求，根据各种项目资源的价格信息，详细计算并分配各项任务或各阶段的投入额度，将该分配结果以计划的形式列出并作为在项目实施过程中经费使用的依据，这项工作就是投入预算工作。

MIS通常分为三个阶段：系统开发阶段、系统实施阶段和系统运行阶段。以MIS的开发为例，它所采用的方法主要有：

(1) 自顶向下的方法。这种方法是从项目的整体出发，进行类推。即估计人员根据已完成项目所耗费的总投入，推算将要开发的软件的总投入，然后按比例将它分配到各开发任务中去，再检验它能否满足要求。这种方法的优点是估算量小，速度快。缺点是对项目中的细节考虑不周，有时会遗漏某些工作内容，这样估算出来的投入数据不够准确，会影响后期的系统开发工作。

(2) 自底向上的方法。与自顶向下的方法正好相反，这种方法是把待开发的项目细分成多个任务，每个任务的工作内容已经明确，工作量可以估算，然后把每个任务的工作量加起来，就可以得到项目实施的总工作量。它的优点是估算每个任务的准确度高。缺点是不仅缺少对各项任务之间相互联系所需要的工作量的估算，还缺少对与系统开发实施有关的系统级工作量的估算。

(3) 类比法。这种方法综合了上述两种方法的优点，它要求把待开发的软件项目与过去已完成的软件项目进行比较，区分相同与不同的部分，对不同的部分重新估算，从而得出待开发软件的估计成本。这种方法的优点是可以提高估算的准确程度，缺点是不容易对不同企业的软件项目进行类比，更难以区分它们之间相同与不同的部分。

第二节　MIS的成本构成

MIS是一个规模大、复杂程度高的人—机系统，它的开发、使用、维护和管理等过程是一项复杂的系统工程，需要投入大量的人、财、物资源，需要各种硬、软件的支持，这一切构成了MIS的成本。

MIS按整个生命周期的过程可以划分为开发成本、实施成本和运行维护成本，每一类可以根据费用的目的逐级细分。如果按照成本费用类型划分，可以将成本分为四类：硬件成本、软件成本、直接相关成本和隐性成本，见表5—2。

表 5—2　　MIS 的成本构成

成本大类	包含内容	备注
硬件成本	基础网络设备成本，计算机服务器与相应配件成本等	包含机房、打印与通讯设备以及桌椅办公费用等
软件成本	系统用到的全部软件的成本，其中以信息系统软件成本为主	包括商业化软件及其二次开发成本、操作系统和数据库成本等
直接相关成本	咨询成本，培训成本，审计成本，监理成本，系统运行维护成本等	直接为信息系统投入的非硬件和软件的费用
隐性成本	测试安装成本，数据收集成本，管理变革成本，数据转换成本，数据分析成本等	所有不能包括在上述成本内的费用

硬件与软件的成本是非常明显的成本，通常不会被遗漏；直接相关成本中的咨询成本与培训成本已经得到了公认，其中系统运行维护成本有时会被遗忘；而隐性成本中的多数成本常常被企业忽视，应该引起我们的关注。

（一）硬件成本

MIS 的硬件包括计算机硬件和网络设备。计算机硬件主要由微机与服务器组成，服务器的选择可以根据企业业务量和业务性质进行选择，服务器可以是微机服务器、工作站、小型机、大型机。对于一般的中小企业而言，选择一台配置较好、运行比较稳定的微机做专用服务器基本能满足企业管理需求。对于数据处理量大、对安全稳定性以及保密性要求高的企业，可考虑选择小型机或大型机。网络设施是企业信息化建设的基础硬件平台，它通常由网线和网络的各种接口设备组成，网络投资成本除与网络所必需的设备有关外，还与局域网的拓扑结构以及企业的物理布局有关。一般来说，企业机构越分散、物理空间越大，所需要的设备越多，投资也越大。

（二）软件成本

软件成本一般包括：网络管理软件、计算机操作系统、数据库管理系统和企业信息系统等的成本。通常所说的软件成本指的就是购置企业信息系统软件的费用，目前在我国企业中广泛应用的软件是 ERP（企业资源计划）。软件可以通过两种方式取得——购买商品软件或定制开发。购买商品软件一般还需要二次开发，即对部分功能进行调整或添加某些功能以适应企业特殊的管理需求。软件投资成本是 MIS 成本中的重要部分。通常在软件投资的同时，软件公司也承担了企业员工使用软件的培训工作，因此，对软件操作的培训一般包括在软件投资之中。

（三）直接相关成本

直接相关成本主要包括所有不包括在硬件成本和软件成本中的直接费用支出，即与系统开发、实施、运行维护相关的直接的成本与费用支出，主要包括：咨询费用、监理费用、培训费用、运行与维护费用。

1. 咨询费用

企业实施 MIS 是一项耗资巨大，费时费力的系统工程，且大都没有这方面的实施经验。尽管有些企业可以自己组织业务人员、管理人员和 IT 人员进行需求调研、方案设计、软件选型或自行组织开发软件、自行实施，但效果总不是很好。基于种种企业自身无法克服的难题，在 MIS 实施过程中，借助于专业咨询公司的帮助是必要的。成功的系统实施需要信息系统知识和企业管理思想的紧密结合，企业自身或软件方技术人员都难以单独完成。而咨询公司的咨询顾问以独立客观的“第三方”身份出现，具有较好的跨学科的知识结构，辅以实施方法论的指导，能较好地帮助企业成功实施 MIS。目前我国企业在信息系统方面的投资额占 IT 投资的比例明显低于其他国家，同时在信息系统投资中，对咨询服务的投资比例也明显不合理，咨询服务并没有受到企业应有的重视。

2. 监理费用

监理是保证软件工程质量的重要措施，监理行业目前正处于发展之中，有资质的监理人员和监理公司逐渐增多。同一般咨询人员和咨询公司相比，监理人员具有更高的专业技术能力，因而他们比咨询公司更能保证软件工程的质量，同时监理工作全方位介入到软件开发与实施工作过程中，通过全过程的监督与管理可以更有效地为企业 MIS 的实施提供质量保证。与企业自己评估、专家评估和咨询公司论证相比，监理工作更专业，更能为企业提供有效的服务。因此，从长远的观点来看，监理的引入是必要的，因此，它也会作为一项成本支出纳入到系统开发与实施中去。

监理与咨询的工作重点不同，咨询服务主要发生在系统考查和确定方案时期，这时企业除了在软件选型方面需要咨询公司提供服务外，在企业管理方式、业务流程以及系统功能等方面也需要咨询公司提供细致的服务。

而监理工作主要对系统软件开发与实施的过程进行监督和管理，确保软件实施达到预期的目标，这两项费用都会成为企业实施信息系统必不可少的费用支出。

3. 培训费用

培训费用是实施 ERP 过程中最难控制的预算项目。企业实施 MIS 时，需要对内部员工进行较多的培训，包括新业务流程培训、新管理思想培训、计算机技术培训以及软件使用操作培训。除系统软件使用操作培训一般包括在软件投资成本中外，其他培训都需要进行新的投资。如果在大公司里进行相应的培训，很可能还要跨地区进行，那么人员的出差费用也应算在培训费用中。

4. 运行与维护费用

MIS 实施并正常运行后，软件公司、咨询公司或监理公司会逐步从企业撤出，企业进入系统管理自运行期，此时，企业需要继续维护系统并负担系统的日常费用，这部分费用会持续较长的一段时间。

（四）隐性成本

隐性成本是指与 MIS 开发实施相关的但不是直接由企业支付的成本投入。这些成本不易计量或容易被忽视，主要有人力资源成本、管理变革成本、数据管理与转换成本以及系统测试成本等。

1. 人力资源成本

企业从信息系统咨询开始，就有了人力资源的投入，在系统开发过程中，企业必须有专门的人员负责整个系统的工作，包括管理需求分析、工程计划安排、企业内部人员的调配等，同时企业本身还需要一定的 IT 人员协助开发，所有人力资源的投放及 IT 人员的聘用都成为人力资源成本的组成部分。

2. 管理变革成本

企业在信息化改造过程中，不可避免地会遇到对自己的组织机构和业务流程进行再思考的问题，比如原有的流程是否符合信息系统的要求，是否为最有效率的流程，是否需要建立新的流程等，在对不合理的流程进行改造时，对企业内部人员与业务的冲击是非常大的，企业需要投入较大的人力和物力来解决人员的重新安置问题、新的业务流程建立与培训问题等，这些工作给企业运营带来较大的成本，而这些成本往往无法用资金准确计量。

3. 数据管理与转换成本

企业建立新系统时，数据处理工作量非常大。首先，需要对基础数据进行编码，比如材料、人员、客户、供应商等，其中产品与原料编码的工作量最大；其次，对现有数据进行核准，包括库存数据、顾客和供应商记录，同时对产品设计进行规范，等等。由于企业内部原材料种类多，这些数据要达到统一和准确是非常困难的，因此，企业管理人员必须花费较大的精力做这些工作。事实证明，不论公司大小，在信息沟通方面往往都不同程度地存在问题，信息不能及时传递到相关人员手中，导致了数据不一致。由于公司在基础管理等方面存在的问题，长期的信息沟通不流畅，因而最终会导致企业数据不准确。如果企业原有的管理基础很好，基础数据完善，或者已经有自己的信息系统，数据的管理与转换工作量就相对较少；反之，如果企业之前并没有信息系统，基础管理又比较薄弱，企业就需要做大量的数据整理工作，将所需要的数据全部录入系统，之后还要进行核对。实践中发现，很多公司必须要等到把数据转换到信息系统软件包中时，才会发现数据的缺陷，再重新对出问题的数据进行整理加工，增加了数据转换的成本，使整个系统预算不准确。为此，在实施系统前期要做好数据收集整理的准备，加强数据管理，只有尽可能使数据完备，才能降低数据转换的成本。

4. 系统测试成本

任何系统完成后都要进行测试。信息系统是一个大型的集成管理软件，包括生产管理、销售管理、财务管理、决策支持等，企业业务数据必须在各功能模块中一一穿过。为保证数据处理的逻辑正确，需要进行多种形式的测试，如模拟测试、错误测试、真实数据测试等，只有经过详细测试的系统软件才能应用到企业管理实践中。软件测试可以由软件开发商负责，企业人员一般在真实的企业环境下直接用真实数据测试并完成企业管理的全过程。这种测试成本常被企业管理人员忽略，实际上这种测试成本也是比较高的。

除上述成本外，还有数据分析成本。在企业 MIS 中，可以实现很多方面的数据分析，但不是每一个分析都可以由系统来单独完成，有些分析需要与其他系统产生的数据相结合。这时应当考虑数据分析的量以及对应的解决办法，因此，企业在预算之前控制所有的数据分析需求并制定相应的策略是非常必要的。

第三节 MIS的成本管理

成本管理是指对所发生的成本费用支出有组织、有系统地进行预测、决策、计划、控制、核算、分析与考核等一系列的科学管理。MIS的成本管理是指根据企业的信息化目标和信息系统的具体要求，在系统开发与实施过程中，对开发与实施成本进行有效的预测、计划、控制等管理活动，以达到强化系统管理、降低工程成本、提高工作效率、实现目标利润，为企业创造良好的经济效益的目的。

MIS成本控制对企业信息化具有重要意义，实践表明，在系统开发过程中，忽视了成本控制，成本管理就会处于失控状态，在项目没有完成时已形成了严重的超支，使企业面临两难境地，要么放弃现有系统的开发工作，要么承担预算严重超支的后果，两种情况对企业都是致命的，而超预算的系统开发几乎成了信息系统开发的普遍现象。斯坦迪什咨询研究表明：IT项目的实际成本一般是原始估算成本的189%，这意味着项目开始估算时为100 000美元，项目结束时则花费了189 000美元。可见，有效的成本管理在MIS开发与应用过程中具有重要意义。

一、MIS成本管理特点

MIS的成本早在企业产生开发意向并开始参观咨询时就发生了，从MIS的开发、实施、应用直到系统被替代的整个生命过程中都伴随着成本的发生，同时在MIS的实施与应用过程中，企业管理发生了深刻的变革，企业全体员工都要采用和适应企业新的管理方式，因此，成本控制的范围和难度都比较大，所以MIS的成本管理具有以下特点：

(1) 全员性：MIS成本管理几乎涉及了全体员工，每个员工都需要接受培训并适应新的企业管理方式，采取措施提高每个员工的成本意识可以减少成本的支出。

(2) 计划性：任何项目都要作投入预算，形成系统投入计划书，然后建立特定的管理机制，将成本落实到各个成本责任中心，进行分级归口管理，使责任单位明确责任范围，及时发现成本差异，分析成本节约或超支原因，分析其合理性，对不合理的情况采取措施予以纠正。

(3) 阶段性：MIS具有生命周期性，不同的生命阶段成本费用的特点不同，管理方法也不同。采用阶段性管理的方法能更有效地进行成本的管理与控制。

(4) 例外性：与一般成本管理相似，在系统成本管理过程中也会有许多例外和超常支出，对这类支出要给以特别关注，并对其追根溯源，查明原因，以便采取措施予以纠正。

二、MIS成本管理过程

成本管理过程由资源计划过程、费用估算过程、投入预算过程以及成本控制过程组成，要在预算控制下完成整个信息系统项目，这些过程是必不可少的。

1. 资源计划过程

资源计划过程决定完成信息系统各项活动需要哪些资源（人、设备、材料）以及每种资源的需要量。在决定资源需求时，可以参考由行业专家提供的资源需求清单。

2. 费用估算过程

费用估算过程是完成MIS各种活动所需的每种资源成本的近似值。

3. 投入预算过程

投入预算过程是把前期估算的总成本分配到各具体工作中去，通常先将完成系统的全部工作进行分解，包括按工作任务分解和按进度分解，然后参考费用估算值，详细计算各项工作和各阶段的基准成本，并制定费用使用计划。

4. 成本控制过程

成本控制包括控制项目预算的改变、监控成本执行、评审变更并向信息系统各项工作负责人及管理人员通报与成本有关的变更和执行状况。一个满意的控制系统具有四项基本活动：(1) 掌握计划执行要求；(2) 观察实际执行情况；(3) 比较计划要求与实际执行情况；(4) 进行必要的调整。其中前两项是对计划与执行情况的了解过程，比较重要的是第三项，通过比较得出计划执行效果的结论，该结论直接影响第四项对执行情况的调整。因此，第三项在成本管理过程中非常重要，第四项的主要任务是修正成本估算、更新预算、纠正行动、完工估算和经验总结。

当项目计划执行要求可以量化时，可以计算实际执行情况与计划之间的量差，这个量差被称为偏差，通过偏差可以对实际执行情况进行评价；当计划执行要求不能量化时，比较执行情况与计划的要求就变得十分困难。MIS的成本管理一般是由可量化的指标构成。下面重点介绍成本控制分析方法。

三、MIS 成本控制分析方法

如前文所述，在成本控制过程中，对执行情况的分析比较是成本控制的重要一环，它是调整成本预算、纠正执行偏差的依据。传统的比较成本执行情况采用的是偏差法，即用相对应的一个量减去另一个量所得出的正或负的偏差来反映相应指标执行的好坏。这种方法用来评价信息系统成本过程是不够的，有时甚至是错误的。比如一个项目，到目前为止支出 80 万元，而计划支出是 70 万元，产生了负 10 万元的偏差，它只能说明按时间进度目前超支了 10 万元，不能告诉我们目前工作进度是超前还是拖后，工作完成的百分比是多少，系统全部完成的可能成本是多少，等等。因此，这样单纯的偏差计算结果不能直接用于对系统成本控制的度量。

对任何需要长期执行的项目来说，成本与进度之间的关系非常紧密。成本支出、资金消耗量的大小与工作进度的快慢、提前或滞后有直接的关系。一般来说，累计成本支出与工作进度成正比。因此，仅仅观察成本偏差的大小并不能对成本趋势、进度状态作出完全准确有效的估计。所以，在成本控制阶段，对成本的监控要连续监督花在系统工作中的资金量与工作进度之间的对应关系，也就是说要使用成本/进度综合控制的指标和方法来监督成本的支出。目前，在项目管理中使用的“项目成本与项目工期综合指数”的方法可以用来对 MIS 的开发与实施过程的成本控制进行评估与计算。在成本/工期综合评估方法中，美国国防部在 1967 年使用的“成本/工期控制系统标准”(cost/schedule control systems criteria，C/SCSC) 为后来的项目成本控制体系的研究奠定了重要的基础。

为了有效地评价项目成本执行状况，很多学者相继使用了一个量化指标，即“项目实际完成工作量的预算成本价值”（budgeted cost of work performed，BCWP）。这个指标的引入对成本/进度评估分析方法具有重要意义。

（一）成本/进度分析法的主要因素

在成本/进度分析法中，涉及三个主要因素：计划工作的预算成本、已实施工作的预算成本和已实施工作的实际成本。

1. 计划工作的预算成本（BCWS）

BCWS（budgeted cost of work scheduled）方法是分时间段预算方法的应用，它通常是在积累的基础上由每个单独的成本时段来确定，对于任何给定的时间段，计划工作的预算成本在成本账目上是通过将要完成的所有计划工作的全部预算汇总，然后再加上正在进行的计划工作的预算和这期间的管理费用的预算来确定的。

2. 已实施工作的预算成本（BCWP）

BCWP（budgeted cost of work performed）包括在任何给定期间内所有实际完成工作的预算成本。该成本可以在积累的基础上由单个时间段来确定。在成本账目上，已实施工作的预算成本量等于实际完成工作的预算汇总，再加上适用于正在进行的工作的过程中已完成计划部分的预算和管理费用的预算来确定。

3. 已实施工作的实际成本（ACWP）

ACWP（actual cost of work performed）是指在一个特定的时间段内完成已实施工作的实际成本，也就是在该时间段内完成已实施的工作的过程中实际发生并被记录的成本。

（二）成本/进度分析法的主要评价指标

“项目实际完成工作量的预算成本价值”这一指标概念的引入推进了项目成本控制评价的有效性和科学性，很多评价体系都较好地反映了系统成本的执行情况。下面介绍成本/进度评价体系中所涉及的主要的评价指标及其含义。

1. 成本偏差

成本偏差＝已实施工作的预算成本（BCWP）－已实施工作的实际成本（ACWP），它可以表示已完成的工作的成本超过还是低于该项工作的预算。

- 成本偏差＞0，成本低于预算；

- 成本偏差=0，成本等于预算；
- 成本偏差<0，成本超出预算。

2. 进度偏差

进度偏差是指在成本条件下的偏差。进度偏差=已实施工作的预算成本（BCWP）－计划工作的预算成本（BCWS）。它可以表示已完成的工作的进度是超前还是落后于计划进度。

- 进度偏差>0，进度超前于计划；
- 进度偏差=0，进度与计划相同；
- 进度偏差<0，进度落后于计划。

3. 成本绩效指数（CPI）

CPI（cost performance index）=BCWP/ACWP，从这个公式中我们可以看出，如果发生了相同的成本偏差，但 BCWP 不同，CPI 的值不同，那么所反映的重要程度也不同。

- CPI>1，表明目前成本低于预算，运作良好；
- CPI=1，表明目前成本与预算相同；
- CPI<1，表明目前成本超出预算，运作情况不佳。

4. 进度绩效指数（SPI）

SPI（schedule performance index）=BCWP/BCWS。

- SPI>1，表明目前进度超前于计划，运作良好；
- SPI=1，表明目前进度与计划相同；
- SPI<1，表明目前进度落后于计划，运作情况不佳。

5. 项目未完成部分的估算（ETC）

ETC（estimate (or estimated) to complete）=(BAC－BCWP)/CPI，其中 BAC（budget at completion）指的是全部工作完成时的预算。

6. 完成项目的总成本的估算（EAC）

EAC=ETC+ACWP，其中 ETC 是项目未完成部分的估算，ACWP 是项目已完成工作的实际成本。

（三）成本/进度分析法应用

1. 成本/进度偏差分析法

在对信息系统的上述成本与进度的各项指标完成计算后，可以用成本/进度偏差表来反映系统的项目进展情况。

例如，如果一个项目每个阶段计划工作的预算成本（BCWS）有固定不变的值，为20，已实施工作的实际成本（ACWP）及已实施工作的预算成本（BCWP）在各种情况下都有相应的变化，则成本与进度偏差表及情况分析如表5—3所示。

表5—3　　成本与进度偏差分析表

BCWS	BCWP	ACWP	成本偏差	进度偏差	对成本分析	对进度分析
20	20	20	0	0	成本等于预算	与计划相同
20	20	18	2	0	成本低于预算	与计划相同
20	20	22	−2	0	成本高于预算	与计划相同
20	19	20	−1	−1	成本高于预算	落后于计划
20	19	19	0	−1	成本等于预算	落后于计划
20	19	21	−2	−1	成本高于预算	落后于计划
20	21	20	1	1	成本低于预算	比计划超前
20	21	21	0	1	成本等于预算	比计划超前

2. 成本/进度绩效分析法

成本进度绩效分析法主要涉及两个重要指标：CPI与SPI。利用这两个值对上面的结果进行分析，分析结果如表5—4所示。

表5—4　　成本进度绩效分析表

BCWS	BCWP	ACWP	CPI	SPI	分析
20	20	20	1	1	CPI=1，SPI=1 成本、进度等于计划
20	20	18	1.11	1	CPI>1，SPI=1 成本低，进度等于计划
20	20	22	0.91	1	CPI<1，SPI=1 成本高，进度等于计划
20	19	20	0.95	0.95	CPI<1，SPI<1 成本高于预算，进度拖后
20	19	19	1	0.95	CPI=1，SPI<1 成本等于预算，进度拖后
20	19	21	0.90	0.95	CPI<1，SPI<1 成本高于预算，进度拖后
20	21	20	1.05	1.05	CPI>1，SPI>1 成本低于预算，进度超前
20	21	21	1	1.05	CPI=1，SPI>1 成本等于预算，进度超前

四、MIS成本控制的一般策略

除上述通过量化指标对MIS成本进行控制外，在MIS执行过程中，还有一些非量化的原则可以采用，这些原则对控制MIS成本具有积极的意义。

1. 硬件成本控制方法

硬件是信息系统的重要组成部分。在信息系统建设时，如果企业没有一定的硬件基础，就需要在硬件上投资。硬件的投资预算差异较大，各种计算机不仅价格、配置、功能、外观等有许多不同，而且直接与网络设备、网络操作系统以及应用软件相联系，且一旦购置，就要在一个很长的时期中使用，因此，计算机选型需要充分论证，制定合理的计算机选型方案。以下只讨论硬件选择时应注意的问题：

(1) 关注计算机的性能/价格比。计算机发展很快，最新的计算机价格很高，但是很快就会降价，过分追求高性能计算机会大大提高硬件的投入，最好的办法是充分考虑企业的业务需要，比如办公室中的业务很多是文字处理，购买过于高档的计算机会产生资源浪费，而充当服务器和数据管理的计算机通常要求性能较高。

(2) 将硬件设备与网络设备进行通盘考虑。计算机与网络紧密相关，网络又与企业组织结构及工作流程环境有密切联系。统一考虑，形成一个综合解决方案，有利于使计算机发挥最大的作用。

2. 软件成本控制方法

软件可以自行开发或直接购买，从发展趋势看，购买商品软件的企业越来越多。商品软件具有通用性，功能比较全面，但与具体企业的业务要求会有偏差，有的软件可能存在故障隐患，因此，商品软件的功能可能需要进行修改或扩充。在选择信息系统软件时，应当注意以下问题：

(1) 通用商品软件功能较全，但有些功能不适用于具体企业，企业可以只选择适用的功能模块，以减少使用上的困难，同时也可以降低成本。

(2) 某些企业所需要的特殊功能在商品软件中可能没提供，需要进行二次开发，因此，存在二次开发成本。

(3) 充分考虑新的系统软件与企业原有系统的精华部分的结合问题，利用原有系统可以降低成本，同时也可以保持企业部分业务数据的连续性。

3. 其他成本控制方法

系统开发与实施过程中会产生许多其他费用，这些费用的控制方法通常是在系统开发前期对系统中需要发生的费用进行合理预算，制定执行计划。在开发实施过程中，采取各种管理方法控制成本，如项目成本责任制、目标成本法等。与此同时，坚持早期测试、早期发现、早期改正的原则很重要。很多企业在系统开发早期不愿花费太多时间和精力投入测试以节省资金。实践表明，早期投入的资金越少，后期投入的补充改正成本越大。例如，花费资金定义用户需求和进行 IT 项目早期测试，比等到项目完成后出现问题再解决在资金利用上更有效，如果在系统开发实施的用户需求定义阶段发现一个软件缺陷并弥补了它，对信息系统总成本而言，可能只需要增加几百元或几千元，如果等到系统完成之后再弥补相同的缺陷，在系统总成本中可能需要增加几万元甚至更多。

最后指出，目前，IT 方面的投资已经成为企业的一个沉重负担。为了减轻 IT 成本压力，一些公司的高级主管把目光转向了第三方供应商。一方面，由于竞争加剧，很多公司从原来的多元化经营战略转向核心竞争力战略，很多企业的高级经理们常常认为 IT 是一个非核心的活动而加以外包；另一方面，随着信息产业的发展，原来的硬件和软件行业利润率已经下降，一些供应商为了弥补这种损失，把目光转向了 IT 服务业，它们的雄厚实力和强大的促销能力有力地促进了公司考虑与供应商签订外包合同、建立战略伙伴关系。IT 供应商可以以更低的成本运作 IT，因为他们具有规模经济性和更严格的成本控制，所以能够获取相对廉价的人力，更有能力保证一些削减成本措施的实施。通过 IT 外包，能够削减企业在非核心竞争力方面的投资，从而能够保证在核心活动上的资金投入，所以 IT 外包能够改善公司的财务业绩。

第四节　MIS 的效益分析

效益就是效果和利益。利益通常是可以度量的，企业谈经营效益通常指的是所能获得的利益，即产出与投入的差；效果是能够看到或感知到的有效结果，通常无法用数字度量，因此，又可以用社会效益或管理效益等来代替。效益分析通常有明确的分析对象，比如一个项目或一项投资所获得的收益，并且通常只作经济效益分析。

MIS 是一个复杂、集成的系统，它的应用与实施会引起企业管理模式的变化和业务流程重组，它对企业运营各个环节会产生深刻的影响，因此，对 MIS 的效益分析，不仅包括系统实施所产生的经济效益，还要分析系统给企业生产、经营、技术、管理等方面带来的影响，比如管理效益和社会效益。只有这样，才能全面认识和评价 MIS 所产生的效益。

一、MIS 的经济效益分析

经济效益是企业实施 MIS 的重要目标，没有这个目标，企业就会失去实施信息系统的直接动力。MIS 的经济效益是指企业应用 MIS 以后，通过应用先进的管理模式和方法，提高了企业的生产经营管理水平，使企业获得可用数字表达出来的经济效益，即定量的或可以量化的效益。其效益可以体现在生产效率的提高、运营成本的降低以及客户服务水平的提高等诸多方面。很多学者把经济效益称为直接效益。

1. 降低企业运营成本

企业实施 MIS 后，明显降低了运营成本。运营成本是企业为了维持正常的生产经营活动而产生的支出，它的高低直接影响到了该企业的生产和盈利能力。运营成本主要包括采购成本、库存投资成本、制造成本、管理费用、营销费用等企业运营所需要的各种费用。通过使用 MIS，企业能够记录下各种不同的运营成本，而且最重要的是企业能够了解为何会产生这些运营成本及不同业务状况下运营成本的变动情况，从而为不断降低运营成本提供良好的分析基础。与此同时，由于 MIS 使用了许多自动化的业务流程，企业在逐步减少人工处理信息的过程中能相应降低其在劳动力上的投入，从而获得运营成本的下降。主要体现在：

(1) 库存费用下降。应用信息系统，改善最为明显的是企业库存量，由于有了准确的采购计划，使得库存下降，从而带来了库存投资的降低，库存费用也必然下降。

(2) 采购费用下降。信息系统使采购人员从日常琐事中解放出来，可以集中精力进行价值分析，选择货源，研究谈判策略，采购工作效率有了较大提高，减少了因物料短缺而紧急订货带来的额外支出，采购费用总体支出下降。

(3) 管理费用降低。管理水平提高，手工操作减少，管理人员减少的同时效率得到提高，管理费用自然就降低了。

(4) 产品销量增加，营销费用降低。应用 MIS，产品准时交货率提高，产品质量管理更加严格，通常能带来销量的增加，因而也降低了营销费用。

2. 增加了流动资金

使用MIS之后，由于减少了库存投资，增加了库存周围次数，从而减少了企业在库存中占用的资金，同时增加的利润也使企业经营状况有所改善，企业在增加利润的同时，减少了库存资金的占用，企业因而有更多的流动资金，改善了财务状况，增加了获得利润的机会，同时也减少了财务费用。

3. 提高生产率

应用MIS之后，企业库存管理水平得以提高，原料供应及时，生产停工减少，生产效率大大提高。

4. 提高客户服务水平，增加了产品销售量

企业应用信息系统不仅提高了准时交货率，而且能生产多种信息产品，满足客户对产品信息的需求，客户服务质量提高了，会带来销售量的增加。

5. 增加了企业利润

以上企业运营指标的改善，最终会体现在企业利润的增加上，企业经济效益的提高最终带来了企业财务指标的重大改善。

尽管企业实施MIS带来了许多直接的经济效益，但我们也必须看到，企业有些指标的改变是多种经营因素造成的。MIS不是企业产品，能够清晰计算出投资并售出以获得收益。在企业实施MIS后，不可排除由于MIS提升管理水平带来企业效益提高这一重要因素，但将这些硬指标的变化全部归结于MIS的应用是有些牵强的。因此，上述指标只能是一个参考数字，企业有了ERP后，可以进行精细化管理，从而带来了各种管理成本的降低以及管理水平的提高，这是一个不争的事实。

MIS的经济效益具有明显的递进性和滞后性以及投资领域和收益领域的不一致性特征。我们知道，企业中的信息系统通常是分阶段逐步建设、发展和成熟的，或者说是根据企业的具体情况分批实施各个分系统。因此，整个MIS的经济效益也将在一个较长的时期内逐步实现，形成一个递进过程。另外，一个新的信息系统投入运行，需要进行新旧系统的切换，全体有关人员需要有一个熟悉和适应的过程，其经济效益要经过一段时间的系统试运行后才能逐步体现，这就是信息系统效益的滞后性。还有，企业信息系统的投资属于管理领域，而其效果除了一小部分外（如提高信息处理的效果、速度和准确性，减少管理人员的重复劳动等），主要的明显效益，尤其是经济效益往

往表现在生产和经营领域，如节约了多少资金，增加了多少利润等，这就造成了投资领域和获益领域的不一致性。因此，进行 MIS 的经济效益分析时，要做到近期效益和远期效益相结合、全局效益与局部效益相统一。

二、MIS 的管理效益分析

信息技术在企业中的应用很大程度上改变了企业的管理思想，优化了企业的业务流程，由此产生很多间接的效益，其中许多是无法直接量化的。MIS 的应用所产生的管理效益比经济效益更为深刻。经济效益反映的是企业经营业绩的改善，它是多因素的，而管理效益直接反映企业的行为实践，它是由 MIS 直接带来的。它主要表现在：

（1）数据集成度提高，数据统一，数据处理效率提高。由于采用计算机处理数据，因而数据的处理量和速度都极大地提高了。

（2）企业业务流程进一步优化，职能部门精简，中高层管理人员减少，信息与数据在企业内部得到合理的应用，减少了人为的干预。

（3）员工素质和业务能力得到提高，改变了企业中高层管理人员不懂技术、依靠经验管理企业的状况，使企业管理更加规范，企业具备了长期的竞争优势和能力。

（4）学习型的文化在企业内部得到加强，应用 MIS 可以客观地记录企业部门与员工的工作状况，责任、权限、任务明确，员工间的协作与合作精神会得到加强，有助于企业形成一个积极进取的企业文化。

（5）企业管理决策水平提高了。由于信息集成，使企业决策者有了及时全面的企业数据，及时了解企业运营状况，同时 MIS 提供了一些模拟功能，为决策提供数据支持，使决策水平得到提高。

三、MIS 的社会效益分析

MIS 的应用不仅给企业带来了经济效益和管理效益，同时也带来了社会效益。

1. 提高企业的社会声誉和社会知名度

企业实施 MIS 可以向外界展示企业的现代化管理水平，提高社会成员对企业的信任度，进而提高企业的声誉，有利于创建名牌企业，同时加快国内同行业实施信息化管理的进程。

2. 创造更多的信息产品与信息服务的机会

企业内部信息集成后，会产生更多的信息产品，并为客户提供更多的信息服务。这不仅解决了企业内部的信息“孤岛”现象，也将解决企业与企业间、企业与客户间的信息“孤岛”问题。

3. 实现真正意义上的供应链管理

供应链管理的概念已从企业内部扩展到了企业外部，企业只有首先实现内部信息的集成化管理，才有可能向上下游企业开放供求信息，并与企业内部管理形成一体化的信息处理系统。只有通过企业 MIS 的应用和其他一些标准的应用，才有可能实现真正意义上的供应链管理。

4. 加快了全社会的信息化进程

企业应用 MIS 实现内部信息化管理的同时，企业内部信息得到了有效的集成与共享，当全部企业或大多数企业都实现了内部信息的集成管理时，上下游企业与企业之间的信息共享就会逐步实现。正如 20 世纪 80 年代我国各图书馆实现了自动化管理以及书目信息电子化管理后，才有了今天的联合电子书目以及全国的图书情报信息资源共享一样，企业内部信息化管理是全社会信息化管理的第一步，只有完成这一步，未来才能在全社会实现信息集成与共享，从而提高全社会的生产效率与生产水平，提高全社会创造财富的能力。

综上所述，企业应用 MIS，在实现企业所追求的经济效益的同时，还可以实现企业内部的管理效益和社会效益，这是一个多赢的策略。企业实施 MIS 是当前形势所迫，大势所趋，企业所面临的问题不是 MIS 应用与否的问题，而是怎样应用才更成功和有效的问题。通过合理的实施与应用，达到经济效益、管理效益与社会效益的统一，这是企业应用 MIS 的真正目标。

本章小结

对大多数企业来说，开发与应用 MIS 是目前企业发展过程中面临的重要挑战，其中从经济角度分析信息系统的成本与效益是企业最为关心的问题，它是影响企业领导制定信息系统决策的关键因素。

投入预算可以帮助企业分析实施 MIS 的经济可行性。但不同企业的规模、业务种类、现有的管理基础等相差较远，从而使 MIS 的投入预算工作难度加大。

成本分析是成本管理的前提，可以将成本分为四类：硬件成本、软件成本、直接相关成本和隐性成本。

成本管理是 MIS 实施过程中的难点。为了减少超支和拖期，对实施过程进行成本管理是必要的。在成本管理过程中，对成本执行情况的有效评价是成本管理的重要环节。

MIS 效益分析一般包括可量化的指标（如给企业带来的经济效益）和不可量化的指标（如企业获得的管理效益和社会效益）。

关键词汇

MIS 投入预算　　MIS 费用估算　　硬件成本　　软件成本
直接相关成本　　隐性成本　　MIS 成本管理　　成本控制
成本/进度分析　　MIS 的经济效益　　MIS 的管理效益
MIS 的社会效益

习　题

1. 简述 MIS 开发实施成本的构成。其中有哪些成本容易被忽略？
2. 简述 MIS 成本管理的过程，说明其中哪个环节更为重要并解释原因。
3. 成功实施 MIS，可以给企业带来哪些经济效益？
4. 企业可以从 MIS 的实施中得到哪些管理效益？
5. 企业实施 MIS 对社会有什么积极的影响？
6. 某企业开发一个管理信息系统，总投入 100 万元，计划 8 个月完成，表 5—5 是前 5 个月的每个月的成本支出表，请运用成本/进度分析法，对该项目预算计划执行情况进行分析评价。

表 5—5　　每月系统执行状况数据表

月份	BCWS	BCWP	ACWP
3 月	85 500	86 830	88 350
4 月	85 500	81 220	79 110
5 月	85 500	78 550	72 330
6 月	85 500	90 310	81 220
7 月	85 500	52 350	98 350

案例分析

珠江啤酒信息化效益分析

始于1999年的珠江啤酒信息化建设，覆盖了珠江啤酒集团（简称珠啤集团）所有生产经营业务的管理并已全部上线投入正常运作。应用信息化这一先进的管理工具，集团理顺了业务流程，规范了操作方式，提高了工作效率，综合经济效益得到了明显的增长。

“事前预算、事中控制、事后核算”在ERP系统的协力下不再是一句空话。生产管理部门在下达生产指令（创建生产批）时，指定一个生产配方作为生产依据，生产车间严格依照此生产批命令进行生产，并在各工序将实际的物料消耗情况反映到系统中，可以精确地统计出每一个批次产品的生产成本。

（一）间接经济效益

1. 信息共享堵住管理漏洞

实施ERP后一个最直观的变化就是实现了信息资源共享，大大减少了重复劳动和差错率。

信息不能共享给管理造成很大漏洞。例如，在客户账目中反映出的三个不同名称客户的资料实际上是同一家客户，这给双方应收账款对账造成了不少麻烦，客户也多有抱怨。实施ERP后，销售与财务信息共享，每个销售客户均配有唯一编码，从而避免了漏洞，降低了风险。以前由于每天票据量非常大，工作人员逐一核对也相当困难，曾经发现有人利用瓶箱单造假、企图蒙混过关的事情。票据实行编码之后，也杜绝了造假的问题。

2. 流程改造提高企业运作效率

珠啤集团在实施ERP的过程中，对所有的工作流程进行了重整，理顺流程100多个，不但没有产生“消化不良”的苦恼，而且大大提高了业务运作效率。其中销售流程的改变非常具有代表性。过去先由销售公司开单，财务再收款开发票，最后才是客户提货。这意味着开发票时销售成本已进行结转，财务也冲减了库存数量，但有的客户会过一段时间再来提货，此前实际的库存数量并未减少。现在对流程进行这样的改造：先由销售公司开出订单，财务收款后出具订货单，客户凭订货单提货后系统自动生成发票，这样就消除了以往成品库存账、物不符的情况。

业务流程的变化，还在于将过去互相脱节、各行其是的各个环节通过内部网络系统串联起来，使信息高度集成。

3. 建立上下游电子商务基础

珠啤集团的ERP系统不仅对企业内部进行了彻头彻尾的信息化改造，而且将触角延伸到了产业的上、下游，形成了高效的供应链管理。

首先，在企业内部管理中建立了上游原料供应商和下游客户的完整数据库，为实现电子商务打下了扎实的基础。在采购管理模块中，珠啤集团给供应商一一建立了档案，从录入采购申请、填写报价单、审批、生成采购订单到最后确定供应商等一系列过程，均在线完成。无纸化操作杜绝了各种人为因素的干扰，既减少了错漏的可能，又大大提高了工作效率。下一步，珠啤集团还将逐步与大宗原材料供应商联网，使原料供应做到“随叫随到”，从而更有效地减少原材料库存。同样，下游企业各个客户的基本情况、提货量的大小、应收账款和尚余欠款的金额以及每一笔交易的明细账都被系统登记在案。珠啤集团将实现与这些大客户的联网，实时了解、监控客户的销售情况和库存量，客户进货下单也将告别电话、传真等传统方式，直接通过网络实现。

4. 实时监控为成本控制安上火眼金睛

过去成本管理是珠啤集团感到比较被动的地方，由于管理部门各自进行成本控制，每个月的成本计算都要到月底盘仓后才能用手工计算出来，既不准确也无法详细到某个具体的批次。等到发现结果异常、各部门组织力量查找原因时，该批次产品的成本升高已成事实。

通过ERP系统，整个生产成本都实现了实时监控，从而能及时在生产过程中采取有效措施，控制好各项源消耗。在成本模块和其他各项模块上线并集成后，系统采用了实际成本管理的概念。每一产品的成本配方被作为实际成本的制定依据，技术管理部门调整生产配方的配料时，实际成本的原材料部分发生相应的变化；改变生产配方的工艺路线时，实际成本的设备资源折旧部分也会相应调整，从而实现了适时变动。同时，一些与设备资源紧密相关的机物料、水电气、修理费、人工等消耗也作为组成工艺路线的相应资源捆绑到了一起，极大地提高了对成本管理反馈的灵敏度与准确性。

(二) 可计算的间接经济效益

实施 ERP 后，由于企业各项管理能够落到实处，企业效益大幅度提高，按 2004 年企业的实际生产和销售计算，一年即可增加 1.03 亿元的收入。

(1) 由于考核真正落实到个人，职工责任心大大加强。以灌装厂为例，2004 年比 2003 年各种包装材料消耗下降 10%，节约 77.96 万元。

(2) 酒损率从 1998 年的 7.94%下降到 2004 年的 3.99%。2004 年公司啤酒产量 106 万吨，按酒液成本 1 000 元/吨计算，与 1998 年相比，2004 年仅降低酒损就节约了 4 187 万元。

(3) 2002 年，通过开展"降耗、节支、增效年"活动，采购成本比 2001 年降低了3 000 万元（2003 年以后原材料市场大幅度涨价，采购价没有可比性）。

(4) 由于实现了两个零库存的管理，吨啤酒存货量大大降低，仅 2004 年就节约库存占用资金利息 301.4 万元。在产成品物流方面，由于产品装卸减少了 5 个中间环节，实现了"一次性装卸"的目标，相关费用比 2003 年下降 0.11 元/箱，仅纸箱酒（按年产量 106 万吨、占总产量 50%计算）一项即可节约资金约 816.84 万元。

(5) 在生产过程中，对每一班次生产成本实时监控，提高了对各种消耗指标反馈的灵敏度，及时采取措施降低消耗，控制好综合能耗，每年节约资金 570 万元。

课外实验 5

本实验的目的是了解如何应用 MIS 来进行成本核算，从而进一步认识有关的管理信息系统。实验的内容为模拟某一图书发行管理人员进行操作，认识该系统的总体功能结构。

本实验选择的软件为瑞睿图书成本估算系统 2.0（共享版），系统的主窗口如图 5—1 所示。

瑞睿图书成本估算系统涉及图书的印前（排制版过程）、印中（印刷过程）、印后（发行）的各个过程中的相关费用。系统将这些烦琐的过程归纳到一个界面上，用户只需要在这个界面上填写图书的基本信息、相关制作方法、所用材料、相关费率（如：发行折扣、所需利润）等资料，软件将自动为其

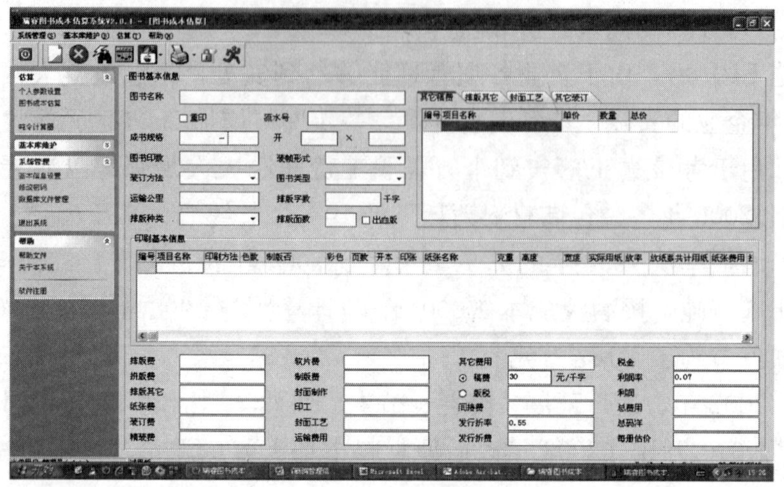

图 5—1　图书成本估算系统主界面

计算出各项成本费用，同时给出本书参考定价，其中每项费用均可以给出详细的计算过程，方便用户进行费用的检查。用户可以根据实际情况对所估算的图书的一些资料进行修改，系统会根据新的资料重新给出各项成本费用及相关费用的详细计算过程，因此，它可以帮助用户在付印前决定使用什么样的材料和工艺等。对于已经有定价的重印图书在重印时，本系统通过图书的基本信息及定价可以反推出可行的发行折扣或利润等其他可变成本。

软件来源：http://www.ruiruisoft.tk/。

第六章

管理信息系统的行为说

先行实例

人们对管理信息系统与人类行为之间的关系的研究已经有几十年的历史了。

例如，用户图形界面和有意义的信息识别行为模式之间的关系的研究，根据格式塔心理学，可以通过字体颜色、字体大小的区别，来分离用户界面中不同层次、不同组类的信息，从而减少短期记忆的脑力负荷，提高满意度，提高使用者的工作绩效。

在工作环境的人机交互系统中，操作者主要还是通过视觉通道获得信息，操作者获得信息后，经过大脑加工，输出信息之后执行控制任务。所以，研究学者在操作人员信息处理能力的基础上提出了一些反映任务难度、脑力负荷与工作绩效之间内在关系的理论模型。

有研究表明，个人用户在企业中使用管理信息系统存在两种方式：一是在个人环境下的使用，常见于电子邮件的处理、文件的编辑应用中。个人用户对管理信息系统的使用有一定的选择权，可自主决定使用或者拒绝，用户的使用行为受其自身态度和意愿的影响。二是企业组织环境下的使用，常见于组织环境下的文档管理系统、工作流管理系统等的应用中。个人用户没有选择权，不能自主决定使用或者拒绝，用户的使用行为主要是外界环境、组织强制性作用的结果。

另外，需要注意的是工效学在管理信息系统中的应用。工效学经历了人适应机、机适应人、人机相互适应几个阶段，现在又已深入到人、机、环境三者协调的人—机—环境系统。在系统内，从单纯研究个人生理和心理特点，发展到研究怎样改善人的社会性因素。随着市场竞争的加剧和生产水平的提高，工效学在机械产品的设计和制造中的应用也更加广泛和深入。在人机系统中，人体各部分的尺寸，人的视觉和听觉的正常生理值，人在工作时的姿势，人体活动范围、动作节奏和速度，劳动条件引起工作疲劳的程度，以及人的能量消耗和补充；机器的显示器、控制器（把手、操纵杆、驾驶盘、按钮的结构形式和色调等）和其他与人发生联系的各种装备（桌椅、工作台等）；所处环境的温度、湿度、声响、振动、照明、色彩、气味等都会影响人的工作效率。而工效学正是研究它们之间的关系的。工效学还研究人的工作行为和产生行为差异的各种因素，这些因素包括：年龄、性别、个人的智力和文化技术水平、工作兴趣和工作动机、性格特点、工作情绪等主观因素。同时，工效学还研究所处环境、设备性能、工作条件等客观因素以及人群关系、组织作风等社会性因素。这些因素使人的能力互不相同，对系统的适应程度也各有差异。同时，它还强调人有产生错误行为的可能性，良好的人—机—环境系统有助于减少操作人员因客观因素造成的失误，并有利于预防和减少由于主观因素或社会性因素造成的失误。为实现人—机—环境系统的整体效果，还需要选择具有一定素质的操作人员，并给予适当的训练，使他们学会操作和维护这个系统。操作人员必须遵守操作规程，制定的操作规程应符合操作人员的生理和心理特点。

问题：1. 你对在日常生活或学习中接触到的MIS有何感受?

2. 谈谈你目前对学习MIS的心理活动和行为表现。

本章导读

信息技术/信息系统影响着组织的行为和人员的行为，组织的行为和人员的行为也影响着MIS。换句话说，MIS与组织之间的关系是互动的，MIS与人员之间的关系也是互动的。本章将从组织和人员与MIS的相互关系的角度展现MIS的行为学说，目的是使人们重视管理行为的复杂性，了解管理决策活动向MIS提出的真正需要，并多从应用实效方面展开研究。我们将讨论如何给组织导入MIS和如何使组织运用好MIS，还将讨论如何让人员接受MIS和如何让他们使用好MIS。

学习目的

通过本章的学习，应该重点掌握以下知识点：

1. 信息系统战略与组织战略的关系；
2. 组织和信息系统的相互影响关系；
3. 在组织中导入信息系统时应该思考的问题；
4. 如何在组织中运用好MIS;
5. MIS能帮管理者做些什么；
6. MIS能帮助决策者做些什么；

7. 在 MIS 导入时做好人的工作的重要性；

8. 如何帮助人员使用好 MIS。

第一节　如何在组织中导入 MIS

一、组织应认识到信息系统的战略作用

在过去的几十年中，组织对待信息和信息系统的方式发生了变革。信息被看作是一种战略资源，是获得竞争优势的可能来源。一些组织已开发了一种特殊的信息系统，叫做战略信息系统（这种系统的作用是保障组织在不远的将来能够生存和繁荣）。总之，一些优秀的公司如今正以信息和信息系统作为超过竞争者的工具。

信息技术的发展改变了组织的战略环境，从而给组织战略的制定与管理带来了新的挑战。同时，信息资源与信息系统本身在组织中已经占据了重要的战略性地位，对信息资源与信息系统的有效开发、应用与管理已成为组织的一项战略性任务。从某种意义上来说，信息系统战略已经渗透到组织战略之中，成为现代组织战略不可分割的一个部分。

信息系统战略在一定意义上具有了与组织战略同等的重要性。信息系统战略的指导方向应与组织战略的总体导向相一致。随着信息系统战略与组织战略融合的加深，信息系统战略不但关系着信息系统本身的成败，还将对组织的运行、控制能力乃至市场竞争产生重大的有时甚至是关键性的影响。

为了将信息系统用作竞争武器，必须了解在哪里它可能为企业找到战略机会并提供竞争优势。外部竞争威胁模型和价值链模型已被用于识别信息系统所能够提供竞争优势的经营领域。

（一）外部竞争威胁模型

在外部竞争威胁模型中，企业面临若干外部威胁和机会：新的市场竞争者的威胁；替代性产品和服务的压力；客户和供应商讨价还价的实力；传统行业竞争者的市场定位（见图 6—1）。企业可以用四个基本竞争策略对付这些外部竞争威胁。

（1）产品差别化策略：新产品和服务应容易区别于竞争对手的产品和服务，且利用各种手段确保新产品和新服务不能被当前的竞争者和潜在的新竞争者复制。

(2) 市场定位差别化策略：通过建立新的定位市场，企业能在小范围的目标市场中提供专门的产品和服务，从而胜竞争者一筹并使新竞争者望而却步。

(3) 与客户和供应商建立紧密联系：企业可用纽带关系把客户套牢在企业的产品上，把供应商拴在企业制定的时间表和价格体系上。

(4) 成为低成本的生产者：为了防止新的竞争者进入自己的市场，企业可以在不牺牲质量和服务水平的同时，以比竞争者更低的成本生产商品和提供服务。

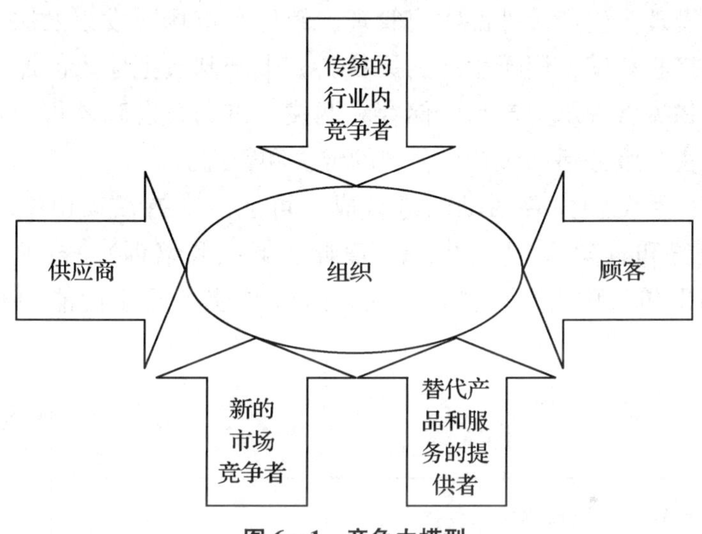

图 6—1 竞争力模型

企业可以施行上述战略之一或同时采用几种战略来获得竞争优势。而信息系统是可以辅助和支持这些竞争策略的。信息系统通过加工数据、提供数据来提高公司的销售与日常经营技术，从而能为公司带来竞争优势。当企业用信息系统提供难以复制的产品和服务，或提供面向高度专业化市场的产品和服务时，它们就能提高竞争者的入市成本，或者是使具有差别性产品和服务的企业不必靠成本竞争。通过与客户和供应商紧密相连，信息系统能对抗外部竞争威胁。另外，信息系统有助于内部作业、管理控制、计划和人事工作；能帮助公司显著地降低其内部成本，使公司以低于竞争者的价格提供产品和服务。总之，信息系统能够帮助企业开发新产品和新服务，更有针对性地做产品的市场营销，建立与供应厂商及客户的新的关系，降低内部运作成本。

（二）价值链模型

价值链模型把企业视为许多基本活动序列或“链条”，根据企业从事的生产经营活动分析竞争优势所在。它从战略角度将竞争优势和企业的日常活动联系起来，通过更有效地进行这些活动，实现企业的战略目标。见图 6—2。

企业创造的价值产生于自身一系列基本活动中，如采购、生产、销售、服务和产品开发等。企业组织的基本活动为其产品和服务增添附加值。这些活动可被分为主要活动和支持活动两类。

（1）主要活动直接同公司的产品和服务的生产及分销有关。主要活动包括内部物流管理、生产、外部物流管理、销售和市场开发以及服务。内部物流管理包括接收和储存用于生产的原材料。生产制造把输入的原材料转化为成品。外部物流管理承担产品的储存和调拨。市场开发和销售包括宣传促销和产品的出售。服务活动包括对公司的维护和管理。

（2）支持活动使主要活动的进行成为可能。支持活动由组织的基础架构（行政设置和管理）、人力资源（雇佣、解雇和培训）、技术（改造产品和工艺）和采购（购买原材料）构成。这些是使主要活动能顺利开展的各种资源。

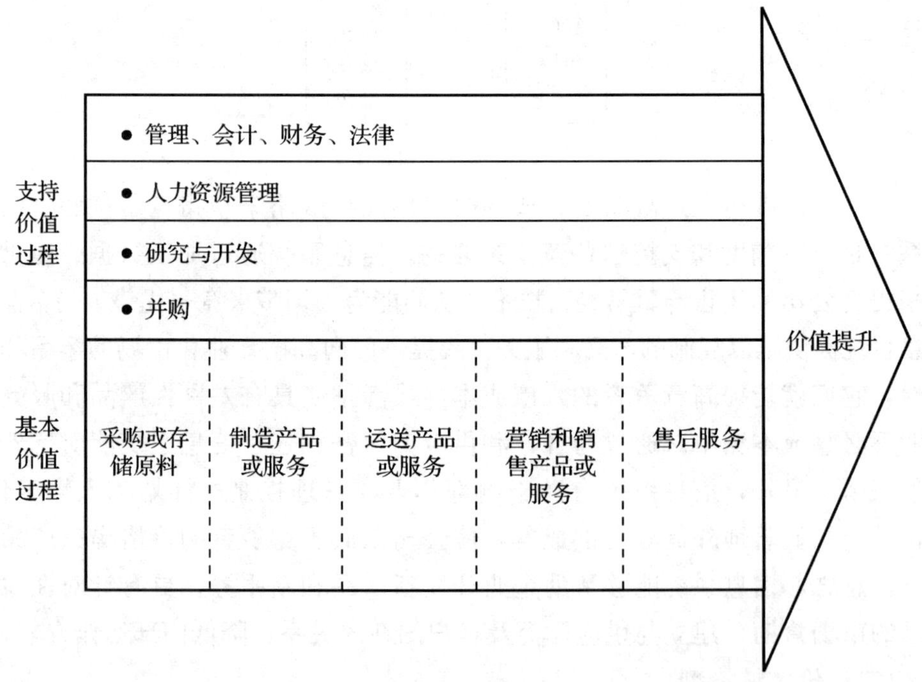

图 6—2　价值链模型

所有价值链活动又由两个部件组成，即价值链活动的物理部件和信息处理部件。物理部件是指执行活动所需要的各种实物性工作，信息处理部件是指执行活动所必需的数据采集、处理和传输工作。价值链活动的信息处理部件越来越多地为信息技术所支持。

该模型强调价值活动之间相互关系的重要性。活动之间应该是相互促进和配合的关系，共同产生的价值远远大于各价值活动自身价值之和。更为重要的是，该模型使企业清楚地知道哪里是它的竞争优势。

价值链模型突出了最适合应用竞争策略的企业组织的活动，突出了信息系统有可能产生战略影响的活动。如果信息系统帮助企业以比竞争者更低的成本提供产品或服务，或帮助企业以同竞争者相同的成本提供比竞争者更好的产品和服务，这样的信息系统就具有战略作用。能使产品和服务增值最大的价值活动因公司的不同将有所不同。企业组织应尽力为使公司增值最多的价值活动开发信息系统。

二、组织应熟悉其和信息系统之间的关系

信息系统是组织的一部分。当今，对于某些组织而言，没有信息系统，其经营活动就无法开展。那么信息系统究竟能为组织带来什么呢？信息系统能否使组织的结构层次减少？信息系统能否减少中层管理人员和办公室人员？信息系统能否减少书面工作量？这些都是当今管理界所关注的问题。其实，组织与信息系统之间的关系是复杂的，对这些关系的解释往往引起争论。

（一）组织与信息系统的相互联系

首先应该看到，不同的组织对信息系统的需求是不同的，信息技术和信息系统用来实现组织目标和任务的方式和特点也是不同的。组织与组织的不同体现在每个组织都具有自己的一些独有的特征。尽管所有组织都有一些相同的特征，但没有两个组织是完全相同的。明茨伯格把组织分为五种结构，这五种组织类型的基本形态和其信息系统状况如下：

（1）创业型结构：具有简单结构的组织，往往是创业不久的小型公司，处于快速变化的环境中，由一个老板主宰和一个经理管理，高度集权而导致信息淤积于上层。此时，信息系统是未经规划的，落后于高速的业务拓展。

（2）机器型层峰结构：存在于变化相对缓慢的环境中，多是生产标准化

产品的、传统层峰结构的大型企业，由资深的战略层控制组织，并集中信息流和决策权力。该结构一般由若干职能部门构成，比如：制造部、财务部、市场部、人力资源部，以职能部门划分工作任务。其不足在于容易僵化，容易导致不同职能部门之间的冲突，同时，由于管理层次过多，也容易导致信息传递的缓慢。此时，信息系统常是基于分布式计算机的、经过周密规划的，但通常只用于会计、财务、简单的计划和行政管理。

（3）事业部型层峰结构：这类结构是多个机器型层峰结构的组合，每个分部生产不同的产品或服务，最高层是中央总部。这种结构适合于变化相对缓慢的环境和标准化产品。在这种结构中，组织的战略决策和日常运营决策两项职能分离，分别由总部和事业部（分公司）承担。但由于组织是按某种原则划分成多个事业部的，所以组织一般是在多个不同的环境中运作的（每个事业部或工厂处于一种环境）。这类组织中的信息系统常常是全面而又复杂的，一方面要能够支持总部的财务计划和报告要求，另一方面要支持事业部的运作要求。在总部信息系统和事业部信息系统之间有许多摩擦和冲突是不足为怪的。

（4）专业型层峰结构：这种组织依赖于知识和专业人员的技能。适合于变化相对缓慢的环境。这种结构集权程度较弱。组织内的成员拥有足够的信息和权力来创造产品和服务。这种组织具有基本的集中式信息系统，而且常设立复杂的知识工作支持系统为专业人员所用。

（5）特别任务型结构：也称为项目型组织。这一类公司必须对市场作出快速的反应。这类组织比机器型层峰结构更能创新，比专业型层峰结构更为灵活，并且比简单的创业型结构更具有持久、有效的动力。这种结构的特点是由很多专家组成短期、多学科的任务小组，致力于新型产品的研发。任务小组的信息系统极为先进，小组中的专家们建立了他们的专业性系统。

（二）组织与信息系统的相互影响

其实，组织与信息系统的关系是双向的。所谓双向关系就是相互影响的关系。信息系统影响着组织，同时组织也必然会影响到系统的设计。因此，我们必须搞清楚两点：一是组织如何影响信息系统；一是信息系统如何影响组织。下面分别进行讨论。

1. 组织如何影响信息系统

组织是人们为实现共同目标而组成的一个稳定的正式的群体和关系。组织的要素包括组织的人、组织的业务职能、组织机构、标准作业程序、组织文化和组织政治等。组织的各个要素都会对信息系统的效果和效率产生影响，同时信息系统的引入也会对组织的各要素形成冲击。

人是组织中的关键要素。组织需要具有各种不同类型技能的员工，除管理者外，组织中需要知识工人来设计产品或服务，需要数据工人来处理各种文件和文档，需要生产/服务工人来为组织生产产品和提供服务。不同类型的员工所要完成的工作性质是不同的，他们对信息和信息系统的需求也是不同的。

一个企业的业务职能有销售、营销、制造、财务、会计和人力资源等。对一个部门来说，信息系统是按上面提到的职能组建的，用来完成该部门的职能。前面章节对此已有所描述。

一个组织通过一种结构化的层次安排和标准操作程序来协调工作和保证效率。虽然目前各个组织的具体结构是不同的，但绝大多数组织的机构都采用了所谓的直线制组织结构形式，也称为官僚组织结构。不同层次的管理人员的管理决策需求不同，对信息和信息系统的需求也是不同的，这在后文中还有详细论述。另外，组织的标准作业程序大多数是用书面形式被正式地确定下来，但也有一些不正式的工作惯例或习惯。现在一个企业的标准作业程序大部分被集成到信息系统中，信息系统的效果如何，在很大程度上取决于企业标准作业程序的科学性，组织效率的提高更多地依赖标准作业程序的改进，而不是计算机。

每个组织都有自己独特的文化。在组织的信息系统中总可以看到文化的影子，文化的力量远比技术的力量强，新技术总是首先以支持组织文化的方式被使用。

组织政治是组织生活的正常部分，是组织内各种利益关系的综合。信息系统的引入会对组织中原有利益关系的安排形成冲击。组织政治是左右组织命运和信息系统效果的隐性力量。

2. 信息系统如何影响组织

现在来看信息系统如何影响组织。关于此问题，有些研究人员的工作是基于经济学的，而有的研究人员则采用行为学方法。不同的理论运用各自的核心概念和基本原理并从各自的角度对信息系统如何影响组织进行了分析。

微观经济理论认为，信息技术是一种能方便替代资本和劳动力的生产要素，可用于产品的创新和生产过程的创新。通过信息技术，以往的人工活动得以自动化，工作方式得以改进或者重新设计，企业员工人数也可相应缩减。由于信息技术代替了中层经理和职员的劳动，因此会导致他们人数的减少。企业利用信息系统可以非常容易并更廉价地在市场上购买到所需的零部件、产品和劳务，而不必局限在企业内部生产这些产品和提供劳务。通过减少获取信息和分析信息的成本，信息技术使组织全面减少了管理成本，从而使公司能在缩减中层管理人员和办公室工作人员的同时提高利润。

尽管经济学说力图说明市场中大量的公司是如何运作的，但是大多数经济学家都承认经济学说不足以描述和预测现实中一个公司的行为。而行为学说比经济学说更能描述和预测单个公司的行为。在行为学的相关理论中，信息系统的影响不像经济学得出的结论那样简单和直接。

行为学研究发现，尽管信息系统可作为实现组织管理者决定寻求的组织变革目标的手段，但没有证据表明信息系统能自动地改变组织。曾对组织进行长期研究的人认为：不可否认，信息系统有助于组织效能的发挥，但除了对某些孤立的事例有影响之外，组织并不会发生深刻、激烈的变革。也就是说，信息技术的应用并不是使组织发生变革的主要原因。当高层领导想要改变组织机构与运作方式时，信息技术倒是促进变革的有力工具，而在组织行为方面还没打算或者采取措施时，并不会引起变革。对于组织而言，信息技术是一种资源，也是一种环境条件，因而，信息技术的应用和发挥必然会对组织产生方方面面的影响。新技术的出现为组织提供了更多、更新的协调手段，同时，新技术所带来的变化也促使组织自身作出相应的调整。全面地说，信息技术将从根本上影响组织结构、组织流程、组织行为、组织环境乃至整个社会。

另外，信息技术能够降低信息获取的成本并拓宽信息传播的范围，从而使以往牢固的金字塔结构得以改变。信息技术可能把信息传递给较低层的工人们，而无需管理层的干预；信息技术可能把信息从作业部门直接带给高级经理，从而减少中层经理和他们的办公支持人员的数量。

总之，行为理论学者认为信息技术不是变革组织结构的独立的力量。管理人员和基层工作人员觉得信息技术能够给他们带来利益时就欢迎和采纳它，久而久之它的使用形成了新的工作程序与组织形式；反之，就不会受到应有的关注而使信息技术的应用收不到实效。这和当前的具体情况是比较吻合的。

近年来有关信息技术和组织变化的研讨内容是，随着知识和信息的更加普及，决策权将更为分散。由于专业工作人员能够实行自我管理，因此，组织模式将变得扁平。

传统的垂直型组织按职能安排，横向型组织按过程安排。过程穿越了销售、市场、制造和研发部门之间的边界，是职能上的交叉。过程贯穿组织结构，把不同职能专业的人们组织起来。可见，信息技术使企业由垂直式组织重组为水平式组织，其中按工作过程安置人员。而信息系统能够使这些业务过程实现自动化，从而帮助组织重构并精简这些过程，使企业运行效率大为提高。而且，按过程设置的组织模式更加外向化，比传统的按职能划分的模式更能迎合顾客和市场的需求。

具体而言，对于常见的官僚层级结构而言，在信息技术条件下，由于通信、监控、分析手段的加强，控制跨度可以得到显著的扩大。跨度的扩大可以相应地减少管理层级，使得组织结构扁平化。对于事业部结构，信息技术有助于消除总部与事业部之间的信息不对称，使得总部可以更为及时、全面地获取事业部的运营信息，并进行深入的分析，从而使战略决策更具合理性。同时，事业部之间的横向沟通与联系也可以得到加强，从而有可能提高事业部的协同性。尤其是，在信息技术条件下，矩阵式结构变得更具可行性，因为电子化的沟通和控制手段有助于克服由于双重监督而带来的混乱情况，从而更大限度地发挥职能部门化和产品部门化两种形式的互补优势。

附带指出，信息系统既能给大型组织带来附加的灵活性，也能给小组织带来附加的灵活性，克服组织规模带给组织的某些局限性。它既可以帮助小型组织产生大型组织一样的效果，也能帮助大型组织取得小型组织一样的优势。小型组织能利用信息系统来获取过去只有大型组织才具备的某些力量，大型组织也能利用信息技术和系统，来实现过去只有小型组织才具备的某些敏捷性和快速响应能力。

三、在组织中导入信息系统

在组织中导入信息系统时，有几个重要的问题需要考虑。

1. 组织为什么要采用信息系统

乍一看，要回答“组织为什么要采用信息系统”这一问题似乎很简单。很明显，组织采用信息系统是为了提高效率，改善服务，节省资金，减少劳动力。尽管这些回答一般是正确的，但它不是唯一或主要的采用信息系统的原因。

如今系统的建立当然考虑了效率等因素，但系统的重要性主要是为了组织的生存。对决策（速度、精度）的改变、为更高的客户期望值服务、协调组织内分散的群体、对人事和费用更严格的控制、提高组织的竞争力等都已经成为建立信息系统的主要原因。

因此，看似容易回答的问题，实际上是相当复杂的。有些组织只是因为其比其他组织更有创新性，这些组织的价值观提倡任何创新。另外也有一些情况，信息系统的建立是由于组织中的群体的雄心，这是他们的习惯和兴趣。有些组织建立信息系统就是为了实现组织内部各部门的目标，以及解决存在于组织内部的冲突；有些组织建立信息系统的目的是为了了解并掌握企业外部环境的变化，比如竞争对手的活动变化等。概括地说，内部的文化因素和外部的环境因素促使组织开发（接受、利用、管理）信息系统。

2. 组织实际上在如何使用信息系统

组织使用信息系统需要决定由谁设计、由谁建立和由谁来操作组织中的信息系统。通常经理们（高级管理层、最终使用者）制定关于计算机套餐的决策。

计算机套餐问题由三个主体构成。第一个是组织单位，被称为信息系统部门。由它来管理和指导组织范围内或各部门的信息技术和系统的运用工作。第二个是信息系统专家，如信息系统经理、系统分析员、系统设计员、程序员、数据库管理人员、网络专家等。还有外部的专家，如硬件销售厂商和制造厂商、软件公司和咨询公司专家，他们也经常参与日常工作和长期规划。第三个部分是 IT 基础设施（硬件、软件、数据存储、网络通信）和信息系统战略规划，即要建立明确的组织信息技术和系统运用的规格说明。

如今，组织中的信息系统部门和专业人员往往是组织变革的强大推动力量和鼓动者。组织的信息系统部门要负责向高层管理者提出新的经营策略和新的基于信息的产品和服务设想，并要协调组织中的技术开发活动和组织变革过程。一个信息系统部门人员的理想构成应包括两个部分：一部分是由那些会说两种语言（即信息技术语言和商业语言），并能深刻了解计算机化的企业机制和企业变革规律、得到最高管理层信任的专业人员组成，他们主要负责计算机企业解决方案的设计及组织实现，即负责组织如何使用信息技术。另一部分由技术性专业人员组成，主要负责快速建立和改变系统，使系统能安全稳定地运行，即负责如何使系统运转。

3. 信息系统在组织中的作用发生了什么变化

信息技术和系统在企业经营中的运用，从不同的方面可分为若干阶段。一种比较有代表性的划分是斯科特·莫顿提出的，他认为信息技术和系统的运用已经和正在延续三个阶段，即工作自动化阶段、信息管理阶段和经营转型阶段。这些阶段反映了信息技术和系统在经营领域的运用中所扮演的角色的演变。从工业自动化到信息管理再到经营转型，信息技术和系统对组织的战略重要性大大增加，要实现信息技术和系统的价值所需要的组织变革力度也大大增强，即组织必须从信息技术以外的方面，如业务流程、组织结构甚至组织文化等方面进行相应的变革，才能真正发挥技术的效能。

如今系统的构建比过去涉及更多的组织因素。早期的系统很大程度上只是带来了影响少数人的操作技术的改变，并且相对容易实现。后来，信息系统的运用影响到组织的管理控制活动中的信息行为，而如今的信息系统正带来组织“核心活动”的变化以及组织与环境关系的变化（见图 6—3）。

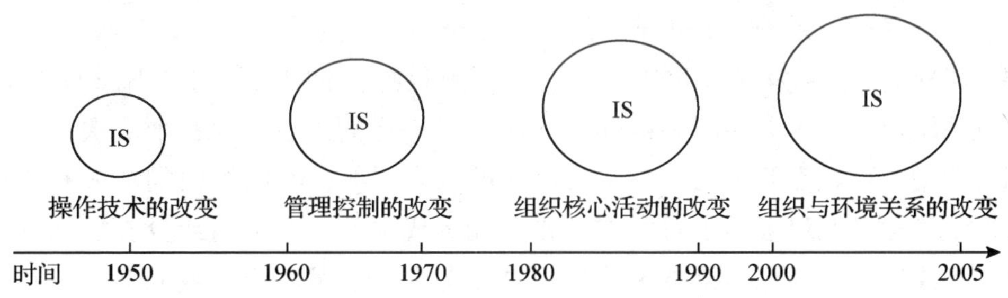

图 6—3　组织信息系统（IS）运用的演变

第二节　如何使组织运用好 MIS

组织要运用好 MIS，首先还是要解决观念、态度等问题。

信息系统到底能为组织做些什么呢？有时候，组织中计算机应用的结果是碰运气，可能是好结果，也可能是坏结果。因为有很多中介因素，它们影响着信息技术与组织之间的相互作用。这些因素包括组织周围的环境、组织文化、组织机构、组织的业务流程、组织的管理决策模式等。

信息系统能否“再造”组织，使其变得精悍、高效？信息系统能否“扁平化”组织？组织能否利用信息技术来“重构”业务流程？因为存在着不同类型的组织，所以我们可以推断信息技术对不同的组织将起不同的作用。也就是说，同一种技术对处于不同情况中的不同组织的影响是不同的，或者说不同的组织在不同的情形下能体验到同样的技术带来的不同影响。因为不存在目的、结构和兴趣完全一致的组织，所以信息系统必须按特定的组织来研制，以适合每个组织独有的特点。能适用于一切组织的万能系统是不存在的。

概括地说，由于组织的千差万别，做这样的结论也许是错误的：信息系统对一切组织具有确定的某种作用。绝不能认为信息技术将对一切组织产生同样的作用，有众多的非技术因素起着作用。在建立和提出新信息系统方案时，明智的经理们将会尽量把这些因素考虑在内。信息系统的作用对每个组织是不一样的，只有对特定的组织做详细的分析，经理们才能设计和管理好信息系统。信息系统不能从某个组织中完全地移植到另一个组织中。

其次，在组织内有不同的层次、不同的职务、不同的部门、不同的群体。信息系统对组织不同层次和群体的作用是不一样的。组织内各个层次关注不同的问题，也就需要提供适合于各层次的信息系统。在组织内的个人和小组层次上，信息系统被用于特定的工作、任务或项目。在部门或分支机构（事业部）层次上，信息系统被用于特定的业务功能、某种产品或服务。在整个组织、组织之间、组织网络层次上，信息系统支持多种产品、服务和目标，并辅助不同组织或组织群之间的联盟和协调。另外，信息系统最重要的贡献之一是支持组织中出现的大量工作群体，这些工作群体在组织机构图中甚至没有正式的位置。

再次，组织运用信息技术和信息系统要注意以下两方面：一方面技术毕竟始终是组织的“仆人”，是为组织服务的，这意味着信息技术必须与组织的业务计划、标准作业程序和业务流程相匹配。另一方面，这些业务计划、标准作业程序和业务流程有可能是过时的或与预想的技术不相容，在这样的情形下，管理者就需要改变组织来适应技术，或调整组织和技术来实现一种最佳的“适应”。

技术的变化比组织的变化快得多。计算机硬件和软件能力的提高远快于组织应用和使用该技术能力的提高。为了保持竞争性，许多组织确实需要被重新设计。这种组织将需要使用信息技术来简化沟通和协调，消除不必要的工作流程，摒弃过时的组织结构。如果组织仅仅是对今天所做的事情进行自动化，那么组织其实是在丧失信息技术的潜力。

当组织中的信息系统发生变化时，必然会影响到组织的结构、任务、人员、文化等，使它们发生相应的变化，系统建立的过程就是一个组织再设计的过程。如果新的信息系统不能与组织中的其他要素相容，那么这个系统也被视作是失败的。人们总是倾向于对技术问题给予较多的关注，后果是会产生一些技术上先进但与组织的结构、文化和目标不相容的系统。这种系统没能给组织带来协调和高效，而是产生了紧张、不安、抵触和冲突。

最后，归纳一下，技术因素只是系统成败的原因之一，管理和组织的因素往往起到更大的作用。因为系统建设过程正是一个组织变动的过程，信息系统可能改变组织，所以引进信息系统常遇到相当大的阻力。经济学理论在组织变革的阻力方面没有任何描述，而行为学理论正是精于此处。由于引进一个新系统存在困难性，因而有经验的系统专家用系统达到组织变革时是非常谨慎的。归纳几点如下：

（1）只有当环境有了显著改变时，组织才要创新；只有当组织必须采取创新时，他们才会去做。

（2）阻碍变革的强大力量来自于组织机构、组织的价值观、组织中的利益群体。因为要适应组织上变化的需要，新信息系统的实施经常比预想的要难得多。通过信息技术和信息系统的发展而产生的变化极大地被组织的惯性所拖累。

（3）取得组织的创新是困难和复杂的。它不仅仅是购买技术。为了受益于技术，组织必须恰当地运用技术和管理创新。组织相应地要对价值观、行为准则和利益群体的现实作出改革。

（4）让技术适合于组织（或反过来）。一方面，让信息技术与经营计划一致，与企业的标准工作程序一致。信息技术是为组织服务的。当然，信息技术有局限性，我们常常认识不到信息技术并不比使用它的知识和信息工作者的技能高明；另一方面，这些经营计划和标准工作程序可能是非常落后或者是与先进的技术极不相容的。在这种情况下，经理需要改变组织以适应技术，或对组织和技术进行调整以达到最佳配合。

第三节　如何使人员接受 MIS

一、管理者该做什么和实际上在做什么

管理者要觉察环境带来的经营挑战，要制定应对这些经营挑战的战略，并且要为实现这一战略配置人力和财物资源，要协调和控制战略推进过程中的各项工作。总之，他们必须行使领导责任。

如今的管理者必须做比现有管理更多的事，必须创造新的产品和服务，甚至必须一次又一次地再造组织。现在，管理者越来越认识到，信息系统对组织来说实在是太重要了。信息系统在组织的重定向和重设计中能扮演关键角色，是组织经营管理创新的使能器。因此，经理们必须主动地识别能为公司带来战略优势的信息系统。也就是说，无论如何，高层管理者应当考虑这些问题：我们从系统中得到了我们应该获得的投资效益吗？我们的竞争对手们得到的更多吗？

身为经理，首先应能回答如下问题：

(1) 行业中的龙头老大采用什么战略？

(2) 哪些组织在应用信息系统方面是行业的先驱？

(3) 本行业能靠引进信息技术得到战略机会吗？

(4) 什么样的系统能用于本行业？

一旦经理们理解了本行业内信息系统的性质，经理们就应该把视点转向他们的组织，要问自己如下问题：

(1) 在信息系统应用方面，本组织领先于行业水平还是落后于行业水平？

(2) 目前的经营战略计划是如何与信息服务战略相配合的？

(3) 目前的信息技术是否为组织创造了显著效益？

(4) 新的信息系统将在哪些领域为企业提供最大价值？

当这些问题考虑完之后，经理们就能够洞悉他们公司采用信息系统的时

机是否成熟。

为了发现信息系统的机遇和理解它们恰当的作用，我们首先来看看经理们日常活动实际都做什么（角色），即管理者的作用，然后研究决策的不同层次、类型和阶段，目的在于弄清楚信息系统是如何帮助管理人员、如何改善管理决策的制定的。

由明茨伯格进行的一个著名的对实际管理行为的研究指出：

(1) 经理从事的大量工作是快节奏的，并且其工作量是高强度的。

(2) 管理活动是多样的、不连续的、简短的。

(3) 经理们要处理眼前的、具体的、特殊的问题。

(4) 经理们维持着复杂的人际关系网，作为非正式的信息系统。

(5) 相对于书面方式，经理们偏好口头交流方式。

(6) 成功的经理们能够控制既定计划。

对经理行为的观察可以得出其内在因素：要做有效的工作和高效率的工作，经理们采用一切可用的有效手段和高效率方式。管理者们感兴趣的是当前的、最新的然而可能是不确知的信息；他们不太注重历史的、常规性的信息。作为成功的高层者，他们通过发展自己的信息渠道及信息网络来控制自己的日常活动程序；而不成功的管理者则有可能被下属带来的问题所压倒。

进一步，行为学派的主要代表人物明茨伯格将管理活动分为十个角色，并把十个角色归为三种类别：人际角色、信息角色、决策角色。

人际角色：当经理对外代表其公司或履行形象职责时，他们作为象征性首脑。而作为领导，经理要对组织施加某种影响，为组织提供指导和目标，向组织注入力量。最后，经理的作用是组织各层次之间的联络员；并且在每一层之中，经理也是管理部门成员之间的联络员。

信息角色：经理接收具有实质性、即时的信息，再把信息分享给需要的人，因此经理对组织而言起中枢作用。充分掌握组织内的信息，经理便能了解决策执行的效果，或试探新决策可能出现的反应，或保持对组织的控制。有时，作为发言人，经理要代表组织对社会公众、股东或员工传达信息，让他人了解情况或对他人施加影响。

决策角色：经理制定决策。当决策发起或开始新一类活动时，他们是发起者、设计者；经理处理组织中的异常情况；他们把组织的资源（时间、资金、人力和生产资料等）分配给组织的成员；他们与组织内有冲突的群体进行谈判，作出调停，当各下属单位之间相互不能取得一致意见时，他们寻求经理的帮助。

仔细分析，迄今为止，信息系统仅仅只支持管理者在组织中所扮演的少量角色。在人际角色领域，信息系统的作用非常有限，只能做些间接的贡献，信息系统主要是作为通信手段。信息系统对信息角色这一领域的贡献最多，依靠管理信息系统，经理们的信息表达得到了显著改善。在决策领域中，决策支持系统开始作出重要的贡献，创造新的决策支持形式是系统开发者面临的一个挑战。那些目前还无法得到信息系统有效支持的领域，毫无疑问会给将来的系统运用和系统设计提供大量机会。

二、决策者是如何做决策的

经典管理学家把制定决策看作管理活动的中心。尽管我们知道情况并非完全如此，但制定决策仍不失为管理者的更具挑战性的角色之一。

信息系统已经能够帮助经理传递和交流信息，然而目前信息系统对管理决策的帮助是有限的。决策制定是历来大家企图有所作为的领域，或者说，对决策的计算机支持是系统设计者必须要面对的问题，我们现在就将焦点转向该问题。

决策制定的差别可按组织层次分类。安东尼把组织中的决策制定分为三类：战略的、管理控制的和作业控制的。

战略决策制定用于决策组织的目的、组织的资源和组织的政策。它的主要问题是如何预测组织的未来及如何使组织的各种要素与环境相匹配。参与这一过程的主要是少数高级经理，他们处理非常复杂的、非例行的问题。

管理控制决策制定主要关心资源的使用效率和有效性，以及作业部门表现如何。管理控制进行的背景是战略决策所确定的目标和政策。另外，需要熟悉作业层的决策制定和任务的执行。

作业控制决策制定将决定如何执行特定的任务，该任务被战略层和中间管理层的决策人所规定。

西蒙将决策类型又分为结构化的和非结构化的两种。

非结构化决策是新颖的、重要的、非惯常的且无公认的决策过程可循。

相反地，结构化决策是重复的、惯常的且具有处理问题的确定做法，因此，不必每次重新进行考虑和斟酌。

有些决策是半结构化的，即介于结构化与非结构化之间的决策。在这种情况下，只有问题的一部分可用公认的做法得到明确的答案。

一般说来，作业控制层的人员面对的是结构化相当好的问题。相反，战略规划人员涉及高度非结构化的问题。尽管如此，在组织的每个层次中，既有结构化的问题，也有非结构化的问题。

以往，信息系统的多数成功之处是处理结构化的作业控制和管理控制类决策。而现在大多数备受关注的应用是在半结构化和完全非结构化问题的领域，如管理、知识和战略规划领域。

进一步讲，决策是一个过程，这个过程由几种不同性质的活动组成。那么，信息系统在此过程中如何才能帮助管理者？

西蒙描述了决策制定的四个阶段：情报搜集、方案设计、选择和实施。

情报搜集要探明组织中出现的问题，即找出组织有什么现实和潜在的问题。这些问题出现在哪里？原因是什么？对组织有什么影响？传统的管理信息系统提供广泛、多样的详细信息，这种管理信息系统能帮助查明问题，特别是当系统能报告异常情况时。

在方案设计阶段，决策者设计可能的、用于解决问题的方案。只要问题被识别和被定义，决策者就要着手构思、设计解决问题的备选方案。这时还会用到更多的信息。较小的决策支持系统对于这一阶段而言是理想的，因为该种系统采用简单的和常用的模型且不需要大量的数据，可被快速开发。

选择是决策制定的第三阶段。这一阶段由挑选可行方案的活动构成。决策者也许需要依靠大型的决策支持系统来为各种方案配备广泛的数据和复杂的分析模型，进行多方案模拟、仿真运行和比较。

决策制定的最后阶段是实施。在该阶段，决策者主要关心方案的进展情况。经理们可使用报告系统来提供某方案进行当中的例行报告。该阶段的支持系统可以是大而全的管理信息系统，也可以是很小的系统。

当然，决策制定的各阶段不必非要遵循从情报搜集到方案设计、选择和实施这样一条线性路线。在决策过程的任一阶段都有可能需要重复前一阶段的操作。

三、让人员接受 MIS

信息技术的迅猛发展和信息技术软硬件的层出不穷，使一部分从事信息技术的人滋生了技术决定论的思想，沉醉于信息系统在技术上的某些优异功能，而忽视了信息技术毕竟是一种工具，它是要通过对信息的操作为人类各种活动服务的。从用户方面来说，无论是领导还是工作人员，对于一种新技术的应用，应该抱欢迎态度，并且主动与信息技术人员配合。但是，不同的人出于各自的考虑，会采取不同的态度。

我们先来看看开发和运用阶段中关于 MIS 与人的一些现象和问题。

首先，在开发阶段，MIS 开发中一个通病就是对客观的、物的因素研究和考虑得多，而对于人的行为因素考虑得少，甚至根本没有考虑。这样的设计是难以为用户接受的，或者一时接受了，等系统开发出来投入运行时，用户认为根本不是那么回事。另外，许多系统的失败，主要原因是缺少用户方面的积极参与。当然，参与的程度可以不同，花费的时间与精力也不一样，但涉及的人员必须参与，包括基本工作人员，而且还有各层领导人员。

其次，在运用阶段，直接使用系统的人由于工作性质的变化、劳动强度的增加或环境的变化而觉得不习惯、不舒服，因而，对系统产生反感，至少在一段时间内会觉得格格不入。工作被计算机替代了的人，担心自己的工作会改变甚至失业。另外，系统的引入使人际关系发生了变化。凡此种种，都会使得某些工作人员产生对立情绪，一旦系统工作不正常，就不会去主动解决，反而会借题发挥，历数系统的缺点，使系统难以逃脱被冷遇、被搁置的命运。

所以，在这里，我们强调要做两件事：一是做好使用者——用户方面的工作；二是处理好使用者和开发者之间的关系。

1. 作好用户的工作

对一般工作人员来说，有的人对新事物比较敏感，乐意接受新东西，但也有的人比较保守，持怀疑态度。对于有些管理人员来说，由于信息系统的采用，威胁到了他的权力地位以至于个人的利益，因而他们会采取消极、冷漠甚至抵赖的态度，不但不能积极配合，甚至会采取阻挠的态度。

对于工作人员中出现的这种现象，如果领导采取一些措施，就可以化解这些矛盾。这些措施包括和下属人员就 MIS 的意义和作用、对企业生存和发展的影响等多沟通思想，交换意见，特别是指出作为技术进步有效手段的MIS是大势所趋，人们应该顺应这一发展趋势，掌握新的知识和技能，以适应新的工作要求。鼓励员工积极向上，主动适应新的要求；鼓励员工积极参与，发挥特长，使他们产生成就感；同时提供一些培训和学习机会，使他们对新事物产生兴趣；还可以采取一些奖励措施，对积极推动MIS和努力掌握信息技术的员工，给以物质或精神上的奖励，等等。必要时，也可采取一些强制措施，例如做一些指令性的规定和纪律，在工作安排上甚至采取调换工作、改组工作团队等措施，但是，如果思想上不解决问题，仅仅有组织措施，那么效果不一定好。

更为重要的是，如果领导对此漠然视之，或者有所觉察却感到束手无策，就会影响工作的推动，再好的技术也无法发挥作用。如果领导人员或多或少存在上述思想或情绪，或者缺少对信息化的明确认识和坚定信心，就很容易受下属的影响而产生种种不必要的疑虑。领导的行为是员工的表率，领导之间不仅首先要突破落后思想的束缚，统一认识，采取一致的行动，而且要给予有关人员（内部实施人员和外部咨询人员）强有力的支持，积极参与并推动MIS的实施。只有这样的行为，才有可能带来丰硕的果实。

2. 处理好使用者和开发者之间的关系

由于相互之间的专业背景不同，所用的名词词汇以及表达习惯不同，因而造成了沟通的困难，但这只是表层的原因。深层次的原因是他们对于企业信息化的认识不一致，以及各自的目标不一致，这甚至涉及各自的价值观问题。换句话说，这种不一致并不一定仅表现在口头上，而且深深地植根于思想中。

从开发方看来，提供一套性能优异、技术先进的信息系统是他们首先考虑的目标；但是从使用者一方看来，最先考虑和要求的，是最为适用、最能满足经营管理要求的系统，这是他们的目标。因此，使用者感兴趣的是：系统能否提供工作中需要的信息？我能否很快地得到这些信息？我能不能很容易地检索数据？录入数据的工作量大不大？等等。但是，开发者感兴趣的却是：应该使用什么样的数据库管理系统？选用什么样的操作系统？硬盘的容量需要多大？如何接入因特网？等等。倘若各怀成见，话不投机，工作就很难进行下去。

在实际工作中，双方各自还存在一些别的动机。例如，使用方想建立信息系统并不完全是为了提高经营管理的效率和效能，有的是随大流、看样子，看见别的企业开发了信息系统，自己也不能落后；有的领导为了显示自己的政绩，不论系统的内容和使用情况如何，至少在形式上有了这样一种先进工具；也有的为了装门面，使自己企业有一个先进的形象，先装上一些让人看得到的设备再说。开发方有时为了推销某一种产品或者某一项服务，没有经过详细调查，就把它们介绍给用户，并且宣传这些产品是如何先进；或者为了争得某项工程，不顾实际条件而夸大了自己的能力。所有这些动机常常是不可告人的，却又要找一些正当的理由来作为掩饰。这些给日后的开发工作或者运行工作带来了隐患。

凡此种种都说明，个人行为因素对 MIS 导入的影响是巨大的，有时甚至是决定性的。当然，我们也不必那么悲观，应该可喜地看到，很多人员还是逐渐在接受着 MIS。

对企业中的个人来说，信息系统主要是帮助其提高工作效率、增进工作效能。最初的 EDPS 减轻了业务人员大量的复杂性劳动，因此，它是基层业务人员的得力助手。后来，管理信息系统的发展，首先是为了满足中层管理人员的信息需要，所以有人称之为管理报告系统。其实，人们原来期望管理信息系统在提供信息的基础上也能支持决策，因为管理人员之所以要得到信息，是为了发现问题，进行决策，解决问题。但这类系统只能对基层的一些例行性业务起到一些决策与支持作用，对复杂而非常规性的决策缺乏分析能力，所以人们也就不再对它抱什么奢望，转而去研究针对特定人员与特定领域进行决策支持的系统。在上述系统的基础上，后来，又出现了专为高层领导服务的主管信息系统或经理信息系统，这类系统所需的信息与专供领导层次决策使用的决策支持系统所需要的信息很类似。

从用户需求的内容以及系统服务的层次两方面，可把企业 MIS 用户群简单划分为基层操作用户、中层管理用户和高层决策用户。基层操作用户把目标定位于操作方便、简单实用。中层管理用户则看重信息系统对管理方式的改变、自身利益的变化。而高层决策用户往往考虑到企业的整体效益与远景规划，把 MIS 与企业发展需要和企业当前管理水平结合起来，提出总目标。系统开发方必须考虑各级用户对信息系统的实际目标，否则，信息系统与企业用户间会产生不协调，信息系统就会面临失败的风险。针对不同用户群对信息系统的需求不同，系统开发时应将这些差异化的需求细分，取得各级用户的支持。比如，高层决策用户，主要负责决策各种企业活动，对综合性和宏观性的信息有强烈需求，从而系统应当为他们提供快速便捷的使用操作以及决策支持功能；中层管理用户不仅要掌握本部门的运作状态，还要了解相关部门间的信息，从而系统应重点为他们提供协同工作的能力；基层操作用户直接使用系统处理业务，从而系统应为他们提供对具体信息的增、删、改、查等相关功能。

第四节　如何使人员使用好 MIS

要使人员使用好 MIS，必须首先了解不同人员的需求，使 MIS 尽量满足不同人员的需要，并使他们融入 MIS 之中。

管理者的一个主要角色是处理来自组织外部和内部的信息，目前这种信息处理工作越来越得到信息技术工具和系统的帮助。管理者是系统的主要用户，系统必须满足他们的信息需求。组织信息系统运用的一个重要方面是为管理者的工作提供支持。管理者在组织中所扮演的角色的多样性，使得建立一个全面支持管理者工作的系统面临着重大障碍。

正式的信息系统对经理的作用可能是有限的。正式系统可能在组织的作业层面上起着重要作用，但在中层和高级管理层中不是那么关键。总经理可能大概浏览一下正式系统的输出内容，而很少仔细地研究输出内容。特殊（不太正式）的信息系统受到现代经理们的高度赞赏。这类系统能被快速地建立，能使用更为近期的、及时的信息，能按有些经理们的特殊情况作出调整。系统的设计者应该认识到建立这种系统的重要性。

还需要指出的是，制定决策是组织中所有管理者的一个关键任务。他们在解决组织面对的问题的过程中必须快速地、正确地制定大量决策。信息系统的重要性不是为人们做决策，而是支持决策制定的过程。如何支持决策过程将取决于决策的类型、决策者的素质以及相关的信息。

虽然组织中许多现有的系统改进或推进了管理者的决策制定，但是建立一个确实支持决策制定的系统是富有挑战性的，因为系统必须提供多种选择以处理数据和评价信息；系统必须支持不同的个人风格、技能和知识；系统应该像人类学习那样能很容易改进。许多重要决策（特别是战略计划和知识领域中的）不是结构化的，需要对许多复杂因素进行判断和研究。

是为了管理？还是为了决策？不管如何，终究是管理者来决定建立什么系统、系统做什么、系统将如何实现、谁来使用系统等诸如此类的问题。从大的方面来讲，是管理者给组织选择了他们所要的“计算机影响”或至少是他们所期待的影响。系统设计者需要作出判断，利用新技术能否建立一种能支持管理者完成人际关系和决策任务的信息系统。

具体从事 MIS 工作时，要注意管理人员对开发和应用信息系统的态度和管理方面的条件：如果主管领导不支持或管理人员抵触情绪很大，就要等一等，积极做工作，创造条件。管理方面的条件主要指管理方法是否科学、相应的管理规章制度是否齐全以及要处理的原始数据收集是否正确等。另外，随着信息技术和系统在企业中的广泛使用，组织比过去更需要受过更多训练的员工。所以，要对相关员工做必要的企业信息化知识和技能的培训。根据实践经验，对员工的培训着重于两个方面：思想观念的更新；具体业务的培训。

使用 MIS 时，一个非常棘手的问题是用户的阻力和抵制。如何克服用户的阻力？阻力可能是由于对用户的教育、培训、说明不当引发的，也可能是因为用户个人的原因。研究表明，无论新系统最后方案设计成什么样，在受到一部分人支持时，常常都会引起另一些人的反对。这可能是新系统影响了他们的利益，影响了他们的权力或仅仅是改变了他们惯有的工作方式与习惯。如果新系统的使用是自愿的，那么反对者将选择不使用新系统；如果新系统的使用不是自愿的，那么反对者会以各种不同的方式表现他们的抵触。常见的有日益增多的出错率、经常性的中断、不断地抱怨“太麻烦”和“太不合理了”，甚至会故意破坏。为了解决这类抵制实施的问题，学者们提出了三种理论解释抵制产生的原因：

(1) 基于人的理论认为产生抵制的原因完全来自于用户本身，他们不能克服人的缺点。例如，他们懒惰、不愿意学习新的工作方法。

(2) 基于系统的理论认为产生用户抵制的原因来自于系统设计不良。例如，用户界面混乱、学习操作困难等。

(3) 交互理论认为用户的抵制是系统因素与人的因素交互作用的结果。例如，从工效学的角度充分考虑人与机器之间的交互影响和作用。

克服用户阻力的策略可以有如下几种：

基于人的：

- 对用户进行良好的培训；
- 用行政手段干预；
- 说服教育；
- 鼓励用户参与。

基于系统的：

- 对用户进行教育；
- 改进人机界面；
- 用户参与设计的改进；
- 必要时对系统进行修改。

交互的：

- 应用新系统前先解决好人的问题；
- 重新设计用户的激励办法与制度；
- 重新确定用户与设计者之间的关系；
- 在适当的时候鼓励用户参与实施。

不可否认的是，组织成员往往会由于对电子交流方式和信息处理方式的日益依赖而产生孤独、焦虑和自尊的丧失。在这种情况下，一部分员工可能会陷入电子化手段中而成为计算机和网络的痴迷者，另一部分员工则可能会对信息技术/信息系统产生抵触情绪。信息技术/信息系统所带来的这些负面影响，需要借助有效的激励、协调机制来克服。

总之，一个组织一旦引入了一套信息系统，该系统就会对这个组织的管理和行为产生重大的影响，组织内个人与团体之间的人际关系会发生变化，管理组织的各种资源所需要的信息处理方式也会发生变化，这些变化最终导致权力的再分配，并引起一些内部工作人员对系统的抵制。这些系统拥有一个共同的特点，即：为实现某个特定的系统功能，系统要求它的使用者必须改变他们的行为，即改变他们原有的工作方式和工作习惯。

本章小结

本章比较系统而全面地讨论了组织行为因素和个人行为因素对 MIS 开发

和应用的影响。

不同组织的信息系统的基本形态或表现形式不同。必须搞清楚两点：一是组织如何影响信息系统；二是信息系统如何影响组织。

信息系统如何帮助管理者进行管理及信息系统如何改进决策者的决策制定，对这两方面的研究都有助于我们更好地开发和应用信息系统。

总之，组织的行为和人的行为对 MIS 的影响是巨大的，有时甚至是决定性的，我们应该对此有足够的认识和重视。

关键词汇

信息系统战略　　外部竞争威胁　　价值链　　计算机套餐

管理者角色　结构化　　非结构化　　半结构化

习　题

1. 谈谈信息系统战略和组织战略的一致性。
2. 比较一下外部竞争威胁模型和价值链模型。
3. 有哪些组织因素影响着 MIS?
4. 分析并比较 MIS 影响组织的几种学说。
5. 信息系统在组织中的作用是如何变化的?
6. 使组织运用好 MIS 应该注意哪些问题?
7. 分析一下管理者的行为。
8. 区分一下结构化、半结构化和非结构化的概念?
9. 让人员接受 MIS 应该做哪些方面的工作?
10. 你觉得如何克服用户的阻力和抵制?

案例分析

江苏海四达集团公司 ERP 信息化应用

（一）海四达不选“一次性袜子”

江苏海四达集团公司是一家集电子、化工、机械、医药、建材于一体的国家重点高新技术企业。集团核心企业——海四达化学电源有限公司是目前国内最大的烧结式镉镍电池、氢镍电池生产厂，也是中国重要的电池出口基地。

企业原有的信息化基础并不让人乐观。当时，整个集团才有 30 多台 PC 机，相关文件资料主要通过软盘和单据进行传递。信息化走在最前面的是财务部，1995 年就开始应用了电算化管理系统。不过，该系统功能单一，只能实现简单的记账管理，根本不具备成本核算、成本分析等功能。而且，原先的财务软件多年没有升级，财务与采购、仓储、销售、生产等脱节。后来，其他部门也逐步应用了辅助子系统，比如库存管理、资金使用管理等，但由于各系统“各自为政”，信息不能共享，在整个集团层面上管理信息化系统仍是空白。

信息孤岛的存在，制约了企业进一步发展的步伐。为了弥补企业管理中的“短板”，海四达决定进行信息化建设。当时，南通的一家企业也在进行 ERP 选型。这家企业最后找了一家软件公司进行开发。海四达是否也走“开发”之路？董事长兼总经理沈涛认为：“针对性开发风险太大，ERP 不是‘一次性袜子’，不好可以扔掉，项目失败必然会给企业带来拖累。企业既然决定花时间、花精力、花资金实施 ERP，就要让 ERP 真正为企业所用。”

作为中国重要的电池出口基地，海四达 ERP 项目自然吸引了众多软件厂商。海四达的要求是：ERP 产品本身要成熟，有成功案例，实施服务有保障。经过比较，金思维的产品及服务给企业留下了深刻印象。金思维 ERP（JSERP）产品功能强大，业务流程精细，实施服务到位，客户反映良好。事实证明，海四达的选择完全正确，走软件开发的那家企业的系统后来基本上没用起来。不同的信息化道路，导致了大相径庭的结果。

（二）冲破观念转变中的重重迷障

海四达 ERP 项目范围广、业务深，覆盖采购、销售、生产、财务、库存、人事、薪资、设备、质量、安全等几乎企业所有的业务部门。如此大规模建设企业信息化，在海四达的发展史上还是第一次。ERP 倡导的是透明管理、规范管理、科学管理，必然会涉及原有的工作习惯、人际关系和利益结构等格局的调整。当时的海四达刚刚完成国有企业的转制，长期以来大家已经习惯了原有的工作模式，在“破旧立新”的更替过程中，势必在心理、习惯和做法上产生畏难与抵触情绪。

（1）依赖思想。项目初期，不少人并没有意识到 ERP 实施主体是企业本身，因而对实施小组存在很大的依赖思想。大家希望实施顾问们把所有事情都事先做好，自己拿来用就好了。对此，实施小组采取了“以点带面”的策略。首先，在各业务部门选出一名业务骨干作为ERP“关键用户”，重点培训他们。“关键用户”起着应用ERP“示范标兵”的作用。当他们对系统比较熟悉之后，再由他们指导本部门的ERP应用。这样“以点带面”，逐步培养企业独立应用ERP的能力。

（2）畏难与抵触情绪。海四达员工中九成以上都是生产人员，不少人连最基本的计算机操作都不会。接受ERP、吸收新知识对他们来说是个挑战。针对这点，实施小组采取了“加大培训力度，先易后难”的策略。为了推动员工们的思想转变，实施小组决定从企业最薄弱、最核心、最急需的财务环节着手，初战务求见效，让企业迅速尝到信息化的甜头，树立大家的信心和决心。

（3）把ERP当成“辅业”。项目初期，有些业务人员把ERP看成是额外工作，有空则录入几条数据，如果工作忙，就把ERP搁置一旁。为此，海四达建立了ERP应用考核制度，对数据输入的及时性、准确性进行监督。通过考核，让员工明白ERP是大家今后工作的平台与工具，不能把它当成“辅业”，应该完成工作的同时就完成相关数据的输入。

（4）对信息化不理解。项目初期，有些人认为企业各方面运行都很正常，没必要“多此一举”，搞信息化。实施过程中，有些人还担心ERP会抢了自己的饭碗。为此，实施小组进行了培训与开导。信息化是每个成长性企业的必由之路。“逆水行舟，不进则退”，市场竞争日趋激烈的情况下，海四达必须规范自己的管理，提高工作效率。企业的管理效率提高了，经济效益才会增加，而企业经济效益提高了，不但不会裁员，反而会扩大再生产。因此，ERP将增加更多的就业机会。思想通了，ERP项目的阻力自然就小了。

（三）用ERP严堵管理漏洞

1. 内部银行管理

海四达集团拥有电源公司、化肥厂、煤气公司、药用玻璃厂、特种气体厂、新能源公司、工程技术研究中心、包装材料厂等十多个控股子公司，行业类型各异。所有子公司都具有法人资格，每个子公司都有独立的账套，但只有电源公司单独对外报送报表、纳税申报，其余子公司以总公司名义对外提供一套合并报表并统一纳税申报。每月月底财务部都要对十多个账套进行对账，工作量极大。虽然企业使用了会计电算化软件，但由于软件功能单一，很多环节无法控制，许多信息只有靠单据和软盘传递，财务人员不得不从事大量重复性工作。

实施JSERP后，各子公司之间、子公司与集团之间的经济往来全部通过"内部银行"进行调拨处理，实现了整个集团"统一会计核算、资金集中控制、统一会计报告、全面预算管理、统一决策支持分析"。ERP系统中"内部银行"系统不需要财务人员逐笔核算收付，系统接收业务和财务数据后，自动核算存贷款余额和利息。"内部银行"还可以自动核算资金占用的成本，为企业内部绩效考评和各种决策提供准确信息。通过"内部银行"管理，保证了财务信息的及时性与一致性，既避免了大量的对账工作，也加强了对整个集团财务的管理与控制。

2. 成本管理

电池是企业的主导产品，其生产过程基本上分为配件、准备、极板、冲剪、装配、检测、成品7个步骤。每个步骤成本统计内容及方式都不相同。原材料、半成品、产成品、废品等频繁出入库，需要针对成本对象在生产过程中的不同阶段进行成本的归集和分配，计算方式非常复杂。而且，海四达采取计件工资，由于每个人的工作岗位并不是始终不变的，可能根据生产情况从事不同工序的工作，因而工资计算也很烦琐。虽然企业安排了多人专门核算生产过程的料工费，但在手工方式下，不仅工作量大，而且很难确保数据的准确性。

JSERP成本管理系统包括成本核算、成本预测、成本计划、成本控制和成本考核。通过JSERP，实现了多步骤、分项目结转成本核算法，即可以详细统计每个加工步骤及部门的材料费用、人工费用、制造费用、燃料及动力等情况。JSERP采用图形方式直观地对各产品的成本项目构成比例进行分析，可以帮助企业找出降低成本的可操作因素，挖掘降低成本的潜力。科学的成本管理，对全面提高企业的管理水平、落实企业各部门经济责任制都具有很大的推动作用。同时，成本核算难题的解决也使海四达向"精细化"管理迈进了一大步。

3. 车间作业管理

海四达主要以化工原料生产电子产品，类似于离散型制造。企业生产计划的制定复杂，生产过程控制很困难而且能力需求很难预测。生产任务多，生产数据的收集、维护和检索的工作量大。以前，车间每天的生产报表只能反映前一天的生产状况。如何及时了解车间各工段在制品的品种、数量、质量？生产计划已经安排好，临时插进的加急订单如何处理？制造部做半成品生产计划时需要查询最新的半成品库存数量，这就要求仓库部门及时提供准确的库存信息。但实际情况是，往往当某些品种低于最低库存甚至告罄时仓库人员仍不能及时发现，导致生产停顿。

JSERP 从主生产计划和能力需求计划两个层面对能力与负荷进行调整。若发现能力与负荷不平衡，则可通过对该车间或工段的能力、负荷进行调整，使能力与负荷趋于平衡。两层调整方法削弱了“插单”引起的困扰，有利于计划人员控制生产计划，把握好交货期。JSERP 在制定主生产计划时，自动查询销售、库存的数据，确保主生产计划的准确性。实施 JSERP 后，企业实现了车间定额领料管理，大大强化了内部考核。

4. 销售管理

电源公司是海四达集团的核心企业，电源公司下设商务部和客户部，具体负责销售工作。客户是企业的利润点，掌握客户才能赢得市场。以前，由于没有制定系统的客户挖掘与跟踪体系，客户基本掌握在每个销售员手中。企业对客户信用也缺乏考核机制，仅通过商务部掌握的客户的经营项目、企业规模、营业执照等对客户考核，很难对客户情况进行全面了解。公司为了加强管理，只好将找客户和签单分开操作，但始终不能“标本兼治”。

JSERP 明确并且固化销售业务的工作流程，包括销售发货、开票、收款、退货、退票和售后服务，并结合 ISO 9001 质量体系实现对销售合同审核过程的管理。JSERP 还提供了完整的客户信息管理，除了记录客户的一般信息外，还可以记录客户需求、客户需求的处理以及市场、客户关系等信息。企业可以从客户订货、销售发货、销售开票、结算收款等环节提供对客户信用的控制。销售主管能够及时查询与业务有关的客户信息，全面掌握客户的销售情况，避免了由于个别员工离开而带走客户的现象。JSERP 中不仅能够管理现有客户，还能够帮助企业挖掘潜在客户，为开拓市场提供信息。

5. 挖掘 ERP“金矿”

成功应用 JSERP 后，海四达的库存减少了，工作规范了，效率提高了，数据可靠了，业务流程合理了，反应速度加快了。虽然每个管理细节的改善并不会直接增加企业的销售收入，但是却可以帮助企业树立良好的产品、服务和品牌形象，从而增强企业的综合竞争力，在后期持续经营过程中间接地帮助企业提高市场占有率。因此，信息化对企业管理的改善是一种“水到渠成”的结果。正如运动员，只有平时练好基本功，才能在比赛中取得好成绩。

现在，各部门负责人每天上班后的第一件事就是打开 JSERP，查看本部门的运营情况。利用 JSERP 系统中丰富的数据分析和预警工具，比如采购分析、销售分析、库存分析、应收/应付账款到期预警、销售订单发货预警、呆滞物料预警、库存低限/高限预警等，就可以全面地把握业务中的关键点，不必每次都要“跑仓库，下车间，查单据”，事事“亲临现场，事必躬亲”。对于 ERP 的作用，沈总有句话很精辟：“ERP 是一座金矿，只有不断挖掘，才能发挥更大的价值。”企业下一步的打算是：在继续挖掘“ERP 金矿”的基础上，还将引入其他系统。对海四达而言，信息化建设还只是一个开始。

课外实验 6

本实验的目的是了解如何应用 MIS 来进行企业的人事工资管理，从而进一步认识有关的管理信息系统。实验的内容为模拟某一企业管理人员进行操作，认识该系统的总体功能结构。

本实验选择的软件为福州易行软件技术有限公司研发的新动力通用人事工资管理系统 5.3（标准版），系统的主窗口见图 6—4。

图 6—4　人事工资管理系统主界面

本系统的具体项目包括：考勤管理、人员调动管理、人员辞退管理、员工复职/离职管理、人员保险管理、工作经历管理、社会关系管理、证书资料管理、职称评定管理、职工培训管理、奖惩管理。人事提醒可自由设置提醒时间。

软件来源：http://www.etosoft.com/。

第七章

管理信息系统与组织管理创新

先行实例

自某通信公司成立至今，一直面临着各方面的压力，特别是经营成本上的压力一直没有得到解决。一方面，技术更新快、业务发展快、设备不断更新换代，给公司造成了巨大的经济压力；另一方面，公司组织结构复杂，尤其是通讯基站较多而且分散，频繁的会议和培训需求极大地增加了公司的运输成本。针对这种“内忧外患”，公司领导审时度势，及时有效地引入了视频会议系统，希望以视频会议系统的引入作为突破，改善公司一直面临的车辆成本压力。然而意想不到的是，公司的视频会议系统的引入，改变的不仅仅是经营成本方面的问题，更对整个公司的组织结构产生了不小的冲击。

公司选择视频会议系统的初衷，就是为了实现降低成本和提高效率的目的。数据表明在实施视频会议系统之后，实现了良好的组织目标。在系统实施效果方面，实施系统后公司每年固定会议总数的 2/3、每年基层技术培训的 3/5 都应用视频会议系统来完成，约 1/2 的会议再也不用像以前那样兴师动众。公司经营计划科拨给综合车队的费用较从前大幅降低。外围基层站队参加会议和培训已经无需频繁造访机关，相应的餐饮费用的支出也逐渐减少了。该通信公司自 2006 年实施视频会议系统后，公司的车辆成本和培训成本明显降低，特别是培训成本呈逐年降低的趋势，这也是公司领导期望出现的结果，另外，虽然最近两年由于公司增加了新的业务致使车辆成本有所增加，但系统实施后公司的车辆成本明显下降。总之，视频会议系统直接为公司带来了经营成本的降低，极大地减轻了公司的经营压力。

新的社会结构出现是信息系统与组织结构相互调整的结果，这也是企业在实施视频会议系统之前未能充分预料到的结果。新的社会结构主要表现在工作方式和交流方式等方面。在工作方式方面，主要体现在机关和基层两个方面。对于基层来说，相当一部分的会议和培训在基层站队就可以完成。基层站队的领导平均 2 周来机关一次，在机关逗留的时间少了，而在基层站队抓业务、促生产的时间多了，这使得基层的凝聚力大幅增强。对于机关来说，视频会议系统实施后，公司机关部分科室如释重负。各个部门都感到轻松，会前会后的盘桓、应酬大幅减少，办公室的氛围同以前大不一样，处理业务的时间增多了，工作效率较从前也有很大提高。在交流方式方面，长期以来，该通信公司是一个管理宽泛的国有企业，除了每年公司高层领导下基层慰问员工以及部分基层员工参加活动、领取奖励之外，公司领导与基层员工的见面沟通机会较少。现在，对于公司一般性的会议，基层站队的每个员工都可以参加，这样就能更多地了解公司的领导班子、组织结构和运行特点。每届职工大会可以使不能到场的员工和公司领导集体在视频会议系统上见面，减少了外围站队的普通员工与公司领导的生疏感。另外，需要直接传达给底层员工的会议精神也不必由站队领导转达，使公司的信息传递结构进一步扁平化，信息传递造成的损耗也大幅降低，公司的整体办公效率大幅提高，公司核心领导层和基层各个站队员工的感性认识进一步提高，距离感缩小，使得领导更具亲和力。

问题：1. 从传统开会方式到视频会议系统的表面现象是什么？

2. 从传统开会方式到视频会议系统的实际改变是什么？

本章导读

MIS 对组织管理的各个方面产生了巨大影响，使得组织机构、工作流程、管理方式发生了与以往不同的巨大变化。它不但使得变革成为可能，并且加速了这种变革。要更好地建立企业的 MIS，就必须了解 MIS 与企业管理变革的关系。MIS 的推进可能需要组织机构的调整和业务流程的重组，并将最终引起组织管理模式的变革。本章就针对这三方面展开讨论。

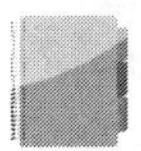

学习目的

通过本章的学习，应该重点掌握以下知识点：

1. MIS 对组织机构的影响；
2. MIS 支持下的组织机构新形式；
3. BPR 的概念、思想；
4. BPR 的步骤和实施中要处理好的一些问题；
5. 传统管理模式的弊病；

6. 如何通过 MIS 变革组织管理模式。

第一节　MIS 与组织结构调整

一、信息系统对组织结构的影响

企业为实现其目标按职权和职责对企业内部各种人员进行分工安排所构成的关系即企业的组织结构。在一定的环境下，企业的组织结构是相对稳定的。当环境发生较大的变化时，企业为适应环境并求得发展，必然需要对组织结构做调整，有时甚至要做重大的变革。

企业组织结构与信息系统有着密切的关系。当企业组织结构较简单时，信息系统只是作为一种伴随物存在，组织结构的形式支配着信息系统的形式；当组织结构变得复杂时，信息系统成为组织结构的依赖对象，组织结构对信息与信息系统的要求越来越高，依赖性也越来越大。同时，这种要求与依赖又对信息系统的发展起了很大的促进作用。

信息系统对企业组织结构的影响主要反映在以下几个方面：

1. 信息资源观念与信息系统地位的建立，使企业组织结构向菱形结构发展

在信息系统的发展过程中，人们接受了信息是一种资源的观念。信息资源的开发与利用成为企业的一项战略任务。越来越多的企业设立了信息管理机构，而且规模不断扩大，地位逐步提高。信息管理成为企业中不可缺少的工作。信息管理职位不仅集中在信息管理机构，其他管理与技术部门也开始设立信息管理与应用的职位或岗位。尤其是首席信息经理职位的出现，这种趋势进一步确定了信息系统在企业中的地位，并加强了组织机构中开发和利用信息资源的工作层，使白领工作者的数量迅速增长，蓝领工作者的数量日益减少，进而使企业的组织机构由原来的宝塔型结构向菱形结构发展。

2. 信息与决策支持功能的开发与利用，使企业组织结构向扁平化方向发展

今天的信息系统已能向企业各类管理人员提供越来越多的企业内外部信息和各种管理决策功能，丰富而全面的信息与方便灵活的决策功能将使企业

的管理决策工作不再局限于少数专门人员或高层人员，已使企业中许多不同职能、不同技能的各类管理与技术人员参与决策工作。决策工作成为企业每一位管理与技术人员的工作内容之一，相应地，许多决策问题也不必全部再由上层或专人解决。这种趋势导致了企业决策权力向下层转移并逐步分散化，企业组织机构由原来立式的集权结构向卧式的分权结构发展。总之，信息系统的出现使得传统的企业组织机构正在向扁平式结构的非集中管理转变。

3. 基于信息网络的信息交流与共享，提高了企业组织结构的灵活性与有效性

网络化的信息系统使用了先进的信息交流与信息共享技术，企业管理人员与技术人员之间的信息发送与获取已不受地域与时间的限制，信息源的统一与信息的共享使管理问题的分析与判断有了共同的基础。在这些有利条件下，处于不同地域的企业部门、分支机构或管理人员在必要时可借助有关信息的分析与判断，突破权力层次的限制，直接地对生产经营问题自行作出决策。这种组织结构看似松散，实则在信息网络的牵连下更加紧密，更加有效。它消除了组织机构中僵化与滞后的不利面，添入了灵活与积极的有利面，可以更好地适应市场需求的瞬息万变和竞争环境的日益激烈。

4. 信息系统对企业变革的使能器作用，提高了企业流程重组及组织机构优化的成功率

在企业流程重组（BPR）的实践中，有的获得了成功，而有的则遭到了失败，从中人们意识到信息系统对 BPR 所起的关键作用。信息系统是 BPR 的技术基础，也是 BPR 成功的保证，信息系统的建设与 BPR 同步或交错开展，可明显地提高 BPR 的成功率，同时也会提高组织机构优化的成功率。因为，信息系统除了对企业管理的效率与质量的提高、成本的降低具有显而易见的作用外，实际上还有促使企业运作方式和管理过程产生更深层次的变革等作用。而且，信息系统的使能器作用同时也促使企业组织机构朝适合全新运作方式和管理过程的方向发展。

二、MIS 下的组织结构的新形式

企业组织结构的相对稳定，可以使企业中的成员按部就班地去工作，履行自己的职责。稳定的组织结构可以积累过去的工作经验，保持正常的工作

程序与协作方式，增进成员间的认同，从而提高工作效率。但是长期不变的组织又会适应不了外界环境的变化，失去生命力，所以对一个企业的全部生命周期来说，总是存在组织变革的。尤其是我国正处于改革的大好形势下，企业面临各种组织改革问题，研究企业组织结构的变革是有意义的。

众所周知，最早的组织模式以直线式为主，自上而下具有明显的金字塔结构；后来发展出职能式结构，企业内部划分出生产、销售、开发、财务等职能部门；再后来，为适应进一步规模扩大和技术发展的要求，发展了直线职能式的组织结构，我国目前大多数企业便是这种结构。但以上几种结构都是集权式的组织结构。其中直线职能式虽然兼有前两种的优点，但权力过于集中，而职能部门间横向联系较差。同时信息传递路线较长，反馈较慢，难以适应环境变化。

传统的企业曾是并且现在仍是等级森严的、集权的、由明确分工的专业人员构成的组织机构，它们主要依靠固定的一套标准工作程序来提供规划生产的产品或服务。企业的新形式是扁平的、分权的、由通才人员灵活组成，它们依靠实时信息来提供仅适合专门市场或顾客的、规模化定制的产品和服务。虽然这种新型组织还没有成型，正处于演变阶段，但不管如何，发展方向是明确的。而且，没有管理信息系统，这一发展方向也许将是不可思议的。

传统的管理集团过去和现在都依赖正式的计划、僵化的分工、正式的规章和忠诚来保证企业正常运转。新型企业依靠非正式的承诺和网络来设定目标，以任务组工作方式灵活地安排个人和集体，以一起为客户的原则协调员工活动，借助专业技能和知识来确保企业的正常运转。值得一提的是，团队结构就是指以团队作为协调组织活动的主要方式。这种结构的特点在于打破部门界限，决策权下放到工作团队员工手中。在小型公司中，可以把团队结构作为整个组织形式；在大型组织中，团队一般作为典型的官僚层级结构的补充。信息技术使得团队之间的沟通和组织对团队的有效监督成为可能。

现在，矩阵式结构是一种相对较新的组织结构。它是机器型层峰结构（采用职能部门化形式）和事业部型层峰结构（产品部门化形式）的融合，沿着两种部门化形式分别安排管理机制，并使两者形成纵横交叉。这种结构的优势在于当组织的各种活动比较复杂并且相互依存时，它有助于各种活动的协调，有利于减少官僚僵化现象，也有利于人才的配置。

如果说从直线式组织到矩阵式组织的发展是渐进式、增量式的组织变革，那么从组织的扁平化开始发展到网状组织就是激进式、转型式的变革。这种变革之所以能够实现，是由于信息工具的应用。

网络组织实际上就是以某一核心组织为主体，通过一定的目标，利用一定的手段，把一些相关的组织联结起来，形成一个合作性的企业组织群体。在这个组织群体中，每个组织都是独立的，通过长期契约和信任，与核心组织联结在一起，优势互补，形成命运共同体，共同发展。网络组织是一种新型的组织结构，它的具体形式也在不断发展之中。

另外，虚拟组织既是一种组织结构，也是一种战略模式。这种组织的部门化程度很低，甚至根本就不存在产品性或职能性的部门化，而且决策集中化的程度很高。虚拟组织通过关系网络的管理来实现经营，其实质是对信息流的管理。在虚拟组织中，管理者把大量的职能都移交给了外部力量。组织的核心是为数不多的管理人员，他们的主要任务是协调本公司进行生产、销售、配送及其他重要职能活动的各组织之间的关系。只有依托于强有力的计算机网络，这种以信息流管理为核心能力的组织形式才可能存在。

还有，无边界组织也是信息技术支持下的新型组织结构。无边界组织的核心思想是尽可能地消除组织内部的垂直界限和水平界限，即减少命令链。它对控制跨度不加限制，取消各种职能部门，代之以授权的团队。使无边界组织得以正常运行的基础是计算机网络。在新技术的支持下，人们能够跨越组织内外的界限进行交流。同时，组织间的网络也使得组织外部边界同样可以被突破。

最后指出，当企业开始把信息系统作为总体战略的一部分时，公司的内部结构也必须变化以反映这些新的发展。因为组织的变化经常受到中层甚至高层经理的反对，甚至员工们的身份也要改变，信息系统实施的最大的障碍之一可能是反对变革，所以实施信息系统是不容易的。我们提倡建立学习型组织。学习型组织是提供能尽快适应顾客需求的组织结构。学习型组织中的成员不断寻求共同学习的途径，并用他们学到的东西改进组织。通过从过去的经验中学习，找出产生问题的原因并解决它们，从而提高组织的速度。只有当信息系统从所有员工中获取信息，并在组织中传播信息时，学习型组织才能成为现实。

第二节　MIS 与业务流程重组

一、在业务流程中引入 MIS

企业流程是指为完成企业目标或任务而进行的一系列跨越时空的逻辑相关的业务活动。对企业来说，企业的业务流程就是指企业以输入各种原料和顾客需求为起点，以企业创造出对顾客有价值的产品和服务为终点的一系列相关活动的有序集合。简单地说，业务流程就是指为顾客或最终用户提供有价值的产品和服务的相互衔接的一系列活动。

从业务流程所涉及活动的范围来看，业务流程可分为组织间业务流程（即活动发生在两个或两个以上的组织间）、职能部门间业务流程（即活动跨越组织的若干职能部门的边界）、人员间业务流程（即活动只涉及一个部门或一个工作小组的若干人员）。

所有的组织在其生存期间都要在稳定的状态下生产产品和提供服务。而且经过相当长的一段时间，用标准的常规活动来生产产品和提供服务。在一定时期内，员工们创建了一套较为详细的规章制度、工作程序和方法，以应付一切预期情况。有些规则和工作方法被明文规定为正式的工作程序，但大多数则作为经验之谈而用在不同的场合。总之，在手工管理方式下，企业已经形成了一个比较成型的企业流程和管理方法。

一般认为，组织的效率在很大程度上取决于它的业务流程的合理性，通过自动化其业务流程有可能达到极高的效率。随着组织的发展，其内部往往会演变出错误的或不适当的业务流程，它们成为阻碍企业进一步发展的重要或主要因素。许多组织往往以信息系统建设为契机，进行业务流程的再造，或利用信息系统来优化业务流程。

信息技术的应用有可能改变原有的信息采集、加工和使用的方式，甚至使信息的质量、获取途径和传递手段等都发生根本性的变化。人们发现，在传统的劳动分工原则下，企业流程被分割为一段段分裂的环节，每一环节关心的焦点仅仅是单个任务和工作，而不是整个系统的全局最优；在管理信息系统建设中仅仅用计算机系统去模拟原手工管理系统，并不能从根本上提高企业的竞争力，重要的是重组流程，按现代化信息处理的特点，对现有的企业流程进行重新设计。

信息系统的一个重要任务，就是要决定在多大程度上改变现有的业务流程使它适应信息系统，或者如何使信息系统以及相关的软件功能适应现有的业务流程。有人认为，信息系统对组织的一个最重要的贡献是促使人们高度关注组织的业务流程。而且，如果在信息系统建立时对业务流程进行了再设计，那么将会从信息技术的投资中获得很大的潜在效益。

二、企业流程重组（BPR）的概念

当今世界有三股力量引起了企业管理人员的特别关注，分别是：顾客、竞争和变化。为了对付日益复杂和多变的商业环境，许多组织都不得不重新审视其管理和业务流程。

粗略地看，组织的传统业务流程主要存在如下问题：

（1）部门割裂完整的流程。按照分工原则建立的职能型组织，容易产生“各为其政”的现象。流程的空白区域造成流程的断点，引起事件的搁置。若流程存在重叠区域，则可能引发多头管理。

（2）员工缺乏顾客导向的思想。员工以上级为导向，而不是以顾客为导向。

（3）缺乏资源共享的信息平台。资源利用度的高低是衡量组织管理水平的重要标志。而对于许多企业/组织来讲，信息只存在于单个部门之间，分散在各个子系统，形成了一个个信息孤岛。

进一步分析，BPR的产生并不是偶然的。它来自三个方面的驱动力：一是企业外部的环境发生了变化，全球化、技术更新和顾客至上成为三个主要动力。第二个方面的驱动力来自组织内部。日益庞大的组织机构滋生了官僚主义，组织的资源没有得到充分利用，这些弊端促使组织反思过去，寻找更有效的经营方式。第三个方面的驱动力来自管理理论的发展。流程再造、价值链、核心竞争力等理论为BPR理论的诞生提供了丰厚的理论滋养。

BPR是20世纪80年代由哈佛大学哈默教授提出的对管理影响最大的一种思想。它的中文译法各异，有的翻译为企业业务流程再造，有的翻译为企业业务流程重组，有的甚至直译为企业过程再工程。

BPR以企业过程为对象，从顾客的需求出发，对企业过程进行根本性的再思考和彻底性的再设计，以求在速度、质量、成本、服务（TQCS）等各项当代绩效考核的关键指标上取得显著的改善。

在这里特别需要注意的字眼是：根本性的、彻底性的、显著的。“根本性”说明要从本质上看待问题，要对现有的企业过程进行本质上的思考和彻底的怀疑，可以认为“存在的都是不合理的”；“彻底性”说明对待现有企业过程不是一般的修修补补，而是要动大的手术，要推倒后再重新建立，即“打碎了再塑造”；“显著性”说明这种BPR改善是一种非线性的跳跃，是在量变基础上的质变。

再工程的一个特点是着眼于“过程”，而传统的方法是着眼于“功能”。以过程管理取代职能管理，将取消不增值的管理环节。

再工程的出发点是顾客。在当今顾客导向的时代，对市场环境急剧变化作出快速反应，有效地提供顾客满意的产品和服务，是现代企业的根本追求。

再工程强调从整体着眼，提高总体效能。有时候，一个局部的改造可以提高它本身的效能，但对总体并无重大提高，这样并不是理想的改造。

再工程的实质是根据企业的目的根本性地改变企业的运作方式，它强调的是企业应该做什么而不是过去做过什么，其任务是寻找改进企业性能的创新性方法。

BPR是在打破原来职能分工的基础上，按业务流程来重新组合。BPR要求从跨部门的角度考察主要业务流程，这与过去只在局部范围内调整业务内容是不一样的。

BPR不是靠循序渐进的改进来提高管理效率，而是一种跃进式的改革。

BPR的基本思想是：(1) 功能集成化。从企业的全局出发，贯彻以客户为中心的宗旨，改进不合理的业务流程。按照市场竞争的需要，将供应商、分销商及客户集成到企业的业务过程中，重新设计企业的一些业务流程。(2) 运营过程化。企业的生产经营可以看成是一系列过程的集合，而每一个过程又可看成是由一组活动所组成的。对这些活动要以是否能够产生增值为标准，去掉那些不增值的活动或重新设计活动间的关系，或合并某些活动，使过程简化。(3) 组织扁平化。按照重新设计的生产经营过程设置企业的组织机构。减少纵向层次，加大横向管理幅度，或采用灵活的适应于基于项目的工作组来替代传统的科层制机构，尽可能地缩小企业高层管理的事务管理职能，并增加业务部门或工作组的权限。

该思想在企业管理上早已引起重视，但直到近年来信息技术发展较为成熟以后才真正得以实现。一方面，信息技术的发展为 BPR 提供了有力的手段和工具；另一方面，先进的信息技术的引入，需要组织管理上的变化才能真正发挥效益。可以看到，众多的企业都投入了较大的人力、物力和财力，试图运用计算机和信息技术改造企业的组织和管理体制，但效果并不尽如人意。究其原因，企业的组织机构和管理体系并未因为计算机技术的采用而得到根本性的变革和更新，企业所实现的往往只是将原来的部分手工管理流程转变为计算机处理，而且还有一些部门并未利用计算机来处理自己的业务。这就迫使企业不得不从根本上去重新思考已形成习惯的一些管理理念，需要打破原有的思维定势。同时企业还认识到，它必须对组织进行一次彻底的变革，而不再是对原有组织进行肤浅的调整修补。否则，企业就不可能真正脱胎换骨，赢得新生。它要求用信息技术实现过程自动化，尽可能抛弃手工管理过程。这样就会取消不必要的信息处理环节，消除冗余信息集。

BPR 的核心思想是要打破企业按职能设置部门的管理方式，代之以业务流程为中心，重新设计企业管理过程，因而受到了改革中的企业的欢迎，得到了企业管理学术界的重视。据 1994 年的统计数据，69％的美国企业与 75％的欧洲企业已经实施或正在实施 BPR。虽然目前对 BPR 的内容与效果评价不一，但进入信息化时代的企业要进行彻底改革这一点已被广泛认同。由 BPR 推动的企业管理模式与运作机制的变革，将为信息化时代企业管理的理论与实践开辟新的道路。

三、BPR 的步骤

BPR 的对象是业务流程。BPR 强调流程中每一项活动尽可能实现最大化增值，尽可能减少无效的或不增值的活动。在整体流程全局最优（而不是局部最优）的目标下，设计和优化流程中的各项活动。BPR 要设计出一个新的业务模型，描述各项业务活动各自的功能，分析各业务部门之间的相互关系，完成原业务流程的改造，使其能减少冗余的业务活动，使业务活动更加有效。

BPR 一般可分为五个主要步骤：

（1）拓展业务的视野，提出组织的目标。高层管理人员应在战略高度上考虑这些问题，寻找开展业务再造或重组活动的良好契机。

（2）确定再造或重组的业务过程。对企业现有的业务流程及流程中的业务活动进行仔细分析，识别出它们对要实现的目标的影响程度，特别应对那些职能部门间或组织间的流程或活动给予高度的重视，因为它们往往是形成“瓶颈”的过程。公司应该确定少数几个可能有较大回报的业务过程，作为再造或重组的候选对象。要分析这些业务过程归属哪个部门主管，需要哪些部门的配合才能完成，还要做哪些改变等。

（3）理解并评价已有业务过程的执行效果。为重设计的效果的考量提供一个基准，最好能进行定量的评测。

（4）找出利用信息技术的机会。虽然 BPR 并不必然用到信息技术，但信息技术将给业务流程的根本性改进带来新的可能。设计系统的传统方法是先弄清业务职能和业务过程的各种信息需求，然后考虑如何用信息技术支持这些信息需求。显然，这样的系统设计是建立在已有的业务过程基础上的。而这些业务过程又由许多长期存在的假设前提所限定，一旦这些前提被信息技术所推翻，原有的业务过程就完全可能被重新设计成更理想的方式。

（5）建立新业务过程的原型。新的业务过程应先建立一个实验的原型系统，然后不断完善、改进直到批准。运用原型验证新流程是十分必要的。虽然原型的验证不能必然保证业务流程重组的成功，但未经验证的新流程的实施会给企业带来巨大的风险。

注意，在对业务过程再造或重组时，不可避免地会引起原有的工作岗位、工作人员、所需的技能、工作流程和各部门原有的隶属关系发生变化，直接或间接地影响到一些人和部门的权、责、利。对这种未来变化的担心和害怕，会滋生抵触和消极情绪，严重时甚至会发生有意的对抗，这些都会成为实行变革的阻力。

四、BPR 的实施

BPR 的目标在于实现管理现代化。BPR 实现的手段是两个使能器：一个是信息技术，一个是组织机构。没有深入地应用信息技术，没有改变组织结构，严格地说不能算是实现了 BPR。它以信息技术的应用和人员组织的调整为手段，以求达到企业关键性能指标和业绩的巨大提高和改善，从而保证企业战略目标的实现。

信息技术是 BPR 的推动力。正是由于信息技术的应用，企业才能够打破常规，创建全新过程，使远大的目标得以实现。许多实施业务流程再造的公司通过创造性地利用信息技术，使公司的绩效获得了巨大的飞跃。常规的方法是先确定业务职能或业务过程的信息需求，然后确定如何通过信息技术来支持这些需求。企业过程再工程改变了企业的一些传统做法，从开始就允许信息技术对企业过程的再设计产生影响，从而能够应对束缚企业实现其长期目标的工作所提出的挑战。

BPR 的对象是过程而不是组织，但它的实施将导致组织机构的变化。保留原有陈旧的组织机构而进行业务流程再造是不可能的。实际上，只要对经营过程实行重组，那么完成工作所需要的组织机构形式将变得越来越清楚。企业首先应该关心的是自己处理事务的流程，在对业务流程的再造中，自然而然地会要求改造组织的结构以和再造后的业务流程相适应。目前，“虚拟组织”、“学习型组织”应运而生，使现代管理学的理论与实践更是获得了全方位的拓展。

以上可见，BPR 必须在技术和社会方面并行地展开，在技术和社会两方面同时进行再造。这两方面是紧密联系的。BPR 的核心任务正是要将技术和社会这两个关键要素有效运作在业务流程的再设计与重构建活动之中，从而推进企业组织的技术性和社会性发生适应企业整体绩效改进和长远发展的改变。没有社会性方面的再造，只有技术的应用，最终将是推理脱离企业实际需要的自动化；而没有技术的应用，只有社会性的再造，那只是低水平的资源调整。只有两者联合推进，才能真正体现出 BPR 的魅力。

对企业来说，实施业务流程重组是一剂猛药，是涉及企业方方面面的一项系统工程。它的实施没有固定的程序和模式，既不能全盘吸收外国经验，也不能照搬国内企业已有的成功模式，必须从企业的实际情况出发，分析流程中各环节不同的特点以及相互间的关系，运用系统的方法来组织实施。

在企业着手实施变革之前，首先要以企业的流程为中心，重组管理部门；然后再以现代计算机技术作为物质基础，在信息技术条件下重新创建组织内部的流程。这样，就可以使先进的信息技术与先进的管理流程相匹配，最大限度地发挥出企业的竞争潜力。

BPR不仅涉及信息技术，也涉及人文因素，包括观念、文化、人、组织、流程等。BPR的实施将对企业的经营过程、人、技术、观念、组织结构和企业文化等各个方面进行重新架构。按照重构方式，BPR可以分为：

(1) 人的重构。

(2) 观念的重构。

(3) 技术的重构。

(4) 组织结构的重构。

(5) 企业文化的重构。

从重组的形式上看，可分为内部重组和外部重组。

(1) 内部重组。

内部重组是对企业内部的流程进行重组。内部重组有两种方式，一种方式是指对各个职能部门的内部流程进行重组，另一种方式是指对横跨企业内部的跨部门流程进行重组。

(2) 外部重组。

这是指发生在两个以上企业之间的业务重组，它将企业视为行业或者产业供应链上的一个环节，若干个企业共同联合起来为顾客提供服务。原来被企业边界所分割的流程，被战略联盟、虚拟生产等方式重新连贯在一起。对于完成内部流程重组的企业而言，可以向外部流程重组的目标进发。

在进行业务流程重组时，企业应该考虑以下问题：

1）以企业目标为导向调整组织结构。

2）取得高层领导的参与和支持。

3）让执行工作者有决策的权力。

4）建立流畅的交流渠道。

5）选择适当的流程进行重组。

需要指出的是关键流程。关键流程，又叫核心流程，是由组织的核心部门所承担的对组织的最终输出贡献大的一系列活动。确定关键流程是完成流程再造目标的重要保证。核心流程的界定方法有两种：一种是根据组织当前的业务性质而定，另一种是根据组织的未来发展战略而定。

另外，BPR 是一种主动性的变革，最终要建立符合企业长期持续发展需要的新型工作团队。实施 BPR，有赖于组织最高层管理者的坚定倡导与推动；有赖于组织内部权威人士的领导；有赖于一个由各有所长的优秀人才组建而成的再造指导机构和再造小组，对整个再造活动负有自上而下的责任与权利；更有赖于员工主动、积极和创造性的广泛参与和合作。

第三节　MIS 与管理模式变革

一、传统的管理模式存在的弊端

现行的企业管理模式是工业经济的产物，是一种以权力为中心的严格的等级制度，企业内部劳动分工精细，专业化程度强，并且职能部门多。不可否认，这种传统的等级制度在工业时代发挥了巨大作用，大大提高了企业的生产效率，但对于新的市场环境和知识经济时代，它的弊端也越来越明显地暴露了出来。

严格的等级制度使得信息在上下级之间纵向传输时常常要跨越多个层级，不仅影响了信息的时效性，也降低了其准确度。内部信息不畅通，使得企业对变幻莫测的市场不能及时作出反应，从而降低了企业的竞争力。专业化分工的精细、职能部门众多使得部门间信息的横向传递也受到阻碍，不能进行有效的沟通和协作。并且部门之间的相对独立性也容易形成各自为政的局面，企业的员工更关心本部门的利益而不是企业整体的利益。由此，作为一个组织，企业的整体效力得不到充分发挥，还造成了资源和时间的浪费。另一方面，严格的等级制度也不利于激发员工的积极性和创新精神，从而使企业缺少生命力和活力。

总之，新的竞争环境要求企业能够对大量复杂的市场以及客户信息作出快速准确的反应，而传统的管理体制由于存在繁多的监控制度和审批手续，而无法达到这个要求，从而使企业丧失了市场竞争优势。面对日益激烈的市场环境，企业必须进行组织管理变革。特别是，信息时代的企业管理模式，为适应信息技术发展对企业生存的内外环境的影响，也要作出相应的变化。

二、信息系统引起的组织变化

信息系统在组织中的应用经历了一个逐步深入的过程，其中一个显著的特点是信息系统不再仅仅支持事务数据的简单处理，而是成为大多数业务过程中的组成部分，成为支持企业战略目标实现的重要工具，在很大程度上改变了企业运作的方式。

信息系统是组织变化的强大工具，有四种风险收益各不相同的组织变化，它们分别是自动化、流程合理化、业务再造和异化（见图 7—1）。

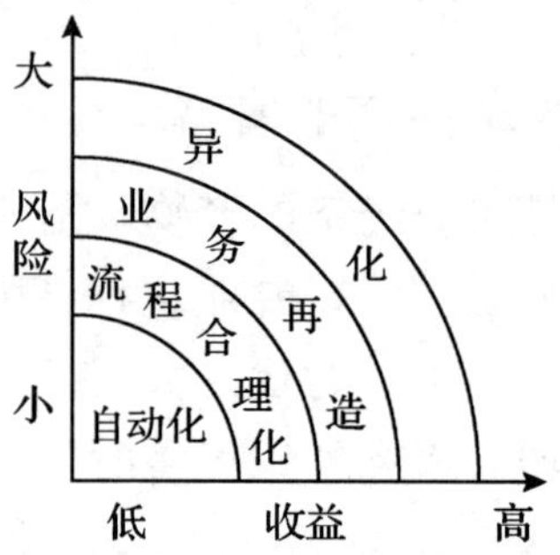

图 7—1　组织变化的四种类型

1. 自动化

自动化是指利用计算机来提高完成某项业务的效率。这是信息技术所引起的组织变化的最普遍的形式，如会计记账系统、生产统计系统等。

2. 流程合理化

合理化是将标准的业务操作程序做进一步的精简和改进，消除明显的瓶颈，使自动化的效率更高。自动化往往使原有的业务流程产生新的问题，或显得有些烦琐。若不对这些业务流程做合理化的改进，再先进的计算机技术也不会产生任何效益。

3. 业务再造

业务再造也叫业务流程再设计，是组织变动中更有力的一种类型。为降低费用，扩大信息技术带来的效益，需要对原有的提供产品和服务的业务过程进行分析化简和重新设计。显然它比流程合理化更进一步，它要对工作流程重新进行组织。

4. 异化

异化是组织改变更彻底的一种类型。它是从根本上重新考察组织的业务和组织本身。重新定义组织的业务，也重新规划了组织。当然，事情不会那么简单，而且常会失败。

以上可见，信息技术的引入提高了业务流程的反应速度，改变了流程的结构，有些业务消失了，有些业务活动产生了。信息化管理和手工管理的最大区别就在于让信息系统做手工不能做到的事情，做手工从来没有这么做过的事情。既然是从来没有做过的事情，必然是一种全新的管理模式。新型管理模式主要表现在：组织结构等级制弱化，趋向扁平化；组织成员的思想观念、行为方式和人员构成以及素质发生重大转变；领导者的决策作用在下降，很多责任必须下放到工作组中，通过大家的协作才能使工作有效地展开等。

总的来说，企业在引入信息技术之前必须首先重组现有的组织架构，理顺业务处理流程，改变传统的管理模式，这是保证信息技术发挥其效用的根本。反过来，在企业中创造性地利用信息技术，可以提高信息处理速度和准确性，辅助管理决策，变集权式管理为分权式管理，使管理体制更为合适。

三、关于MIS与管理变革相结合的思考

信息系统与组织之间的关系是互动的。一方面，信息技术的应用带来了组织机构和行为上的变化。它使得组织机构趋于扁平，促使领导职能和管理职能发生转变，并改变了员工完成日常工作的基本手段，形成了更高程度的流程化和制度化。尤其是，信息技术带来的劳动生产率的提高也会导致组织中人力资源结构的变动和调整。另一方面，组织及其管理模式也影响着信息技术和信息系统。组织重组、人员调整、业务转型、协调关系和机制变化等无疑将对系统结构和系统功能诸方面产生影响。这就要求信息技术和信息系统在理论和应用上不断创新，同时也要求信息技术和相应的信息系统具有适应变化的能力。

设计一个新的信息系统的同时，也在进行着组织的重新设计。换句话说，新信息系统的开发过程是一种有计划的组织变动。更通俗地说，新的系统意味着新的工作方式。系统对组织的这种影响在建设现代信息系统时尤其深刻，因为现代信息系统会深深地作用于组织的许多方面。系统的开发者必须清楚

新系统将如何作用于作为整体的组织。开发者还应该考虑在新系统的影响下，各职能部门应如何变化以及这些变化是否能为组织所接受。企业管理人员应该认识到，当今各种变革都和信息技术有关。在推进管理信息化时，不能仅仅和当前的管理模式、管理过程相结合，而且需要和管理变革相结合。

在许多方面涉及信息系统与管理实践相脱离的问题，如在开发过程中目标的确定未能针对管理事件的需要，开发队伍中缺少熟悉管理业务的领域的工作人员，对业务人员的实际需要不够了解就匆忙确定方案，等等。所有这些都将影响到系统的开发成败与运用的效果。作为开发单位或开发人员，一定要积极主动地了解管理实践，对具体的管理过程、管理人员的职责和实际工作方法与步骤，有比较深入的了解；对信息技术与工具所能发挥的作用与限度，有恰如其分的估计；在开发过程中与业务人员紧密配合，使系统能满足管理实践的需要。

另外，由于许多企业管理者没有准确地理解信息系统的功能或者没有完全实现信息系统的价值，很多信息系统的实施遇到了挫折。系统开发过程是一个组织变革的过程。改变组织中人们的工作惯例，改变部门之间的制约关系都会遇到阻力。在传统的系统设计过程中，设计人员为了说服用户接受新系统的运行模式，常常会同用户产生矛盾，有时还不得不作出一些让步和折中，这都会增加系统的阻力，降低系统的效能。作为使用单位的领导和有关业务人员，要积极主动地了解信息系统都可以从哪些方面对管理业务起到促进和改进作用，并在开发中发挥业务专长与引导作用，促进信息技术与管理实践的结合。

最后指出，转变管理思想，在某种意义上是影响管理信息系统能否成功实施的最关键的因素。在选择系统时仅由技术主管负责，缺少业务部门用户的参与；在实施系统时仅由技术部门负责，缺少管理人员和业务人员的积极参与；项目经理由技术部门的领导担任，高级管理人员尤其是企业的一把手未能亲自负责系统实施，如此种种现象，需要企业管理人员转变认识加以改善。管理观念的转变还体现在管理信息系统实施过程对企业原有的管理思想的调整上。管理信息系统带来的不仅仅是一套软件，更重要的是带来了整套先进的管理思想。只有深刻理解、全面消化吸收了新的管理思想，并结合企业实际情况加以运用，才能充分利用管理信息系统带来的效益。

本章小结

MIS不仅推动了信息技术的开发和应用，更重要的是推动了企业组织结构、业务流程和管理模式的变革。

企业组织结构与信息系统有着密切的关系。信息系统对组织结构产生着多方面的影响。在MIS支持下，出现了许多新的组织形式，如网络组织、虚拟组织、无边界组织等。

许多组织往往以信息系统建设为契机，进行业务流程的再造，或利用信息系统来优化业务流程。BPR的对象是业务流程。BPR实现的手段是两个使能器：一个是信息技术，另一个是组织机构。

传统的管理模式存在很多弊端。面对日益激烈的市场环境，企业必须进行组织管理变革。MIS能引起组织管理变革，我们要把MIS与管理变革相结合。

关键词汇

扁平化　　网络组织　　虚拟组织　　无边界组织　　业务流程
业务流程重组　　使能器　　管理模式

习　题

1. 信息系统对组织结构的影响有哪些？
2. 你知道哪些新型的组织结构形式？
3. 说说BPR和MIS的关系。
4. 谈谈如何有效地开展BPR。
5. 传统管理模式有哪些弊病？
6. 谈谈如何才能把MIS与管理模式变革相结合。

案例分析

ERP+BPR——海尔走了信息化的正确道路

在信息化领域从没有一种理论像BPR这样红遍中国，它已经在这个领域渡过了十几年时间（1996—1997年间国内开始有人把这一理论与信息化结合），但是当人们回过头来再看这一理论的实际应用状况时不禁哑言，它已经没有多少值得赞颂和点评的内容了。

BPR在中国的最初传播者并不是来自于信息化领域，而是来自于管理学界。遗憾的是，早在1994—1995年间中国管理学界与真实的企业管理之间就存在巨大的对话鸿沟，尽管学者们颇费周折进行BPR传播，可并没有给企业界带来多少震动。至少今天来看，当时没有几个企业家会关注来自于一个外国人的管理新说，那么这样的传播只能成为学术界之间的交流，这也造就了它的“高雅”。

这种“高雅”并没有阻挡一群有着聪明才智的人员对其的使用，他们也许是有意，也许是无意地捡起了本该中国的企业家与管理学者们对话的工具，开始了一种全新的阐释：“要上ERP，必先BPR。”这是一种天衣无缝的嫁接，哈默博士也许并没有想到他所认为的BPR过程支持企业信息化的观点，倒成为这种嫁接的依据。在这个时期推动ERP市场的生力军并不是国内软件公司（此时国内还没有本土的IT咨询公司出现），而是善于运用一切优势学说和方法的西方的软件业与IT咨询业。就这样，一个学说（BPR）和一个软件（ERP）、一个咨询公司和一个软件公司之间就形成了一个水乳交融的有机体，开始了中国软件和IT咨询市场的角逐。1998年中国的软件公司也开始了渐进式的ERP转型，IT咨询公司也开始诞生，它们无意之中都受到了这种BPR与ERP之间嫁接的影响，并未真正了解哈默博士的“再造”的用心，一味地跟进了上去，开始更大规模地传播这两种本来并不相关的体系。

西方的软件公司和IT咨询公司没有想到，中国本土的软件公司继承了这一嫁接的体系之后的传播力度之大，远远超越了他们的传播效果，在经过了2年左右的宣传攻势之后，规模稍大的中国企业都已经听到和读到了有关ERP＋BPR的结合，从此中国的企业界才真正在广泛意义上看到了BPR的含义，而它们不知道也不清楚此时的含义已经不是BPR，而是转化成了“ERP＋BPR”，而且无论怎样阐释，BPR给所有企业界的感觉永远都是ERP的工具。

中国的软件业并不清楚，这一观点的广泛传播倒成为了西方的软件业＋IT咨询业加速进入中国信息化市场的最好的跳板，这一跳板完全击破了它们软件流程和文化的不适应性，可以名副其实地改造企业流程和组织，让它们去适应 ERP 软件；此时，中国的软件业并没有那么幸运，它们的软件并不成型，ERP 软件规模也不够大，可想而知这种宣传非但没有让自己多销售出去一些软件，反倒帮助西方的竞争者快速地占有了大企业市场。在这种西方 ERP 软件充斥国内市场的状态下，国内有些企业已经对这样的信息化深感不适，国内一家中大型企业的副总经理发出一声“是再造企业，还是再造 ERP”的感叹，他们想疾呼，也想呐喊，但是更多的是无奈（选择软件是企业管理者决定的事情，自己已经选了，做不好只能怪自己）。

我们的企业家看似已经找到了一个全新的版本 ERP＋BPR，他们遐想着这个来自于西方的灵丹妙药能够解中国企业的病灶，这一功绩应当归功于中国的管理软件业与 IT 咨询业的共同推动，但是结果总是比预想的要相差很大一段距离，几年下来，虽有些许建树，但大多夭折。这引发了一个深层次的探讨，企业的信息化的路是否走对了？

这是一个本不应该提出的问题，可失败的太多，不由得使人联想是否错了。这看似杞人忧天，可事实上却是一个非常严肃的问题。“信息化的方向错了吗？”一定有人回答，“信息化的浪潮汹涌澎湃，无法阻挡”。这还能让人说什么呢？只能够认为它是对的。那么是“路走错了吗？”当你提出这个问题的时候，答案已经就在眼前。ERP＋BPR 的传播方式的本身出现了一个非常大的误区。何谓再造？是为推动 ERP 的实施来开展再造，还是为推动企业适应市场、适应客户经济（哈默博士观点）来开展再造？不言而喻，一切的功利性在“＋”号中都已表露无遗。

企业的流程变革永远不是大多数信息化人员所想象的适合计算机系统的流程调整（ERP＋BPR），它是企业史无前例的一场革命，它将打碎原有的一切去构建一个全新的世界，而这个世界的目标就是永无休止地追求用户利益的最大化，让用户获得优质服务的同时，企业获得最大化的成功。它不是一场由信息化发起的革命，而是由企业的战略目标所发起的革命，在这个革命的体系下它会为此建立起一个全新的信息化系统，而绝不是我们所看到的和听到的现在流行于市场上的各种软件，而是一个全新的将企业的流程和组织在企业全新的价值链体系下重新构筑的信息化系统。可以设想，现有的系统不经过改造，将永远无法实现海尔的 SBU 和市场链，也同样无法实现推倒企业间的“墙”之后的一马平川。所以那种寄望于通过 ERP 来实现企业流程变革的设想，只能够说是一场梦，一场永远无法实现的梦。即便是计算机界所谓的通过 BPR 实现 ERP（ERP＋BPR），也只不过是一场没有彻底革命下的“半梦半醒”。

“打破鸡蛋才能做蛋卷”，哈默博士这样形象地阐释了流程再造，并将其定义为“重新开始”。海尔的流程再造革命就是一个为作出美味的蛋卷而把鸡蛋打破的过程，目标是构建以订单信息流为中心带动物流、资金流、市场链的业务流程。通俗地讲就是企业生产首先要从市场获得订单，有了订单，人、财、物才能流动起来，而且是计算机网络管理下的同步流动；没有订单，人、财、物就要停滞。按照海尔的设计，这个业务流程分为主流程、支持流程和基础流程三个部分。

海尔市场链的主流程就是把原来各事业部的财务、采购、销售业务全部分离出来，同时建立海外推进本部、商流推进本部、物流推进本部、资金流推进本部，再将企业内部原先分散、各自对外的各种资源整合为全集团统一创品牌服务的营销（商流）、采购（物流）、结算（资金流）体系，使整个企业变成一个环环相扣、运行有序的链条。目的就是通过整合，使海尔同步业务流程中各产品本部从原来分散的负责采购、制造、销售的过程转变为统一面向市场客户的生产、开发产品的过程，通过生产、开发出能满足消费者即时与潜在的需求的卖点商品，创造有价值的订单。

商流（商流推进本部、海外推进本部）搭建全球的营销网络，从全球的用户资源中获取订单。过去各事业部都是各自在市场上做营销，导致营销费用急剧上升；客户来谈生意，要分别与冰箱、洗衣机、彩电部门谈，加上程序复杂，客户意见很大。商流推进本部和海外推进本部成立后统一了品牌销售、出口，方便了海内外的客户，也收到了很好的市场效果。

物流（物流推进本部）利用全球供应链资源搭建全球采购配送网络，主要任务是通过 JIT（即时）采购、JIT 配送（配件输送到工位上），产品下线后再由 JIT 分拨，快速地送到客户手中，实现 JIT 订单加速流。整合前，各事业部都是自己采购，物流推进本部成立后实行集团统一采购，直接效果是降低了集团对外采购成本，间接效果是择优采购带来了零部件产品质量的整体提高和库存的减少。

资金流（资金流推进本部）通过整合，解决了原先各单位自己面对着银行、供应商、商业形成的擅自对外担保等问题，重点是通过建立资金流的现款现货闸口来最终实现“零坏账”的目标，解决困扰企业多年的、同时也是目前中国多数企业无法解决的应收账款管理问题。目前海尔所有的产品均是现款现货，在价格战大行其道的今天，敢实行现款现货并做到现款现货，海尔绝对是中国家电企业中唯一的一家。

原有的制造系统则改组为产品事业部，主要任务是按照订单质量、成本、交货期三要素要求，生产出满足消费者需求的产品。在这个直接面对市场并且拥有统一的物流、商流、资金流的体系下，海尔原来的职能管理部门就不再具有管理职能，而成为支持流程。

海尔将全球用户资源、全球供应网络、全球人才“网络”进来，输入用户的需求与不满，输出让用户满意的服务与产品。而推动企业整个流程的主动力已不再是过去的行政指令，而是相互间平等的买卖关系、服务关系和契约关系，通过这些关系把外部市场订单转变成一系列内部市场订单，形成以订单为中心、上下工序和岗位之间相互咬合、自行调节运行的业务链。每个流程、每个工序、每个人的收入来自于自己所服务的市场和对象。服务有效，按合同索酬；服务无效或效果不好，对方可以索赔。这样做的结果，就使企业的每一个人都有了自己的顾客，每一个人都与市场和客户保持零距离，用海尔职工自己的话来说，就是人人都有一个市场，人人都面对一个市场。

这样的业务流程再造无疑是一次没有绝对成功把握的冒险。“成功的创新者都是保守的。”美国管理大师杜拉克说到企业家的创新精神时这样评价过。张瑞敏也是这样。他愿为抓住机遇而敢于冒险，但绝不冒进。为此，他在总体规划设计海尔流程再造革命的同时，也制定了分步实施的方案。在其运筹帷幄下，海尔流程再造已从第一阶段整合内部资源建立市场链框架，也就是把企业所有资源集中起来搭建一个统一的服务与品牌（哈默：推倒企业内部的墙）过渡到第二阶段；在第二阶段中整合外部资源，在已经搭建的市场链框架上获取有价值的订单（哈默：推倒企业间的墙）；然后，到了目前的第三阶段，整合人力资源，使每个人成为具有企业家精神的创新主体，创造订单的更高价值（哈默：超越绩效的测定的深刻含义）。

以前的海尔只有两三个产品，实施多元化战略之后，产品“忽”的一下冒出来，多得让人感觉数不清。由于企业结构仍是老一套，海尔的产品在市场上布阵也是各自为战。一家商场家电部，有冰箱、空调、洗衣机、彩电等十多个产品，就有十多个产品经理、十多个账号。加上为销售产品各搞各的推销活动、产品宣传，造成资源浪费，市场信息失真。1999 年底，随着商流整合，原先海尔各自为战的十几个产品事业部的近 2 万销售人员集合到商流推进本部。过去一个驻外营销人员只管一个产品、同一商场同时要和十几个海尔的营销人员打交道的情况为一站到位服务和一票到底流程所取代，也就是说，由一个营销人员负责当地海尔所有的产品销售，海尔取得了降低了促销费用、提高了效益的效果，商家也尝到了海尔整合效率提高的甜头。就这样，海尔在产品门类仍大幅增加的情况下，全国的销售人员却减少了 30%，总部管理人员也减少到 46 人。

海尔建立的新营销网络，目标除了降低营销成本、统一品牌服务外，更在于通过这个网络直接从市场获取用户的忠诚度、有价值的订单，做到现款现货。用张瑞敏的话说，就是“海尔不能仍像计划经济时期的企业那样，仅仅把资源变成产品，放在库里，而要在把资源变成有利润的效益的同时，做到让客户满意”。这就要求市场经理深入市场终端，帮助商家发现问题，解决问题，了解用户需求，创造适合消费需求的产品。当然，这样做带来的效益也是显而易见的。

在搭建市场链框架的基础上，2001 年 3 月海尔又在全集团推出了人力资源整合改革，目标是使全集团的职工人人都成为经营者，人人都成为具有创新精神的 SBU（战略事业单位）。凡是独立运作、自负盈亏的企业，一般都有三张表，分别为资产负债表、损益表、现金流量表。海尔推进的人力资源改革，对职工个人 SBU 就用一张表体现了这三张表的内涵。

从这个意义上说，海尔的再造依然任重道远。海尔人自己也在说：总觉得这场革命还刚刚开始，总觉得还有那么多新问题出现，需要我们解决。的确，流程再造不是从此点开始到彼点结束的直线，而是永远螺旋式上升的闭环。海尔进行流程再造以来，组织结构打破了 40 次，重建了 40 次，打破一次，阵痛一次，重建一次，新生一次。今后还要重建多少次，没有人会知道。可以预测的是：变化是绝对的。

信息化必须依赖企业战略指引下的变革，这场变革绝对不是由 ERP 所引发，海尔在它的实践中已经深刻体会到了这一点。张瑞敏先生曾经说过：“企业误以为引进了国外的硬件、软件，就是流程再造，实际上，如果企业组织结构不再造的话，那么不管什么样的硬、软件来了，都没有用。”海尔用现实的变革运作和现实的信息化运作，成功地描绘了信息化与变革之间的图像！

课外实验 7

本实验的目的是了解如何应用 MIS 来进行企业的固定资产管理，从而进一步认识有关的管理信息系统。实验的内容为模拟某一资产管理人员进行操作，认识该系统的总体功能结构。

本实验选择的软件为金字塔软件工作室研发的金字塔固定资产管理系统 7.5（共享版），系统的主窗口见图 7—2。

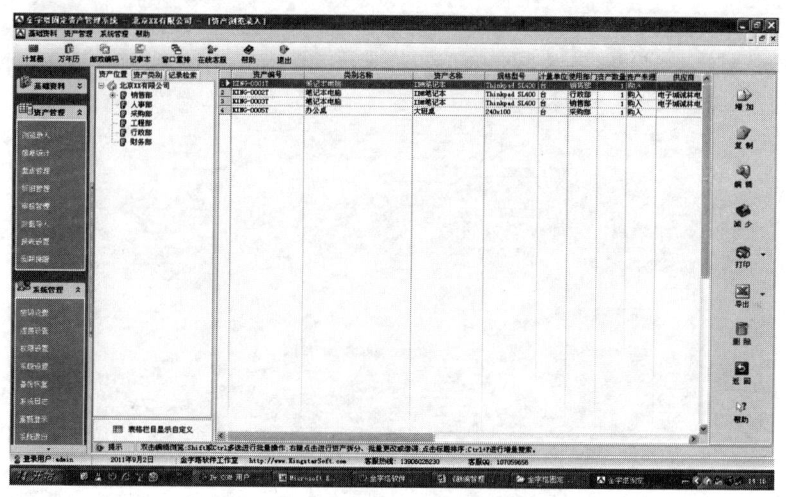

图 7—2　固定资产管理系统主界面

本系统提供了完善的资产及设备档案管理，资产及设备的移交、借调、维修和条码标签管理，信息统计功能，资产条码管理，多用户权限管理，部门权限管理，审核权限管理，树状资产信息浏览，支持树状组织结构管理，资产图片管理，人事档案管理。

软件来源：http://www.kingstarsoft.com/。

第八章

管理信息系统的新表现形式

先行实例

2012年11月30日晚9点50分，阿里巴巴集团旗下淘宝和天猫的交易额本年度突破10 000亿元！阿里巴巴集团董事局主席马云对此表示："我们很幸运，能够适逢互联网这个时代，一起见证并参与互联网及电子商务给我们社会带来的一次次惊喜和改变。"

具体剖析10 000亿元的交易量可以发现，三、四线以下地区60%以上的消费增长速度，要远远高于作为传统消费主力的一、二线城市不足40%的消费增长速度。庞大的消费增量，给受阻于出口增长缺乏的以长三角、珠三角地区为首的企业创造了新的机遇和空间。

以服装制造业为例，在长三角、珠三角等产业密集地，已经出现了大批专门为电商企业做定制和分工的下游供应链企业，纽扣、布料甚至包装，都已经有专业型的分工条线——上游的电商企业通过阿里巴巴、淘宝和天猫等平台获得订单后，整个供应链条全部协作，从而实现低库存甚至零库存，并迅速调动物流企业发货，而至再度收获订单，形成整个闭环。目前长三角、珠三角地区的一些服装企业，整个供应链运转时间甚至可以被压缩到15天。

马云认为，互联网环境下电子商务的本质，绝不是以前很多人理解的"虚拟经济"。实际上，电子商务是实实在在的新经济，是将互联网信息技术和传统实体经济完美融合的一种新经济模式。这种新经济模式能有效整合当下的现有资源，切实降低企业发展成本，提升小企业全新的竞争实力，极大地提高社会整体效率。当下千万级的网商以及互联网环境下的每个消费者，都是新经济时代的第一批移民，他们将引导中国经济的转型。

"10 000亿元只是刚刚开始，我们正在步入10万亿元的时代。"马云说，"未来电子商务在中国，必将产生1 000万数量级的小而美的企业，具备服务全球10亿消费者的能力。"

问题：1. 阿里巴巴是一家何种模式的公司？

2. 电子商务与MIS是一回事吗？

本章导读

现代信息系统的发展趋势之一，是过去那种缺乏全局观念、以职能应用为导向的信息系统运用模式，目前已被集成化、一体化的系统运用模式所取代。如今，三种高度集成化的应用系统——企业资源计划系统、客户关系管理系统和供应链管理系统，是具有战略意义的信息应用系统，本章着重介绍这三种系统。另外，MIS 的前沿——DSS 和热点——EC 也是非常重要的内容，我们也将予以关注。特别是，在本章的最后一节，还对目前企业广泛推广的协同管理系统（CMS）做了介绍。

学习目的

通过本章的学习，应该重点掌握以下知识点：

1. DSS 的形成、定义、特征、组成；
2. DSS 和 MIS 的区别；
3. DSS 的一些新的分支；
4. EIS 的作用、组成与特点；
5. MRP 到 ERP 的发展历程；
6. MRP-2 和 ERP 的概念、思想、功能与组成；
7. MRP-2 和 ERP 的区别与联系；
8. CRM 的思想精髓；
9. CRM 软件的工作内容；
10. CRM 与 ERP 集成的必要性；
11. 价值链和供应链的概念；
12. SCM 的概念、思想和目标；
13. 集成化供应链管理的重要性；
14. 狭义的电子商务和广义的电子商务；
15. EC 的主要技术；
16. IBS 的功能；
17. 电子商务系统的组织要素和基本结构；
18. 什么是 CMS；

19. 协同管理软件的思想。

第一节 DSS

一、DSS概述

人们通常所说的决策是指在一定的环境和约束条件下，为了实现某一确定的目标，经过分析、比较、判断，从若干个可行的方案中选取一个方案，并付诸实施的全过程。对于任何个人或组织，为了进行管理，就需要一系列的决策。决策贯穿于管理的全过程。管理工作的成败，首先取决于决策的正确与否。

根据决策的制定过程，决策支持主要是利用管理理论与计算机技术在决策的每一阶段上支持决策者作决策，并改进决策的效能。决策的支持以系统的形式出现，构成决策支持系统（DSS），通过DSS来实现对决策过程的支持。决策支持系统是将“决策”（D）、“支持”（S）、“系统”（S）三者汇集成一体，即通过不断发展的计算机建立系统的技术，逐渐扩展支持能力，达到更好的辅助决策。

目前决策支持系统已经构成了一个相对独立的研究领域。决策支持系统作为一门新的学科，理论尚不完善，有关它的严格定义目前还是一个值得进一步探讨的问题。不过，简单地说，DSS是支持决策者研究解决半结构化和非结构化问题的人—机组合系统。它能够在决策者和计算机交互的过程中，提供决策所需的信息并帮助人们探索可能的决策方案。具体地讲，它是以决策模型、数据库和决策者组成的集成系统为特征的支持决策的信息系统。决策支持系统是从数据库中找出必要的数据，并利用数学模型的功能，为用户提供所需要的信息。

决策支持系统应具有以下几个主要特征：

（1）面向决策者；

（2）数据和模型是DSS的主要资源；

（3）强调人机交互式的处理方式；

（4）DSS是用来支持用户作决策而不是代替用户作决策；

(5) DSS 主要用于解决半结构化及非结构化问题；

(6) DSS 的目的在于提高决策的有效性而不是提高决策的效率。

传统的 DSS 有三个主要部件，即数据库、模型库和人机会话部件（见图 8—1)。其中，用户接口是 DSS 与用户交互的界面，它负责接收用户的各种要求，并通过它提供给用户各种决策信息；数据库用来组织存储和管理维护大量与决策有关的内、外部数据；模型库提供大量供决策者进行决策分析的模型，通过它处理数据库中的数据，可以得到能供决策判断的信息。

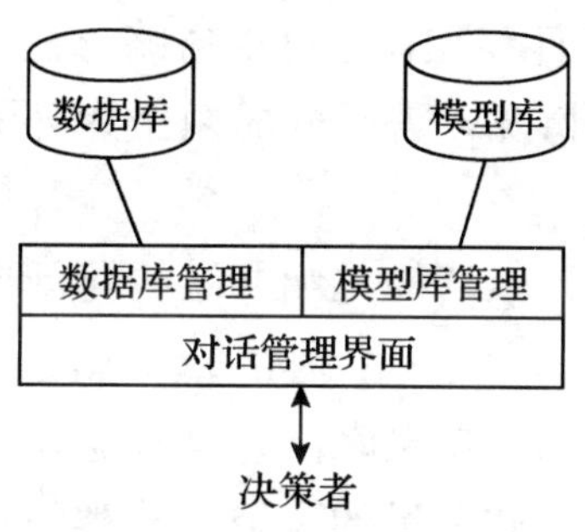

图 8—1　DSS 的基本结构

数据库系统是存储、管理、提供与维护用于决策支持的数据的基本构件。DSS 和 IMS 的数据库及其管理系统在概念上具有很多共同点，但是它们对数据库的要求具有本质差别。DSS 使用数据的主要目的是支持决策，因此它对综合性数据或者经过预处理的数据比较重视；IMS 支持日常事务处理，所以它特别注意对原始资料的搜集、整理和组织。

模型库系统是传统 DSS 的三大支柱之一，是 DSS 最有特色的部件之一，在 DSS 中占有十分重要的位置。用户是依靠 DSS 中的模型来进行决策的，因此可以说 DSS 是“模型驱动”的。显然，与其他类型的信息系统相比，DSS 具有更强的分析能力。这类系统的开发就是为了用各类模型分析数据或对大量的数据进行挖掘以获得对决策者有用的信息。

DSS 的重要特点是具有人—机接口。其核心是人机界面。这种人机对话式的决策方式，弥补了完全由计算机自动运算给出决策结果的不足，加强了人的思维的能动性，充分利用决策者的经验和判断力，从而提高了管理决策的效果。

后来，在DSS发展过程中，人们对大部分DSS进行分析和汇总后发现，DSS要由五个部件组成：人机接口（对话系统）、数据库、模型库、知识库和方法库。在这五个部件的基础上又开发了各自的管理系统，即对话管理系统、数据库管理系统、模型库管理系统、知识库管理系统、方法库管理系统。因此，一大批现有的DSS都可以认为是这十大基本部件的不同的集成和组合。一般来说，这十大部件可以组成支持任何层次和级别的DSS。

虽然模型和方法有不同之处，但这只是表现形式的差别，在本质上它们代表了同一个实际问题的两个侧面。在DSS的设计中既可以使模型库和方法库作为DSS的两个独立部件存在，也可以省略方法库，而将二者合并为一个部件。一般除了某些特殊情况，需要分成两个库外，都把模型库和方法库合并为一个。

DSS能够较有效地支持半结构化和非结构化问题的解决，这类问题单纯用定量方法不能完全解决。为此，必须在DSS中建立知识库，以存放各种规则、决策人员的经验等知识。知识库概念是数据库概念在知识处理领域的拓展和延伸。它是一个用于存储大量的、经过分类组织的知识的集合。开发知识库的关键技术包括：知识的获取和解释、知识的表达、知识的推理以及知识库的管理和维护。

DSS要想对决策者提供决策支持，首先要能够从内部或外部获取数据，然后经DSS处理后，向决策者提供决策所需的信息。因此，DSS应有两个接口，一个是与内源和外源相连的输入接口；另一个是输出接口。由输出接口产生一些报告、模拟结果以及查询结果，用以支持决策的各个阶段。

基于上述可见，决策支持系统是利用决策资源（数据、模型、知识）辅助决策的系统，即按决策问题的要求集成决策资源，建成有效解决实际决策问题的计算机程序的系统。

DSS在组织中可能是一个独立的系统，也可能作为IMS的一个高层子系统而存在。总的来看，DSS与IMS有如下的区别和联系：

（1）一个企业和组织内，DSS和IMS应是并存的，并不存在谁取代谁的问题。这是因为它们所要解决的问题是不一样的。IMS主要为人们解决结构化的管理和决策问题提供信息和决策支持。DSS是为人们解决半结构化或非结构化的决策问题提供信息和决策支持。这两类问题在一个企业和组织内往往是同时存在的。

（2）一个 IMS 往往可能支持人们解决多个决策问题，而一个 DSS 往往是针对一个特定的半结构化或非结构化的决策问题而开发的。因此，如果将 IMS 看作是一个面上辅助决策，那么 DSS 可以看作在这一点上支持决策。

（3）IMS 进行决策时往往只使用各种数学模型。而 DSS 进行决策时不仅要使用数学模型，而且要使用各种知识模型，且特别重要的是还要将数学模型和知识模型有效地结合起来。DSS 是通过多种模型和知识的组合、计算、推理来辅助决策的。

二、DSS 的新分支

20 世纪 90 年代以来，DSS 与计算机网络技术、人工智能技术等结合形成了群体决策支持系统（GDSS）和智能决策支持系统（IDSS）。后来又出现了基于数据仓库的新决策支持系统和新旧综合的决策支持系统。另外，还有一些专家致力于使用 DSS 支持战略管理，DSS 可望对公司的高层经理产生实质性的影响。

（一）GDSS

虽然 DSS 能较显著地提高组织高层领导决策的有效性，但它们是面向个人的，即决策的支持只局限于单个决策者。然而，实际上一个组织的决策大都是由领导群体作出的，一些事关组织生存与发展的重大决策几乎更是毫无例外地由集体参与制定。群体决策不再仅仅是多人坐在一起分析问题、评价方案的活动，它还要求多个决策者能在一个周期内异时异地合作协调，寻求解决问题的方案，依靠原有的方法进行群体决策在客观上已难以实现。因此，如何在新的环境下，在更广泛的空间内、在不固定的时刻进行群体决策成了一个迫切需要研究的课题。群体决策支持系统（GDSS）就是在此背景下产生的。由于 GDSS 用于支持群体决策者们进行决策，所以它必须是多数用户能同时应用的系统，还要辅助决策者们在时间和空间分离的状态下进行决策。

GDSS 的类型在很大程度上取决于待决策问题的类型和问题所处的组织环境，因此，一般可将 GDSS 划分为四种类型：（1）决策室；（2）局域决策网；（3）传真会议；（4）远程决策。前一种属于集中性的，后三种属于分散性的。不同类型的GDSS，需要有不同的支持工具，包括计算机、通信工具、存储设备以及显示设备等。

（二）IDSS

DSS借助计算机强大的运算能力与灵活的人机交互协作，为人们解决半结构化与非结构化的决策问题提供了有力的支持。但是由于DSS机器一方重点还在于模型的定量计算，人机对话方式与大多数不熟悉机器的使用者尚存在一定的距离，从而限制了DSS的应用效果。为了改进DSS的性能，智能决策支持系统（IDSS）在传统DSS的基础上结合专家系统（ES）得以形成。有人认为，IDSS＝DSS＋AI。AI就是计算机科学中的人工智能。这样就使传统DSS原来主要由人承担的定性分析任务部分或大部分地转由机器来完成，并且较之人做得更好、更稳。由于决策本身的复杂性和动态性、决策所需信息的不足性，传统的DSS对非结构化决策支持的突破甚少。也许只有当系统具有一定智能时，它才能对决策支持作出较大贡献。

专家系统属于人工智能的一个发展分支，是一种在特定领域内具有专家水平的解题能力的程序系统。它能够有效地运用专家多年积累的有效经验和专门知识，通过模拟专家的思维过程，解决需要专家才能解决的问题。人工智能，尤其是专家系统，将为DSS提供有效的理论和方法，使之逐步发展为基于知识的决策支持系统。

（三）新DSS和综合DSS

数据仓库（DW）、联机分析处理（OLAP）与数据挖掘（DM）都是决策支持新技术，以数据仓库为基础结合联机分析处理和数据挖掘形成了基于数据仓库的新决策支持系统（新DSS）。这种新的决策支持系统的典型特点是从数据中获取辅助决策信息。它们以数据仓库中的大量数据为对象，数据仓库本身能提供综合信息和预测信息；联机分析处理提供多维分析信息；数据挖掘提供所获取的知识，共同辅助实际决策问题的解决。新DSS的特点是从数据中获取辅助决策的信息和知识。

把数据仓库、联机分析处理、数据挖掘、模型库、数据库、知识库结合起来形成的综合决策支持系统（综合DSS）是更高级形式的决策支持系统。其中，数据仓库能够实现对决策主题数据的存储和综合以及时间趋势分析；联机分析处理实现多维数据分析；数据挖掘从数据库和数据仓库中获取知识；

模型库实现多个模型的组合辅助决策；数据库为辅助决策提供数据；知识库中的知识通过推理进行定性分析。它们集成的综合决策支持系统，将相互补充和依赖，发挥各自的辅助决策优势，实现更有效的辅助决策。综合 DSS 是今后的发展方向。

三、一个特殊的 DSS——EIS

经理信息系统（EIS）又叫主管信息系统。EIS 是集中于满足高层管理者战略信息需求的系统。它既能满足主管人员的信息需求，又能满足其决策需求。它是综合了各种信息报告系统和决策支持系统的特色而构成的一种专供组织中的高层领导使用的信息系统。一般意义上说，EIS 是 DSS 的一种特例。

经理人需要企业内外的与经营相关的各种信息。这些信息大致有：营销信息、制造信息、财务信息、人力资源信息、信息资源信息、供应商信息、合作伙伴信息、客户信息等。经理的信息来源有：

（1）事务处理系统和信息管理系统。通过报表或查询，了解的内容是组织内部正常运行情况与可能出现的问题。

（2）组织内部的计划或预测信息。

（3）外部信息。组织外部的信息对经理显得更加重要，因为经理的决策多半是为了调整内部以适应外部环境的变化或突发事故。

经理所获得和利用的信息有如下一些特点：

（1）信息一般是综合而不详尽的，笼统而不精确的。

（2）信息的不确定性很大。

（3）信息的来源有些是通过正式渠道，有些是通过非正式渠道。

经理们面对的许多问题是处在变化多端的复杂环境中的，并且这些问题多是非结构化的、战略性的问题。在信息系统发展的初期，人们认为计算机信息系统很难给企业的高层管理人员提供支持，但随着计算机技术的不断发展和经理对完成自身所需信息的及时性、完整性和准确性的要求越来越高，经理越来越需要具备利用计算机信息系统收集、分析数据的能力，在这种情况下产生了 EIS。

EIS 的目标是提供给经理、决策者、管理者一些经过过滤、处理的信息，使得组织的领导人能更为迅速、有效地得到一些“关键”信息，诸如对组织运作状态的监控信息、与公司的关键成功因素相关的信息、有关竞争对手的活动的信息等，帮助高层主管发现问题所在，找到新的发展机遇以及预测未来的发展趋势。更具体地说，EIS 不仅能帮助经理精确而又快捷地了解自己组织的运营状况，甚至连竞争对手、顾客和供应商的活动也能尽收眼底。EIS 可以对公司内部和外部的重大时间及趋势进行连续的跟踪监视，然后根据现阶段的需求将处理过的信息提供给高层决策者。

图 8—2 中描述了 EIS 的参考模型。从这个参考模型中我们可以看到，EIS 并不是一个物理系统，而是一个概念上的逻辑系统。经理人的操作界面是基于个人计算机的，它的可视化的数据、信息、知识来源于企业信息系统中的数据库、数据仓库、知识库、模型库。通过企业信息系统中的电子数据处理系统，对所获取的企业外部数据、信息和企业内部数据、信息进行处理，形成经理人可查阅的可视化的数据、信息、知识。

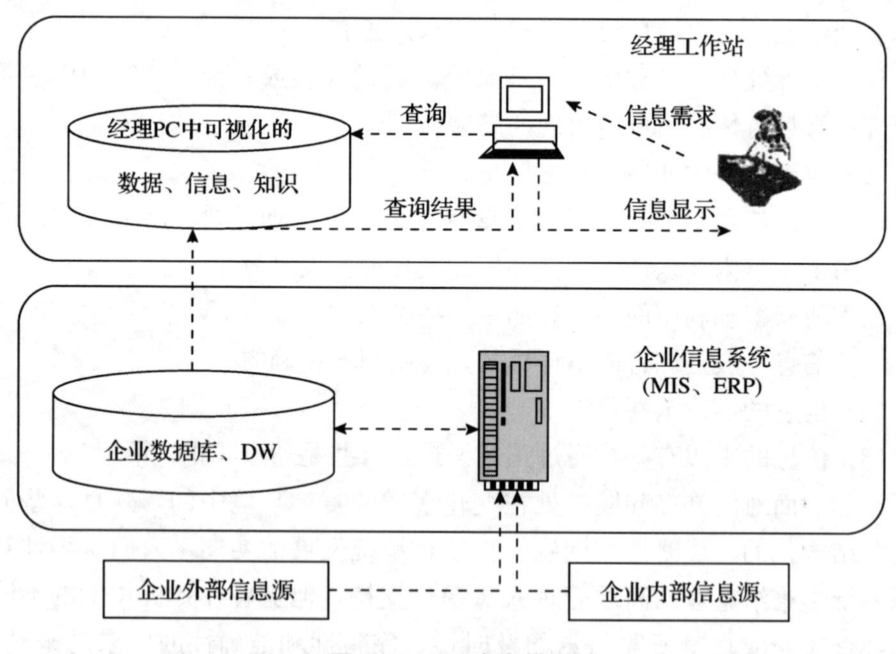

图 8—2　EIS 参考模型

不管 EIS 安装在什么环境下，它们都具有相同的一般特性：

（1）专门用于支持高层管理决策；

（2）直接被高层决策者使用；

（3）为个体决策者量身定做；

（4）操作简便，使用前无需培训；

（5）从包含内部及外部资源的很广泛的范围内获取信息；

（6）提供选择、析取、分离、追踪信息的工具；

（7）可以通过图、表、文字等形式输出信息；

（8）可以提供各种各样的报告，如状态报告、异常情况报告、趋势分析、数据挖掘研究报告、特别询问报告等。

DSS 最初出现的时候，原以为它能给高层的管理决策提供支持，但实际表明经理很少使用 DSS，这主要是由于经理所需解决问题的特点。经理应从周围环境的分析中发现问题，应具有洞察力，而不是进行具体特定问题的解决。DSS 的开发是以问题为导向的，系统所解决的是重复出现的某一类问题，而 EIS 的开发是以决策者为导向的，系统开发中必须充分考虑决策者的特点和偏好。

尽管 EIS 与一般的 DSS 有很多不同之处，但是 EIS 不可避免地要用到决策支持技术，这是由其特定的用户——主管人员决定的。而且经理在所面临的问题中，有很多是模糊的和不确定的，需要决策支持工具帮助其进行分析研究。因此，决策支持功能在 EIS 中是必不可少的。

第二节　ERP

面向生产经营管理的信息系统经历了物料需求计划（MRP）和制造资源计划（MRP-2），发展到企业资源计划（ERP）。

一、MRP 系统

MRP 系统经历了基本的或初期的 MRP 阶段、闭环的和改进的 MRP 阶段以及目前在广泛推广应用的 MRP-2 阶段。

（一）基本的或初期的 MRP

20 世纪 60 年代初，美国出现了新的库存与计划控制方法——计算机辅助编制的物料需求计划，即 MRP。基本的 MRP 是一个以计算机为基础的一套计算物料需求量和需求时间以安排生产计划及存货控制的系统。它是一种联动的物料管理的战略，也被称为“时段性需求计划系统”。

基本的 MRP 不仅从数量上解决了物料问题，更重要的是从时间上来解决缺料问题。它不是消极等待什么时候该订购；相反，它根据对未来的分析来确定将来所需物料的品种、数量及将来什么时候需要使用它们。其出发点就是要根据成品的需求，自动地计算出构成这些成品的部件、零件，以至原材料的相关需求量；由成品的交货期计算出各部件、零件的生产进度日程与外购件的采购日程。

基本的 MRP 能根据有关数据计算出相关物料需求的准确时间与数量，对制造业物资管理有重要意义。但是它还不够完善，其主要缺陷是没有解决如何保证零部件生产计划的成功实施。它缺乏对完成计划所需的各种资源进行计划与保证的功能；也缺乏根据计划实施的实际情况的反馈信息，对计划进行调整的功能。基本的 MRP 主要应用于订购的情况，涉及的是企业与市场的界面，而没有深入到企业生产管理的核心中去。

（二）闭环的和改进的 MRP

基本的 MRP 是建立在两个假设的基础上的，一是生产计划是可行的，即假定有足够的设备、人力、资金来保证生产计划的完成；二是假设物料采购计划是可行的，即假设有足够的供货能力和运输能力来保证完成物料的供应。但在实际生产中，能力资源和物料资源总是有限的，往往会出现计划无法完成的情况。在基本的 MRP 基础上，被扩展为包含生产能力需求计划和生产作业控制等功能在内的闭环的 MRP 的工作流程如图 8—3 所示。

改进的 MRP 常常被简单叫作 MRP。MRP 会利用企业中决定的制造进度计划（又称主生产计划）。主生产计划用来决定企业应生产哪些产品并为产品安排生产计划，它是联系企业销售部门与制造部门的桥梁。同时，MRP 决定生产出预定数量的产品需要多少原料，这对生产计划好的产品来说是必需的。物料清单（BOM）详细载明产品的组成结构以及产品制造的过程，是一个制造企业的核心文件。在 MRP 系统中，对物料清单的要求是非常严格的，其准确率应该接近或达到 100%。另外，原材料库存资料被用来确定哪些材料

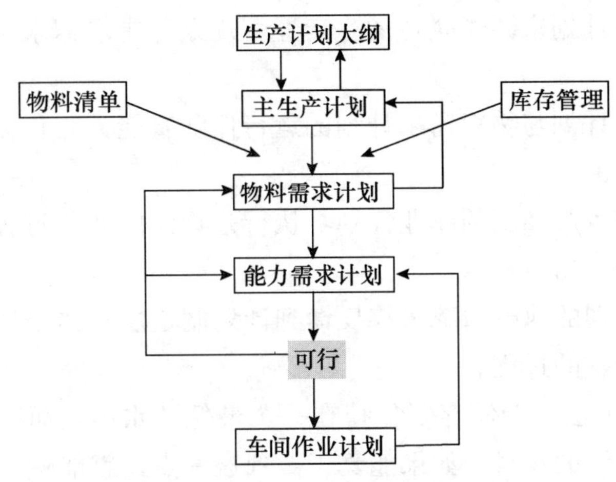

图 8—3　MRP 的工作流程

已有。从总需求中减去现有物料数量就可得到“净需求”，即为满足生产计划所必须购买的产品数量。物料需求计划将与能力需求计划结合起来以确保计划的生产任务在工厂生产能力范围之内。

MRP 系统的基本工作流程可以概括为：在企业经营计划和生产计划的基础上，首先，根据用户订单和需求预测生成主生产计划，明确特定时间的产品生产数量；其次，根据物料清单文件和库存状况文件，应用计算机程序自动进行计算处理，明确有关零部件、原材料等相关需求的需求量、需求日程、生产运作或采购日程；最后，确认和打印有关报告，并据此下达计划任务。

这样，企业的物料需求的处理思路为：

（1）我们要生产什么（主生产计划）。

（2）要用哪些材料去生产（产品的物料清单）

（3）我们已有了哪些材料（库存记录）。

（4）我们还缺什么（提出需求计划）。

在制定主生产计划时进行产能分析，如果可行，就去进行物料计划；如果不可行，就要反馈回去，重新修改主生产计划。同样，在执行物料需求计划和执行车间作业计划时出现问题也要反馈回去，并修改主生产计划或物料计划。这样就构成了闭环的动态控制。由于增加了上述功能，使之形成“计划—执行—反馈”的生产管理循环，可以有效地对生产过程进行计划与控制。

具体地说，MRP 系统的特点是：

(1) 主生产计划来源于企业的生产经营规划与市场需求（如合同、订单等）。

(2) 主生产计划与物料需求计划的运行伴随着能力与负荷的运行，从而保证计划是可靠的。

(3) 采购和生产加工的作业计划与执行是物流的变化过程，同时又是控制能力的投入与产出过程。

(4) 能力计划的执行情况最终反馈到计划制定层，整个过程是能力计划的不断执行与调整的过程。

通过 MRP 方法，能使存货保持在一个最低的水准，而同时还能在需要时，保证会有足够的物料。如果能真正做到这一点，就能使物料的管理非常有效。能在正确的时间，利用正确的物料和正确的数量来满足产品的需求，是有效的制造控制系统的一个主要功能。为了追求更大的营业目标，当今已有许多企业机构成功地应用了 MRP 系统，把它作为企业计划的一个良好的模拟工具。

二、MRP-2 系统

在了解了 MRP 后，我们再看一下制造资源计划（MRP-2）。

闭环 MRP 在生产计划的领域中确实比较先进且实用，生产计划的控制也比较完善。但其运行过程主要基于物流过程，而生产的运作过程都伴随着企业资金的流通，资金的运作会影响到生产的运作，如采购计划制定后，由于企业的资金短缺而无法按时完成，这样就影响到整个计划的执行。也就是说，MRP 解决了企业物料供需信息的集成，有助于缩短企业生产周期和节省库存成本，但由于它没有融入管理信息，因此不能够解读企业的经营效益。在企业的管理中，物流只是一方面，企业的经营状况和效益最终要靠资金流来表现出来。

20 世纪 80 年代 MRP 逐渐为 MRP-2 所代替，这时企业资源不仅是材料，人力、资金、设备和时间也被看成资源，并加以控制。它除了生产外，还包括销售、财务、会计及成本的处理。它通过对企业生产成本的资金运作过程的掌握，调整了企业的经营规划和生产计划，因而得到了更为可行、可靠的生产计划。尤其是，由于它集成了生产和财务两方面的管理功能，从而能及时协调企业生产活动中的物流和资金流。由于把传统的财务处理同发生财务的事务集成在一起，实现了物流和资金流的同步运作，改变了 MRP 资金信息滞后于物料信息的状况，便于企业决策者进行实时决策。在 MRP 上，加上财务和成本管理，就发展成一个涵盖企业供、产、销以及人、财、物的管理方法，称为“制造资源全面计划与控制系统”，即 MRP-2 系统。MRP-2 的功能已能满足制造业的所有经营及生产活动，这也是 MRP-2 被称为“制造资源全面计划与控制系统”的原因。

MRP-2 是一种在对一个企业所有资源进行有效的计划安排的基础上，以实现最大的客户服务、最小的库存投资和高效率的工厂作业为目的的先进的管理思想和方法。其管理目标是：通过反馈库存和在制品的信息，制定生产计划，在保证按期供货的前提下，减少在制品和库存的资金占用。MRP-2 在解决制造企业物料供应与生产计划的矛盾、计划相对稳定与用户需求多变的矛盾、库存增加与流动资金减少的矛盾、产品品种多样化与生产活动的条理化的矛盾等的过程中发挥着重要的作用。

MRP-2 的基本思想是：应用系统论的观点，把企业作为一个有机整体，从整体最优的角度出发，科学、有效地计划、组织、控制和协调企业人、财物资源和产、供、销活动，以充分利用企业的各项资源，保证各项活动协调发展，进而提高企业的管理水平和经济效益。MRP-2 系统实现了企业各部门活动的集成统一。在 MRP-2 系统出现以前，企业的生产运作、财务、销售、供应、设备、技术、人事等子系统都是各自独立运行的，缺乏协调，常常发生互相扯皮、互相埋怨的现象。虽然各部门往往要使用很多相同类型的数据，从事很多相同或类似的工作，但由于口径不一致，往往造成管理上的混乱。即使有加强相互联系与沟通的良好愿望，但因为缺乏一个统一而有效的系统支持建立这种机制，最终也难遂人愿。而正是由于 MRP-2 系统的出现，企业才可以给出一个合理可行且完整详细的计划，为各部门开展工作建立了一个共同的平台，为密切各部门的联系、统一各部门的活动提供了科学的基础。

MRP-2 系统，从某种意义上讲，是一个进行辅助管理的计算机软件系统。一般的，MRP-2 均由 10 个左右的子系统组成，子系统相对独立，但实现时有先有后，各子系统按运行顺序连接起来。最主要的子系统包括主生产计划子系统、库存控制子系统、成本计划与控制子系统。在总量计划（总体水平的计划）下的主生产计划就是安排具体生产的计划。主生产计划要回答生产什么产品，生产数量是多少，什么时间生产出来。库存控制子系统实际上就是物料需求计划（MRP）子系统。成本计划与控制子系统包括直接成本的计划和控制、材料成本的计划和控制、管理费用的计划和控制以及资产消耗的计划和控制。这样，MRP-2 就把销售、制造和财务三大系统集成为一个统一的整体。MRP-2 的主要逻辑模块如图 8—4 所示。

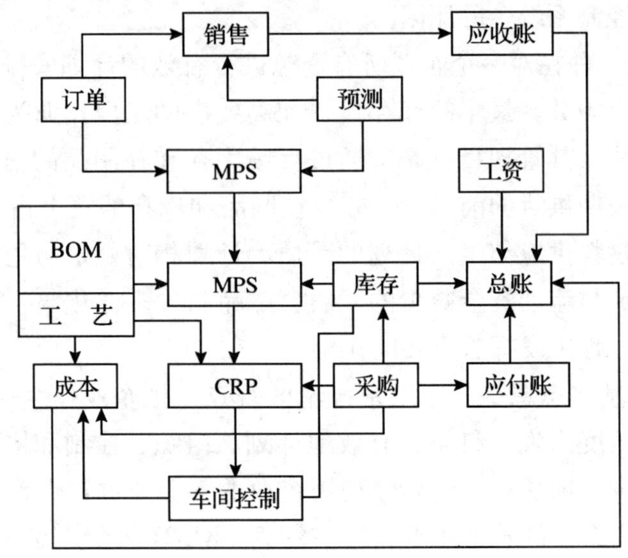

图 8—4 MPR-2 的主要逻辑模块

除了以上主要子系统之外，还包括采购管理、指令发放、仓库管理和工厂维护等子系统。采购管理的目的是适时、适量、保质地提供原材料和外购件，以减少资金支出和库存。指令发放系统是计划与执行间的桥梁，任何计划只有通过指令发放才能执行。仓库管理系统从物流方面指挥仓库，使仓库实现合理的利用。工厂维护系统负责维修等。

由于企业不同，MRP-2 的结构和子系统划分也有很大差别，不过万变不离其宗，它们不过是这些功能的组合。而且，MRP-2 具有强大的模拟功能，可以使管理超前看到企业运营的发展趋势，从而有了更好的计划能力，可以把各方面更好地协调起来，使企业的管理人员能够作为一个整体更好地工作。它不但为企业的日常管理提供了工具，而且为企业的高层管理提供了决策支持。

目前，国外已有数以万计的企业采用了 MRP-2 技术，在减少库存、提高生产效率、降低成本、改善用户服务、保证按时交货等方面取得了显著的经济效益。MRP-2 能否在中国运行成功，这是多年来很敏感和有争议的一个问题。国外有些公司第一次运用失败了，第二次再试验便取得了成功。总的来说，这是一个好东西，适应了信息社会对管理的要求。

MRP-2 是一种先进的管理方法，它的特点反映了企业在管理模式和行为方面的变革。但总的来说，MRP-2 是对内管理的系统，在战略规划、市场竞争以及高层决策方面功能较弱，现在又流行 ERP。

三、ERP 系统

从解决制造问题的物料需求计划，到开始解决企业生产能力需求计划的闭环的 MRP，直至与企业财务相结合的制造资源计划 MRP-2 的发展，它们都为企业管理水平的提高提供了良好的环境和技术。然而，随着全球化竞争的加剧、市场需求波动的加速、信息化技术的飞跃发展、电子商务时代的到来，迫使企业不得不做自我调整，进行创新变革，以立于不败之地。这种创新表现在对内要最大限度地发挥企业所有资源的作用，将所有资源的潜力都调动起来，进行企业资源的最佳组合，以产生最大的效益。而且，仅仅有企业内部资源的充分利用还不够，对外还需要利用企业的外部资源，包括客户、供应商、分销商等资源，以这些资源所产生的价值组成一条增值的供应链，将客户的需求、企业的制造活动与供应商的制造资源集成在一起，只有这样才能满足当今高速运转的全球市场的需求。

20 世纪 90 年代初，美国一家著名的 IT 分析公司根据当时的信息技术的发展趋势和企业对供应链管理的需要，对信息时代以后的制造业管理信息系统的发展趋势和即将发生的变革作出了预测，提出了企业资源计划（ERP)。ERP 是当今社会流行的企业管理模式，它将信息技术与先进的管理思想集于一身。通过实施 ERP，可以合理配置企业资源，把企业价值链的各个环节联系起来，从而实现企业的物流、资金流、信息流的统一。

ERP 系统的核心管理思想就是供应链管理（SCM)，它将企业的业务流程看作是一个紧密联系的供应链，其中包括供应商、制造工厂、分销网络和客户等，它需要对此供应链上的所有环节进行有效的管理。它把客户需求和企业内部的经营活动以及供应商的资源融合在一起，体现了以客户为中心的现代企业经营管理思想。

ERP不仅支持供应链管理，体现精益生产、敏捷制造、同步工程的精神，而且必然要结合全面质量管理（TQM）以保证质量和客户满意度；结合JIT以消除一切无效劳动与浪费，降低库存，缩短交货期；它还要结合约束理论（TOC）来定义供应链上的瓶颈环节、消除制约因素来扩大企业供应链的有效产出。

ERP所包含的管理思想是非常广泛而深刻的，这些先进的管理思想之所以能够实现，同信息技术的发展和应用分不开。ERP是建立在信息技术的基础上，利用现代企业的先进管理思想，全面集成企业的所有资源信息，并为企业提供决策、计划、控制与经营业绩评估的全方位和系统化的管理平台。它是基于计算机技术和管理理论的最新进展，从理论和实践两个方面提供的企业整体经营解决方案。

ERP是在MRP-2的基础上发展起来的一种现代管理模式，帮助企业有效利用全社会供应链上的一切资源来快速、高效地响应市场需求变化，形成企业供应链之间的竞争。ERP是从MRP-2发展而来的，它除继承了MRP-2的核心思想外，还大大地扩展了管理的模块，如多工厂管理、质量管理、设备管理、运输管理、分销资源管理等模块。它还融合了多种现代管理思想，进一步提高了企业的管理水平和竞争力。因此，ERP不是对MRP-2的否认，而是对MRP-2的继承和发展。

ERP同MRP-2的主要区别在于：

（1）资源管理范畴方面：MRP-2主要侧重对企业内部人、财、物等资源的管理；ERP在MRP-2的基础上扩展了管理范围，它把客户需求和企业内部的制造活动以及供应商的制造资源整合在一起，形成了企业的一个完整的供应链并对供应链上的所有环节进行有效管理。

（2）生产方式管理方面：MRP-2把企业归类为几种典型的生产方式来进行管理，如重复制造、批量生产、按订单生产、按订单装配、按库存生产等，对每一种类型都有一套管理标准。而到了20世纪90年代初期，企业为了紧跟市场的变化，开始运用ERP。ERP能很好地支持和管理混合型制造环境，满足了企业多元化经营的需求。ERP 支持对混合型生产方式的管理，其管理思想表现在两个方面：一是“精益生产 LP”（lean production）；二是“敏捷制造”（agile manufacturing）。

（3）在管理功能方面：ERP 除了具有 MRP-2 的制造、分销、财务管理功能外，还增加了支持整个供应链上物料流通体系中供、产、需各个环节之间的运输管理和仓库管理；支持生产保障体系的质量管理、实验室管理、设备维修和备件管理；支持对工作流（业务处理流程）的管理。

（4）事务处理控制方面：MRP-2 通过计划的及时滚动来控制整个生产过程，它的实时性较差，一般只能实现事中控制。而 ERP 支持 OLAP、售后服务及质量反馈，强调企业的事前控制能力，包括在整个企业内采用控制和工程方法、模拟功能、决策支持和用于生产及分析的图形能力。

（5）在计算机信息处理技术方面：ERP 采用客户/服务器（C/S）体系结构和分布式数据处理技术，支持 Internet/Intranet/Extranet、电子商务（EC）、电子数据交换（EDI），能充分利用因特网及相关技术。此外，还能实现在不同平台上的相互操作。

ERP 比 MRP-2 的内容更为丰富，应用更为广泛，技术更为成熟。ERP 将企业内部各个部门，包括财务、会计、生产、物料管理、质量管理、销售与分销、人力资源管理等部门，利用信息技术集成并连接在一起。迄今为止，ERP 尚没有统一的标准。以下是 AMT ERP 研究小组开发的较为通用的 ERP 功能模块。

（1）财务管理模块。

一般的 ERP 软件的财务部分分为会计核算与财务管理两大块。ERP 中的财务模块与一般的财务软件不同，作为 ERP 系统中的一部分，它和系统的其他模块有相应的接口，能够相互集成。

1）会计核算。会计核算主要是记录、核算、反映和分析资金在企业经营活动中的变动过程及其结果。它由总账、应收账、应付账、现金、固定资产、多币制等部分构成。其模块组成有：①总账模块；②应收账模块；③应付账模块；④现金管理模块；⑤固定资产核算模块；⑥多币制模块；⑦工资核算模块；⑧成本模块。

2）财务管理。财务管理的功能主要基于会计核算的数据，再加以分析，从而进行相应的预测、管理和控制活动。它侧重于财务计划、控制、分析和预测。其模块组成有：①财务计划；②财务分析；③财务决策：财务管理的核心部分，中心内容是作出有关资金的决策，包括资金筹集、投放及资金管理。

（2）生产控制管理模块。

这一部分是ERP系统的核心，它将企业的整个生产过程有机地结合在一起，使得企业能够有效降低库存，提高效率。同时，各个原本分散的生产流程的自动连接，也使得生产流程能够前后连贯地进行。

1）主生产计划。它根据生产计划、预测和客户订单的输入来安排将来的各周期中提供的产品种类和数量。它是将生产计划转变为产品计划，在平衡了物料和能力的需求后，精确到时间、数量的详细的进度计划；是企业在一段时期内的总活动的安排；是一个稳定的计划；是根据生产计划、实际订单和对历史销售的分析得来的预测产生的。

2）物料需求计划。在主生产计划决定生产多少最终产品后，再根据物料清单，把整个企业要生产的产品数量转变为所需生产的零部件的数量，并对照现有的库存量，可得到还需加工多少、采购多少的最终数量。这才是整个部门真正依照的计划。

3）能力需求计划。它是在得出初步的物料需求计划之后，将所有工作中心的总工作负荷与工作中心的能力平衡后产生的详细工作计划，用以确定生成的物料需求计划是否为企业生产能力上可行的需求计划。能力需求计划是一种短期的、当前实际应用的计划。

4）车间控制。这是随时间变化的动态作业计划，它将作业分配到具体各个车间，再进行作业排序、作业管理、作业监控。

5）制造标准。在编制计划时需要许多生产方面的基本信息，这些基本信息就是制造标准，都依靠唯一的代码在计算机中识别。这些标准包括：①零件代码；②物料清单；③工序；④工作中心。

（3）物流管理模块。

1）分销管理。销售管理是从产品的销售计划开始，对销售产品、销售地区、销售客户的各种信息的管理和统计，并可对销售数量、金额、利润、绩效、客户服务作出全面的分析。

2）库存控制。用来控制存储物料的数量，以保证稳定的物流支持正常的生产，但又最小限度地占用资本。它能够结合、满足相关部门的需求，随时间变化动态地调整库存，精确地反映库存现状。

3）采购管理。具体有：①供应商信息查询（查询供应商的能力、信誉等）；②催货（对外购或委外加工的物料进行跟催）；③采购与委外加工统计（统计、建立档案、计算成本）；④价格分析（分析原料价格，调整库存成本）。

（4）人力资源管理模块。

1）人力资源规划的辅助决策。

2）招聘管理。

3）工资核算。

4）工时管理。

5）差旅核算。

ERP 系统的总流程图如图 8—5 所示。

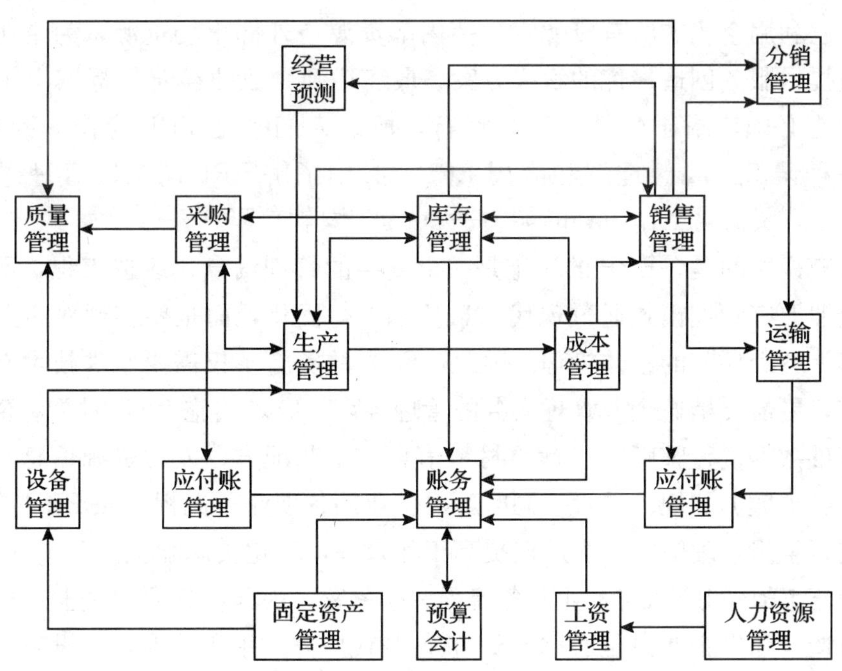

图 8—5　ERP 系统的总流程图

可见，ERP是一个高度集成的信息系统。ERP强调的是人、财、物、供、产、销的全面结合、全面受控，实时反馈、动态协调，以销定产、以产求供，效益最佳、成本最低，流程式管理、扁平化结构，真正体现了先进的管理思想和理念。

概括地说，ERP把原来的制造资源计划拓展为围绕市场需求而建立的企业内外部资源计划系统，是面向全社会的企业资源计划。它是在MRP-2的基础上扩充市场、财务等功能的系统，是一个高度集成的信息系统。ERP把客户需求和企业内部的经营活动以及供应商的资源融合到一起，体现了完全以用户需求为中心的经营思想。而且时间也被作为资源计划的一部分，且作为最关键的资源被考虑。因此，可以说，ERP是以顾客驱动的、基于时间的、面向供应链管理的企业资源计划。

应该注意的是，ERP是一种管理理论和管理思想，不仅仅是信息系统。换句话说，ERP作为企业经营管理的整体解决方案，不仅仅是一套软件，更多的是管理思想和理念的结晶和体现，从而成为崭新的现代制造企业的管理手段。它利用企业的所有资源，包括内部资源与外部市场资源，为企业制造产品或提供服务创造最优的解决方案，最终达到企业的经营目标。由于这种管理思想必须依附于软件系统来运行，所以人们常把ERP当作一种软件，这是一种误解。要想理解和应用ERP，必须了解ERP的实际管理思想和理念。

补充说明的是，ERP的实施是一个复杂的管理信息化改造工程，不单单是将企业原有管理模式通过现代信息技术进行固化，而是要实现对企业整个供应链上各个环节的整体管理。因此，ERP的实施不仅需要软件技术专家开发系统，更需要精通企业管理实务的管理咨询专家。实施ERP需要对企业所有的基础数据进行整顿，包括原材料信息、工艺配方、人力资源信息、客户信息等各类数据的规范整理。同时，对企业的各项业务流程按照ERP的管理理念进行重组，理顺关系，从而提高工作效率，优化资源配置。

由于ERP的应用与企业业务流程关联紧密，因此首先要对企业进行业务流程再造。如果企业只是通过ERP软件替代原先的手工作业，而没有对企业整体业务流程进行优化，就很难使ERP的应用达到预期目标，甚至导致应用失败。也就是说，ERP常常是与BPR联系在一起的，它给企业带来的是革命式的变化。因为如果不同步考虑 BPR，那么一方面，ERP 自身建立在低效的业务基础上，难以发挥其应有的效率；另一方面，一旦企业业务流程发生变化，就会导致原有的 ERP 难以继续使用。因此，在实施 ERP 的过程中，往往要伴随着 BPR。BPR 侧重于企业业务流程的整体最优化，ERP 则侧重于在合理的业务流程基础上实现对企业资源的有效利用与管理。为了实现两者的目标，BPR 和 ERP 可以说是互为条件，而同时在流程管理与资源管理方面又互为补充。两者的应用在显著地改善企业的绩效方面，是一种较好的结合。

ERP 之所以得到许多企业的认可，是因为 ERP 的使用给企业带来了切实的效益。由于对信息掌握能力的加强和对市场需求变化的迅速反应，企业可以增进与供应商、经销商、客户的联系，从而提高了客户的满意度。另外，生产成本的降低和生产能力的提高，使得企业可以即时给顾客提供高品质的产品和服务，企业形象和竞争力得到巩固和加强。总之，ERP 体现了以市场为核心的现代企业管理思想，它必将成为新世纪中国企业管理的必由之路。

第三节 CRM

一、CRM 的提出

社会由工业社会进入信息社会后，发生了巨大的变化，这些变化对企业产生了深刻的影响，表现在以下各个方面：经营思路从以产品为中心转向以客户为中心；管理战略从市场占有率转向客户占有率；经营成果的标志从投资回报率转向客户保持率；提高利润的手段从内部的节支转向外部的增收。这些均是围绕着客户而言的，反映了客户是一个重要的方面，企业要在客户关系上做文章。

对企业而言，客户是对本企业产品和服务有特定需求的群体，它是企业生产经营活动得以维持的根本保证。忠诚的客户已成为企业生存发展的战略资源。当今面对电子商务的发展，企业较之以前更加注重和意识到客户的重要性，纷纷实现了由原来的“产品导向性”企业向“客户导向性”企业的转变。依赖于客户生存的企业必须学会如何对待具有不同背景的客户，并通过计算机和通信技术提高“人性化”的程度，增强对客户的吸引力。

客户关系是指企业与客户发生的所有关系的综合，它是企业与客户之间通过相关活动而积累形成的，是现代企业商务活动的巨大信息资源，对增进了解、加强合作、促进交易有着重要的意义。企业通过满足客户的特殊要求，来建立和保持长期稳定的客户关系，客户同企业之间的每一次交易都使得这种关系更加稳固，从而使企业在同客户的长期交往中获得更多的利润。

客户关系管理（CRM）是一种旨在改善企业与客户之间关系的新型管理机制。CRM是指企业通过与客户之间的及时而且多方面的沟通与交流，建立与客户的长期良好的关系。CRM应用于企业的市场营销、销售、服务等与客户相关的领域。这种管理机制能使企业在营销、销售、服务与支持各个方面形成一种协调的关系。由于市场竞争日益激烈，因而销售、营销和服务部门的信息化程度与管理模式越来越不能适应业务发展的需要，CRM系统的出现确实可以为企业提供较好的解决方案，是企业紧紧抓住市场这个龙头的强有力的工具。

CRM之所以能够得到迅速的发展是和CRM所基于的理论分不开的。首先，重视客户价值。要让客户参与价值的创造活动，只要客户使用了企业的产品或接受了企业的服务，产品和服务就有了价值，而利润则来自客户所创造的价值。因此，企业必须找出有价值的客户，挖掘客户的潜力，开拓企业的市场，以取得更大的利润。其次，改变传统营销方式。坐等上门的方式是被动的推式方法，而上门推销则是主动的拉式方法。CRM正是建立在以客户关系“一对一”理论基础上的。再次，开展个性化服务。不同客户的价值是不一样的，每个客户的需求也是不一样的。因此，企业必须对客户的类型进行进一步的分析，应该开展一种个性化的服务去满足不同客户的要求。

CRM的核心思想是将企业的客户（包括最终客户、分销商和合作伙伴）视为最重要的企业资产，通过完善的客户服务和深入的客户分析来满足客户的个性化需求，提高客户满意度和忠诚度，进而保证客户终身价值和企业利润增长的实现，最终达到企业和客户的双赢。它的根本着眼点是：实现一种先进、优秀的管理模式——以客户为中心的管理模式。这种模式能够优化企业流程、提高效率和构建企业的核心竞争优势，使企业在未来的经营环境中立于不败之地。

从 CRM 的思想可以看出，实现 CRM，一方面，要在经营管理上进行变革，对 CRM 的相关流程进行重组；另一方面，利用信息技术提供这种管理所必需的平台，保证其流程畅通。管理理念的更新、业务流程的重组是实现 CRM 的基础，而信息技术的利用则是使 CRM 的思想得以落实的保证。如果将 CRM 比作企业竞争的一把双刃剑，那么这把剑的一面是管理的改造，另一面是信息技术的运用。这两方面是紧密结合在一起，不可分割的。特别指出的是，信息技术是 CRM 实现所凭借的一种手段，信息技术对于 CRM 而言，不是它的全部，也不是它的必要条件。实施 CRM，主要体现在进行企业的组织、流程以及文化方面的变革。

二、CRM 系统

CRM 既是一种概念，也是一套管理技术。面对竞争日益激烈的市场，很多企业在信息化方面已经做了大量工作，收到了较好的经济效益。然而，一个普遍的现象是，在很多企业，销售、营销和服务部门的信息化程度越来越不能适应业务发展的需要，迫切需要将面对客户的各项信息和活动进行集成，组建一个以客户为中心的企业，实现对面向客户的活动的全面管理。CRM 系统正是全面管理客户及其关系的一个信息系统，是销售、市场营销、客户服务等部门共享信息和业务流程自动化的一个工作平台，它可以使得这些部门的人员协调合作、拓展市场、保留客户、提高工作效率。

CRM 借助于信息技术，迅速地发展成为软件。作为一个应用软件系统，CRM 软件凝聚了市场营销等管理科学的核心理念。市场营销、销售管理、客户关系、服务和支持等构成了 CRM 软件模块的基石。利用 CRM 软件，企业能搜集、跟踪和分析每一个客户的信息，从而知道什么样的客户需要什么东西，真正做到一对一营销，使企业与客户的关系及企业利润得到最优化。CRM 所带来的效益的诱惑力和增强市场竞争力的良好前景，使 CRM 软件一出现就受到各行各业的青睐。随着因特网的普及及其在企业的广泛应用，全球越来越多的企业开始投入大笔资金实施 CRM。

CRM 主要涉及企业的市场、销售和服务三个管理部门。这三个部门各自的目标是开拓市场、加强销售、提高服务质量。CRM 将三者的目标统一起来，加以协调，并通过信息的综合分析，达到管理的要求。CRM 系统的内容主要有销售自动化、营销自动化、客户服务与支持三个部分（见图 8—6）。

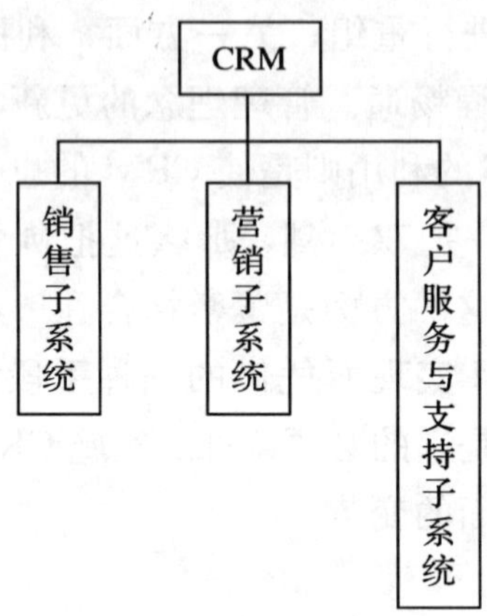

图 8—6　CRM 的功能子系统

销售自动化是以自动化方法替代原有的销售过程。企业凭借销售自动化，可以缩短销售周期，并使销售人员及时掌握市场信息，以便更好地获取销售利润。

营销自动化是销售自动化的补充。在企业的各个职能部门中，目前具有市场营销功能的主要是市场部。

客户服务与支持是 CRM 系统中的重要部分。它是以互动的方式加以实现的。

当以上三方面的功能实现之后，将会产生大量的客户信息，这些信息是宝贵的资源，对这些信息进行各种分析，以便产生涉及客户关系方面的商务智能方案，供决策者参考。当前，信息化、网络化已经得到企业的认可，数据仓库、商业智能、知识发现等技术大大提高了收集、整理、加工和利用客户信息的质量。

CRM 解决方案的出现，以及部分先进企业在接受 CRM 这一理念和与其相关的技术思路后，对自身交互式客户环境的变革和组织结构的改进，都充分证明了 CRM 的实践将创建面向客户的、成熟的、综合的商业模式。但不可否认，CRM 的选择和实践是一项复杂的系统工程，尽管某些先进企业正在着手建立客户关系、关注综合业务流程并自动控制与客户相关的活动及过程，但它们所遇到的困难仍然是多方面的。

三、CRM的实施

CRM的实施应该从两个层面上进行考虑：其一，从管理层面来看，企业需要运用CRM中所体现的思想，来推行管理机制、管理模式和业务流程的变革；其二，从技术层面来看，企业部署CRM应用系统，来实现新的管理模式和管理方法。这两个层面相辅相成，互相作用。管理的变革是CRM系统发挥作用的基础，而CRM系统则是支撑管理模式和管理方法变革的利器。一个企业如果要想真正让CRM应用到实处，就必须要从这两个层面进行变革创新，缺一不可。

CRM系统的项目实施是以业务和管理为核心的，是为了建立一套以客户为中心的销售服务体系，因此CRM系统的实施应当是以业务过程来驱动的，而不是IT技术。应当将CRM系统的实施作为改善企业销售服务水平的一次机遇，在实施过程中主动思考现有的销售、市场和服务机制存在的问题和长处，去除业务环节中没有效率、对改善客户关系不能起到帮助作用的环节，而不要以简单替代的形式实施CRM系统或者将CRM系统的实施看作是一个自动化的实现过程。

美国某研究机构的最新研究报告表明，CRM的实施缺乏企业级CRM战略设计，技术未能很好地与清晰的企业级战略相结合，结果导致了CRM实施的成功率降低。大量的研究和实践都表明：在战略层次上部署CRM是确保CRM成功的首要因素。必须在战略层次上部署CRM实施的原因其实很简单：CRM本身就是企业的商务战略。该战略包括理念、流程和技术三个方面。人们对CRM的管理思想的把握是CRM的核心，理念指挥行动，没有正确的理念不可能有正确的行动，因而不可能有正确的结果。但理念正确不能确保行动正确，为了确保用正确的行动实现正确的CRM理念，必须从流程和技术上提供保证机制，从而在业务运作流程上体现CRM理念，在技术手段上固化流程，达到用流程、技术手段约束人们的行为符合CRM理念，最终实现CRM理念的目的。理念、流程、技术三者缺一不可，而且三个层次必须相互支撑、协调工作才可能保证以客户为中心的商务战略的成功实施。

CRM战略的实施涉及业务流程的再造、组织机构的调整和企业文化的重塑等企业“伤筋动骨”的变化，如果企业自身不具备一定的管理基础，就无法完成这样的变化。CRM 实施的关键包括如下几方面：

（1）高层领导的支持。高层领导的作用是：首先，他为 CRM 设定明确的目标；其次，他是一个推动者；最后，他确保企业上下认识到这样一个工程对企业的重要性。

（2）要专注于流程。成功的项目小组应该把注意力放在流程上，而不是过分关注技术。

（3）技术的灵活运用。

（4）组织良好的团队。

（5）重视人的因素。

（6）分步实现。

（7）系统的整合。

四、CRM 与 ERP 的集成

在本节的最后，我们来讨论一下 CRM 与 ERP 的集成。

传统的 ERP 系统着眼于企业后台的管理，目标是最优地利用企业的各项资源，而缺少直接面向客户的管理。随着因特网和电子商务的发展以及个性化产品、服务和管理的要求，企业越来越直接地面对客户。了解客户并尽快满足其需求成为企业生存的要素之一。基于上述背景，前台管理系统，即 CRM 系统便出现了。

大多的 ERP 产品包括了销售、营销等方面的管理。而 CRM 产品则是专注于销售、营销、客户服务和支持等方面，这比 ERP 更进一步。CRM 在开拓市场、吸引客户、减少销售环节、降低销售成本、提高企业运行效率等方面与单纯地运用 ERP 软件相比会带来更大的效益。通过 CRM 系统，企业能够提供一个与客户沟通的统一平台，提高员工与客户接触的效率和客户反馈率，实现前台业务与后台业务领域的整合。

CRM 侧重于管理企业的客户，因为客户是企业最重要的资源，ERP 作为企业资源计划系统，必须保证企业的物质、资金、人力、信息等资源围绕客户资源进行配置；与此同时，CRM 以客户战略带动企业整体组织和业务流程的优化，ERP 必须遵循此战略对自身的生产制造、物流管理、财务和人力资源管理流程进行改造和更新。CRM 要与 ERP 在财务、制造、库存、分销、物流和人力资源等方面连接起来，提供一个闭环的客户互动循环，这样才能最大限度地实现其价值。

在对 CRM 系统与 ERP 系统整合时，可以使用 5 种方法：

(1) 提供中间件。

(2) 数据同步复制。

(3) 二次开发。

(4) 统一标准。

(5) 统一使用。

较好的整合方法有两种，一是 CRM 和 ERP 两个系统出自同一个软件厂商，两者已经高度集成；二是提供标准的中间件，方便系统升级维护，保护企业的有效投资。

概括地说，在 ERP 系统中，采购、库存、销售等功能组成了后台的企业内部管理。CRM 系统中营销、销售、服务与支持三大功能属于企业前端办公自动化的内容，也属于企业内部管理。只有实现了 CRM 与 ERP 的集成运行，才能真正解决企业供应链中的下游链管理，将客户、经销商、企业销售部全部整合到一起，实现企业对客户个性化需求的快速响应。只有将两者集成，才能真正发挥各自的更大作用。CRM 从盈利方面，ERP 从成本方面，共同为提升企业的效益作出了贡献。

第四节　SCM

近年来，伴随着经济全球化进程的不断加快，IT 技术的飞速发展，尤其是 Internet/Intranet 技术的广泛应用，企业所处的商业环境发生了巨大的变化。这时，有供需关系的上下游企业之间的联系越来越紧密。因此，供应链管理理论和方法得到了很大的发展。

一、什么是供应链

供应链由波特的价值链理论发展而来。企业的目的就是通过产品和服务来创造价值并获得利润。企业通过一系列的价值活动来实现价值增值，企业所有价值活动连接在一起就形成了价值链。

价值链把总价值按照企业的价值活动展开。这些活动又可分为主要活动和支持活动：主要活动是指直接与企业产品和服务的生产、销售相关的为顾客创造价值的活动，包括：进货后勤、生产作业、发货后勤、经营销售以及服务活动；支持活动是指使主要活动能顺利开展的各种资源，如企业的基础设施、人力资源、技术研发、采购能力等。企业的辅助活动的每一项都可以与具体的基本活动联系起来并支持整个价值链。

概括地说，价值链是指，任何一个企业均可看作由一系列相互关联的行为所构成，这些行为对应于物料从供应商到顾客的流动过程，而这一过程就是物料在企业的各个部门不断增加价值的过程。

每一个企业都是这样的一个价值链，但是一个企业的产品又成为另一个企业的原料，这样不同的价值链就通过供需关系联系起来，构成一个网络或更高层次的价值链（或称为供应链）。在这个链中，每个企业既是链中某个对象的顾客，又是另一个对象的供应者。

具体地说，供应链即供应商、制造商、分销商、零售商和消费者组成的功能结构模式。可以认为，供应链的概念是从生产扩大化概念发展而来的，它将企业的生产活动进行了前伸和后延。向前延伸是指将供应商的活动视为生产活动的有机组成部分而加以控制和协调；向后外延则是将生产活动延伸至产品的销售和服务阶段。

企业供应链也被称作需求链，因为它是企业为满足消费者的需求而进行的业务上的联合。上游为其下游供应物料，下游对上游产生物料需求。也就是说，供应链是由原材料和零部件的供应商、产品和服务的提供商、分销商和零售商及最终用户组成的一个网络，以实现由顾客需求提出到符合顾客所需求的产品和服务的提供，顾客需求最终得到满足的一个过程。

企业供应链又被称作供需链，物料从供方开始，经由制造、销售等环节向需方客户流动，而且这一过程中的各个环节都存在“需方”与“供方”的对应关系，形成一条首尾相连的长链，故称其为供需链。在供需链中，可以是以一个企业为主，而将供应商与分销商、外协单位及用户纳入到供需链中；也可以是若干个不同的企业，包括供应商、制造商与分销商联合在一起。

可以看出，供应链是一个范围更广的企业结构模式，它包含所有加盟的节点企业，从原材料的供应开始，经过链中不同企业的制造加工、组装、分销等过程直到最终用户。需要注意的是，一般来说，每个供应链的节点中都有一个核心企业，供应链是由核心企业向供应链前、后扩充而形成的一个综合网络，每个网络中的节点企业的资源在网络中流动。节点企业在需求信息的驱动下，通过供应链的职能分工与合作，以资金流、物流或服务流为媒介，实现整个供应链的不断增值。

供应链的网络结构模型如图 8—7 所示。

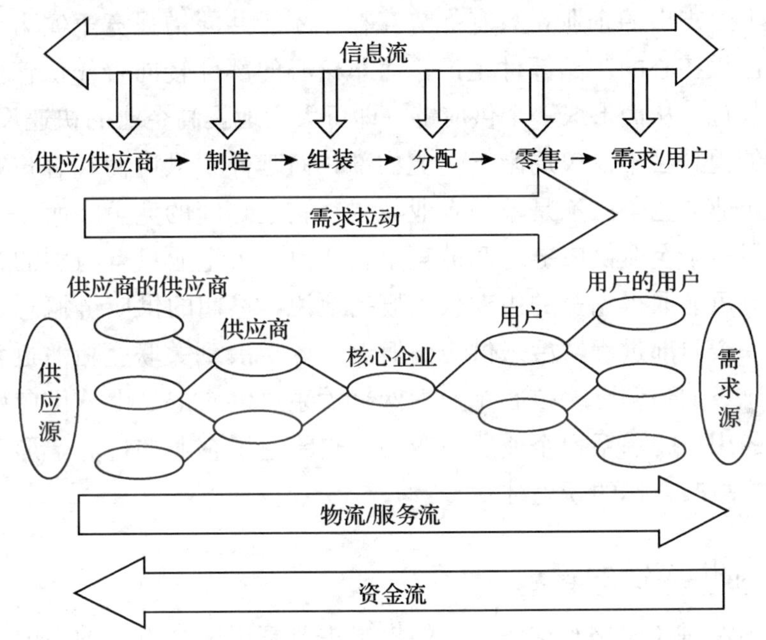

图 8—7　供应链的网络结构模型

从供应链的网络结构模型可以看出，供应链是一个网链结构，由围绕核心企业的供应商、供应商的供应商、用户、用户的用户组成。一个企业是一个节点，节点企业和节点企业之间是一种需求与供应关系。

供应链一般分为内部供应链和外部供应链。内部供应链是指企业内部产品生产和流通过程中所涉及的采购部门、生产部门、仓储部门、销售部门等组成的供需网络。而外部供应链则是指企业外部的、与企业相关的产品生产和流通过程中涉及的原材料供应商、生产厂商、储运商、零售商以及最终消费者组成的供需网络。内部供应链和外部供应链共同组成了企业产品从原材料到成品再到消费者的供应链。

传统的供应链概念局限于企业的内部操作层上，注重企业自身的资源利用。后来，供应链的概念注意了与其他企业的联系，注意了供应链的外部环境。因为在当前这种市场环境中，一切都要求能够快速响应用户需求，而要达到这一目的，仅靠一个企业所拥有的资源是不够的。在这种情况下，企业必然会将资源延伸到企业以外的其他地方，借助企业的所有资源达到快速响应市场需求的目的。现在人们认识到，任何一个企业都不可能在所有业务上成为世界上最杰出的企业，只有优势互补，才能共同增强竞争实力。企业只需抓住自己最核心的产品部件生产，而非核心的部件转向合作伙伴生产，也就是业务外包，从而形成一个供应链，即可大大地提高企业的快速反应能力。由于企业的视野已不仅仅局限于企业内部，而延伸到供应商和客户，所以可以说现代企业的竞争已不是单一企业与单一企业之间的竞争，而是一个企业供应链与另一个企业供应链之间的竞争。任何一个企业只有与别的企业结成供应链才有可能取得竞争的主动权。概括地说，早期的供应链概念是指制造企业中的一个内部过程，后来供应链概念开始扩展到关联企业。近年来，供应链的概念更加强调围绕核心企业的网链关系。供应链是由从供应商的供应商到用户的用户的一系列企业所组成的，它跨越了企业的边界，形成了一种合作制造或战略合作的新思维。

二、对供应链的管理

供应链管理（SCM）这一概念的提出主要基于两个方面的原因：一是激烈的市场竞争使得原来那种单枪匹马型的企业竞争难以适应快速变化的客户需要，任何一个企业只有在提高内部业务效率的基础上，加强上下游企业的紧密合作，才能更好地生存与发展；二是随着信息技术的飞速发展，企业可以在全球范围内获取资源并销售产品，全球化的业务运作需要有更加有效的管理理念和实现技术作为其支撑，供应链管理的思想和方法正适应了这一需要，因此得到普遍关注。

供应链的发展经历了初期的单纯企业供应链，发展为包含企业内部供应链以及围绕核心企业，包括上游供应商的供应商、下游客户的客户的集成供应链。这条链上的节点企业只有达到同步、协调运行，才有可能使链上的所有企业都能受益。所以，供应链管理绝不是供应商管理的别称，作为一种新的管理思想，它把供应链上的各个企业作为一个不可分割的整体，使供应链上各企业分担的采购、生产、分销和销售等职能彼此衔接，成为一个协调发展的有机体。

作为供应链的整体，以核心企业为龙头，把各个参与供应链的企业有效地组织起来，优化整个供应链的资源，以最低的成本和最快的速度生产最好的产品，最快地满足用户需求，以达到快速响应市场和用户需求的目的，这是SCM最根本的目的和要求。SCM的功能是要将顾客所需的正确的产品（right product）在正确的时间（right time）按照正确的数量（right quantity)、正确的质量（right quality）和正确的状态（right status）送到正确的地点（right place）——即“6R”，并使总成本最小。

SCM是对供应链业务及各种伙伴关系进行计划、组织、协调和控制的一体化管理。SCM应对供应链中所有流程及其关系进行管理，包括采购、制造、分销、零售、退货和客户及其相互关系等。SCM是一种跨企业的协作，覆盖了从原材料到最终产品的全部过程。这个管理过程中的收益来自把供应商、制造者和最终客户紧密地结合起来，消除或减少了整个供应链中不必要的活动和成本。

在SCM中，贯穿着三种管理思想：

（1）链上的企业之间的合作。在激烈的市场竞争中，企业只有加强上下游企业的紧密合作，才能更好地生存和发展。

（2）实现“共赢”。通过协调运行、集成管理而实现高效运转、降低成本、创造最大价值，使链上的所有企业和用户均得到收益。

（3）最终用户驱动。通过用户驱动，也就是最终消费者的驱动，实现SCM的高效化。

SCM不仅仅是多个企业的联合体，而且是多个企业的融合体，因为整个供应链是一个整体，所以要对这个整体的各种资源进行集成管理。资源的集成管理是SCM的关键。它是在传统企业管理思想的基础上进行革命性的扩展，把企业内部以及节点企业之间的各种业务作为整体功能过程，跨越企业边界，在供应链范围内进行优化整合，通过信息、制造和现代管理技术，将企业生产经营过程中有关的人、技术、经营管理三要素有机地集成并优化运行，形成集成化的供应链管理体制。

SCM 共分为三个层次，最上层为战略层，中间为运作层，位于下方的为支持层。

战略层也可以称为决策层，是 SCM 的核心，它是对 SCM 的总体规划和总体控制。在这个层次的管理上，需要结合企业的总体目标制定出 SCM 的目标以及 SCM 的主要内容。

运作层是 SCM 的重要组成部分，许多具体的操作都要在这个层次的管理中进行。它不仅包括企业内部的供应系统管理，还包括与其他企业的协调、合作管理。这是优化生产过程、降低生产成本的关键。

支持层是 SCM 的基础，它是整个 SCM 的保证。合理的组织结构和制度保证了其顺利进行；具有相关知识和技能的管理人员使得其得以正确执行；先进的科学技术使其发挥出应有的效用。

企业实施 SCM，可以使企业面向整个供应链管理，并带来供应链的变革，以至使企业降低交易成本、缩短订货周期、改善信息管理和提高决策水平，从质量、成本和响应速度三方面改进企业经营，增强企业竞争能力。

在实施 SCM 之前，必然首先制定可行的实施计划，在计划指导下逐步开展，逐步完善。根据实施计划，首先，定义长期的供应链结构，使企业在与正确的客户和供应商建立的正确的供应链中，处于正确的位置；然后，重组和优化企业内部和外部的产品、信息和资金流；最后，在供应链的重要领域（如库存、运输等环节）提高质量和生产率。

三、SCM 的实施

要成功地实施 SCM，使其真正成为有竞争力的武器，就要抛弃传统的管理思想，把企业内部以及节点企业之间的各种业务看作一个整体功能过程，形成集成化的供应链管理体系。为了真正实现集成化的供应链管理，企业必须从以下几个方面进行转变：

（1）企业要从供应链的整体出发，考虑企业内部的结构优化问题；

（2）企业要转变思维模式，从纵向一维空间思维向纵—横一体的多维空间思维方式转变；

（3）企业要放弃“小而全、大而全”的封闭经营思想，向以与供应链中的相关企业建立战略伙伴关系为纽带的优势互补的合作关系转变；

（4）企业要建立分布的、透明的信息集成系统，保持信息沟通渠道的畅通和透明度；

（5）所有的人和部门都应对共同任务有共同的认识和了解，去除部门障碍，实行协调工作和并行化经营。

企业从传统的管理模式向集成化的供应链管理模式的转变，一般需要经过五个阶段：

（1）基础建设；

（2）职能集成；

（3）内部供应链集成；

（4）外部供应链集成；

（5）集成化的供应链动态联盟。

SCM 的基础是供应链上的节点企业之间的信息的高度集成与共享，实现这一点的关键是要有一个基于 IT 的良好的信息技术支撑体系。简单地说，供应链的管理依赖于信息技术的集成与利用。基于 EDI（电子数据交换）的信息技术支撑体系曾为 SCM 立下汗马功劳，而且一些企业仍在应用。然而，Internet 的出现及其飞速发展，使得基于 Internet 和 Intranet 的 SCM 的信息技术支撑体系成了发展的主流和方向。

在供应链企业中，要充分利用 Internet 和 Intranet 建立三个层次的管理信息系统。

（1）外部信息交换。

企业首先应当建立一个 Web 服务器（Internet 和 Intranet 软件的主要部分）。通过 Internet，一方面，完成对企业在不同地域的分销商、分支机构、合作伙伴的信息沟通与控制，实现对重要客户的及时访问与信息收集；另一方面，可以实现企业的电子贸易，在网上进行售前、售中、售后服务和金融交易。

（2）内部信息交换。

管理信息系统的核心是企业的 Intranet，因为企业的事务处理、信息共享、协同计算都是建立在该基础上的，要与外部交换信息也是以 Intranet 产生的信息为基础的。信息处理系统主要完成数据处理、状态统计、趋势分析等任务。它们以往大部分由企业部门内部独立的个人计算机应用系统组成，主要涉及企业内部所有部门的业务流程。

（3）信息系统的集成。

在集成化的供应链管理环境下，要实现企业内部独立的信息处理系统之间的信息交换，就需要设计系统之间信息交换的数据接口。通过 Internet 的“标准化”技术，Intranet 将以更方便、成本更低的方式来集成各类信息系统，企业通过 SCM 软件使内外部信息环境集成为一个统一的平台整体。

企业只有建立并完善了自己的 SCM 系统，才能更好地对企业自身的采购、销售活动加以控制，才能更好地完成企业自身的商务经营活动。在企业的供应链上，信息、物料、资金等要能够流动。而业务流程决定了各种流的流速与流量。为了使企业的业务流程能够预见并响应内外环境的变化，企业的业务流程必须保持资源的敏捷畅通。所以，要提高企业 SCM 的竞争优势，还必须对企业的业务流程进行改革。

总之，SCM 利用现代信息技术，通过改造和集成业务流程、建立与供应商以及客户协同的业务伙伴联盟，实施电子商务，大大提高了企业的竞争力，使企业在复杂的市场环境下立于不败之地。

四、SCM 与 CRM、ERP 等的集成

今后，市场竞争的关键已转变为企业掌握客户需求并满足其需求的能力之间的竞争，也必然会体现为企业供应链之间的竞争。企业必须通过优化其流通网络与分销渠道、减少库存量、加快库存周转来改进它们的供应链，但要做到这些，就必须实现公司信息系统与客户数据和知识、销售、营销和服务职能的集成。一句话，如果 SCM 不与 CRM 进行整合，则必定走向失败和消亡。

传统的供应链中欠缺的正是制造商、分销商和客户的联系，有关顾客需求的实时信息无法及时反馈回供应链，导致对顾客反映的滞后。借助先进的 CRM 系统就有可能彻底改变这种现象。SCM 与 CRM 进行应用功能整合，将使企业实现成本的节约和服务的改善，实质性地降低经营费用和成本，同时也能有更多时间去关注客户及客户关系。

全面地来看，SCM、ERP（建立在企业过程再工程上）、CRM 自左至右

将供应商、企业和客户连在一起，构成了所谓的 B2B（企业对企业）、B2C（企业对顾客）价值链（见图 8—8）。换句话说，企业价值链由企业内部的业务处理系统 ERP、企业间的业务处理系统 SCM、企业与客户间的管理系统 CRM 构成。ERP、CRM、SCM 等系统各有其独立的作用，只有结合起来，才能对企业发挥大的作用。

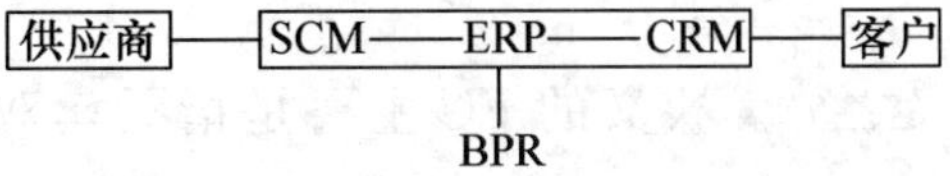

供应商——SCM——ERP——CRM——客户
BPR

图 8—8　SCM、ERP、CRM 的集成

SCM 定位于企业外部资源特别是原材料和零部件等资源与企业生产制造过程的集成管理；ERP 定位于企业内部从原材料到产成品交付整个过程的各种资源计划与控制；CRM 则定位于产成品的整个营销过程的管理。SCM 不仅是对一个企业范围内的资源及活动的管理，而且是对整个供应链上相关企业的资源及活动的集成化的管理思想和方法，其目的是增强合作，加强对相关企业资源和活动的协调运作和管理职能；ERP 实质上主要是一种对企业范围内的各种资源和活动的集成化的管理思想和方法，目的是最大限度地发挥资源的整体作用，协调组织范围内活动的开展；CRM 是对一个企业与客户相关的职能活动及流程的集成化的管理思想和方法，其目的是为企业提供全方位一致的客户信息，强化与客户交流的能力，最大化客户的满意度。三者共同构成了电子商务时代企业运作和管理的基础平台。三者一起，已成为现代企业提高竞争力的三大法宝。

第五节　EC

一、EC 概述

（一）EC 的概念和特点

在世界信息化的高潮中，特别是在因特网迅猛发展与广泛应用的推动下，一个新的信息化领域——电子商务异军突起，风靡全球，强烈地冲击着传统的商务体系与制度，对整个社会经济活动产生了并继续产生着重大的影响。

所谓电子商务（EC），是指实现整个商务活动的电子化。尽管人们从不同的角度提出了不同的定义，但归纳起来可以这样认为：EC的组成要素必须包括两方面，一方面是电子方式，另一方面是商务活动。一般地讲，通过电子手段来完成某个商业贸易活动的过程就是电子商务过程。但人们现在常常谈到的EC，主要是指利用互联网提供的通信手段进行的电子交易。

EC有狭义和广义之分。狭义的EC主要是指买卖双方及有关各方利用计算机网络和数字化手段进行产品与服务的交易活动。广义的EC包括从原材料供应商、产品/服务提供商及其合作者和技术、业务支持者直到客户的整个供应链上的各个环节，涉及企业内、外各级组织与人员的有关业务活动。

从企业的角度看，它包括企业内部EC和企业外部EC。企业外部EC是指利用信息技术支持企业与市场之间的相互作用；而企业内部EC则是运用信息技术来支持企业内部的过程、职能和运作。对企业自身而言，EC的含义，一方面，是通过电子网络向相关的企业订购产品和服务，允许其他企业或个人通过电子网络订购本企业的产品和服务，通过网络进行电子货币结算，通过网络宣传产品；另一方面，是使企业内的员工能进行电子化的协同工作，使用信息网络技术完成内部的设计、生产和协调等任务。所以，EC不仅仅是企业经营商务环节的电子化（网上订单、网上支付等），更包括后续的采购、生产、库存、配送等整个供应链的电子化，以及管理和决策的电子化。

EC具有以下特性：

（1）更广阔的环境。人们不受时间、空间的限制，不受传统购物的诸多限制，可以随时随地在网上交易。

（2）更广阔的市场。在网上，一个商家可以面对全球的消费者，而一个消费者可以在全球任何一个企业购物。

（3）更快速的流通和低廉的价格。EC减少了商品流通的中间环节，节省了大量的开支，从而降低了成本。

（4）更符合时代的要求。如今人们越来越追求时尚，讲究个性，而网上购物更能体现个性化的购物过程。

EC 的实质是一种先进的电子手段。它简化了贸易流程，降低了成本，提高了效率。从整个社会发展来说，EC 不仅对商品流通领域，而且将会对商品生产领域引起重大的变革。它不仅改变了营销方式，也改变了企业的经营模式及管理模式，未来企业的经营管理体系将以 EC 为核心，逐步发展成面向全球市场、参与世界竞争的企业模式。

（二）EC 的技术基础

EC 是指利用计算机网络技术进行各种商务活动。计算机网络是 EC 的基础。具体地说，由于 EC 是工作于网络环境，所以 EC 的工作环境依赖于国际互联网所能提供的服务功能。

在 Internet 上传输最多的就是电子邮件（E-mail）。仅次于电子邮件的就是信息浏览服务，其中最重要的是 WWW，即万维网。在 EC 的运作过程中，万维网可以起到非常重要的作用，它是 EC 的核心。IBM 认为，EC 是万维网与现有业务系统的结合，是在 Internet 与信息系统相结合的背景下，产生的一种在互联网上利用 Web 技术开展相互关联的动态商务活动。

全面地说，EC 的技术基础是国际通信网络和电子数据交换系统（EDI）。

EDI 是将与贸易有关的信息用一种国际公认的标准格式进行编制，通过计算机通信网络，实现各有关部门或公司与企业之间的数据传输与处理，完成以贸易为中心的全部业务过程。由于 EDI 的费用昂贵，尽管可以避免人为的失误、降低成本、提高效率，但是这项技术并没有得到普及。

虽然电子商务服务并不是绝对局限于因特网，但因特网的优点使越来越多的电子商务应用走上以因特网技术为平台的道路。在近几年中，许多企业已开发了 Intranet，整个社会对于 Internet 的普及和推广也做了大量工作，在建立了完善的 Intranet 和实现了其与互联网之间的安全连接后，企业已经为建立一个好的电子商贸系统打下了良好基础，在这个基础上，再增加电子商贸应用系统，就可以进行 EC 了。

EC 是利用计算机网络等信息技术在企业之间、企业与消费者之间进行网上交易，以及与此相关的企业内部事务联网处理的商业模式。企业与企业之间的 EC 主要借助 Internet 和 Extranet 实现；企业与消费者之间的 EC 主要是电子购物和电子化服务；企业内部处理则主要利用 Intranet 来实现。因此，EC 实际上是以网络为主的多种信息技术在商业领域的集成应用。

二、EC的体系

（一）EC的关键要素和主要模式

EC与传统商务一样，在整个过程中有信息流、资金流、物流在循环流动，也就是说EC包含下面三个关键要素：

信息网：提供EC参与各方的信息传送与处理功能；

金融网：提供交易各方在线或离线的支付功能；

运输网：当商品是实体时，将其从一方传递到另一方。

EC是一个由以信息网为载体的信息流、以金融网为载体的资金流和以运输网为载体的物流所构成的有机整体，如图8—9所示。

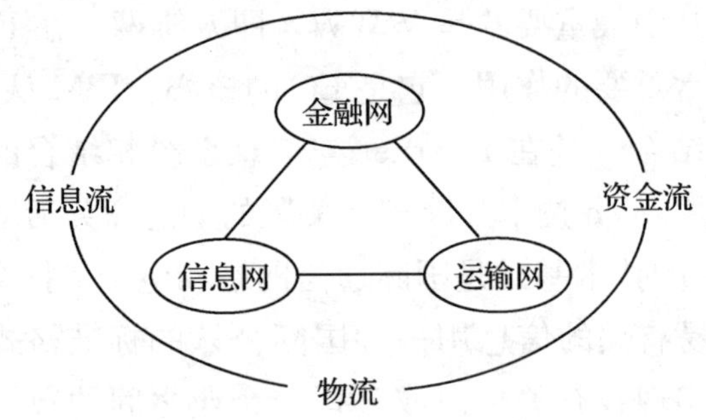

图8—9　EC的组成要素

参与EC的主要角色是企业和消费者，因此，企业之间、企业与消费者之间的网上交易就构成了企业对企业、企业对消费者两种主要的商务模式。因此，可以将EC系统分为两大类：即商对商系统或B2B系统以及商对客系统或B2C系统。B2C这类EC主要借助于国际互联网所开展的在线式销售活动。现在大多数EC系统都是B2C系统，而将来可能引起流通系统产生较大变化的主要是B2B系统。

B2B的电子商贸过程是一个将买方、卖方以及服务于它们的中间商（如金融机构）之间的信息交换和交易行为集成到一起的电子运作方式。从EC发展历史来看，B2B电子商务大发展大致分为四个阶段：

第一阶段：利用Internet进行商情发布。大多数企业最初都在组建营销网站，把企业产品和服务信息发布到Internet上，以获取更多的市场机会，提高竞争力。

第二阶段：Intranet上的交流和协同工作。这是Intranet建设。在Intranet 上开展信息交流，实现信息共享，使企业内部的工作流程和业务流程逐步实现自动化，提高工作效率，降低经营运作成本。建立企业的管理信息系统，把企业内部与外部结合起来，形成 Internet 与 Intranet 相结合的信息网络。

第三阶段：Extranet 上的商务交流合作。把企业内部与外部结合起来，形成 Intranet 和 Extranet 相结合的信息网络，使得企业内部各部门之间、企业与合作伙伴之间、企业与供应商或分销商之间建立顺畅的业务网络，进行商务交流、网上服务和连锁供应等。

第四阶段：完整的 EC 应用。这是 EC 的成熟阶段或最高阶段。通过具有高度集成性、扩展性、安全性的全面的 EC 解决方案，把买方与卖方、企业与合作伙伴等在 Internet、Intranet 和 Extranet 上结合起来开展全面的电子商务应用。

（二）EC 的系统结构

全面地看，EC 系统是由需求方、供应方、支付中心、认证中心、物流中心和 EC 服务商等系统角色构成的一个大系统。其中需求方可以是企业，也可以是个人，只要通过 EC 系统采购商品和服务，就是 EC 系统的需求方；供应方与需求方类似，也可以是企业或者个人，只要通过 EC 系统提供商品和服务，就是 EC 系统的供应方；支付中心的功能是为 EC 系统中的需求方和供应方等角色提供资金结算和支付服务，它一般由网络银行来承担；认证中心是一些不直接从 EC 交易中获利的第三方机构，负责发放和管理用来证明参与双方身份的数字证书，使各参与方均能相互确认身份；物流中心接受供应方的送货要求，负责及时地将有形商品送达需求方指定的地点，并跟踪商品的动态流向；EC 服务商提供网络接入服务、信息服务以及应用服务。所有参与各方围绕 EC 网络相互协作开展业务，共同完成 EC 系统的功能。EC 系统的基本结构如图 8—10 所示。

可见，一个完整的基础 EC 系统，是在 Internet 信息系统的基础上，由参与交易的信息化企业和使用 Internet 的消费者主体、提供实物配送和支付结算服务的机构以及提供网上商务服务的 EC 服务商组成的。Internet 信息系统保证了 EC 交易系统中的信息流的畅通，是 EC 交易顺利进行的核心。企业和消费者是网上市场交易的主体，缺少这些主体，EC 就失去了存在的意义。EC 服务商是网上交易顺利进行的手段，它可以推动企业、消费者上网和更加

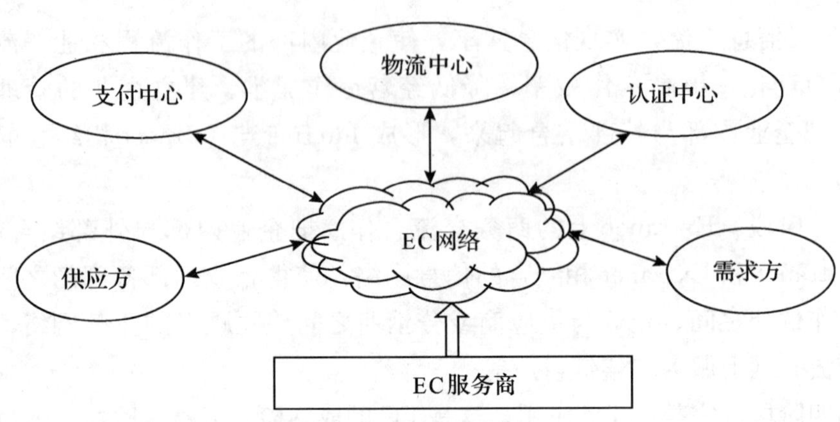

图 8—10　EC 系统的基本结构

方便地利用 Internet 进行网上交易。实物配送和网上支付是网上顺利进行的保障，缺少它们，将阻碍网上交易的完成。

注意，由上述几部分组成的基础 EC 系统，将受到一些市场环境的影响，这些市场环境包括经济环境、政策环境、法律环境和技术环境等几个方面。EC 在提供交易所必须的信息交换、支付结算和实物配送等基础服务的同时，还将面临使用信息技术作为交易平台带来的新问题，如信息安全问题、身份识别问题、信用问题、税收问题、法律问题、隐私问题等。此外，EC 还面临着企业和消费者是否愿意上网的问题。只有交易双方都上网，才有可能推动网上交易的发展。解决上述问题，必须从外部市场环境来着手解决，对于安全问题和身份识别问题，需要通过加强技术进步来保证；对于法律问题和隐私问题，则需要加强 EC 的立法；对于推动消费者上网购物的问题，则需要全社会的参与和引导。

第六节　CMS

一、协同管理系统（CMS）的概念

（一）时代呼唤“协同”

21 世纪是信息时代，是经济全球化的时代。办公自动化（OA）的建设引起了管理者和实践者们的高度重视。传统 OA 暴露出了它对于现代企业管理理念认识的肤浅，于是一场新的“协同 OA”革命悄然诞生。

传统的办公方式极大地束缚了人的创造力和想象力，埋没了人的智慧和潜能，使人们耗费了大量的时间和精力去手工处理那些繁杂、重复的工作。用先进的、现代化的工具代替手工作业，无疑是生产力发展的方向。OA 对传统办公方式的变革，正是适应了人们的普遍需求，它在中国信息化的早期一直扮演着重要的角色。那时问到是否上了信息化，大多都指 OA 系统，而企业也把 OA 作为除财务系统之外的软件采购首要的考虑对象。起源于政府公文和档案管理的 OA，经过一段时间的发展，在企业中也得到越来越广泛的应用。除了政府的收发文管理、档案管理、公告牌这些传统功能外，又逐步加入了 BBS、日程安排、人事管理等功能。OA 似乎如它最初的定义那样，达成了所谓的“office automation”，即通过电子化日常事务流程和各种信息，实现无纸化办公。

然而在这种情况下，传统 OA 的所有作用不过是用计算机的操作代替了部分手工处理的信息和办公流程，除了利用计算机技术的一些先进性外，并没有基于任何先进管理理念和方法。而传统 OA 产品所涵盖的企业管理的方面以及功能的深度和广度，也是非常让人失望的。更尴尬的是，在管理软件市场越来越细分而用户要求日益深入的今天，发展了几十年的 OA 领域并没有出现令人瞩目的革命——不像 ERP，从 MRP/MRP-2/ERP/ERP-2 一路走来，并分化出更多的新领域，如 CPC（协同产品商务）等。当信息化轨道上已经驶入了“磁悬浮”时，OA 依然是辆吱呀作响的“老牛车”。传统 OA 显然已然无法跟上时代的脚步，OA 的市场在悄悄酝酿着一场变革，OA 领域里正越来越频繁地出现一个词——“协同”。无论是业界评述的文章，还是供应商的产品宣告，都前所未有地一致，不约而同地倡导着“协同”的理念。

（二）什么是协同管理

协同一词来自古希腊语，或曰协和、同步、协作、合作现象、协同作用，是协同学（synergetics）的基本范畴。关于协同的思想源远流长，无论是古老的东西方哲学，还是现代的自然与社会科学，实际上在研究人与自然、人与人乃至整个宇宙协调发展问题的同时，都必然要涉及协同。

协同学是研究协同的科学。协同学是一种系统理论，主要研究自组织的开放系统。它接受了一般系统理论的基本结构，把一切研究对象看成由组元、部分或者子系统构成的系统。这些系统通过物质、能量或信息交换等方法相互作用。通过子系统之间的这种相互作用，整个系统将形成一种整体效应或者一种新型的结构。在系统的这个层次结构中，这种整体效应具有某种全新的性质，而这种性质在微观子系统层次可能是不具备的。

管理学中最早引入协同思想是在1965年，H·伊戈尔·安索夫在出版的《公司战略》（Corporate Strategy）一书中首次提出了协同的概念。协同表达了1＋1＞2的理念，即公司整体的价值大于公司各独立组成部分价值的简单总和。协同管理就是要通过对由若干子系统组成的系统进行时间、空间和功能结构的重组，产生一种具有“竞争—合作—协调”的能力，其效应远远大于各子系统之和的新的时间、空间、功能结构。

借助以上概念，我们把协同管理定义为：运用协同学自组织原理，通过建立“竞争—合作—协调”的协同运行机制，把系统中价值链形成过程的各要素组成一个紧密的“自组织”体系，共同实现统一的目标，是系统利益最大化的管理体系。我们可以从以下几个方面理解协同管理的概念：

（1）协同学是协同管理的重要理论武器。

（2）协同管理以系统为研究对象。

（3）“竞争—合作—协调”的协同运行机制，是协同管理区别于传统生产管理的重要特征，也是协同管理的重要标志。

（4）协同管理价值链的形成过程是指将价值低的原材料转换成价值高的产品的一系列活动。它不是一些独立生产经营活动的集合，而是一些相互依赖的活动，是竞争优势的基石。

（5）价值链各要素包括各种增值活动，如营销、设计、制造、检验、后勤供应、服务等，也包括进行各种增值活动所需的各种生产要素，如人力资源、材料、设施、成本、工作单元等。

（6）由于组成系统的各子系统具有不同的目标，这些目标地理上分散、组织上独立，只是为了实现共同任务而组成一个临时系统，因此，协同管理必须通过建立的自组织协同运行机制，协调各子系统的行为，以实现系统整体目标。

（7）协同管理的目标是合理利用系统中各子系统的各种优势，高效、灵活地满足目标群体的要求，最终实现系统整体利益的最大化。

(三) 什么是协同管理系统

在全球一体化的市场环境和知识经济背景下，企业正发生着深刻的变化。一方面，随着技术的不断成熟及与国际市场的接轨，竞争日益激烈，依靠产品销售产生利润的上升空间有限，企业开始更多地依靠高效的运营和优化的管理打造竞争内核，关注企业的可持续性发展，从营销取胜转向管理取胜；另一方面，运营管理水平的提升又赋予了企业新的能力，使得企业从成本、效率等优化中激发出新的利润增长点。而管理的一个核心问题则是对各种资源的掌控、协调及优化，这正是协同应用所要解决的问题。从管理的角度上来说，协同的本质就是打破资源（人、财、物、信息、流程）之间的各种壁垒和边界，使它们为共同的目标而进行协调的运作，通过对各种资源最大限度的开发、利用和增值以充分达成一致的目标。

信息技术是企业实现管理优化的一个重要手段，但我们发现，信息化的实践过程中，常常会面对“信息孤岛”、“应用孤岛”和“资源孤岛”三大难题，这三大难题与企业的管理需求产生了难以调和的矛盾。

信息孤岛和信息共享的矛盾：不同的信息以不同的结构（如 E-mail、备忘录、通讯、演示文档、扫描文档）在不同的数据库、主机、文件服务器、应用系统上存在，而这些系统缺乏相互连接的信息渠道，数据被封存并缺乏应有的关联，从而给企业获取有用的信息带来了很大障碍。

应用孤岛和业务整合的矛盾：针对自己某方面管理需求而引入的各种应用系统，在单个业务领域的管理上无疑有自己的特点，但由于它们无法面向整个业务过程，各个系统之间也难以紧密集成，使得企业环环相扣的业务被这些分散的系统分隔开来，企业不得不花费大量的人力、物力在不同的应用系统之间切换，导致运营效率低下和反应迟缓。

资源孤岛和资源协同的矛盾：企业运作的基本元素人、财、物、信息和流程，不能统一地被管理并在突破各种屏障和边界的工作环境下进行调配和紧密的整合，因而，难以为企业的目标进行一致性的协作和服务。

而协同应用的出现无疑为这些问题提供了有力的解决方案。协同应用提供了一种整体应用的方案，它关注的是全面的调控，更有利于对企业的各种资源进行充分整合，让这些被分隔开来的资源重新处于统一管理和调配之中，使企业从获得局部优化转变到获得整体优化。

与今天的如 ERP、CRM 等更多是从面向业务、面向业务逻辑、面向结构化信息的管理思路出发来构建的企业管理系统不同，协同管理系统面向企业管理中的人进行构建，以组织中的人为中心进行管理信息和资源的组织，强调组织中的人通过互联网进行互动、沟通、协作、交流；通过日常的各种协作完成组织知识的积累和存储，通过集中共享的方式方便组织信息的利用；以传导组织价值、理念、工作成果和命令等为主的信息发布和呈现方式支持组织文化和组织管理的发展，提升团队凝聚力和执行力。

我们平常处理的大量信息都是面向人的，如给领导报一份报告，提交一份申请等，是面向角色、面向行为规则的非结构化信息，这部分信息具有分散、跳跃、信息离散的特征。协同管理系统正是以这些信息为主要管理对象，以组织中的人为中心要素，通过人与人、人与事、事与事的相互作用过程即协同过程，完成信息积淀为组织知识的过程的。

协同管理系统是对组织中人、事件、资源之间的协同关系进行管理的系统。它有三个显著特征：第一，以人为中心，以人为根本元素和出发点来设计和构造应用；第二，以组织行为为管理根本，即对组织行为中的角色、事件、资源、流程、规则、状态、结果等要素进行管理；第三，以管理组织中的执行信息为对象，其中以占信息总量 80%的非结构化信息为重点。

二、协同软件

（一）协同软件的产生和发展

企业中的每一个人都不得不承认这样一个事实：在现代企业中，一个人单独工作几乎是不可能的。在企业里，协作每天都在发生。诸如，来来往往的 E-mail、频繁的电话、众多的传真、大量的内发文件，这些无一不是协作。但这些协作形式都带有分散式的特征，很容易使信息只停留在每个人自己的领域，无法形成人与人之间的互动和交流，从而导致大量资源的浪费和数据孤岛的出现。

互联网的发展使得协同工作的方式发生了巨大变化，商业体系越来越复杂，工作方式越来越具有流动性和移动性，客户越来越分散，上、下游伙伴联系越来越紧密，而地理位置却分散在全球各地，并处于不同的时区。这样，企业需要一种更高效的沟通协作系统，来更有效地管理建立在人和团队基础上的交流与互动，全方位地整合和优化企业的所有信息资源，更灵活地调整流程，以最终达到管理并提升企业核心竞争力的目的。这就是说企业必须选择一种适合它们自己的协同软件。

继ERP之后，协同应用成为被广泛关注的焦点，协同软件也成为应用软件市场的重要组成部分。当前协同应用的热点说明了全球一体化经济下激烈的市场竞争和日益注重沟通协作的商业环境趋势，都不可避免地要求企业将更多的精力集中于整合各种资源并打造高效和协同的运作体系；同时，鉴于对单个资源或部分资源进行管理的传统软件无法满足企业新的要求，应运而生的协同应用因其能够帮助企业适应新的市场环境而必将成为软件发展的趋势。

协同软件得到快速发展，这是在互联网支撑下管理软件的一次变革，这样的变革也切合企业管理软件从面向业务到面向决策，再面向人的回归和发展，是组织管理技术面对新的世界变化时的必然选择。事实上，不同的国家、不同的地区由于法律、政策和文化方面的原因，很难有一成不变的业务工作模式，而组织中不变的正是变化的组织模型、不断调整的工作流程、不断更新的信息系统等这些变化，而其中最灵动的人必须在非常重要的位置呈现出来，成为管理的主体和信息化的中心，这正是协同软件的优势所在。

作为一个新兴的朝阳产业，协同软件市场正处于跨越裂谷，进入导入期的阶段。特别是在中国，随着中国经济和信息产业的发展以及信息化应用水平的提高，国内协同软件市场呈现出机遇与挑战并存的格局。协同产品厂商如果能够把握住有利的发展时机，将会在未来几年中获得迅速的发展。

随着管理思想和信息技术的发展，协同软件将会在如下三方面进一步提升其应用：

（1）协同化。

协同软件的定位并不在于取代其他专业管理软件，而在于提供融合孤立资源的平台，因此它也将加强其外延的协同性，以各种技术手段实现与其他专业软件更多的互动和对接。

（2）智能化。

协同软件不仅要能充当企业办公的助手，更要能进一步充当参谋的角色。这就意味着它不仅仅是信息的载体，更是信息的分析工具，能够实现对数据的加工和转换，提供基本查询、报表和智能分析的一系列工具，并以各种形象的方式展现出来，从而为企业考察运营情况、分析当前问题所在、制定未来发展计划等方面提供更多的决策支持。

(3) 知识化。

在知识经济时代，知识已经成为企业获得发展的核动力，而不再是办公事务本身带来的短期利益。协同软件将利用自身的优势，更多地关注知识的收集、积累与继承，并提供相应的知识管理工具，以帮助提升企业及员工的内在能力，以实现其可持续性的发展。

(二) 协同软件的类型

协同软件从不同的角度有不同的分类方式，从它的表现形式来分可以分为：协同工具软件、协同平台软件、协同应用软件三种类型。

(1) 协同工具软件：是指可独立运行、功能相对单一、应用非常简便的辅助工具型软件。如：电子邮件系统软件、即时通信系统软件、视频会议系统软件等。

(2) 协同平台软件：是具有协同化的技术和应用架构，包括开发工具、应用中间件、开发环境等，可以让独立软件开发商或最终用户在此基础上进行协同应用开发的平台性软件。主流代表有：IBM Workplace、Microsoft.net 的套件和基于 J2EE 的技术平台三大技术流派。

(3) 协同应用软件：是指提供给团队组织用于实现协同化管理的最终应用软件。它面向应用，既要符合团队组织共同的协同应用特征，又要满足个性化的协同管理需求。

例如，泛微协同管理应用平台（e-cology）是一套兼具企业信息门户、知识文档管理、工作流程管理、人力资源管理、客户关系管理、项目管理、财务管理、资产管理、供应链管理、数据中心功能的企业大型协同管理平台，并可形成一系列的通用解决方案和行业解决方案。e-cology 为企业创建了一个无障碍的数字化管理环境，实现了企业各种资源的整合，管理、市场、销售、研发、人事、行政等都可通过 e-cology 被集成到统一的平台中，并为用户操作和获取信息提供统一的界面。它将企业看作是一个电子化的、有条理的、集中或分散的组织联盟。它联合企业所在的价值链中供应商、代理分销商、合作伙伴、客户等，形成一个紧密协作的价值共同体，建立灵活高效的运营模式，实现信息的共享和业务的一系列链接。无论是企业员工，还是外部访问者，都可通过 e-cology 迅速获益。企业的管理者可获得宏观层面上的运营及业绩分析，有效地组织资源，进行科学决策；企业的员工可共享知识、管理自己的工作任务、跟踪客户、参与项目、与他人随时进行沟通协作；合作伙伴可参与企业的商业过程，协作完成研发、市场、销售、服务等业务；客户可及时获得企业的信息和完善高效的服务。

（三）协同软件体现的管理思想

协同软件的管理理念就是要打破资源（人、财、物、信息、流程等）之间的各种壁垒和边界，使它们为共同的目标而进行协调的运作，通过对各种资源最大限度的开发、利用和增值以充分达成共同的目标。体现在协同软件中便成为了三大管理思想，即信息网状思想、业务关联思想和随需而应思想。

（1）信息网状思想。

企业中的各种信息都是存在着联系的，例如费用报销，这笔费用是什么时间花的？为哪个项目花的？等等。这些都是与报销单相关的信息。如果这些关联的信息被封存在不同的数据库或应用平台中，审批者就只能得到简单电子化的报销单而无从获得更多的信息以支持决策。协同应用则提供了更好的解决方案，它将各种分散的、不规则存在的信息整合成一张信息网，每个信息节点之间依靠某种或某几种业务逻辑关系进行关联，访问者可以完全突破信息孤岛的困扰，从而轻松自如地穿梭在这张信息网中并获取自己关心的信息。在协同应用平台中，审批者可以从这张报销单开始，迅速了解各种关联信息，包括费用花费的时间、地点、金额，并进而了解这笔费用花费后的项目进展情况，总体预算情况，等等。管理的一个重要方面就是对真实的全局信息的了解，而协同应用无疑提供了这样的可能性。

（2）业务关联思想。

现代化企业就像一台不停运转着的精密机器，企业的各个业务环节就像是机器上的各个部件，任何一个部件出了问题都会对整台机器的运转造成影响。从表面上来看，企业的业务被分为各个业务环节并归属于某个部门或某个人员负责，事实上这些业务环节之间有着千丝万缕的关系，更为重要的是它们都必须为企业的共同目标而运作。例如，一个客户会涉及客户名单（销售部业务）、市场宣传资料和方案（市场部业务）、相关物资领用或采购（行政部业务）、发票和费用（财务部业务）等。关注某个或某些业务环节的传统软件由于无法对其他业务环节进行统筹管理，因而企业就不得不在多个应用软件之间切换以保证同步运作。而协同应用平台则可以对这些业务环节进行充分的整合并纳入统一平台进行管理，任何一个业务环节的动作都可以轻松启动其他关联业务的运作，并对相关信息进行及时更新，从而实现业务与业务之间的平滑链接。

（3）随需而应思想。

企业的各种资源，包括人、财、物、信息和流程组成了企业运作的基本要素。协同应用将这些资源整合在统一的平台上，并通过网状信息和关联业务的协同环境将它们紧密地联系在一起。然而要进一步实现对这些资源的协调和优化，很重要的一点就是这些资源能够随着企业的某个目标或者某项事务而被灵活地组织起来并进行协作，为这个目标或事务各司其能并发挥最大的价值，换言之，即各种资源能够随企业的需要而及时地响应并突破各种障碍，实现一致性协作。例如，人与人之间的协作，在企业的每个角落里每天都在发生着。在协同应用平台中，人与人之间的屏障被打破，并可被随时调动起来，组成跨部门、跨企业、跨地域的虚拟团队。比如，一个项目的进行，随着项目的建立，各个部门的有关人员都可被加入到项目团队中，甚至可包括企业外聘的专家、相关客户、合作伙伴等。为统一目标而设的虚拟团队成员可以共享项目信息、被分配各自的任务、接受项目经理的监督、相互之间就某个问题进行探讨、参加网上的项目会议等。当然，在这样的例子中，虚拟团队不仅包含了人，还包含了财、物等资源，例如会议室、项目资料等。而在协同应用平台中，这些资源可以突破各种障碍而被迅速找到并集合到一起，并实现它们之间通畅的沟通、协调，从而保证目标的达成。

总之，协同应用的解决方案帮助企业整合了各种资源，因而协同应用平台也应具备如下三个基本特点，即：整合性，实现各种信息及业务环节的关联和统一管理；连贯性，实现以点带面的连通运作；灵活性，实现随需而应的动态组合及相互协作。

本章小结

决策支持系统是信息系统领域的一个分支，它通过扩展决策者在制定决策过程中处理大量信息的能力，为决策者提供服务。从最新的角度来看，决策支持系统是利用决策资源（数据、模型、知识）达到辅助决策的目的的系统，即按决策问题的要求集成决策资源，建成有效解决实际决策问题的计算机程序系统。另外，EIS 帮助经理解决战略管理层的非结构化问题。

现代应用系统集成的范围越来越大，出现了 ERP、CRM、SCM 系统。

ERP 是经由 MRP、MRP-2 发展起来的。MRP 解决了企业物料供需信息的集成；MRP-2 实现了企业各部门活动的集成、统一；ERP 把客户需求和企业内部的经营活动以及供应商的资源融合在一起，是面向全社会的企业资源计划。

CRM 就是对客户关系进行管理的一种思想和技术，它是一种“以客户为中心”的经营理念，借助于信息技术在企业的市场、销售、技术支持、客户服务等各个环节的应用，以改善和增进企业与客户的关系，实现以更优质、更快捷、更富个性化的服务保持和吸引更多客户的目标。

SCM 是对供应链业务及各种伙伴关系进行计划、组织、协调和控制的一体化管理。SCM 绝不是供应商管理的别称，作为一种新的管理思想，它把供应链上的各个企业作为一个不可分割的整体，使供应链上各企业分担的采购、生产、分销和销售等职能彼此衔接，成为一个协调发展的有机体。

EC 是利用计算机网络等信息技术在企业之间、企业与消费者之间进行网上交易，以及与此相关的企业内部事务联网处理的商业模式。因特网电子商贸系统（IBS）是一种商业业务信息处理系统。全面地看，EC 系统是由需求方、供应方、支付中心、认证中心、物流中心和 EC 服务商等系统角色构成的一个大系统。

CMS 的研究是一个新兴的领域，有很大的发展空间。本书首次将其纳入教科书，目的在于使读者对 CMS 给以重视。协同应用提供了一种整体应用的方案，它关注的是全面的调控，更有利于对企业的各种资源进行充分整合，使这些被分隔开来的资源重新处于统一管理和调配下，使企业从获得局部优化转变到获得整体优化。

关键词汇

DSS 模型库　　人机会话接口　　知识库　　GDSS　　IDSS

新 DSS　综合 DSS　EIS　MRP　MRP-2　企业资源
ERP　客户关系　CRM　供应链　SCM　EC　EDI
WWW　IBS　B2B　B2C　协同　协同管理　CMS
协同软件

习　题

1. 什么是 DSS？它和 MIS 的区别是什么？
2. DSS 的三个基本组成要素是什么？每个组成要素的作用是什么？
3. EIS 的作用是什么？它的特点是什么？
4. 简单叙述闭环的 MRP 的工作流程与特点。
5. MRP-2 最主要的子系统有哪些？
6. 谈谈 ERP 与 MRP-2 的区别。
7. CRM 的核心思想是什么？
8. CRM 软件的功能有哪些？
9. 内部供应链和外部供应链的含义是什么？
10. SCM 的目标和思想是什么？
11. 谈谈供应链管理的实施。
12. 狭义的电子商务和广义的电子商务各指什么？
13. 谈谈企业电子商贸系统和企业管理信息系统的关系。
14. 如何发展 B2B 电子商务？
15. 谈谈你对 CMS 的认识。
16. 请在网上搜索一下有关的协同软件产品。

案例分析

江苏剑湖轨道交通设备有限公司信息化建设

江苏剑湖轨道交通设备有限公司位于常州市东南方，北临京沪铁路、沪宁高速公路，南靠 312 国道和宜澄高速公路，交通极为便利。工厂主要产品分为两大系列，一类是铁路客车配件、玻璃钢，另一类是与地铁城市轻轨配套的内装饰产品。

由于铁路客车配件市场竞争较为激烈，随着铁路市场的放开，垄断性减弱，参与竞争的企业增多，对产品的科技、质量、价格等要求越来越高，利润空间也随之变小。公司领导认识到，要想比竞争对手更强，必须加强企业内部管理，而内部管理靠的就是信息化建设。

近年来，江苏剑湖轨道交通设备有限公司按照总体规划、分步实施、重点突破、全面推进的原则，先后实施和正在实施的信息化项目包括：OA 系统、局域网、CAD/CAM、CAPP、ERP、企业网站等。公司领导高度重视信息工程的实施，为了确保信息化实施的进度和实施效果，在一些重大的信息化项目上，专门成立了信息化领导小组，组长由企业一把手担任，定期和不定期地协调和解决企业信息化建设过程中出现的困难和问题，并将信息化建设任务列入公司各部门年度考核范畴。截至目前，ERP 软件已完成了采购、销售、库存、人事、薪金、财务等六大管理模块。

通过这几年项目的实施，信息化现已在一些部门初见成效。

一、财务关系明朗化

财务部现已基本实现微机电算化管理，并对企业的流动资产、固定资产和财务档案作了严格的管理，其中流动资产管理包括货币资金的管理、销售收入管理、采购原辅材料资金使用的管理、仓库账物管理、物资出库管理、清库盘点与盘亏管理、成品库存资产管理及成本管理。做到产、供、销都有一本经济账，另外，固定资产管理包括固定资产保管使用责任制、固定资产折旧、固定资产的维修和保养，加强对固定资产的管理与核算，并成立固定资产管理机构（由制造部兼），对上述信息进行汇总分析。

（二）开发环节规范化

公司开发中心已全部实现使用电脑进行产品设计和项目开发，70%的电脑的配置达到或超过奔腾Ⅳ，2004 年公司开发中心的电脑将全部达到奔腾Ⅳ以上。早在几年前公司领导就已经认识到网络化的重要性，投入大量资金组建开发中心内部局域网。通过这几年的实施，总体运行情况良好，公司开发中心在运用局域网后，规范了开发中心的流程，大大缩短了设计人员的出图时间，提高了出图效率，节约了大量的人力和物力，有效地提升了企业技术创新能力。如：通过企业局域网，最大限度地实现了信息的共享，实现了电子邮件的自由收发，另外，通过规范电子文档的管理，使人员流失的损失降到了最低点。

（三）生产任务合理化

工厂下属的生产制造部已基本实现了计算机管理，所有的计划、调度、采购都由电脑管理，制造部下属的各个车间也都配备了电脑，而且各个车间也都建立了一套自己的管理台账，按照 ISO 9000 标准 2000 版的程序执行，严格执行制造部下达的各项生产任务，做到生产任务明确化、生产管理有序化、生产组织合理化、现场管理规范化，每天及时准确地做好车间的各项生产统计工作，并通过网络上报到制造部。

（四）采购流程简单化

信息化的实施，使采购部改变了以前采购物品的无序性和盲目性，使采购人员少走了弯路，节约了大量人力，缩短了采购周期，增加了制造时间，从而在现有的条件下提高了产品的质量，进一步提高了产品的竞争力，提升了企业的形象。

（五）销售订单电子化

通过建立公司电子商务平台，公司的知名度进一步提高，并实现了部分网上交易，尤其是 2003 年“非典”时期，网上订单任务占到当时订单任务的一半以上，使公司在非常时期仍能满负荷地进行生产，保证了员工的收入，稳定了员工的心态，为社会做了自己的一份贡献。

公司通过近几年信息化的实施，取得了一些可喜的成果，也就更加坚定了公司领导推行信息化的决心。公司于 2004 年下半年引进了办公自动化软件 JSOA 系统。通过引入 OA 软件系统，公司建立起了企业办公自动化系统的框架，初步实现了个人办公、公共信息、公文管理等职能事务的工作流程管理，实现了报表的电子化，从而实现了企业内部的信息共享，达到了高效协同工作、增强快速反应能力、提高工作效率和管理水平的目标，OA 系统与 ERP 系统的数据交换，为企业老总与部门主管提供了企业的经营数据、信息，全面提升了企业的竞争能力。

通过实施 OA 系统，公司已基本建立了企业级的通信服务平台，通过对事务信息的采集、整理和加工等集成服务，解决了企业数据管理和信息共享的问题，使之成为企业内部通信和交流的基础设施；实现了企业办公流程的电子化，逐步实现了无纸化办公，提高了办公管理工作的效率。同时，节约了企业办公费用，大幅降低了企业办公管理成本；OA 系统也使得企业各种行政资源的使用公开化、透明化，对后勤部门改进工作、提高服务质量起到了促进作用；规范企业办公管理体制，实现了企业办公管理各环节的量化管理和控制，实现了企业办公管理创新；建立企业级知识管理及运用的平台，增强企业创新能力；与原有 ERP 系统的营销、生产等经营数据实现定时交换，为领导决策提供了必要的支持；加强了企业文化的建设，增强了企业的凝聚力。

2005 年公司进一步实施和完善 ERP 项目，确保质量、生产两个模块上线，并使其正常运转，充分发挥 ERP 在公司日常管理和整合企业内部资源等方面的作用，并使 CAPP 与 ERP 顺利对接，实现了从设计图纸到生产制造的信息化一条龙服务，减少了大量重复劳动。改造并升级了企业内部局域网，加快实现了新老厂区光纤的对接工作，实现了两厂区信息的全面对接，最终实现公司内部信息的互通共享，使设计人员的图纸直接到达生产车间的加工设备上，减少了中间环节的出错率；进一步升级和完善了现有电子商务系统，制作适合企业自身的网站，以网络平台作为窗口，实现了网上在线产品的宣传、采购、订单、销售、招聘和售后服务；随着 ERP 项目的进一步实施，公司领导已把建设产品数据管理（PDM）、客户关系管理（CRM）系统和供应链管理（SCM）系统提上了议事日程。

随着信息化的深入运用，公司高层明确表示：公司将用信息化带动工业化，全面改善企业的“T、Q、C、S、E”这五项竞争要素，公司将各个以前独立使用的分系统进行集成，解决信息孤岛问题，从而加强公司各部门之间的协同生产管理能力。具体如下：通过集成，将企业经营各环节紧密相连，实现对企业的生产、库存、采购的高度计划管理，从而使得企业的各项能力和资源得到充分利用，进一步缩短产品的生产周期，提高企业的市场竞争能力，降低库存，减少资金占用。通过将各项定性工作程序、工作流程、各项制度和规则的固化，使得企业在销售、技术、生产、供应、库存、质检、财务及管理等各环节的工作都具有可控、可追溯、易考核的特性，实现规范化的管理，提高企业的整体效率；通过引入 ERP 的成本模拟及报价系统，在订单洽谈阶段及时计算出产品的成本价格，使得在商务洽谈和价格竞争方面赢得主动；利用 ERP 的成本核算和分析系统，及时发现产品实际成本的变化，并通过分析找出控制产品成本的关键因素，及时采取措施。实施企业信息化工程也是公司改善管理手段、提高经营决策能力的需求。其集成信息管理功能为企业决策者和管理者及时提供想要的数据（包括原始数据、统计处理数据），为高效的决策管理提供了快速和切实可靠的依据，充分发挥了信息化促进工业化发展的作用，强化了企业内部管理，提高了工作效率。

课外实验 8

本实验的目的是了解如何应用 MIS 来进行企业的客户关系管理，从而进一步认识有关的管理信息系统。实验的内容为模拟某一企业管理人员进行操作，认识该系统的总体功能结构。

本实验选择的软件为黄石里诺软件开发有限公司研发的里诺客户管理软件 V2.94（单机版），系统的主窗口见图 8—11。

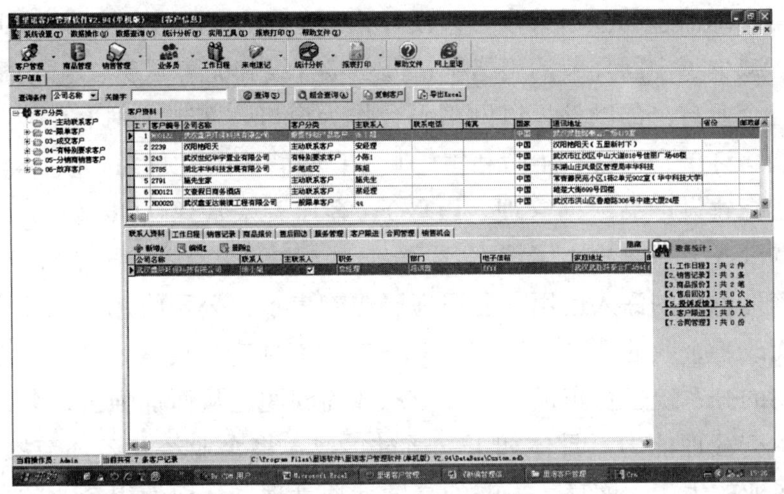

图 8—11　客户管理软件主界面

本系统能够集客户档案、销售记录、业务往来于一身，以凝聚客户关系、提升资源价值为核心，将潜在客户变为现实客户，从而提升销售量，提高用户的满意度，并增加企业竞争力；能够进行全面详尽的客户资料及联系人信息管理，支持多联系人；详细记录客户的购买记录和报价情况；具有完备的商品管理功能；具有导出客户 E-mail 的功能，导出客户的电子信箱地址，实现邮件群发；支持多种报表输出打印；支持报表自定义；支持来电提醒。

软件来源：http://www.lenosoft.net/index.htm。

第九章

管理信息系统的开发

先行实例

某超市准备开发管理信息系统以适应现代化管理要求。在建设过程中依次进行了系统分析、系统设计和系统实施的工作。

（一）系统分析

(1) 系统开发的目标。

超市管理信息系统的总体目标是以科学的管理方法为基础，结合商业企业自身的特点，建立一套具有商业企业经营特色的、覆盖超市企业主要业务功能的、人机协调的管理信息系统，实现对商品流转管理、商情管理等的实时控制、修改、加工、分析的综合性管理信息系统。

(2) 系统开发的必要性。

开发这样一套以促进管理体制和管理手段的改进、改善决策发放和决策依据的管理信息系统是很有必要的。这对于在信息服务中创造价值、促进资源共享和信息集成、减员增效、提高管理水平都有很大帮助。

(3) 系统开发的可行性。

项目组分别从技术上的可行性、经济上的可行性和管理上的可行性进行论证，通过了可行性分析。

(4) 组织结构的调查。

项目组对超市的组织结构、业务功能等方面分别进行了详细的调查。

(5) 业务流程分析。

对业务的各种流程进行详细的分析，以便得到更加具体的数据流程，为进一步系统的分析与设计打下良好的基础。

(6) 数据流程分析。

根据对超市组织结构和业务流程的调查分析，进而分析了数据流程，定义了数据字典。

（二）系统设计

(1) 设计思想。

系统突出了“管理模式是根本，软件只是工具”的思想。在设计过程中，充分考虑了国内现有POS系统的利弊，结合我国的具体管理特点，提出了以“管理信息化，市场需求化、数据可靠化”为一体的先进管理模式。

(2) 系统功能设计。

该超市作为一种商业企业，其主要特点是：集中管理、分散经营、实行统一进货、统一价格管理、统一调配、统一结算和分散销售。其主要组成机构有总部、超市门店、配送中心等。整个超市信息系统的功能分为八大模块：商品管理、进退货管理、销售管理、库存管理、客户管理、财务管理、决策分析和系统维护。

(3) 系统网络设计。

在网络设计中使用以PC服务器为中心的分级网络结构。一台网络交换机（SWITH）与服务器相连，后台可配置一至多台PC工作机，分别与网络交换机相连；前台的POS收银机及联网型条码电子秤通过网络集线器（HUB）连接到网络交换机上。网络连接协议采用TCP/IP协议。

(4) 数据库设计。

超市系统每天有大量的数据产生，对于产生的数据，首先需要安全地存储起来，然后进行合理的访问和修改，同时还要适时地对数据进行归纳和分类。

(三）系统实施

(1) 程序编写。

在编写程序的过程中，采用结构化程序设计方法，利用三种基本逻辑结构来编写程序：顺序结构、循环结构和选择结构。

同时，在程序编写的过程中，应该始终保证控件的命名方法采用匈牙利法，这样既能清楚地识别控件的内容，又有利于程序书写的方便。

(2) 程序和系统调试。

程序和系统调试的目的是发现程序和系统中可能存在的错误并及时予以纠正。

(3) 数据库的实施和维护。

数据库中的数据量很大，而且数据来源于部门中的各个单位，数据的组织方式、结构、格式与新设计的数据库系统有相当大的差距，组织数据录入就要将各类源数据从各个局部应用单位中抽取出来，输入计算机，再分类转换，随后综合成符合新设计的数据库结构的形式，输入数据库。

问题：1. 从上面这个例子看，一个信息系统的开发大体有几个阶段？

2. 信息系统的开发需要哪些知识和技术？

本章导读

信息系统的开发是一项大的系统工程性质的工作，不仅工作量大、开发时间长，而且投资巨大。所以，必须要以系统工程的观点指导信息系统的建设，按照信息系统开发规范进行，避免一些低水平的封闭式开发，充分体现企业管理的特点和系统开发的内在规律，提高系统开发的有效性和成功率。本书仅介绍信息系统开发的一些基本知识，对于开发的技术细节不在本书讨论的范围之内。

学习目的

通过本章的学习，应该重点掌握以下知识点：

1. MIS 开发过程中的主要步骤；
2. MIS 开发所涉及的人员；
3. MIS 的各种开发方式；
4. MIS 的具体开发策略；
5. 各种 MIS 开发方法的优缺点；
6. MIS 的相关开发工具。

第一节　MIS 开发的概述

一、MIS 开发的前期组织

一个组织要开发信息系统，组织中的高层领导是关键。因为，信息系统的开发必然要涉及组织结构的变动，而这种工作在一个组织中，如果没有一把手的首肯，是不可能做好的。另外，对于信息系统这种组织中的神经中枢系统，其目标必须与组织的战略目标相一致，否则系统建立之后是无法运作的，而组织战略目标与信息系统目标的结合也只有最高领导才能把握。总之，由于信息系统开发耗资巨大，历时相当长，技术要求高，并且是涉及管理方式变革的一项任务，因而，只有由主要领导亲自抓才能成功。

作为领导人员首先应具有一些信息系统的基本知识，能大概地知道计算机原理和它包括的主要设备；其次，领导人员要有提高企业管理水平的设想，要有运用现代管理科学的设想；再次，领导人员要大致了解信息系统的开发步骤和每步的主要工作；最后，领导人员要会用人，会组织队伍。

领导者推动管理信息系统的第一步是建立一个信息系统委员会。该委员会是领导者的主要咨询机构，又是信息系统开发的最高决策机构，它对系统的开发和运行直接负责。一般该系统由企业主要领导负责，各个主要业务部门负责人参加。委员会审核和批准各部门对系统的计划，努力开发出可以共享信息的系统，力求使系统整体优化和协调一致；有时还要参与选择项目方案，并且批准为实施新系统而进行的培训。

在信息系统委员会的领导下要成立系统规划组。系统规划是全面的、长期的计划，必须把它摆到重要的战略位置上。信息系统建设计划的第一个任务就是确定信息系统建设的工作范围，即信息系统的用途和对系统的要求。工作范围确定以后，接下来就是确定所需要的资源，包括硬件环境、软件环境和最重要的资源——人员。另外，信息系统建设计划中的一项非常重要的内容就是建设费用预算。预算以成本估算为基础，包括网络环境建设成本、软件购置成本和应用软件开发成本。当然，计划也离不开进度安排，而最终又主要转化为对软件开发工作量的估算。

在规划的指导下，成立项目管理组和项目开发组，就可以进行一个个项目的开发了（见图 9—1）。

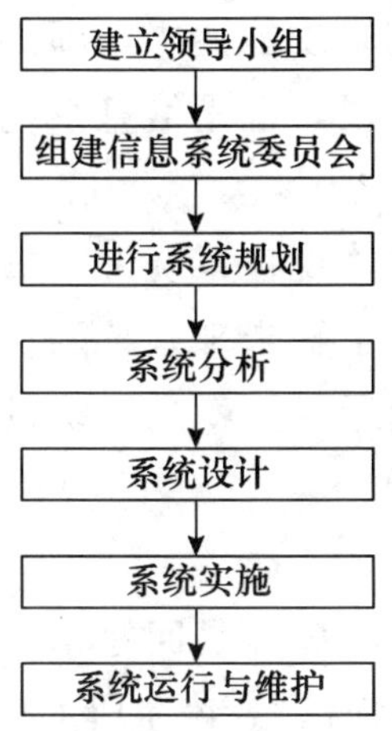

图 9—1　信息系统的开发步骤

二、MIS开发的全过程

完整地讲，每个MIS项目的开发都可由五个阶段组成，即系统规划、系统分析、系统设计、系统实施以及系统运行与维护。其中，系统分析、系统设计和系统实施三个阶段合称为信息系统开发，它是信息系统的建立或者研制过程。系统规划以及系统运行与维护，加上开发项目的管理，又合称为信息系统管理，这在下一章将有详细介绍。

（一）系统规划阶段

系统规划阶段的任务是对企业的环境、目标、现行系统的状况进行初步调查，根据企业目标和发展战略，确定信息系统的发展战略——也就是从总体上把握系统的目标和功能的框架，对建设新系统的需求作出分析和预测，同时考虑建设新系统所受的各种约束，研究建设新系统的必要性和可能性。根据需要与可能，给出拟建系统的备选方案。

对这些方案进行可行性研究，写出可行性研究报告。可行性研究的内容主要集中在技术可行性、经济可行性和管理可行性三个方面。可行性研究报告审议通过后，将新系统建设方案及实施计划编写成任务书。

（二）系统分析阶段

系统分析阶段的任务是根据任务书所确定的范围，对现行系统进行详细调查，描述现行系统的业务流程，指出现行系统的局限性和不足之处，进一步确定新系统的基本目标和逻辑功能要求，即提出新系统的逻辑模型。这个阶段是整个系统建设的关键阶段，也是信息系统建设与一般工程项目的重要区别所在。

系统分析阶段的工作成果体现在系统说明书中，这是系统建设的必备文件。用户通过系统说明书可以了解未来系统的功能，判断它是不是其所要求的系统；系统说明书一旦讨论通过，就是系统设计的依据，也是将来验收系统的依据。

（三）系统设计阶段

简单地讲，系统分析阶段的任务是回答系统“做什么”的问题，而系统设计阶段要回答的问题是“如何做”。该阶段的任务是根据系统说明书中规定的功能要求，考虑实际条件，具体设计实现逻辑模型的技术方案，即设计新系统的物理模型。

这个阶段又分为总体设计和详细设计两个阶段，主要包括模块设计、代码设计、输入/输出设计、处理过程设计、数据存储设计等内容。这个阶段的技术文档和工作成果是“系统设计说明书”，它是系统实施阶段的指导性文件。

（四）系统实施阶段

系统实施阶段是将设计的系统付诸实施的阶段。或者说就是“实际去干”。其主要任务是以新系统的物理模型（即系统设计说明书）为依据，编制可在计算机上执行的程序代码，建立文件和数据库等，测试整个管理信息系统，使系统设计的物理模型付诸实施。

这个阶段的任务包括计算机等设备的购置、安装和调试，程序的编写和调试，系统测试，人员培训，数据转换，试运行与转换等。系统实施是按实施计划分阶段完成的，每个阶段应写出实施进度报告。

（五）系统运行与维护阶段

系统交付使用以后，研制工作即告结束。但是信息系统不同于其他产品，它不是一劳永逸的最终产品。系统投入运行后，需要经常进行维护和评价，记录系统运行情况，根据一定的要求对系统进行必要的修改，评价系统的工作质量和经济效益。

现代组织面临的内外环境不断变化，组织的目标、战略和信息需求必须与环境的变化相适应。可是信息系统的维护工作只限于小范围的局部调整来适应变化不很显著的情况。当现有系统或系统的某些主要部分已经不能用维护来适应环境和用户信息需求的变化时，或者用维护的办法在原有系统上进行调整已经不经济时，整个信息系统或某个子系统就要淘汰，新的系统建设工作便随之开始。

表 9—1 较详细地描述了 MIS 开发的全过程。

表 9—1　　MIS 开发的全过程

阶段	主要内容	主要文档
系统规划	对现行系统初步调查 提出总体方案 可行性分析	可行性报告

续前表

阶段	主要内容	主要文档
系统分析	对现行系统详细调查 分析用户的需求 建立新系统的逻辑模型	系统分析说明书
系统设计	建立新系统的物理模型	系统设计说明书
系统实施	硬件安装和编程调试 系统测试 用户培训 系统转换	操作手册 使用说明书
系统运行与维护	运行 维护 评价	系统运行与维护记录 系统评价报告

总之，信息系统的开发需要一个较长的周期。严格区分信息系统开发工作的阶段，必须明确每个阶段的任务，提供相应的文档资料。这些都是信息系统开发过程中所必须遵循的原则。每个阶段工作的好坏直接影响相关阶段，进而影响系统建设的质量和进程。在没有进行可行性分析前，不要急于上马；没有进行周密详细的系统调查与分析前，不要急于动手设计；没有详细地进行系统设计之前，不要急于编程。

第二节　MIS 的开发人员

一、MIS 开发人员的组成

由于企业信息系统本身的复杂性，它的开发需要一支由各种专业技能的人员组成的开发人员队伍。所以，信息系统的开发首先要做好人员的组织工作。

在计算机发展的早期年代，信息系统的作用还十分有限，那时的信息系统部门主要是由程序员组成，他们是一些经过专门训练的、负责编写计算机软件指令的专业技术人员。而现今在大多数信息系统部门中，系统分析员的比例正在大幅度增长。系统分析员承担着信息系统部门与组织中其他部门之间的桥梁作用，他们的主要工作就是把组织中的管理问题及需求转变为信息需求和系统需求。

完整地说，开发过程所需要的人员有：用户、系统分析员、数据库管理员、网络工程师、程序员和操作员等，这支队伍是庞大的。他们在系统开发过程中所处的地位和作用是不同的。值得一提的是，这些信息专职人员必须协同工作（如图 9—2 所示）。

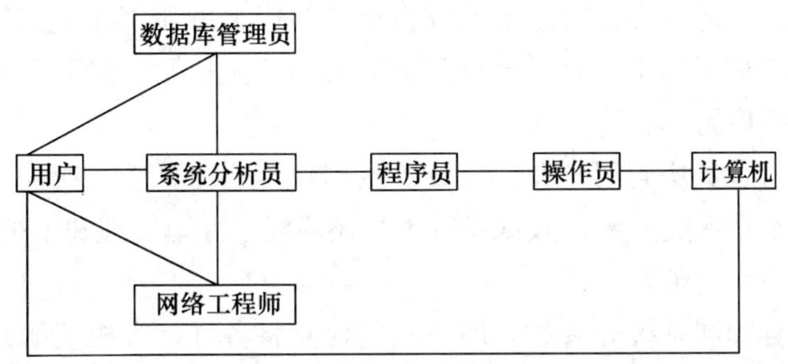

图 9—2 各类人员的协同工作关系

（1）用户。

他们是信息系统建设的参与者和最终使用者，他们懂得具体的管理需求和信息需求。系统开发的成功与否取决于它是否符合用户的需要。用户是否满意是衡量系统开发质量的首要标准。

为一个用户所接受，在实际工作中真正服务于用户的成功的管理信息系统，离不开用户的参与。因此，在开发中要做好广大用户的培训工作，提高他们的参与意识，提高他们使用新系统的积极性。只有系统开发人员与用户的真诚合作，才是系统成功的关键。

开发好 MIS，各业务管理部门的支持是十分重要的。各级业务部门应选派最熟悉本部门的业务流程及信息需求的管理人员参与到 MIS 的开发工作中，只有这样他们才能对 MIS 的构成和应有的功能提出自己的看法，为真正开发出一个满足部门管理要求的 MIS 打下基础。

（2）系统分析员。

系统分析员是实际系统开发的业务领导者与组织者。系统分析员负责分析用户的业务需求和设计计算机解决方案。根据国外书籍介绍，系统分析员主要承担系统分析工作；系统设计员主要承担系统设计工作。但是，有时这两项任务是由同一个人来承担的，只是在不同阶段的立场有所改变。系统分析员应该具备丰富的相关业务领域的知识，负责确定具体的业务需求，并正确地传达给系统设计员和其他开发人员。系统设计员不仅要具备相关领域的业务知识，理解具体的业务需求，而且要具备丰富的计算机硬件和软件知识，设计如何实现系统分析中提出的业务需求。

系统分析员的主要职责是对用户和其他系统开发人员起着桥梁和接口作用，是系统开发的核心人物。系统分析员的知识水平和工作能力决定了系统的质量。缺乏称职的系统分析员是目前制约信息系统开发的重要因素之一。

（3）数据库管理员。

数据库管理员协同用户和系统分析员创建含有信息系统所需数据和信息的数据库。数据库建立后，数据库管理员还要经常性地管理和维护数据库。

（4）网络工程师。

网络工程师同系统分析员和用户一起建立将各种计算机资源连接在一起的数据通讯网络。网络工程师需同时具备计算机领域和通讯领域的专业技能。

（5）程序员。

程序员根据系统分析员设计的系统模块具体编写和实现计算机程序。计算机程序能使计算机将数据转换成有用的信息。

（6）操作员。

操作员负责操作计算机系统。一般由各业务管理部门抽调一批熟悉业务管理的人员组成，负责各个子系统的日常操作。

二、开发人员的协同工作

信息系统的开发必须在上述各类人员的共同努力下才能完成，因此要做好这些开发人员内的组织与协调工作。组织与协调工作可以通过一个项目领导小组来实现。有充分理由要求这个领导小组的组长要由企业或组织的高层领导来担任，小组的成员由企业或组织中的各项管理专家以及懂系统开发方法并有组织协调能力的系统开发专家组成。这个小组组织各类开发人员从事系统开发工作，并负责协调用户之间、用户与开发人员之间、开发人员之间的各种关系。项目组长在实施项目领导工作时，要时刻注意所开发的系统是否符合最初制定的目标；在开发工作中是否运用了正确的开发方法；哪些人适合于做哪些工作等。只有目的明确、技术手段适合、用人得当，才能保证系统开发的顺利进行。

一般地，信息系统是由信息系统的分析人员、设计人员、编程人员以及其他方面的信息技术专家开发的。这些信息系统的技术专家习惯上将信息系统称为“我的系统”。但是，信息系统是由用户使用的。从信息系统技术专家的角度和从信息系统用户的角度看信息系统，往往存在着很大的差别。即使开发信息系统的技术专家工作非常努力，实际结果也可能是信息系统的用户对开发出来的信息系统不甚满意。

造成这种现象的原因主要是信息系统的技术专家往往不太了解用户的需求，对用户的需求有不同的理解，开发出来的信息系统虽然从技术上不存在问题，但是这种信息系统往往不能满足用户的需求。另一方面，用户不太了解信息技术的特点，往往对信息系统的开发寄予过高的期望，理所当然地认为信息系统的开发一定会符合用户的所有要求，信息系统的应用肯定可以解决管理上的所有问题。

解决这种问题的方法是加强技术专家和信息系统用户之间的沟通和了解，让信息技术专家和信息系统用户都参与到信息系统的开发过程中。这样，一方面技术专家可以随时了解用户的需求，不断地修改自己的系统；另一方面，可以使用户对信息技术的特点了解得更多，对如何使用信息系统辅助管理工作有更深层次的认识。

信息系统的开发是专业技术人员和业务管理人员相互渗透、相互配合的过程。信息系统建设不仅是系统开发人员的工作，而且是从单位领导到全体业务人员都应当关注的问题。

第三节 MIS 的开发方式

一、常见的四种开发方式

20 世纪 80 年代中期，我国的信息系统开发主要采用用户自主开发以及与大学、科研单位合作开发的方式。20 世纪 90 年代以来，由于软件开发公司的兴起和国外软件公司进入中国市场，委托开发、购买现成软件等成为常见的开发方式。

企业可以自行开发、与有关单位合作开发、选购现有的产品或者完全承包给外部公司，各种开发方式各有其优点和不足，企业必须根据自身的情况和将来经营的目标进行权衡，根据资源情况、技术力量以及外部环境等因素作出选择。

购买现成软件包最省事。但是，软件包不可能满足一个组织的全部需求，相对来说，它更适用于所有组织中比较通用的一些需求。有些使用软件包有经验的企业已经意识到，最好的软件包也不过最多满足组织需求的70%。全部采用外购现成的商品化软件的方式仅适用于小型单位和单个系统。此种方式要求企业有鉴别与校验软件包功能的能力以及使软件包适应本企业具体条件的能力，常需要编制一定的接口软件。

合作开发是用户企业与其他专业性的、有实力的技术开发单位协作，共同完成开发任务。一般是由用户企业负责开发投资，开发小组由双方联合组成。这样可以利用企业业务优势与合作方信息技术优势彼此互补的有利条件，开发出适宜性较强、技术水平较高的应用系统。合作开发对于培养自己的技术力量最有利，系统维护也比较方便。条件是企业组织有一定的系统分析和设计力量，合作双方要精密协作和配合。

现在，已有越来越多的企业将系统开发项目完整地承包出去，由专业公司或科研机构进行开发，企业直接拿“成品”。此种方式获得成功的关键是要选择称职的委托单位。而且，企业需要经常进行监督、检查、协调。另外，委托开发在开发过程中必须配备精通业务的人员以及本企业的计算机人员，为系统今后的运行和维护做好准备。这种开发方式一般费用较高，系统维护比较困难。

生产规模较大、本身技术力量较雄厚的企业，多采用自行开发方式。它可以得到较为适合本企业实际应用的系统，并能在开发的过程当中，培养和锻炼自身的信息管理队伍。最终用户运用专门的第四代语言进行自行开发是完全可行的。据不少组织报道，使用第四代语言，其系统应用开发的效率明显提高。缺点是开发周期往往较长。自行开发需要强有力的领导，有足够的技术力量，需进行一定的调研和咨询。

表9—2对上述四种开发方式进行了简单的比较。

表9—2　　信息系统四种开发方式的比较

	购买现成软件包	合作开发	委托开发	自行开发
分析设计能力的要求	较低	一般	一般	较高
编程能力的要求	较低	需要	不需要	较高
系统维护难易程度	较困难	较容易	困难	容易
开发费用	较少	较少	多	少

无论以何种方式、经由何种途径进行开发，都要懂得只有管理人员的参与，才能开发出真正可用的系统。要注意在信息系统的整个开发过程中培养和锻炼企业的信息技术队伍，这对于系统投入正常运行和日后的升级换代有极大好处。而且，吸取其他企业或组织中类似的管理信息系统的开发经验和失败教训，就能在自己企业的系统开发中少走弯路，这是管理信息系统开发成功的重要保证。

二、新型的外源化方式

目前，软件开发正向专业化发展，出现了不少专门从事软件编制和系统开发的专业公司。企业由于自身资源的限制，可以利用外部专门提供信息系统建立和维护的公司，来实现信息系统的开发。

当组织在考虑信息系统开发时，主要有三种形式的“外源化”可供选择。第一种是购买现成的应用软件包，许多组织选择购买现成的、具有共同业务职能的自动化应用软件包；第二种是购买一种现成的应用软件包并且要求软件制造商进行某些修改，因为有些组织可能发现现成的应用软件包只能满足他们的某些要求；第三种是以资源外包的方式开发一个完整的新系统，而不使用现成的应用软件包。

（一）利用软件包二次开发

应用软件包是预先编制好的、能完成一定功能的、供出售或出租的成套软件系统。现在市场上各种专用的软件包日益增多，利用软件包实现组织的信息系统已经成为一种可行的开发策略。为了避免重复工作，提高系统开发的经济效益，可在自行开发的基础上购买部分适合于本系统使用的应用软件，或购买现成软件，然后再进行二次开发。在这里，企业对软件供应商的选择极为重要。

商品化管理软件分为国外软件和国内软件。国外软件集中了国外几十年的管理经验，其中蕴涵了许多先进的管理思想，为规范我国企业的业务流程、优化管理模式提供了可借鉴的参考模型。一般来说，国外软件具有全面集成、技术稳定、功能灵活、系统开放等诸多优势，为企业的不断发展与管理的持续改善提供了较大空间。但软件设计较复杂，软件购置费用及维护费用较高，用户二次开发的工作量大，软件界面和文档资料汉化不彻底，企业人员学习与掌握的难度较大。国内管理软件在购置和维护方面费用相对较低，在适合我国企业管理规范与处理国际惯例方面有较多的考虑，因而用户工作很少，企业资金投入的压力小；软件复杂程度低，符合国人的使用习惯，在易学易用方面较为出色；国内管理软件对企业管理的基础水平及人员素质要求较低，对于基础相对薄弱的企业来讲最为适用。但国内管理软件的发展历史比较短，需要不断积累企业管理方面的经验，软件功能的全面集成性、稳定性有待提高。

由于不同企业会有不同的业务处理和管理要求，需要对软件进行二次开发，以满足企业的特殊要求，产生“锦上添花”的效果。所谓二次开发，一般是指由于企业管理软件产品的功能尚不能完全满足用户的需要，项目组需要在原来产品的基础上进行进一步的开发、补充、改进或取消一些功能，以满足用户需求的研制活动。企业管理软件产品的系统二次开发大致可以分为以下几种情况：（1）功能补充型。这种形式的系统二次开发是在管理软件产品的基础上进行的，保留管理软件产品的数据组织结构。（2）功能改进型。这种情况是指管理软件产品的部分功能与本单位实际情况不相符，从而在原管理软件产品的基础上进行局部改进。（3）镶嵌型。这种形式是将管理软件产品作为一个主要的功能模块，镶嵌在一个大运行环境之中。这种系统二次开发类型的关键在于数据入口和数据出口的设计。

（二）完全外包化

如果一个企业不想用自己的资源建立并且运行一个信息系统，那么它们可以去雇用一个专门提供这类服务的专业公司或机构来完成这项工作。将一个企业计算中心的运营、远程通讯网的管理和应用软件的开发全部交由外部专门机构负责的做法称为信息系统的完全外包化。

许多组织发现，外包化的投资效益最佳。外包化服务的提供者都是一些专业机构，它们可以用相同的知识、技术和能力，同时为许多不同的用户提供信息服务，用户可以用相同的和较低的成本获得更好的服务。外包化合同有明确的服务费用，便于做预算，特别是外包化允许用户按使用信息系统服务的多少而差异化付费。还有一些公司是因为自己的内部人员无法跟上信息技术的发展而转向外包化，这样用户可以让原来用于运行内部信息系统的那些高级专业人员去做一些更有价值的工作。

外包化的缺点也是很明显的。众所周知，任何一个公司都不希望将自己的战略信息转入他人之手。完全外包可能失去对信息系统的管理控制。为了避免将命运交给外包公司，就必须很好地把握外包化的范围条件与时机。确实需要外包化的时候，也应该考虑是否要做到适当的保留。而且，外包化不能完全取代内部系统的位置，实施外包化的组织也可以仍旧保留内部系统。

另外，在采用资源外包开发方式时也应该加强相关管理，主要措施有通过多方比较，了解开发商的实力和局限，尽量发挥和运用开发商的优势；认真分析企业的业务，将企业的业务分成几个部分；关键的战略性的业务最好留给自己的信息技术人员，非关键的业务处理可以外包；企业与开发商应建立委托关系，认真设计合同，加强系统开发过程的管理等。

在开发信息系统的过程中，常见的一个问题是用户缺乏有关开发过程如何运作的知识，到开发结束时，不但未达到预想的效果，反而花费了巨额的资金，造成了重大的损失。每一个开发商都会介绍自己公司的技术实力，但这并不意味着它们能保质、保量地满足用户的要求。历史的经验说明，开发信息系统不仅需要先进的技术，更需要开发商懂得企业的业务和管理。如果深刻理解了企业的业务，即使用过时一些的技术也能开发出适合用户需要的系统；反之，则完全不能发挥技术的作用。

以目前较常见的委托开发方式为例，一项开发工作最好由用户单位、开发商、中介机构或咨询机构三方人员来共同完成。在这样一个开发工程中，开发方一般由项目领导、系统分析师、系统设计师、程序员等组成。首先主要是由系统分析师调查了解企业的情况，了解企业目标、现行企业系统的问题、企业的信息战略，然后才是如何用信息技术解决这些问题。也就是说，首先是管理上的问题，然后才是信息技术的问题。系统开发的最大错误就是没弄清问题就动手去做。

对于独立开发方式，开发人员与系统最终用户属于一个单位，不存在原则上的冲突，一般可得到适合本单位的满意系统。然而，对于其他开发方式，由于出现了两个利益主体，一方主要表现为系统开发方（由系统开发人员组成），另一方主要表现为系统用户方（由业务支持人员组成），表面上双方是一对委托人—代理人的关系，实质上这两方之间存在的是一个合同关系，可以采取监理的策略，以确保信息系统建设的成功。所谓监理就是聘请用户方

（甲方）和开发方（乙方）之外的第三方（丙方）。监理制度是为了降低信息系统建设的各种风险而提出的。监理方不仅对乙方有约束，对甲方也有约束。

第四节 MIS的开发策略

现代企业的管理工作，信息量大，涉及面广，一般可以根据决策层次、管理职能和信息处理方式，分成若干个相互关联的子系统，以便系统的整体开发。如何根据企业的轻重缓急，分期分批地完成系统建设是一个复杂的、需要重点解决的问题。

应该看到，目前，有不少企业开发了一些单项数据处理项目。这种开发工作往往是一个个项目孤立地进行开发，它们各自用一台微机，各有自己的程序和数据，项目之间互不联系。一个企业，如果这样的项目开发得多，互不通气，系统无法连接，数据无法共享，当项目之间必须进行连接时，就不得不做很大的修改，甚至推翻以前的工作重新开始。尤其是关于数据问题，同样的数据，在同一企业的不同部门的数据不统一，有的部门用了大量时间收集了大量数据，做了大量工作，结果发现其他部门也正在做着同样的工作，重复收集和处理着相同的数据。

因此，开发信息系统有必要从战略上进行规划，在系统总目标之下，设置各个子系统。开发子系统时，必须首先搞清楚系统与该子系统的关系、子系统与子系统之间的相互关系，也就是某个子系统与其他子系统之间的信息输入、输出关系。总体规划需要对企业的人力、物力和财力在时间上作合理、有序的安排，以保证将来各项系统开发工作都能顺利进行。哪些子系统先开发，哪些子系统后开发，什么阶段完成什么任务，这些任务需要哪些人员调度和设备安排等一系列问题都必须予以解决。

另外，"三分技术、七分管理、十二分数据"，这是每个有经验的开发者的深切体会，没有数据的信息系统就等于无米之炊。实际上，系统开发的全过程就是对数据的不断收集、传送、处理、存储，而且提供各种所需的信息。因此，对各种数据，尤其是基础数据的采集、代码化、结构化、录入、存储和共享是系统开发的核心问题，也是系统开发的瓶颈。将基础数据理顺，是一项工作量大、烦琐单调、认真细致的艰巨任务，需要企业各部门众多人员的协同配合和艰苦努力，花费的时间较长，通常贯穿系统开发的全过程，这的确是一项不容易但又必须完成的工作。因此，在系统开发过程中，只有坚持以数据为主的原则，才能确保信息系统运转起来。

还应指出，在系统的研制过程中必须充分注意各种变化，并使其具备应付各种变化的适应能力。系统可能发生的变化主要自来以下几个方面：（1）周围环境发生变化引起管理信息系统发生变化，这主要是来自外部的影响。（2）系统内部处理模式的变化引起系统的变化，如组织机构和管理体制发生变化，引起相应的变化；管理形式发生变化，引起信息处理模式发生变化等。（3）用户的需求发生变化引起系统的变化。随着系统的逐步开发，用户对系统的认识程度也在不断深化，他们会提出更高的要求，这些都会影响已经着手研制的系统的正常运行。不能适应变化的系统是没有生命力的，新系统的适应性也是系统开发的目标之一。

具体开发策略的选择往往和开发人员的经验、水平和习惯有较大关系。通常有如下几种开发策略：

（1）自上而下的开发策略。

从企业的高层管理着手，首先考虑企业的总目标，然后确定需要哪些功能去保证目标的完成，从而划分相应的业务子系统，并进行各子系统的具体分析与设计。该策略的整体性和逻辑性较强。缺点是对于一个规模较大的系统来说，可能会因工作量太大而影响具体细节的考虑，并且开发费用也较大。

（2）自下而上的开发策略。

从企业各个基层业务子系统的日常业务处理开始进行分析和设计。完成下层子系统的分析和设计后，再进行上一层子系统的分析和设计，将各自的功能和数据综合加以考虑。该策略可根据较少的资源，边实施边见效，这样更容易开发。但由于在具体子系统的实施时不能很好地考虑系统总目标和总功能，缺乏整体性和协调性，因此可能导致功能和数据的重复、矛盾。

（3）综合开发策略。

由于自上而下的方法适用于系统的总体规划阶段，而自下而上的方法适用于系统分析、设计阶段。因而，最好的策略是将它们结合起来使用，以便发挥各自的优点。在总体规划阶段，应用自上而下的策略确定系统目标和总体方案，在系统开发的以后各阶段中，就可以在上述系统目标和总体方案的指导下，利用自下而上的策略对一个个业务子系统进行分析、设计和实施。

第五节 MIS 的开发方法

一、传统的开发方法

到目前为止，并没有一种对任何系统开发都行之有效的方法。20 世纪 60 年代，由于人们开发系统时并没有固定的方法可依，每个程序员都按照自己的方式写代码，而且也没有什么说明性的文档，这就使得系统的程序很难被其他人读懂，后期的维护也很困难，于是人们开始注意研究信息系统开发的方法和工具。20 世纪 70 年代，系统开发的结构化方法出现了。它把系统的开发过程分成若干阶段，并且规定在每一阶段完成固定的工作，利用完整的开发文档记录整个开发工作，极大地改善了开发过程的管理。20 世纪 80 年代初，友好的语言和自动化编程工具的出现，使开发方法又取得了进步，一种新的系统开发方法——原型法产生了。原型法是一种全新的开发方法，对确定有效的用户需求十分有利。可以说，目前的开发方法主要有结构化方法和原型法。每种开发方法都具有自身的特点和适用范围，在选择开发方法时，要立足于企业的实际情况和所处的环境。

结构化方法又称生命周期法，是一种传统的信息系统开发方法，也是最成熟、应用最广泛的一种工程化方法。结构化方法用来开发信息需求比较明确的大、中型系统。结构化方法的主要思想是将开发过程视为一个生命周期，也就是相互连接的几个阶段——系统规划、系统分析、系统设计、系统实施以及系统运行与维护。每个阶段有明确的任务，要产生相应的文档。上一个阶段的文档就是下一个阶段工作的依据。它使用结构化、模块化方法，自顶向下地对系统进行分析和设计，最后利用自底向上、逐步实现的方式完成系统实施。当系统开发出来以后，并不意味着整个系统生命周期的结束，而是意味着根据组织的需要对系统的修改和重建的开始。

结构化系统开发方法是在对传统的自发的系统开发方法批判的基础上，通过很多学者的不断探索和努力而建立起来的一种系统化方法。这种方法的突出优点就是它强调系统开发过程的整体性和全局性，强调在整体优化的前提下考虑具体的分析设计问题，即自顶向下的观点。它强调的另一个观点是严格地区分开发阶段，强调一步一步地、严格地进行系统分析和设计，每一步工作都要及时地总结，发现问题及时地反馈和纠正，从而避免了开发过程的混乱状态。但是，随着时间的推移这种开发方法也逐渐地暴露出了很多缺点和不足。最突出的表现是它的起点太低，所使用的工具（主要是手工绘制各种各样的分析设计图表）落后，致使系统开发周期过长，带来了一系列的问题（如在这段漫长的开发周期中，原来所了解的情况可能发生较多的变化等）。另外，这种方法要求系统开发者在调查中就充分地掌握用户需求、管理状况以及预见可能发生的变化，这不太符合人们循序渐进地认识事物的规律性。因此，在实际工作中实施这种方法有一定的困难。

原型法作为一种信息系统的开发方法，从原理到流程都是十分简单的。原型法是一种新的、实用的开发方法，适用于中小型信息系统的开发。特别是当需求不能完全确定时，原型法显得更为实用。原型法的基本思想是假定系统的使用者是缺乏计算机技术知识背景的，因此，开发者和使用者在讨论系统时存在着许多障碍。在这种情况下，开发者和用户合作无疑是非常困难的。因此，一个解决方法就是开发者基于和用户的交谈，得到对于系统的基本认识后，采用高效率的开发工具，构筑一个能够反映系统特色的原型系统。然后在此基础上，和用户进行进一步的讨论，得出他们对于系统的真正的需求，直到开发者确信已经完全掌握了用户的需求时，才进行正式的开发。

原型法是指凭借系统开发人员对用户要求的理解，在强有力的软件环境的支持下，给出一个实实在在的系统原型，然后与用户反复协商修改，最终形成实际系统。从认识论的角度来看，原型法更多地遵循了人们认识事物的规律，因而更容易为人们所普遍接受。原型法将模拟的手段引入了系统分析的初级阶段，沟通了人们的思想，缩短了用户和系统分析人员之间的距离，解决了结构化方法中最难于解决的一环。它充分利用了最新的软件工具，摆脱了老一套工作方法，使系统开发的时间、费用减少，效率、技术等方面都得以提高。但是，作为一种具体的开发方法，原型法是有一定的适用范围和局限性的。对于一个大型的系统，如果我们不经过系统分析就进行整体性划分，那么想直接用屏幕来逐个地模拟是很困难的。对于原基础管理不善、信息处理过程混乱的问题，使用有一定的困难。首先，由于工作过程不清，构造原型有一定困难；其次，由于基础管理不好，系统开发容易走上机械地模拟原来手工系统的轨道。

在实际开发过程中，通常将两种方法结合起来，取长补短，互为补充。比如由于生命周期法适用于需求明确、规模较大、结构较复杂的系统，快速原型法适用于需求模糊、规模较小、结构较简单的系统，因此，最好的做法是，先采用生命周期法制定总体规划，进行系统分析、设计，再采用快速原型法进行局部的子系统设计和实施。

除了结构化方法和原型法之外，还有面向对象方法等。面向对象方法是20世纪80年代中期提出来的，许多概念、方法还在发展完善的过程中，但是人们普遍认为它是信息系统开发方法未来的发展趋势。面向对象方法与我们前面所介绍的两种方法有很大的不同，前面两种方法基本上可以被称为是面向数据或面向过程的。面向对象方法把数据和操作结合在一起作为一个对象，通过对对象的定义、操纵来实现系统。面向对象的开发方法，起源于面向对象的程序设计，但这并不意味着它仅限于程序设计语言，经过发展和演化，它已经成为一种系统开发方法。面向对象方法的开发过程大体可分为面向对象系统分析、面向对象系统设计、面向对象系统实施、面向对象系统测试四个部分。这里不做详细介绍。

二、新的系统集成方法

深入地考虑，传统的管理信息系统开发方法尽管十分重要，但过于僵化、刻板。实际上，在采用这些方法时，人们经常忽视了两个重要问题：一是在系统的开发过程或系统的生命周期过程中，信息环境和用户的需求是不断变化的。而采用上述方法来开发管理信息系统往往是受限制的，因为它要求在开发过程中或开发完成之后，系统用户的信息需求要能保持一段相对稳定的时期。但结果常常是系统还没有开发完毕，用户需求就发生变化了，从而导致管理信息系统的开发失败。二是在系统的开发过程中或是在系统的生命周期中，信息技术也处在不断变化之中。因此，系统的开发必须具有前瞻性，只有这样，才能使系统在开发周期完成之后，也能够跟上技术发展的步伐。然而，许多管理信息系统在实际开发过程中并未遵循标准化的原则，从而导致系统开发成功之时或不久之后即遭淘汰。

系统集成技术是近年来引起系统开发人员及用户普遍重视的一个新概念。为什么当前系统集成显得时髦？关键在于它的重要性。如果没有系统集成，各部件的效益均无法发挥。我国现在大多数企业的信息系统没有发挥应有的效益，这都是因为集成不好所致。例如，企业内部多个部门间的传统的管理信息系统是封闭的系统，不具备二次开发能力，数据无法通过标准的接口互相导入、导出，结果就是各个系统分别输入具有唯一性的数据，这些数据可能因为更新速度不一或者输入错误导致操作员工作量繁重、系统数据不一致、计算错误甚至决策失误。

随着技术发展和企业竞争的加剧，人们对信息处理速度和处理质量的要求越来越高，也越来越无法容忍这种低效能状态的存在，所以集成各类信息系统，用统一的人—机界面、规则标准、操作系统、数据库、网络和操作流程实现应用的方便和快捷就成了信息系统开发战略的主流思想。系统集成的思想改变了以往应用软件的开发模式。以前在建立信息系统时，人们面对某种需求总是考虑自己能不能开发，如果不行，再考虑是否找别人来开发或在市场上查找现成的东西。这种思想造成了难以估计的损失。现在系统集成给人们的新思想是“拿来主义”，对于别人已经作出的东西，要想办法拿来为我所用。这样做不仅可以为整个系统打下一个高质量的基础，建立高水准的开发起点，还可以减少大量的低水平的重复开发，大大加快信息系统建设的步伐。

在信息系统领域，系统集成就是根据应用的需要，将硬件平台、网络设备、系统软件、工具软件及应用软件等组成能够满足一定功能、具有优良性能的信息系统的过程。在系统集成中，物理上的网络环境集成是比较容易实现的，系统的集成应着重强调数据信息的集成和应用软件的集成。系统集成大体可以分为硬件集成、软件集成和信息集成（如图 9—3 所示）。硬件集成解决系统之间硬件的连通；软件集成实现不同软件系统之间的数据和信息交换；信息集成或数据集成实现不同系统之间数据和信息的共享。

系统集成公司通常并不局限于精通一种技术，而应当具有比较广泛的知识，可以为构筑企业管理信息系统提出综合性的解决方案。现在的许多公司把自己的信息系统项目整体外包给系统集成商，而系统集成商把企业需求分

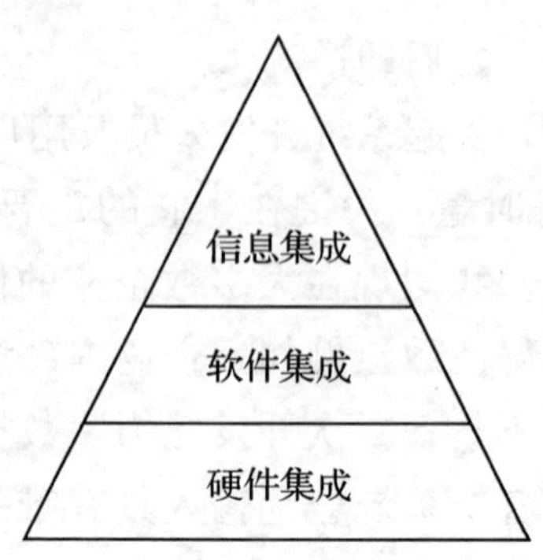

图 9—3　系统集成的层次结构

解成一些独立的子需求，购买市场上的现有软件进行集成，生成企业需要的信息系统。这种方法的前提是要有许多成熟的软件可供利用，就目前情况来看，国内的一些财务软件，比如用友财务软件、金蝶财务软件等，为这种大系统集成提供了必不可少的元素。

由上可见，管理信息系统的发展方向开始从“开发”转向“集成”。信息系统开发也从用户直接和厂商进行的“双方”交易转变为由独立的“第三方”系统集成商来承担的工作。系统开发者不再是简单地使用某种工具来开发一个管理信息系统，而是使用综合的信息技术，分析用户的需求，从许多可用的备选方案中选出若干个合理的解决方案，最终高效率地集成起所需要的系统。

第六节　MIS 的开发工具

现代计算机信息系统的开发追求高效率，因而纯手工的方式已不能满足要求，必须借助先进的、自动化的开发工具。一般认为，系统开发应在六个月或更长一些的时间内见到成果，因而，应用高效开发工具是保证速度的重要措施。

软件开发工具不仅可大大提高软件开发效率和软件维护能力，还能减少软件开发中由于人为的原因而导致的各种错误，因而，极大地提高软件的可靠性。

随着计算机技术的发展，各种系统开发工具也层出不穷。但是，开发工具的选择也是非常重要的，选择不当将大大增加系统开发的工作量。各种开发工具有其自身的特点和优点，要根据系统的实际要求加以选择。

我们知道，第四代语言（4GL）是为降低程序开发工作难度和提高程序开发效率而设计的通用语言，目前已经成为应用领域软件开发的主流工具。用第四代语言编写程序时，往往只需要用类似于自然语言的交互方式描述用户的信息处理要求，编写出来的程序是非过程化的，即程序指令只需告诉计算机需要“做什么”，而不必详述“如何做”的具体细节，这使得非计算机专业的用户无需借助技术人员的力量也能够自行开发所需的应用软件。可见，它不仅是一个高效率的语言，也是一个使用方便、易学、易用、易维护的语言。

由于第四代语言具有易学易用、开发速度快、效率高、便于维护等特点，因而它将成为信息系统开发的一个重要途径。目前还没有第四代语言的标准，有些语言出现时间不长，就很快消失了。但是，由于它的优越性，在系统应用中表现出了强大的生命力。特别是，随着网络技术的发展，C/S 结构的信息系统成为主流，信息系统开发工具也迅速向 C/S 结构转移。信息系统开发工具位于客户端，通常称为客户机工具和前端工具。这些工具的特点是不依赖于某个具体的 DBMS，提供独立于 DBMS 的统一用户接口，通过连接件可透明地访问各种数据库。比如，常见的 C/S 开发工具就有 PowerBuilder、VisualBasic、Delphi 等。

值得一提的是，CASE 的产生是计算机自然发展的产物。许多文献将其解释为计算机辅助软件工程，从历史上来说，这有其客观原因及由来。然而，从发展的方向来说，CASE 越来越多地考虑复杂的信息系统，它不应仅仅局限于软件的开发，甚至程序编码，所以，将其解释为计算机辅助系统工程更为合适。

早期，CASE 仅仅是一些软件工程不同阶段的单个工具。CASE 是在系统开发周期的不同阶段产生的，根据 CASE 工具所支持的不同开发阶段分为上游 CASE 工具和下游 CASE 工具。上游 CASE 工具主要是针对系统分析、设计阶段，下游 CASE 工具主要针对系统实施、维护阶段。随着研究的深入和应用的普及，当前 CASE 工具正朝着集成化方向发展。因此，今天我们所说的 CASE，不是指某一个或几个工具，而是一个可覆盖软件生命周期各个阶段的完整的开发环境，或称为开发平台。它大致可以描述为：在高级程序设计语言（第三代语言）的基础上，为提高软件开发的质量和效率，从规划、分析、设计、测试、成文和管理各方面，对软件开发者提供各种不同程度的帮助的一类广泛的软件。

市场上的CASE工具种类繁多，但至今还没有一个CASE工具可提供全套服务，系统开发过程离完全自动化的目标还相距甚远。不过，新一代应用软件开发工具的基本特征至少包括以下五点：（1）支持面向对象的方法。（2）支持可视化图形用户界面。（3）支持客户机/服务器结果。（4）独立于特定的DBMS。（5）工具集成一体化。比如，Rational Rose是Rational公司提供的一套面向对象的可视化建模与系统开发工具。作为当前CASE工具的一个具有代表性的产品，它具有CASE工具的典型特点。

CASE是一种自动化的软件和系统开发工具。通过将许多常规的开发任务自动化，可使开发者从重复性工作中解脱出来，从而能够从事更具创造性的工作。CASE工具确实能够对信息系统工程中系统化与工程化思想的实现提供有效的帮助。人们发现，用CASE工具进行开发，其可靠性更高，且需要的维护量较小。总之，CASE工具的发展是十分迅速的，对CASE工具的社会需求也是十分迫切的，现代信息系统工程必须对此给予足够的重视。

还有，人们在应用软件的开发中通过对各种应用程序的构成和功能的分析、统计，发现不同的应用软件中有许多代码实质上相同或相似，并实现相同的功能。这就是构造应用生成器（AG）的基本思想和原理。应用生成器的基本特征体现在以下几个方面：能自动执行标准的功能，辅助生成基于各种标准功能的应用程序代码，或者应用软件本身实现编程自动化。应用开发人员只需要说明干什么，不必关心实现细节，只需考虑与应用有关的逻辑问题。可见，应用生成器为应用开发人员和最终用户提供了良好的软件开发环境。

MIS生成工具也称为MIS生成系统（MISGS），其基本思路是：通过对企业进行分析，提取同类企业在管理上的共同特征，并针对这些特征，编制一批标准的程序模块，即部件。一个具体的MIS便由这些标准部件的集合构成。生成系统可大大提高软件生产率，避免重复性的软件生产造成的人力和时间的浪费。同时，由于不断地改进和完善这些部件，使其可靠性较高，这样也就提高了生成的MIS的可靠性。而且，MIS的适应性显著增加，只需改变部件的组合，生成的 MIS 即可满足用户的需求。

另外，软件行业的工业化趋势导致了软件构件的产生。构件是可重复用的软件组成部分，可被用来构造其他软件。能够像硬件系统那样，将部分软件组合起来构建软件系统，一直是软件行业多年来追求的目标。采用软件构件开发信息的过程与搭积木的过程很类似，一般是先构筑系统的总体框架，然后构造各个构件，并依次把构件安装到系统中去。特别是对于很多应用软件的开发，若能结合系统的实际情况充分利用已有的软件构件，将会大大提高生产效率，减少大量的重复劳动。可以说，软件构件技术的出现是对传统软件开发过程的一次变革。

在新的软件开发方式下，软件公司以开发软部件为主要业务，提供规格化的软部件。系统集成商则汇总部件，组合成能完成不同功能的软构件，将自己的核心技术构件化。大部分信息系统在功能上有类似之处，因而，利用软件的重用技术就可以把开发过程大大简化。这样，开发信息系统的大部分工作都集中在构造软件阶段。这一阶段的工作特点是尽量使开发出的构件块具有较大的灵活性和变通性，为重用作好准备。采用构件法的关键就是要借助对构件的重用组合技术。虽然，到目前为止，还没有一个完整的开放式软构件系统的实施方案，但我们相信，软构件化是软件工业化的必然趋势。

本章小结

目前，普遍认为信息系统的开发过程由系统规划、系统分析、系统设计、系统实施以及系统与运行维护等阶段组成。严格区分信息系统开发工作的阶段，每个阶段必须明确任务，提供相应的文档资料。这些都是信息系统开发过程中所必须遵循的原则。

开发过程所需要的人员有：用户、系统分析员、数据库管理员、网络工程师、程序员和操作员等，这支队伍是庞大的。他们在系统开发过程中所处的地位和作用是不同的。值得一提的是，这些信息专职人员必须协同工作。组织与协调工作可以通过一个项目领导小组来实现。

企业可以自行开发、与有关单位合作开发、选购现有的产品或是完全承包给外部公司，各种开发方式各有其优点和不足，企业必须根据自身的情况和将来经营的目标进行权衡，应根据资源情况、技术力量、外部环境等因素作出选择。现在应该更为关注的是外源化方式，主要有三种形式的“外源化”可供选择。

子系统规划和公用的、共享的数据规划是我们在开发信息系统时首先要考虑的战略问题。在此基础上，最好的开发战略是把自上而下策略和自下而上策略相结合。

信息系统的开发方式有生命周期法、原型法、面向对象方法等。新的系统集成方法更具魅力。系统集成大体可以分为硬件集成、软件集成和信息集成。

随着计算机技术的发展，各种系统开发工具也层出不穷。4GL、CASE、MIS 生成系统、软件构件技术等，各有特点，它们对信息系统的开发都将产生重要的影响。

关键词汇

信息系统委员会　系统规划　系统分析　系统设计　系统实施
系统运行与维护　系统分析员　数据库管理员　网络工程师
程序员　自行开发　委托开发　合作开发　购买现成软件
外源化　生命周期法　原型法　面向对象方法　系统集成方法
4GL　CASE　应用生成器　MIS 生成系统　软件构件技术

习　题

1. 组织如何做好信息系统的组织准备工作？
2. 信息系统开发的大体阶段有哪些？
3. 谈谈系统分析员的地位和作用。
4. 谈谈用户在系统开发中的地位和作用。
5. 比较一下几种信息系统开发方式。
6. 谈谈软件外源化的几种情况。
7. 谈谈常见的系统开发方法的优缺点。
8. 谈谈系统集成方法的核心思想。
9. 你熟悉哪些开发工具？
10. 你还对哪些开发工具有兴趣？

案例分析

盘固水泥集团有限公司信息化工程建设

盘固水泥集团有限公司是江苏省最大的水泥制造企业之一，拥有多条优质高标号回转窑生产线，生产技术均达到国际先进水平，生产过程由中央控制室通过最先进的电子系统自动控制，水泥质量、能源消耗和环境保护均处于同行业的领先地位。

为提高公司形象，加快公司对外信息交流，公司现拥有5个静态IP，出口带宽为100M，由公司企划部负责的企业门户网站运转情况良好，月访问量达3 200次，企业可以在网上发布招标招聘信息、公司新闻等。客户可以通过网络随时和企业联系，取得相关的帮助或投诉，极大地方便了客户和企业的交流，受到广大网民的一致好评。

公司信息化工程建设自公司第一届董事会提出后，先后已投资700余万元，主要用于生料配料系统、水泥配料系统、办公自动化系统及仓库管理系统、财务系统、销售物流管理系统等。在此基础上该公司于2002年5月向常州市科技局递交了《盘固水泥集团有限公司企业信息化工程示范项目任务书》，并与依托单位——江苏省金思维信息技术有限公司密切合作，于2002年11月获得了“江苏省制造业信息化示范工程指导性计划项目”。在科技局各级领导的关心和支持下，公司分别于2003年和2004年获得常州市科技计划项目，目前项目实施情况良好，并取得了较好的成效。现将公司信息化项目建设情况汇报如下：

（一）企业信息化建设现状

公司局域网始建于1996年，由于其便捷的操作能及时真实地记录和反映实际情况，因而受到公司高层领导的重视，并很快在全公司逐步推广。目前公司财务系统用的是用友U8管理软件；计量用的是梅特勒-托利多的称重管理软件；销售物流系统是由江苏金思维信息技术有限公司开发的JSERP系统。

公司员工对企业信息化建设的好处已深有认识，并具有一定的基础，能熟练操作电脑的员工已达31.8%。随着运用的不断扩展与深入，对软硬件的需求不断扩大，董事会对公司软件的建设又提出了更高的要求。在原有基础上公司委托江苏省金思维信息技术有限公司为其定制实施ERP系统。主要内容为：

（1）改造原有局域网，将办公楼与公司东、西生产厂区及化工生产厂区之间的各信息点用光缆连接。

（2）建立覆盖全公司的网络环境及数据库环境。

（3）实施质量信息系统（QIS），提高企业产品质量管理能力。

（4）实施办公自动化（OA）系统，规范企业业务流程，整体提高企业各部门日常办公效率。

（5）实施企业资源计划（ERP），提高企业的整体管理能力和管理效率，减少库存，降低生产成本，加强成本核算和管理，并提供辅助决策功能。

（6）实施客户关系管理（CRM）系统，提高企业驾驭市场的能力。

（7）通过系统集成，建立企业级的企业信息化工程系统，实现全方位的科学管理及现代化生产，全面改善企业“T、Q、C、S、E”这五项竞争要素。

具体实施分以下几个阶段：

第一阶段：完成硬件的改造工作，将各生产厂区的信息点用光缆连接到位，各信息点的电脑硬件购置到位，为软件的实施打好基础。

第二阶段：实施 JSERP 销售物流管理系统，包括基础数据、销售管理、采购管理、库存管理、质量管理、总经理查询等功能模块。

第三阶段：实施 CRM 系统，并将 CRM 与 ERP 集成。

第四阶段：实施 JSOA 系统，并通过企业对 JSOA 系统的项目验收，实施 JSERP 系统的人事管理。

第五阶段：实施 JSERP 设备管理系统，包括控制中心、设备管理、检修、实时系统等功能模块。

第六阶段：实施 JSERP 流程生产管理系统与财务管理系统，包括工序配方管理、生产工艺管理、批号管理、能源管理、指标考核管理、财务管理等功能模块，并通过工程项目验收。

（二）应用效果

销售物流管理系统运行正常，公司一改过去的手工调度为电脑调度，减少了人为因素。本着对客户负责的原则，使销售调度物流工作更系统化、科学化，增加了监督机制，调度工作更加透明化，提高了工作效率。公司领导能随时查阅实时的销售调度情况。

财务系统的运用大大节约了人力、物力，企业流动资产周转率由以前的0.3增长为现在的1.51，增长了5倍多。库存资金占用率大幅下降，每月一次的盘点结算由原来的3天缩短为现在的一个工作日，极大地提高了工作效率。每个磅房的员工由原来的4人减为2人。产品销售收入由去年的1.8亿元增长为现在的2.8亿元。利润由5 400万元增长为今年的8 000多万元。

DCS（生产过程控制系统）的运用，使设备采用计算机控制。通过计算机画面可以及时掌握生产、控制、运行等情况，可及时发现问题，排除故障，保证水泥的生产质量。该系统的效益很可观，单从节约人力方面来说，原来生产120万吨水泥要1 300多人，而现在只需120多人，而且在质量的过程控制上更加准确、实时，使传统的产业借助信息化的翅膀实现了现代化的变革，产品的质量和产量均有了大幅度提高。

随着企业信息化的不断深入，整个公司内部将逐渐形成分工明确、业务流和资金流清晰的高效运作体系，并随着JSERP平台的推广搭建自己的外部协同流联盟，实现整体运作、内外并举，最大化提升自己的竞争力。

（三）今后企业信息化建设的推进目标

按照“需求牵引，效益驱动，总体规划，分步实施”的原则，以计算机集成管理（CIM）的原理为指导，逐步建立企业完整、有效的计算机应用网络，采用现代信息处理技术，充分发挥并运用企业在经营机制方面的优势和在资金积累、人才积累方面打下的良好基础，力争用1～2年的时间，逐步实现本企业在经营决策、生产管理、进销存管理、质量管理、计量管理、人力资源管理和办公管理等方面的集成，实现与国内外合作伙伴间技术信息的交流、互换及与产品市场、原材料配套市场的信息沟通，以期达到以下目标：

● 通过建设覆盖企业的网络和导入企业级管理信息系统，使决策者能够及时掌握企业内外部信息及辅助决策信息，使得经营决策更加合理；同时使生产各环节更加有序。

● 加强产品成本核算及成本分析功能，提高成本核算的速度和准确性；强化计划管理，进一步压缩库存，并减少各环节的损耗。

● 通过引入计算机辅助的质量信息管理系统，使质量信息的统计更加快捷准确，信息反馈更加及时，提高质量管理的效率和效果。

● 加强管理的科学化、标准化和规范化，通过企业经营重组，进一步规范部门职责，利用计算机辅助管理工具，实现流程管理。

● 通过信息和经营的集成，使得企业各部门能高效协同工作，提高企业的整体效能。

● 建立一个基于 Intranet 能覆盖全厂的办公自动化系统，主要是实现收、发文、电子信箱、电子档案和无纸化办公，并能通过 Internet 与外部互联。

● 通过培训与实践，培养一支自己的企业管理和计算机应用技术队伍。

（四）经验体会

公司在 2001 年接触并准备实施 ERP，2002 开始选型。为减少风险，本着总体规划、分步实施的原则，2003 年成功实施了 ERP 系统中的销售物流系统，2004 年完成客户管理系统。公司经历了从选型到调研、实施、验收的整个过程，这里介绍企业根据自己的实施经验从软件选型、实施策略、组织机构、人员配置、培训工作、工作规程等几方面获得的心得体会。

1. 软件选型

对于传统企业来说，对 IT 技术的陌生恐怕是实施 ERP 比较大的心理障碍，而 ERP 从选型到实施再到它的售后服务等对于一个 ERP 项目的成败起着至关重要的作用。不同的企业业务不同，管理水平不一，IT 技术掌握程度不等，资金条件各异，所以选择 ERP 产品的情况也就不尽相同，有条件的公司最好聘请咨询公司的专业人士对项目进行分析。一般说来，国内的 ERP 产品与国外大公司的相比，在功能和价格上有较大的差距，公司认为一般的企业应尽量选择适合自身需求、有一定技术力量的即可，不一定要片面地追求国外的产品。实际上，国外的 ERP 产品比较适合大型的、管理水平较高的企业，对于一般企业来说许多功能是闲置的。

2. 实施策略

（1）做好项目实施的总体规划。

在项目开始实施前，首先要做好项目实施的整体计划，各分项目的实施都应在整体计划所划定的框架内进行，以保证整个项目实施的协调一致。

（2）充分利用企业现有的软、硬件资源。

在保证项目整体先进、合理的前提下，尽量利用企业现有的软、硬件资源，提供与企业的 ERP 系统集成的接口，并且充分利用现有的数据，以避免重复劳动。比如公司原有的梅特勒-托利多的 Scalewin 称重系统、浙江散料包装称重系统等，在这次的 ERP 实施过程中，为了整体数据的统一，原本要废弃这些系统，后来考虑到费用及牵涉的生产工艺设备等其他因素，经多方努力，攻克了技术难关，制定了统一格式的中间文件，即接口程序，从而完成了 ERP 与称重软件之间的集成。

（3）ERP 系统采用分步实施的策略。

实施 ERP 这样一个大系统，涉及人力、物力的消耗都比较大，因此，在遵循"满足需求、先进、科学、符合实情"原则的前提下，采用"总体规划、分步实施、重点突破、效益驱动"的实施策略是非常必要的。

（4）认真进行数据准备工作。

ERP 系统的运行依赖数据的准确、及时和完备。可以说数据准备工作是整个系统实施过程中头绪最多、工作量最大、耗时最长、涉及面最广、最容易犯错误且错误代价极大的一项工作。因此，一定要提早进行并认真对待，协调各部门之间的工作，做好期初数据的录入。

（5）人机并行时间不宜过长。

并行时间越短，ERP 项目的成功率就越大。公司认为有如下几个方面的原因：

- 并行时期，工作量是很大的，时间长了，业务人员都疲劳了，甚至会对 ERP 系统产生反感情绪。
- 并行时期业务部门一般都是先做旧系统，再做 ERP 系统，这时他们还没习惯看 ERP 系统的数据，而是以旧系统的数据为准，所以 ERP 系统的数据有可能得不到及时跟踪，时间长了，ERP 系统数据的垃圾会越来越多，甚至变成了一套无用的系统。
- 并行时期，为核对 ERP 系统余额与旧系统余额，必须指定截数点，将业务停下来进行核对，当出现差异时还需调整。这是要花费一定时间的，所以每月都会有补数、入数的过程，相当于经常要将多天的工作压在一、两天内补做完成，如果月月如此，业务人员会很疲劳。

（6）重视高层领导在项目中的作用。

ERP 系统的实施是一项投入大、风险大、实施难度大的系统工程，是企业管理模式、管理思想、管理方式的一场变革，没有企业决策者对这一巨大工程的认可、支持与直接参与，就没有成功的可能。高层领导的承诺是企业成功实施 ERP 的关键，主宰着系统的成功与失败。ERP 工程是名副其实的一把手工程。

3. 组织机构

在实施 ERP 系统的过程中，人是项目成功的重要因素。因为实施 ERP 不只是单纯地使用和掌握一套计算机软件系统，而是实施一个以计算机为工具的人机交互的管理系统，是将一套管理理念通过计算机体现出来。要使 ERP 系统真正有效地发挥作用，必须有企业高层领导的充分重视、参与以及必要的组织保证。因此，企业 ERP 项目实施由企业项目实施领导组直接领导，项目组成员由用户实施领导组、ERP 实施小组以及软件公司人员组成。

在整个项目的组织机构中，实施领导组、实施小组和软件公司项目组在整个项目的进展过程中，分别担负不同的责任和扮演不同的角色。具体地说，实施领导组是以企业主管领导为首的决策机构，该机构应站在企业经营战略的高度，从计算机应用与企业经营管理的长远规划出发，提出企业管理信息系统的目标和要求。实施小组负责制定和下达分期项目实施计划，解决和协调实施过程中遇到的各类具体问题，定期向实施领导组汇报计划执行情况，指导各业务部门、车间的项目实施工作。软件公司项目组负责与用户实施小组共同制定项目实施的具体计划，对用户的管理人员进行培训，指导用户进行规范化的实施工作。所以，成立一个合理的项目组至关重要。

4. 人员配置

企业实施 ERP 系统是一项大型的技术工程，除技术依托单位组成的技术服务人员参与设计和开发实施外，企业也应组织有关部门相应的技术人员参与系统的开发以及系统的运行与维护。参与系统开发与维护的技术人员应由以下几类人员组成：

- 系统分析及管理人员；
- 应用系统维护人员；
- 软件开发人员；
- 网络和硬件及数据库专职管理人员；
- 计算机操作和数据录入人员。

除此之外，各部门都应配备相应的操作人员。

5. 培训工作

培训是成功实施 ERP 系统的重要因素。ERP 培训有两个重要目的：一是增加人们对 ERP 相关知识的了解，使人们对 ERP 有充分的认识，改变传统的观念，即洗脑的过程。二是规范管理人员的行为方式。通过培训，使用户的各级管理人员不仅要明确什么是 ERP、它的实施将给企业带来哪些变化，还要明确实施 ERP 后各个岗位的人员采用何种新的工作方式。培训宜采用授课和现场培训相结合的方式进行，对 ERP 理论、ERP 软件系统功能、使用操作、数据采集等方面的内容进行不同层次的培训。通过培训，使下列人员实现如下目标：

- 技术人员：了解 ERP 原理，理解系统中产品结构的组成和作用；会运用计算机熟练地输入、查询、修改产品的组成等。
- 生产管理人员：懂得 ERP 运行原理，会操作菜单查询工单状态，熟悉工作规范，清楚工单从领料到加工、汇报的整个过程，了解缺料、拖期工单的原因，并能进行处理。
- 销售调度人员：了解 ERP 工作原理，熟悉工作规范，能根据库存情况及客户的需求合理制定日销售计划，并根据销售计划合理安排运输工具进行发运；熟练掌握整个销售物流系统各模块的功能，能对简单的事务进行处理。
- 数据维护人员：理解自己维护的基础数据在系统中的来源和用途，能熟练操作菜单，进行数据维护。
- 系统管理人员：深刻理解 ERP 运行原理和各模块间的关系，能够为各业务部门提供咨询与培训，并能对系统进行日常维护。
- 操作员：对 ERP 的基本概念和原理有一定了解；会正确使用菜单上的功能进行数据输入；熟悉数据输入的具体注意事项和规定；熟练地操作计算机。
- 其他管理人员：根据自己的业务和权限，熟练操作菜单。

6. 工作规程

实施 ERP 系统是一项深刻的管理革命，为了巩固改革的成果，必须用书面文件形式把新的业务流程明白无误地昭示于众，即制定工作规程与准则，让全体员工严格照此执行。工作规程与准则说明每一项业务流程的目的和要求，通过哪些部门或岗位，由什么人在什么时间执行，运行系统的什么指令，遇到例外情况应按照什么原则处理等。规程之后应附有各种表格、单据，这是管理规范化的保证。通过工作规程的制定，保证整个系统有条不紊地运行。

7. 结束语

ERP 软件不是一套简单的通用化软件，如何将软件功能与企业业务结合起来，建立适合企业业务的管理体系，还要根据各企业的具体情况，最好借用咨询公司的经验，这样才能有效保证 ERP 项目的成功实施。

课外实验 9

本实验的目的是了解如何应用 MIS 生成工具来快速生成有关的 MIS，从而进一步认识 MIS 生成工具。实验的内容为，根据实际情况，开发你所在班级的成绩管理信息系统。

本实验选择的 MIS 生成工具为北湾软件工作室研发的万用信息管理系统开发平台 V6.6（单机试用版），系统的主窗口见图 9—4。

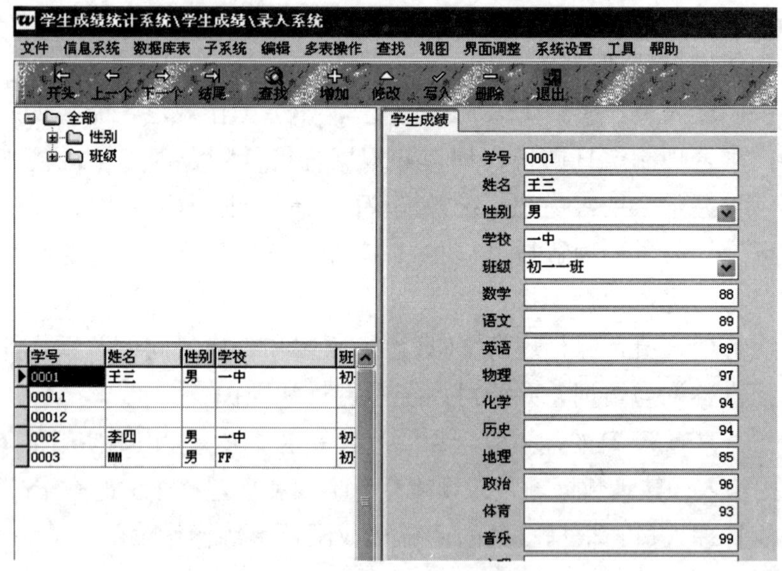

图 9—4 MIS 生成工具主界面

使用本 MIS 生成工具，用户不需要编程，只需要简单的设置就能生成自己所需要的信息管理系统。用它开发出的信息管理系统具有存储、查询、打印、导入、导出、备份、计算、统计等功能。

软件来源：http://www.beiwan.net/indexb.htm。

第十章

管理信息系统的管理

先行实例

后勤管理信息处理的数字化是实现学校管理现代化和信息化的重要内容。下面是某一高校在建立后勤管理信息系统时提出的建设规划。

1. 系统建设目标

建成一个完整统一、技术先进、高效稳定、安全可靠的基于 Internet/Intranet 的后勤管理信息系统。利用安全可靠的现代化处理和控制技术，及时准确地采集、处理、传输后勤管理信息，实现后勤业务管理和事务处理的自动化、网络化。满足校内外对后勤信息共享和利用的要求，并为各级领导提供有效的辅助决策服务；通过研发后勤管理信息系统，促进学校的后勤管理水平和效率的提高，促进管理人员素质的提高。

2. 系统建设原则

本系统作为学校管理信息系统的一个资源子网进行建设，以校园网为基础，实现信息资源共享，并确定了以下建设原则：(1) 统筹规划，实现跨部门的信息共享。(2) 系统应具有较好的可扩展性和兼容性，特别是在应用需求变化时，能方便地加以调整。(3) 标准化与规范性。采用信息标准的优先次序是：国家标准，教育部标准，教育部下属机构标准，专业技术标准。(4) 简洁性与实用性。应用系统的设计符合日常办公运作需求，功能完备实用、简单易学；界面友好清晰、易于扩充；网络结构简单明了、层次清楚。(5) 专业性与服务性。(6) 可靠性与安全性。(7) 先进性与稳定性。

3. 系统功能

系统应该包括：(1) 基本信息管理系统，包括系统管理、用户管理、安全控制、信息维护等。(2) 固定资产系统，可单独使用，也可与总账系统连接使用，并可推迟初始时间，减轻系统初始工作量。该系统提供固定资产卡片、明细账、总账、列表、折旧列表等的查询。(3) 报表合并汇总系统。(4) 采购管理子系统。(5) 人事管理子系统。

4. 系统结构

系统结构采用三层应用软件体系结构，即利用数据服务层、应用逻辑层、表现层来构造系统。

5. 服务器和数据库系统的选择

后勤信息管理系统是学校信息管理系统的子系统，分析处理数据时采用高性能的 PC server 作为服务器，提供事务处理服务、WEB 服务和特定数据库服务。

6. 后勤信息系统的信息安全设计

根据学校后勤信息管理的特点及学校楼宇分布情况，采用以下设计方式：(1) 主机安全，即数据库服务器双重异地分布；(2) 身份认证，即被授权实体具有按需求进行访问的权限。

问题：1. 你是如何看待管理信息系统建设规划要先行的？

2. MIS 的管理与 MIS 的开发相比，你认为哪个更重要些？

本章导读

以前人们过分强调 MIS 的开发，但是经验和研究告诉我们，必须对 MIS 的管理也给予足够的重视。信息系统规划在整个信息系统开发中占有非常重要的地位，它对整个信息系统的成败起到了至关重要的作用。信息系统的建设是一类项目的建设过程，可以用项目管理的思想和方法来指导信息系统的建设。当信息系统建立起来后，就要投入日常的运行。为保证信息系统的有效运行，应加强对信息系统的运行管理和维护，使信息系统真正发挥为管理者提供信息的作用。本章将对信息系统的战略规划、项目管理以及运行管理与维护做介绍。

学习目的

通过本章的学习，应该重点掌握以下知识点：

1. MIS 战略规划的概念、意义、、内容和步骤；
2. MIS 战略规划的主要方法；
3. MIS 项目管理的概念和内容；
4. MIS 项目管理中的质量控制；
5. MIS 运行的工作内容；
6. MIS 运行的组织；

7. MIS 维护的重要性；

8. MIS 维护的类型；

9. MIS 全面管理的大体内容；

10. 人员管理、数据管理、文档管理和安全管理。

第一节 MIS 战略规划

MIS 战略规划是信息系统实践中的重要问题，也是现在信息系统研究的主要课题之一。自 20 世纪 60 年代起，信息系统规划就受到企业界和学术界的高度重视，许多学者和组织在实践的基础上提出了不同的方法。

一、MIS 战略规划概述

（一）MIS 战略规划的概念和意义

MIS 战略规划是关于 MIS 的长远发展的计划。它是企业战略规划的一个重要部分，也可以说是企业战略规划下的一个专门性规划。这主要是因为信息已成为企业的生命线，信息系统与企业的运营方式、文化习惯息息相关。

随着信息技术在组织中的应用层次的提升，信息系统对组织也具有更高的价值和贡献。MIS 战略规划的意义也就更为重大（见图 10—1）。开始，即在提高效率、降低成本的应用层次，组织的目标是利用信息技术和信息系统来减少人力投入，节省时间和资金。在此层次，MIS 战略规划的要求是比较低的，主要是使信息系统的具体应用项目契合于组织的运行特点。后来，即在加强管理、控制风险的应用层次中，组织的目标是在应用信息系统的同时，规范业务流程、控制业务风险、改善管理机制、加强管理力度并辅助决策。在此层次，信息系统的应用与管理变革相结合，MIS 战略规划就凸显出了其重要性。现在，即在形成竞争优势的应用层次中，组织的目标是建立独特的核心能力，从而在竞争中赢得优势地位。在此层次，信息技术的战略意义得到进一步的提升，融合到了组织的核心战略之中。

MIS 战略规划是根据组织的目标和发展战略、信息系统建设的客观规律以及组织的内外环境，科学地制定信息系统的发展战略、实施策略和总体方

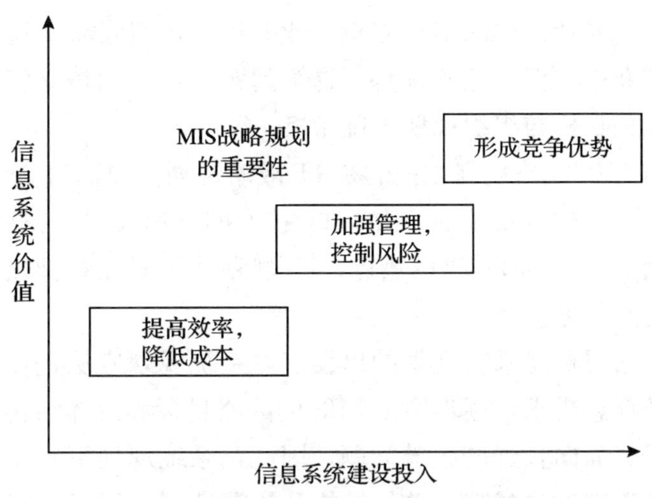

图 10—1　信息系统在组织中的应用层次

案。它是将组织目标、支持组织目标所必需的信息、提供这些必需信息的信息系统以及这些信息系统的实施等诸要素集成的信息系统方案。

MIS 战略规划是信息系统生命周期的第一个阶段，也是系统开发过程的第一步，其质量直接影响着系统开发的成败。科学的规划可以减少盲目性，使系统有良好的整体性、较高的适应性，使建设工作有良好的阶段性，节约费用。可惜，当前我国许多企业对 MIS 的战略规划仍未提上日程。目前，我国建设的信息系统，单项应用的多，综合应用的少。有的系统适应性差，难于扩充。缺乏科学的规划是造成这种现象的原因之一。有些规划较大的项目，由于没有科学的规划，上马时轰轰烈烈，上马后困难重重，骑虎难下，不仅造成资金、人力的巨大浪费，而且为今后的系统建设留下了隐患。所以，系统规划是信息系统成功建设的关键之一，它比具体项目的开发更为重要。

（二）MIS 战略规划的目标和内容

MIS 战略规划的主要目的是定义和确定信息系统投资的优先级别，在资源有限和系统互相约束的前提下，达到最佳的应用组合，获得期望收益，并实现最终期望的组织变革。若不进行战略规划，就有可能导致信息技术方面的盲目投资。技术本身是昂贵的，而错误的运用会使组织付出更高的代价。因此，必须首先认真制定 MIS 战略规划。

具体地说，制定 MIS 战略规划要确定的是：为了实现组织整体战略目标，企业到底需要什么样的信息支持其业务需求，到底需要建设什么样的信息系统帮助其获得和保持竞争优势。这个问题实际上就是如何确保所制定的信息系统规划的目标与组织规划的目标相一致。

另外，与 MIS 战略规划相关的是 IT 战略规划。简而言之，IT 规划是围绕信息技术来展开的战略规划。由于 IT 技术的迅速发展，在进行 IT 规划的时候，需要面对很多的 IT 建设热点，IT 规划就是要在各种热点中，找到适合企业自身特点的方向。

企业的战略目标是系统规划的出发点，系统规划应从企业目标出发，分析企业管理的信息需求，逐步导出 MIS 的战略目标和总体结构。系统规划要研究面向全局、面向长远的关键问题。因此，系统规划不宜过细。它的目的是为整个系统确定发展战略、总体结构和资源计划，而不是解决系统开发中的具体问题。在系统规划阶段，应着眼于企业功能要求和企业过程，系统结构着眼于子系统的划分，对数据的描述的目的在于划分“数据类”，进一步的划分是后续工作的任务。

一般来说，整个 MIS 战略规划包含如下内容：

（1）确定信息系统的总目标和发展战略规划。

应根据组织的战略目标、组织的业务流程改革与创新需求以及组织的内部和外部的约束条件，来确定信息系统的总目标、发展战略规划。其中信息系统的总目标为信息系统的发展方向提供准则，而发展战略规划则提出对工作完成情况的衡量标准。

（2）对组织目前的业务流程与信息系统的功能、应用环境和应用现状进行评价。

了解当前组织的能力状况以及存在的问题，设计改革业务流程，制定信息系统的政策和策略。

（3）对信息技术的发展作出预测。

信息系统无疑要受到当前和未来信息技术发展的影响，因此，计算机及各项技术的影响应得到必要的重视，并在战略规划中有所反映。比如，信息网络、数据库、软件的可用性等对信息系统产生的影响应属考虑的因素。

（4）作出具体的实施方案。

实施方案类似于一个从起点到达终点的导航图。方案中一定要确定长期和短期的行动及资源划拨，还需要对即将到来的一段时期作出相当具体的安排，如硬件设备的采购时间表、应用项目的开发时间表、人力资源的需求计划以及人员培训的时间安排、资金需求等。

（三）制定 MIS 战略规划的步骤

制定 MIS 战略规划的具体步骤如下：

（1）明确 MIS 战略规划的年限和具体的方法。

（2）收集相关信息。

（3）进行战略分析。对 MIS 的目标、功能结构、信息部门的情况、财务情况、风险度和政策等进行分析。

（4）定义约束条件。考虑单位的财务资源、人力资源、物力、规章制度等方面的限制。

（5）确定 MIS 的开发目标，明确 MIS 应具有的功能、服务范围和质量等。

（6）提出未来的略图。给出 MIS 的初步框架，包括各自系统的划分等。

（7）选择开发方案。选定优先开发的项目，确定总体开发顺序、开发策略和开发方法。

（8）提出实施进度。估计项目成本和人员需求，并列出开发进度表。

（9）通过战略规划。将战略规划形成文档，经单位领导批准后生效。

MIS 战略规划并不是一经制定就再也不发生变化。事实上，各种因素的变化可能随时影响整个规划的适应性，因此 MIS 战略规划总是要不断修改以适应变化的需要。或者说，组织经过 MIS 战略规划将产生一个信息系统战略计划，像其他规划一样，计划一旦正式落于纸面，就成为所有行动的依据。信息系统计划也需要在计划执行的过程中不断地收集反馈信息和进行评估，但在产生一个修正方案之前，所有实施决策都应该围绕这个计划进行。总之，有效的战略规划可以使信息系统有明确的战略目标和科学的实施计划，使系统有良好的整体性和可靠性。

（四）MIS 战略规划的组织工作

一个组织必须建立某种有效的机构来管理系统的开发，以保证最重要的系统先开发，不必要的系统不开发，并且确保最终用户在决定开发哪个系统以及如何开发的问题上起到适当的作用。

为了实现规划目标，首先必须组织一支在最高层领导倡导、支持下的强有力的规划队伍，通常称为信息系统规划领导小组。

规划工作一般是由企业中的一位高级执行官或主要决策者之一发起，他必须承担如下职能：

（1）担当决策的中心人物，批准信息系统提案的预算和计划；

（2）通过积极支持和分配恰当的资源，确保管理层的参与并明确职责；

（3）描述规划过程中的收益和优先级别；

（4）推进战略的宣传。

组织中 MIS 战略规划更需要团队，该团队的人员是从用户和信息系统部门中选取的，他们必须具有如下能力：

（1）对企业及其目标、管理风格、文化、流程和人员有充分的了解；

（2）良好的沟通技巧；

（3）制定和执行影响全局的规划方案的能力和权威；

（4）客观分析的能力；

（5）MIS 战略规划的经验。

制定 MIS 战略规划需要掌握一套科学的方法，为此应组织对高层管理人员、分析员和规划团队成员的培训，使他们掌握制定 MIS 战略规划的方法。

二、MIS 战略规划的主要方法

用于 MIS 规划的方法很多，下面介绍两种主要的 MIS 战略规划方法。

（一）企业系统规划方法

企业系统规划（BSP）方法是由 IBM 公司提出的，主要是基于用信息支持企业运行的思想。20 世纪 60 年代后期，IBM 公司的许多用户开始对这一方法感兴趣，希望利用它来更好地安排自己的信息资源。为此，IBM 公司在 1970 年建立了企业系统规划项目来帮助客户开展工作。目前，该方法的应用帮助有关企业改善了对信息和数据资源的使用，满足了企业近期和长期的信息需求，从而成为开发企业信息系统的有效方法之一。

企业系统规划方法是通过全面调查，分析企业的信息需求，确定信息结构的一种方法。只有对组织整体具有彻底的认识，才能明确企业或各部门的信息需求。

BSP 方法的基本原则如下：

（1）信息系统必须支持企业的战略目标。

（2）信息系统的战略应当表达出企业各个管理层次的需求。

（3）信息系统应该向整个企业提供一致信息。

（4）信息系统应是先“自上而下”识别，再“自下而上”设计。

（5）信息系统应该经得起组织机构和管理体制的变化。

进行企业系统规划工作大致有以下步骤（见图 10—2）：

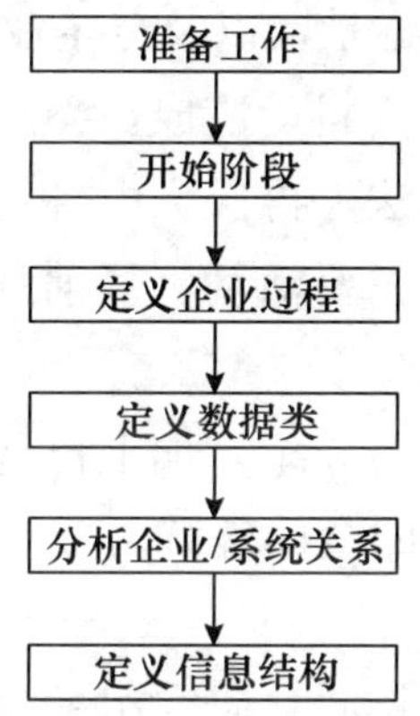

图 10—2　BSP 详细步骤

1. 研究的准备工作

成立由最高领导牵头的委员会，下设一个规划研究组，并提出工作计划。

具体地说，企业的最高层领导要亲自参与；企业各主要业务部门的负责人能正确解释他们所在部门得到的资料；由经验丰富的系统分析师全面负责；在整个工作中，需要各业务部门的具体管理人员积极配合，提供详细真实的材料。

要制定研究计划。参与研究的成员在思想上要明确“做什么”、“为什么做”、“如何做”以及希望达到的目标是什么。要在各级管理部门取得一致看法，明确企业目标，使信息系统能够支持这些目标。

BSP 的经验也说明，除非得到了最高领导者和某些最高管理部门参与研究的承诺，否则不要贸然开始 BSP 的研究。

BSP 是一项系统工程性的工作，要很好地做准备，这对成功完成任务非常重要。所以，在此，我们要再强调一下，如果准备工作没做好，不要仓促上阵。我国许多企业现在仍存在未认真做准备工作就急于上马的情况，结果是欲速则不达，危害整个工程。

2. 研究的开始阶段

规划组成员通过查阅资料，深入各级管理层，了解企业有关决策过程、组织职能以及部门的主要活动和存在的问题。

具体地说，企业规划方法研究的首项活动是企业情况介绍，全体研究组成员都要参加。介绍内容包括三个方面：首先，由企业的最高领导介绍研究的目标、期望的成果和研究的远景，以及与企业的活动和目标的关系。其次，由系统分析员介绍收集的有关资料，使成员熟悉有关资料。系统分析员应对有关问题提出自己的评价和看法。再次，由各主要业务部门的负责人介绍本部门数据处理的历史和现状、主要活动、目前存在的问题，以及与相关处室的数据联系。

通过对以上三个方面内容的介绍，加上已经收集到的有关资料，将加深成员对企业及其数据处理业务的全面理解。

3. 定义企业过程

定义企业过程是该方法的核心。研究组的每个成员均应全力以赴地去识别它们，描述它们，对它们要有透彻的了解，只有这样，BSP 才能成功。

企业过程被定义为逻辑上相关的一组决策和过程的集合，这些决策和过程是管理企业资源所需要的。整个企业的管理活动由许多企业过程所组成。识别企业过程可对企业如何完成其目标有深刻的了解。

识别企业过程要依靠已有材料进行分析研究，但更重要的是要和有经验的管理人员进行商讨，因为他们对企业的活动了解得最深刻。

一般来说，可以根据企业目标和系统总体需求进行分析，从战略计划与控制、产品生产与服务以及辅助资源这三方面来识别业务处理过程。战略计划与控制具体是指一个企业的长期的总体计划、投资计划、资源开发计划等。产品生产与服务功能应该根据企业组织的工作目标，从各部门和业务流程中提取。辅助资源是一个企业必需的部分，包括人、财、材料、设备，管理人员通过管理各种资源支持他们的目标。只有研究他们管理资源的各种活动和决策过程，才能总结出企业各组织机构的管理功能。

对确定的过程要进行比较详细的定义、命名。此外，还需要画出过程组合图和完成过程的说明，从而与企业的组织机构联系起来。

在此基础上，业务流程重组是在业务过程定义的基础上，找出哪些过程是正确的；哪些过程是低效的，需要在信息技术的支持下进行优化处理；哪些过程不符合计算机信息处理的特点，应当另外处理。

总之，识别过程是 BSP 方法成功的关键，应予以高度重视。

4. 定义数据类

企业过程被识别后，下一步就要对由这些过程所产生、控制和使用的数据进行识别和分类。

数据类是指支持企业所必需的逻辑上相关的数据。以企业资源为基础，通过其数据的类型识别出数据类。目的在于加深对企业数据需求的了解，进一步研究数据类和企业过程之间的内在联系。

为了识别和这些企业资源有关的数据类，可以通过企业资源/数据类矩阵进行分析。行表示主要的数据类型，列表示企业资源，分析每一种企业资源，针对每一个数据类型填上相应的数据。

为了建立数据类和企业过程两者之间的内在联系，可采用过程/数据类矩阵工具。其中行表示数据类，列表示过程，并以字母 C 和 U 表示过程对数据类的产生和使用，或者说每一个过程的输入和输出数据各是什么，因而，就构成了一系列的输入—处理—输出图。

5. 分析企业与系统的关系

当对企业过程和实现它们所必需的数据类有清晰的了解后，还必须对当前的数据处理工作是如何支持企业的有必要的了解。

分析企业与系统的关系主要是通过几个矩阵。研究人员可以画出系统过程矩阵，用以表示某系统支持某过程。采用同样的方法还可以画出系统和数据类的关系。

通过对机构职责和相对于每一过程的信息需求的深入分析，研究人员能够对问题有进一步的理解，建立起问题和过程间的关系，识别出对应于过程的信息需求，并把它们包括在前面定义的数据类中。

6. 定义信息结构

当企业过程和数据类确定后，应研究如何组织管理这些数据，即将已识别的数据类，按逻辑关系组织成数据库，从而形成信息系统来支持企业过程。

为了识别要开发的信息系统及其子系统，要用表示数据对系统和系统对所支持的过程之间关系的关系图来定义信息结构。

信息结构确定出分系统和子系统，根据它们产生、控制和使用的数据类以及它们支持的企业过程，提供了企业将来信息支持的概貌。

信息结构图将勾画出：每一系统的范围；产生、控制和使用的数据；系统与系统的关系；对给定过程的支持；子系统之间的数据共享。其做法是从过程/数据类矩阵入手，并注意到过程是按生命周期顺序排列的。

信息结构图是企业长期数据资源规划的图形表示，是现在和将来企业信息系统开发和运行的蓝图。

7. 完成 BSP 研究报告

确定总体结构中子系统开发的优先顺序，提出建议书和开发计划。

以上是 BSP 研究方法的简单介绍。它概括地描述了 BSP 方法的基本概念和基本内容。一般认为它适合较大型的信息系统的规划。方法本身是建立企业信息系统的蓝图，而不是详细设计，因此，在 BSP 研究结束后，尚存在很多要完成的后续活动。

通过这种方法可以做到：（1）确定未来信息系统的总体结构，明确系统的子系统组成和开发子系统的先后顺序。（2）对数据进行统一规划、管理和控制，明确各子系统之间的数据交换关系，保证信息的一致性。

BSP 的优点在于利用它能保证信息系统独立于企业的组织机构，也就是能够使信息系统具有对环境变更的适应性。即使将来企业的组织机构或管理体制发生变化，信息系统的结构体系也不会受到太大的冲击。

（二）关键成功因素分析方法

关键成功因素是指对组织能否成功地实现其目标起决定作用的因素。关键成功因素分析（CFS）是一种非常有用的方法，也是一种很受欢迎的方法。关键成功因素分析方法是基于 D. Ronald 在 1961 年提出的“成功因素”的概念上的。1970 年，哈佛大学 William Zani 在 MIS 模型中用了关键成功变量，这些变量是确保 MIS 成功的因素。20 世纪 80 年代初，麻省理工学院的教授 John Rockant 把 CFS 用于 MIS 的战略。CSF 能够使高层经理和决策者明确企业的战略优先级，针对关键的信息需求来确定信息系统的建设和实施目标，并避免脱离企业目标而进行建设的困境。

CSF 方法是一个由组织目标、关键成功因素和关键性能指标组成的复合概念体系。CSF 方法的意义在于为组织的高层管理者成功履行自己的管理职责、实现组织目标提供了一个清晰的思路和有效的方法，即管理者可以根据组织目标确定关键成功因素，制定描述相应关键成功因素的关键性能指标，紧紧围绕关键成功因素开展工作并凭借关键性能指标评价管理工作成效，从而形成一个以组织目标为设定值，以调控行为的成效为检测结果的包括组织目标、管理者和信息系统在内的反馈控制系统。这样一来，管理者就可以借助信息系统观测关键性能指标，从而得知关键因素的状态，再通过对关键因素状态的调控来保证基础子目标的实现，进而促成组织目标的最终实现。

CSF 的具体实施步骤如下：

1. 组织目标的确定和分解

每个组织都有自己的目标，不同时期每个组织又会有不同的重点。组织的目标应依据组织内外的客观环境条件制定，保证其切实可达。在目标确定后，可视需要将其按下属部门和业务单位分解为若干个合适的下级子目标。

2. 确定关键成功因素

根据已经确定并合适分解了的组织目标，列举与目标实现有关的所有因素。讨论这些因素与目标之间的关系以便明确诸因素地位的主次、作用的大小及相互关系，进而决定哪些因素应该合并，哪些因素应该忽略，经过筛选而保留那些确有关键性作用的因素，并制定相应的评价指标。

3. 确定关键性能指标

关键性能指标的确定是在关键成功因素确定之后进行的。既然它是用于描述和度量关键成功因素的，那么就要求它在操作上是可控的，对关键成功因素的度量结果是可信的。

要想有效地使用 CSF 方法，需要满足很多要求，这些要求包括；在信息系统战略制定过程中需要高层管理者的参与，并且这些高层管理者要对战略制定过程尽心尽力；要形成企业信息系统应用的统一观点；将信息系统同企业战略联系在一起；对信息需求的定义给予指导。

除此之外，CSF 的工作最好在团体工作的环境下完成，而不是单独与许多个人进行交流然后再汇总结果。CSF 过程必须在进行前就有一致的目标方向，而不是在分析的过程中再进行一致化，因为在后面的综合化工作中是很难实现这种一致性的。

与 BSP 方法相比，CSF 法的有利之处是它要分析的数据比 BSP 法少，只需要将注意力集中于少量的 CSF，而不是范围较大的问题。

CSF 方法的不足之处首先在于分析和处理过程类似于艺术创作，没有一个特定的严格规则用于决定如何把个人的 CSF 集中上升为一个组织的 CSF。其次，个人 CSF 和组织 CSF 容易产生混乱，这两者不一定相同。再次，这种方法明显倾向于高层管理者的意见，因为他们往往是唯一被访问的人。最后，需要明确的是这种方法不一定能够应付环境变化的冲击，或者管理者的变动，当这些变化时，信息系统必须相应地进行调整。

可以说至今为止，MIS 战略规划没有一种十全十美的方法。进行任何一个企业的规划均不应照搬以上方法，而应当具体情况具体分析，选择以上方法中可取的思想，灵活运用。

第二节　MIS 开发的项目管理

一、MIS 项目管理的概念

项目管理是保证整个项目顺利、高效地完成的一种过程管理技术。项目管理是一种科学的管理方式。在领导方式上，它强调个人负责，实行项目经理负责制；在管理机构上，它采用临时性动态组织形式的项目小组；在管理目标上，它坚持效益最优原则下的目标管理；在管理手段上，它有比较完整的技术方法。

项目管理的目的就是要在指定时间和有限资源的条件下，按质保量地完成给定的任务。具体地讲，项目管理就是为实现项目目标，有效地组织和利用各种资源，严格地控制项目进度，以满足用户及有关方面需求的管理工作的总称。这里的资源包括时间资源、经费资源、人力资源和物质资源。项目管理具体包括任务划分、计划安排、经费管理、审计与控制、风险管理等内容。

总体来看，项目管理可以分为两个阶段或两个部分：项目规划和项目监控。没有良好的规划，项目就没有明确的目标和清楚的边界。而没有良好的监控，就可能达不到预期的目标，或者花费了太多的时间和成本。

信息系统建设项目除具备一般项目的特点之外，还有其独特之处。比如，在信息系统开发中，客户常常在项目开始时只有一些初步的功能要求，没有明确的想法，也提不出确切的需求，因此，信息系统项目的任务范围很大程度上取决于项目组所做的系统规划和需求分析。由于客户方对信息技术的各种性能指标并不熟悉，所以，信息系统项目所应达到的质量要求也更多地由项目组定义。又比如，从信息系统建设的实践来看，尽管已经进行了系统规划和需求分析，确定了系统的工作范围，然而随着建设过程的进行，必然会出现系统环境的变化和用户潜在需求的不断激发，从而导致项目本身的任务、进度和费用等均需进行调整和修改，这种调整和修改通常会在项目中反复多次地出现。可见，信息系统的项目管理既非常重要又有一定的难度。

将项目管理的思想、原理和方法应用于信息系统建设项目会提高信息系统的成功率。这里需要指出的是，并非有了项目管理措施，信息系统项目就一定能成功。但是，项目管理是使信息系统项目能得以成功的有效途径。

信息系统建设项目管理划分为立项与可行性论证阶段和项目实施阶段。在建议书修改完成并提交主管部门批准后，项目就被列入计划，也就是项目立项。可行性论证是在项目开发前期对拟议中的项目进行全面的、综合的调查研究，其目的是要判断项目可行与否。从项目前期的管理决策角度看，项目的可行性论证是最重要的工作。可行性一般要讨论下列问题：项目开发的可能性与必要性；项目开发技术上的可行性；项目开发经济上的可行性；项目开发管理上的可行性；最后结论。项目实施管理的目的是通过计划、检查、控制等一系列措施，使开发人员能够按项目的目标有计划地进行工作，以便成功地完成项目。信息系统的开发是在用户和各类开发人员的共同努力下完成的，如何正确处理各类人员之间的关系，使得开发工作能够按时、保质、在经费许可的范围内完成，则是项目管理的重要内容。项目实施管理贯穿于系统分析、系统设计、系统实施、系统运行与维护的整个开发过程。项目实施管理的主要内容包括：开发管理、测试管理、运行管理和项目后期的评价管理。

二、MIS 项目管理的组织

为保证信息系统开发工作的顺利开始，首先要建立一个类似于项目管理组的组织机构。一般来说，可以根据项目经费的多少和系统的大小来确定相应的项目管理组。项目管理组由项目经理来领导，项目管理组的负责人应该由专职人员担任。项目组根据工作需要可设若干小组，小组的数目和每个小组的任务可根据项目规模、复杂程度和周期长短来确定。组建项目管理组后，要对项目的成员、成本、进度和质量进行管理，包括协调各类开发人员和各级用户之间的关系、做好文档的管理工作、控制系统的开发进度、负责项目的经费管理等。

信息系统项目中通常需要用户方与开发方的共同协作。他们在系统开发过程中各自扮演着不同的角色：

（1）项目管理者：信息系统项目的组织者，负责信息系统项目的计划、系统的阶段验收及对系统整体进度的监控、经费的使用、与开发方的项目管理人员工作的协调、用户方的使用人员的组织与培训等。

（2）用户方的业务人员：信息系统需求的提出者，也是信息系统的最终用户。他们是应用系统开发成功与否的最终评判者。

（3）用户方的决策层：信息系统开发的最终决策机构。决策层要对信息系统开发的项目的上马、经费的预算以及系统所要达到的总目标等作出决策。

（4）开发方的项目管理人员：负责项目的计划、开发人员的组织与调度、开发进度的检查以及与用户方项目管理人员工作的协调。

（5）开发方的软件编程人员：根据用户方的需求，按照项目的计划及进度进行系统开发。

三、MIS项目管理的具体内容

项目划分是实现项目管理科学化的基础。按系统的观点进行项目的分解对项目管理是十分有效的。可将项目工作分解为更小、更易管理的工作包，这种工作包也叫活动或任务。进行任务划分是实施项目管理的第一步。任务划分包括的内容有：任务设置、资金划分、任务计划时间表、协同过程与保证完成任务的条件。如按系统开发项目的结构和功能进行划分，可将整个开发系统分为硬件系统、系统软件、应用软件系统。硬件系统包括服务器、工作站、计算机网络环境等；系统软件包括网络操作系统软件、数据库管理系统、开发工具等；应用软件系统包括具有输入、显示、查询、打印、处理等功能的软件。

项目进度计划和控制是一项复杂的工作。网络分析中的计划评审技术（PERT），为项目管理提供了一种先进有效的方法。它不仅简单明了、使用方便，而且比较严密地反映了计划中各项工作之间的关系，表明了影响计划进度的关键工作。该方法有一系列优点，特别适用于生产技术复杂、工作项目繁多且联系紧密的一些跨部门的工作计划。为此，我们可以借助于它来进行信息系统的项目管理。另外，一些项目管理软件（例如常用的MS-PROJECT2000等）已提供了很好的项目管理工具和实现技术，它们将帮助项目经理、项目团队成员进行有效的项目管理控制和良好的沟通。

经费管理是信息系统开发项目管理的关键因素，项目经理可以运用经济杠杆来控制整个开发工作。经费的有效运用可以起到事半功倍的效果，反之，也许花费了许多资金，开发工作却毫无进展。在项目管理中，赋予任务负责人一定职责的同时，还要赋予他经费支配权，同时还要对其进行适当的控制。

项目执行状况的跟踪也是整个项目管理的重要部分。它对于整个系统开发能否在资源预算的范围内按照任务时间表来完成相应的任务起着关键的作用。对于系统开发中出现的变化情况，项目经理要及时与用户和主管部门联系，取得他们的理解和支持，及时针对变化情况采取相应的对策。

信息系统在项目实施过程中，尽管经过前期的可行性研究以及一系列措施的管理控制，但其效果一般来说还不能过早地确定，它与风险联系着，可能达不到预期的效果，如费用可能比计划的高，实现时间可能比预期的长，而且硬件和软件的性能可能比预期的低，等等。所以，风险管理也是项目管理的重要内容。

四、MIS的质量管理问题

从某种意义上说，信息系统也是一个产品，而质量是产品的生命。因而，我们必须重视信息系统建设的质量管理。信息系统项目建设的目的是在一定的时间和一定的费用下完成一定的任务，并且这些任务必须达到一定的质量要求。信息系统的质量管理是信息系统管理的重要内容。

项目开发的质量控制是整个信息系统质量保证的关键。从项目开发的生命周期来看，信息系统项目的质量控制包括系统的开发质量与系统运行过程中的质量管理两个方面，因此，对于质量的控制管理贯穿于信息系统生命周期的全过程。

从质量管理的角度来说，错误发现得越早，就越易修改，付出的代价就越小。若在系统分析阶段就修正错误，所需费用为 1 个单位，若拖到系统设计阶段才修正，则需 4 倍的费用，而到系统运行阶段再修正，则需 30 倍的费用。可见，项目质量控制在一开始就显得十分重要。

一些信息系统之所以开发失败，就是因为在整个开发过程中产生的一些影响开发质量的问题，没有及时发现、及时解决，这些问题一直隐藏在系统开发过程之中，直到开发完毕投入试运行或运行时才被发现，这时已经消耗了一部分资金和人的劳动，时间也已流逝，损失已经不可避免。

目前，大多数人都认为，质量应体现在过程中，而不是仅仅表现在产品上。无论是信息系统本身，还是信息系统的开发过程，都应该遵循和保存相应的标准。建立标准来保持信息系统的开发和使用处于一个稳定的状态，不至于因为某一个人员的变化，影响到整个信息系统的开发和使用。

另外，在项目管理中，采用第三方审计不失为进行质量控制的一个良策。系统审计师们从信息系统的生命周期开始就介入项目，能够以第三方独立的立场，考察项目建设过程中已经出现的和可能出现的问题，及时提醒更正，保证系统的可靠、安全和有效。

第三节　MIS 的运行管理与维护

系统的运行管理和维护是系统投入正常运行之后的一项长期而又艰巨的工作。一个信息系统，即使开发得再好，如果没有好的运行管理和维护，最终也是会失败的。只有坚持高水平的运行管理和优质的维护，才能使系统始终处于良好的运行状态，最大限度地发挥信息系统的效益。

一、运行管理

（一）运行管理的概念和工作内容

国内外大量事实证明，没有科学的运行管理，管理信息系统不但不能有效地发挥作用，而且自己也会陷入混乱和崩溃。一般来说，信息系统的运行管理工作是对信息系统的运行进行控制，记录其运行状态，进行必要的修改与扩充，以便使信息系统真正符合管理决策的需要，为管理决策者服务。信息系统的运行管理工作主要包括日常运行的管理、运行情况的记录以及对系统的运行情况进行检查与评价。

（1）信息系统投入运行使用后，日常运行的管理工作是相当繁重的。信息系统的管理不只是对机器的管理，更重要的是对人员、数据及软件的管理。那种认为系统投入使用后，只需有人管机器的想法是不对的。

（2）在完成各项日常管理工作的同时，应该对系统的工作情况进行详细的记录。系统的运行情况对系统管理、评价而言是十分重要而且十分宝贵的资料。主管人员应该从系统运行的一开始就注意积累系统运行情况的详细资料。系统运行情况分正常、不正常与无法运行等，由于该项工作较为烦琐复杂，为了避免流于形式，因此，一方面尽量在系统中设置自动记录功能；另一方面可对正常的情况不予记录，只对不正常的情况和无法运行的情况所见的现象、发生的时间及可能的原因作尽量详细的记录，因为这些信息对系统问题的分析与解决有重要的参考价值。

（3）在信息系统运行过程中还要定期对系统的运行情况进行审核与评价。不仅要对系统当前的性能进行总结与评价，而且要为系统的改进和扩展提供依据。只有不断完善和改进，信息系统才具有生命力。

这些工作做好了，信息系统就能够如预期的目标那样，为管理工作提供所需的信息。反之，这些工作做不好，系统就不能如预期的那样发挥作用，而且系统本身也会崩溃从而无法使用。

（二）运行管理的组织

有效地组织好系统运行对提高管理信息系统的运行效率是十分重要的。

系统运行组织的建立是与信息系统在企业中的地位分不开的。随着人们对信息作用的认识的加深，信息系统在企业中的地位也在逐步提高。从信息系统在企业中的地位来看，目前信息系统的运行机构有以下两种形式：与其他职能部门平行或在各职能部门之上（见图 10—3）。前者在系统运行过程中有关的协调和决策等工作将受到影响，后者在系统运行过程中便于和各有关职能部门相互协调和支持决策。最好是将上述两种方式结合在一起，各尽其职。

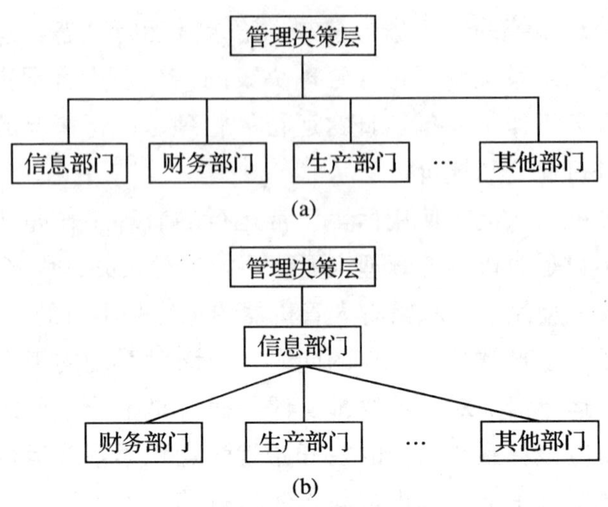

图 10—3　信息系统运行组织图

在信息系统的运行管理工作中，首先是人员的管理，其次才是设备、软件、数据的管理。由于信息系统本身的特点（运用先进的技术为管理工作服务），其工作必然要涉及多方面的、具有不同知识水平及技术背景的人员。这些人员在系统中各起一定的作用，他们互相配合、共同实现系统的功能。这些人员能否发挥各自的作用，他们之间能否互相配合、协调一致，是系统成败的关键之一。没有好的人员管理，分工协作就不能有效进行，这样人机系统的整体优化将是一句空话。在这种情况下，整个系统的运行就会出现混乱。

对人员的管理要明确地规定其任务及职责，对于每个岗位的工作要有定期的检查及评价，要在工作中对工作人员进行培训，以便使他们的工作能力不断提高，工作质量不断改善，从而提高整个系统的效率。企业管理信息系统的操作人员主要负责系统日常运行中的经常性工作，包括数据的录入、日常业务的处理及其他数据的打印输出。对每种工作要有一定的评价指标，这些指标应该有一定的客观的衡量标准，并且要真正按这些标准去衡量各类工作人员的工作。总之，企业管理信息系统的使用人员应熟悉本岗位的业务，具备相应的专业知识和基本的计算机操作技能，能按照系统使用说明书的要求正确、熟练地操作系统。

另外，为保证系统运行期间能正常工作，还要建立健全的信息系统管理体制。从制度建设上看，信息系统的运行管理制度主要有以下几个方面：机房管理制度、数据及软件管理制度、运行日志记录制度、档案管理制度等。

二、系统维护

（一）系统维护的重要性

系统维护是系统生存的重要条件。在系统的整个使用寿命中，都将伴随着系统维护工作的进行。近 30 年来，系统维护的成本一直呈增加趋势。有资料表明，20 世纪 70 年代维护费用与开发费用之比约为 35%～40%，80 年代增加到 40%～60%，90 年代又增加到 70%～80%，甚至更多。而且，一般来说，系统开发期为 1～3 年，而维护期为 5～10 年。从人力资源的分布看，现在世界上 90%的软件人员正从事系统的维护工作，开发新系统的人员仅占 10%。这些统计数据均说明系统维护任务是繁重的。

有人还做过调查统计，结果表明信息系统的效果没有达到预期目标，50%左右是在开发完成之后，系统运行与维护工作没有得到充分认识和引起足够重视，运行维护资金没有落实或在财务计划中根本没有考虑这一项支出，没有建立有利于运行维护的机制和环境，造成维护工作无法开展，运行中的问题不能及时解决。这也从另一方面说明了系统运行与维护困难的原因。

任何一个管理信息系统，在它存在的整个生命周期中，应当不断地改进。没有一成不变的系统，没有一成不变的程序，也没有一成不变的数据。由于企业要发展，环境在变化，因此，对管理活动来说，也会不断产生新的要求，随之而来要对管理信息系统加以修改。系统在实际运行中也会产生错误，即使是精心设计、精心实施、经过调试验收的系统，这也是不可避免的，同样需要修改，这些都属于系统维护的范围。

系统维护的目的是要保证管理信息系统正常而可靠地运行，并能使系统不断得到改善，以充分发挥作用。因此，系统维护的任务就是要有计划、有组织地对系统进行必要的改动，以保证系统中的各个要素随着环境的变化始终处于最新的、正确的工作状态。

（二）系统维护的类型

无论如何，依据信息系统需要维护的原因不同，系统维护工作可以分为四种类型：

（1）改正性维护。这是指由于发现系统中的错误而进行的维护。其工作内容包括诊断问题与改正错误。据统计，这方面的维护工作量要占整个维护工作量的17%～21%。所发现的错误有的不太重要，不影响系统正常运行，其维护工作可随时进行，而有的错误非常重要，甚至影响整个系统的正常运行，其维护工作必须制定计划，进行修改，并且要进行复查和控制。

(2) 适应性维护。这是指为了适应外界环境的变化或管理需求的变化而增加或修改系统部分功能的维护工作。这方面的维护工作量占整个维护工作量的18%～25%。由于计算机硬件价格的不断下降，各类系统软件层出不穷，人们常常因改善系统硬件环境和运行环境而产生系统更新换代的需求。客观环境和管理需求的不断变化使得各级管理人员不断提出新的信息需求，这些因素都将导致适应性维护工作的产生。

(3) 完善性维护。这是为扩充功能和改善性能而进行的修改。主要是指对已有的系统增加一些在系统分析和设计阶段中没有规定的功能与性能特征，这些功能对完善系统功能是非常必要的。这类维护工作量占整个维护工作量的绝大部分。这方面的维护除了要有计划、有步骤地完成外，还要注意将相关的文档资料加入到前面相应的文档中去。

(4) 预防性维护。这是为未来的修改与调整奠定更好的基础的主动性的维护。这是为了改进系统的可靠性和可维护性，为了适应未来的软硬件环境的变化，主动增加预防性的新功能，以使信息系统适应各类变化而不被淘汰。这方面的维护工作量占整个维护工作量的4%左右，其中也包括系统的安全问题。

总之，系统维护工作是信息系统运行阶段的重要内容，必须予以充分的重视。维护工作做得越好，信息资源的作用才能够得以充分地发挥，信息系统的寿命也就越长。当然，一个系统终会有生命周期结束的时候，如果对系统的修改已不再奏效，就应提出研制新系统的要求，从而开始一个新的系统生命周期。

(三) 系统维护的内容和人员

系统维护是面向系统中的各种构成因素的。系统维护具体包括硬件设备的维护、应用软件的维护和数据的维护。相应地，信息管理部门内部人员大致可以分为三大类：第一类是硬件网络维护与管理人员；第二类是应用软件开发与维护人员；第三类是数据库管理与维护人员（见图10—4）。

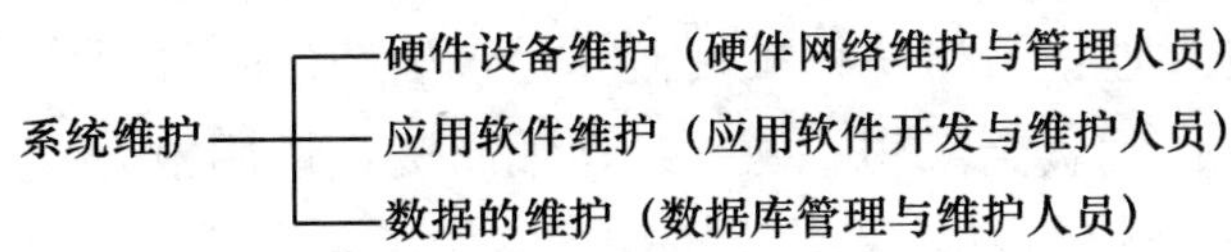

图 10—4　系统维护的内容和人员

不少 IT 人士不愿意从事系统维护工作，其原因源于两点：一是他们认为此类工作没有创造性，只有新手或做不了开发的人才去做维护；二是维护工作琐碎而复杂，尤其是一些旧系统，牵一发而动全身，修补起来很困难。实际上，系统维护工作是一件看似简单而实际需要较高的技巧、丰富的业务知识和较多的经验积累的工作。系统维护人员应该具备较强的计算机专业知识，企业管理知识，熟知本单位的业务处理流程，掌握数据库理论与应用能力，熟练使用操作系统和各种工具软件，熟练掌握网络原理及管理技术。

第四节　MIS 的全面管理

一、MIS 全面管理的概念

人们常说，开发 MIS 是“三分技术，七分管理”，说明了在 MIS 开发阶段，企业相应的管理措施的重要性。而另一句话：“MIS 出效益，关键是管理”，则说明在 MIS 正常运行之后，企业只有在管理上更下工夫，才能发挥 MIS 的功能，达到预期的效益目标。

MIS 的全面管理，实际上也就是对有关资源的管理。这里概括为以下五点：

（1）人员的管理：确定各类专业人员需求计划，对人员进行合理组织和使用，包括进行人员培训。

（2）数据的管理：管理数据必须实行“三化”，这就是规范化、标准化和统一化。

（3）软件资源的管理：明确软件需求和软件来源，合理使用软件，重视软件的日常维护。

（4）硬件资源的管理：熟悉系统运行环境和硬件设备配置，制定硬件使用制度，重视硬件维护保养。

(5) 资金的管理：严格执行投资概算，包括硬件软件投资、系统开发费、运行和维护费，做到资金使用平衡，定期编制资金使用报表。

二、MIS全面管理的具体内容

信息系统的管理工作不能与机器本身的管理工作等同起来。MIS的任务是为管理工作服务，它的管理工作是以向一个组织提供必要的信息为目标的，是以能够满足管理人员的信息需求为标准的，而机器本身的管理工作只是这一工作的一小部分，只是提供了硬件的保证，真正做到向管理人员提供信息还需做许多软件、数据、人员等方面的工作。

(一) 人员管理

管理信息系统是一个人机系统，它的正常运行需要很多人参加，将有许多人承担系统所需的人工输入信息工作以及计算机操作处理工作。系统越大、涉及的人员就会越多，分工就会越细。

系统主管人员的责任是组织各方面的人员协调一致地完成系统所担负的信息处理任务，掌握系统的全局，掌握系统改善和扩充的方向，他应该与组织或企业的领导保持经常性的接触，不断了解领导和管理人员对信息的要求，以及他们对信息系统工作的评价，并由此考虑系统的改进与扩充；数据收集人员的责任是及时、准确、完整地收集各类数据；数据校验人员的责任是保证到录入员手中的数据从逻辑上讲是正确的；数据录入人员的任务是把数据迅速而准确地输入计算机；硬件和软件操作人员的任务是按照系统规定的工作规程进行日常的运行与维护管理；程序员的任务是在系统主管人员的组织之下，完成系统的修改和扩充。

但这些人通常来自现行系统，他们熟悉或精通原来的人工处理过程，但缺乏计算机处理的有关知识，为了保证新系统的顺利使用，必须提早培训有关人员。需要进行培训的人员主要有以下三类：

(1) 业务管理人员。大量的事实说明，许多管理信息系统不能正常发挥预期作用，其原因之一就是没有注意对有关业务管理人员的培训，因而没有得到他们的理解和支持。

(2) 系统操作人员。系统操作人员是管理信息系统的直接使用者。统计资料表明，管理信息系统在运行期间发生的故障，大多数是由于使用方法错误而造成的。所以，系统操作人员的培训应该是人员培训工作的重点。

（3）系统维护人员。对于系统维护人员来说，要求具有一定的计算机硬件软件知识，并对新系统的开发和维护知识有较深刻的理解。系统维护人员一般应由计算机中心和计算机室的计算机专业技术人员担任。

（二）数据管理

对于信息系统来说，最重要的资源是数据。一切硬件、软件及其他资源，都是为了保证数据的及时、完整与准确，整个系统的效率或对外的形象都依赖于它保存的数据。无论多么先进的硬件设备，无论多么完善的加工功能，如果没有及时、完整、准确的数据，就都不能发挥实际的效益。我们的许多系统，正是对这一点重视不够，才形成了“进去的是垃圾，出来的还是垃圾”的局面，这种情况不但使系统无法使用，而且使用户对系统丧失信心，给计算机应用的推广造成了很不好的影响。

而保证数据的及时、准确和完整，并不只是计算机本身的问题，而是与具体业务紧密联系的。特别是在数据由手工处理方式转变到计算机处理的过程中，要把好这道关。信息系统处理的对象是数据，数据规范化是实现信息集成和系统集成的首要条件，在此基础上，才能保证数据的及时、准确、完整。特别注意的是，数据采集是整个数据处理流程的第一步。由于种种原因，数据在企业内部多以部门内的流动为主，部门之间的横向流动较少，同一经济活动数据在不同部门归口、收集、汇总、使用，不能共享，出现数据遗漏、脱节、重复、交叉等现象，因此，应理顺数据收集的方式、传递的渠道和存储的责任部门，建立起明确的授权程序，只有这样才能保证数据的及时准确和完整。

到目前为止，几乎所有的信息系统都采用数据库技术管理数据，而数据维护工作在技术层面上基本上是围绕数据库的安全性、完整性以及并发性控制等内容进行的，主要工作包括：

（1）当用户提出数据维护请求时，维护人员应审核用户身份，并对用户的请求进行认证，即分析数据维护请求的真假，如果系统或数据确实出现异常，则通过技术手段予以解决。

（2）维护人员负责维护数据库中的数据，当数据类型、长度等发生变化，或者需要添加某个数据时，需要负责修改相关的数据表、数据字典，并通知有关人员。

（3）维护人员要负责定期进行数据备份等工作，以保留系统运行的轨迹。当系统出现硬件故障并被排除后还要负责数据库的恢复工作。

（三）文档管理

需要注意的是，文档管理也是一个不可忽视的内容。在软件工程里，文档和程序加在一起合称为软件。文档与程序的区别在于前者是人可读的，后者主要是机器用来执行的。信息系统的建设过程在很大程度上是应用软件的开发过程。文档的含义在信息系统学科领域里比在软件工程学科领域里更宽泛。

文档是软件的一部分，更是信息系统的一部分。没有文档的信息系统，不能称其为完整的信息系统。没有良好的系统分析与设计文档资料，开发过程就不可能以有次序、可管理的方式进行，从而造成严重的低效甚至失败；没有良好的开发实施文档，也会给系统运行和维护带来困难，缩短信息系统的生命周期。

按照服务目的的不同，可以把文档分为用户文档、开发文档与管理文档。用户文档主要是为用户服务的，如用户手册、操作文档等；开发文档主要是为开发人员服务的，如系统分析说明书、系统设计说明书等；管理文档主要是为项目管理人员服务的，如可行性研究报告、项目开发计划等。

为了建设一个良好的信息系统必须要重视文档的建立工作，同时对这些文档资料要实施有效的管理。由于信息系统建设中的每一个阶段都会不断地产生各种文档，因而，如果没有一套完整的文档管理体制，当出现人员流动等情况时，就无法使信息系统建设持续进行下去。一般可设文档管理人员，专门负责系统所有文档和资料的保管、整理和维护。文档管理的主要内容有以下几个方面：文档的标准化、规范化；维护文档的一致性；保持文档的可追踪性；文档管理的制度化。

（四）安全管理

还应该指出的是，信息系统未来发展的一个重要趋势是越来越多地依赖于网络技术。四通八达的通信网络为人们进入系统并处理业务问题提供了极大的方便，同时也给一些不法之徒利用信息系统进行作案提供了可乘之机。这与在质量管理和可靠性工程中所说的“功能越多，问题出现的可能性也会越大”出于同样的道理。于是，系统的安全保障问题又成了信息系统开发和管理中的另一个重要问题。

信息系统的安全问题不仅表现在信息系统的运行过程中，而且在信息系统的规划、分析、设计与实现阶段就开始了，信息系统的复杂性使其各个环节都可能存在不安全因素。一般来说，影响系统安全性的隐患来自于三个方面：一是系统开发过程可能带来的隐患；二是技术设备和周围环境可能带来的隐患；三是人为因素可能带来的隐患。

信息系统安全是指采取技术和非技术的各种手段，通过对信息系统中的安全设计和运行中的安全管理，使运行在计算机网络中的信息系统有保护，没有危险，即组成信息系统的硬件、软件和数据资源受到妥善的保护，不因自然和人为因素而破坏、更改或者泄露系统中的信息资源，信息系统能连续正常地工作。

建立之后的信息系统的安全保障措施主要应该针对以下三个方面：数据的安全、计算机和网络的安全、灾难性故障发生后系统的恢复。这三个方面的重要性日益突出。我们应该有针对性地采取相应的措施，防止无关人员在未经授权的情况下修改数据，防止硬件设备受到无端损坏，尽量减少灾难性事故对信息系统的影响。

本章小结

本章首先论述了MIS战略规划的概念、作用以及目标和内容等，然后对MIS战略规划的常用方法，特别是应用比较成功的企业系统规划方法和关键成功因素分析方法进行了介绍。

将项目管理的思想、原理和方法应用于信息系统建设项目会提高信息系统的成功率。本章主要介绍了MIS项目管理的主要内容，重点讨论了MIS项目的组织工作和质量管理问题。

系统实施后新的信息系统投入运行。在运行过程中需要系统的维护和管理。本章强调必须克服以前“重开发设计，轻管理维护”的思想，使用户重视系统运行管理、维护管理、人员管理、数据管理、文档管理、安全管理等。

关键词汇

MIS战略规划　企业系统规划方法（BSP）　关键成功因素分析方法（CSF）

MIS 项目管理　项目管理组　MIS 的质量管理　运行管理　维护管理　人员管理　数据管理　文档管理　安全管理

习　题

1. 什么是 MIS 战略规划？
2. MIS 战略规划的内容是什么？
3. BSP 方法的核心思想是什么？
4. 如何使用 CSF 法做 MIS 战略规划？
5. 信息系统项目与一般工程项目有何不同？
6. 如何作好 MIS 项目管理的组织工作？
7. 信息系统项目管理具体有哪些内容？
8. 说说 MIS 质量管理的重要性。
9. 谈谈运行管理的工作内容。
10. 试述系统维护的意义。
11. 说说文档管理的重要性。
12. MIS 安全管理的主要内容有哪些？

案例分析

霍尼韦尔天津工厂 ERP 项目管理

2001 年 9 月，霍尼韦尔（Honeywell）国际公司天津工厂的财务兼人事经理李静岩女士，正在思考工厂已运行 5 年之久的信息管理系统的问题，这是一套基于 DOS 及 UNIX 平台架构上的台湾鼎新公司的 Leader 系统，虽然系统功能基本涵盖了工厂的整体运作，但这个 DOS 界面的系统与早已是 Windows 界面的外界环境连接困难，弹性很差，系统运行已日显吃力。李静岩意识到这套 DOS 版的系统确实该“退休”了，她和工厂管理层的想法是：工厂要快速上马一套 ERP 系统，否则会影响工厂的正常运行以及和总公司的信息沟通，但是，她该如何规划这样一个新的解决方案呢？

（一）Honeywell

Honeywell 国际公司是一家销售额为 240 亿美元，在多元化技术和制造业方面居世界领导地位的跨国公司。在全球，其业务涉及航空产品、住宅和商业楼宇控制、工业控制技术、自动化产品、特种化学、纤维、塑料以及电子和先进材料技术、交通和动力技术等领域。霍尼韦尔（天津）有限公司于1994年在天津经济技术开发区注册，总投资额为2 100万美元，它是Honeywell国际公司在中国内地成立的第一家独资公司，是Honeywell自控产品业务在中国的主要代表。霍尼韦尔（天津）有限公司的业务主要分为三大部分：工业自动化控制部、楼宇自动化控制部及控制产品部。霍尼韦尔（天津）工厂作为霍尼韦尔（天津）有限公司的生产实体于1994年在天津经济技术开发区注册建厂，1995年正式投入生产，产品包括温控器、风速开关、电动阀门及制冷剂观察镜等，主要应用于制冷系统及风机盘管温控系统中。霍尼韦尔（天津）工厂于1996年被天津市政府授为“高新技术产业工厂”，1997年通过ISO 9002国际质量管理体系认证。

（二）霍尼韦尔天津工厂IT应用现状

从1996年开始，天津工厂就采用了Leader系统，建立起了工厂信息化的基本架构，应用模块包括库存、BOM、订单、采购、批次物料需求计划、物料需求计划、成本、自动分录、会计总账、固定资产、人事薪资、票据、应收/应付、进口、出口、工单、工艺等。李静岩从建厂开始就负责工厂的财务部，对这套系统的运行极为熟悉：“天津工厂的信息化基础很好，建厂就引入的这套Leader系统，是当时较为流行的适用于中小型制造企业的成熟的解决方案，比较适合我们工厂初建时的状况，但由于是基于DOS架构，现在系统表现出的问题主要有：数据处理速度慢、集成能力差、产生报告时间长而且难以实时更新。另外，系统缺乏我们急需的一些重要功能模块，如标准成本、海关核销等。”

（三）选定神州数码易飞ERP系统

Honeywell全球大部分机构应用的主要是Oracle的ERP系统，天津工厂是Honeywell国际集团中一个中等规模的保税厂，没有直接对外销售，只是数据、报告需申报集团总部或与集团其他机构共享，因此，针对天津工厂内部的ERP系统，总公司希望选用本土ERP产品，以标准格式生成的数据、报告可通过专用接口进入Honeywell集团全球系统中。

李静岩以最快的速度组织完成了对总公司的ERP项目报批、预算核准工作，初步方案是：在系统模块满足工厂功能要求的条件下，选用国产ERP产品；力争在 2002 年上半年完成上线；项目全部预算控制在 100 万人民币左右。

为确保售后服务，天津工厂的管理层将产品选型界定在三家最大的国产 ERP 厂商，通过进一步的高层评估，最后确定为两家候选公司：神州数码管理系统有限公司和实力强大的 A 公司。

接下来是更细致的产品、服务的全方位比较。这期间，李静岩以及天津工厂的其他决策人员提出项目方案设想，请两家候选公司做方案建议并进行系统演示，他们还到上海等地分别走访了两家候选公司的多家用户，比较后期服务。到 2001 年底，历时近三个月的项目选型终于到了作出最后选择的时候，李静岩回忆了当时作出决策时的考虑因素："A 公司客户响应速度很快，国际意识强，但二次开发控制的范围要小一些。另外，其产品在财务标准成本方面与神州数码的易飞 ERP 产品有很大不同，而标准成本控制是总公司对我们的一个很重要的要求，易飞 ERP 在这一点上比较接近我们的想法。另外，从客户反映看，神州数码的后期客户化服务相对细致，而且其易飞 ERP 都是由对中小型制造企业的 ERP 应用极为熟悉的咨询顾问负责实施的，而我们的天津工厂正是这样一个国际化的中型制造厂。"

天津工厂立即与神州数码开始合同谈判，总体提案以总公司的预算和时间要求为前提，神州数码提供易飞 ERP 系统软件、系统实施服务，硬件部分由天津工厂报总部采购，天津工厂对系统提出的其他技术要求主要有：保留原 DOS 系统二次开发的内容，增加标准成本、海关核销两个功能模块。

（四）组建项目实施小组

按照神州数码易飞 ERP 的实施策略，项目实施的组织结构应包括项目决策委员会和实施小组两部分。实施小组人员包括实施方项目经理、客户方项目经理、小组组长（客户方）、核心成员（客户方）、实施顾问（实施方）、质量监理/总监（实施方）及最终用户（客户方）等。

对实施成员的入选条件，神州数码一般会向客户方提出一些定性的建议。

天津工厂项目实施小组的人员结构很有特点，对此，神州数码的咨询顾问彭添吉先生谈道："Honeywell 天津工厂的大部分管理人员都兼管多个职能部门，因此，我们这个 ERP 项目实施小组的组织结构也是最简练的，同时由于项目不大，李静岩一人负责财务和人事两大块，实际直接行使决策委员会的权力，实施小组的决策效率很高。”

天津工厂 ERP 项目是由财务部门牵头的，财务部主管陈荔青女士既有工商管理教育背景，又有七年财务工作经历，担任了项目实施的日常联络人，也是项目实施的核心业务骨干。

（五）天津工厂 ERP 项目的项目管理机制

参照易飞 ERP 的标准实施方法，天津工厂 ERP 项目实施小组规划了 ERP 项目的管理机制，包括七大方面：

1. 工作计划管理

根据项目进度的要求，制定工作计划，规定每个项目成员的任务，检查任务完成的情况和质量，包括：

（1）编制工作计划，并经双方批准。

（2）作出工作小结，说明未完成的原因及改进建议。

（3）工作量统计，质量检查。项目提交的各种重要文档都要经过天津工厂方和神州数码咨询顾问审核，由天津工厂方（李静岩、陈荔青）签字，确认提交的阶段性成果已审核，并满足项目实施方案的要求和天津工厂方能接受的标准。

（4）统计顾问服务时间。

（5）项目进展状况。

神州数码咨询顾问需提交：

（1）顾问辅导文件月工作报告。

（2）阶段性工作小结。

天津工厂方需确认以下文档：

（1）实施文档确认。

（2）阶段成果确认。

（3）每周顾问服务时间。

2. 工作计划控制

（1）每周举行例会讨论本周工作计划执行情况和下周工作计划。

（2）天津工厂方由陈荔青负责每周工作计划和执行情况的整理和汇总。

3. 顾问实施时间控制

（1）顾问实施时间记录包括在每周工作小结内，经汇总形成每周顾问服务时间统计表。

（2）控制顾问实施时间的合理使用，尽可能按计划进行，严格控制计划以外的工作。

4. 报告和决策机制

（1）问题的书面记录。

项目小组成员在实施中遇到问题时，首先要有问题的书面记录，并有随后的跟踪记录，通过各种方式使问题得到解决以后，还要有处理结果的记录。

（2）报告机制。

项目小组成员应首先在小组内部讨论并解决问题，否则应按照项目组织结构图所列的组织级别逐级向上报告。

5. 实施范围控制

需要改变原定实施范围时，应以正式文档方式提出：

（1）说明范围改变的内容、理由。

（2）说明改变的部分在项目进程中的状态。

（3）评估改变部分对项目进程可能的影响。

（4）评估改变部分对项目费用可能的影响。

（5）提出实施范围改变的请求报告。

（6）提交天津工厂方（李静岩、陈荔青）审阅和签字并内部存档，同时提交咨询顾问（彭添吉）等。

（7）范围改变书签字后，开始正式执行并调整相应的实施计划。

6. 文档管理

由于项目实施过程的复杂性、多方人员的参与以及时间跨度较长等因素，有关需求、建议、解决方案和结论都需要文档化、标准化，以供查阅和引用。实施文档作为项目成果的一个组成部分，包括：

（1）项目管理文档。

（2）天津工厂提交的需求文档。

（3）顾问提交并由天津工厂确认的解决方案文档。

（4）天津工厂需求改变报告和批准书。

（5）客户化文档和模块开发文档。

（6）测试方案和测试结果报告。

（7）天津工厂签署的阶段成果确认书。

（8）项目总结报告。

7. 项目质量控制

项目的质量控制主要包括两个方面：项目管理的质量控制和项目技术的质量控制。

项目管理的质量控制：

（1）对项目交付成果检查后，项目成果才是有效的。

（2）在项目实施的各阶段合理地安排各级培训。

项目技术的质量控制：

（1）用户参与。

（2）知识转移。项目实施过程中天津工厂方与咨询组需进行技术及业务的全方位沟通。

（3）神州数码技术质量检验。在系统设置阶段安排技术质量检验——由神州数码派出技术质检小组对项目小组确定的技术方案全面检查。

（4）系统投入运行前的检查。包括检查系统的主数据是否完整，有关的数据转换是否已完成，余额数据是否已输入；为满足特殊需求所开发的应用程序是否已符合要求并测试合格；硬件、网络以及 ERP 系统环境是否准备就绪；使用系统的终端用户是否已完成了必要的培训并掌握了相关业务处理技能；系统的安全控制工作是否准备就绪等。

课外实验 10

本实验的目的是了解如何运用 MIS 来进行企业的工程项目管理，从而进一步认识有关的管理信息系统。实验的内容为模拟某一企业项目管理人员进行操作，认识该系统的总体功能结构。

本实验选择的软件为商行天下软件科技有限公司研发的商行天下项目工程管理系统 8.8（单机共享版），系统的主窗口见图 10—5。

系统功能包括：（1）基本管理：人事管理信息、供应商资料、客户资料、

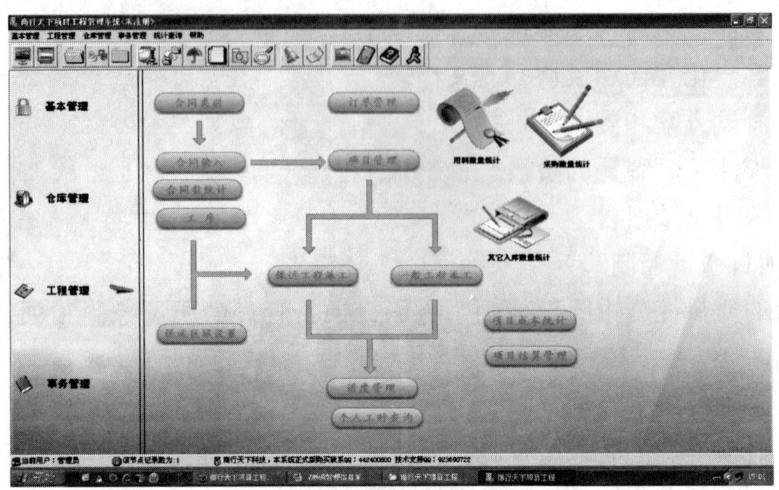

图 10—5　项目工程管理系统主界面

订单单位资料；(2) 仓库管理：配件采购、采购结算明细、其他入库、配件资料、当前库存明细、库存数量汇总、配件销售、销售结算明细、其他出库、项目用料、新进工具入库、工具资料、工具领用、库存工具汇总、借出工具；(3) 工程管理：合同类别、合同输入、合同数统计、工序、项目管理、保运工程派工、一般工程派工、保运区域设置、进度管理、个人工时查询、项目成本统计、项目结算管理、用料数量统计、采购数量统计、其他入库数量统计；(4)：自动事务、员工考勤录入、员工考勤统计、工资管理。

软件来源：http://www.sxtxsoft.com/。

第十一章

管理信息系统的综合评价

先行实例

某有限公司主要生产血压计、体温计等医疗保健产品，产品销往以日本、欧美为主的世界各地。随着企业的规模逐渐扩大、功能日益完善，管理上存在的问题也逐渐暴露出来，尤其是原材料的管理方面。原材料的浪费相当严重，库存管理混乱，采购工作又在迅速扩大，原有的管理方法根本无法适应企业的发展。

为了公司的进一步发展，公司开始实施一套MRPⅡ管理信息系统，逐渐将该系统有效利用，从库存管理、会计核算管理、销售管理到部分生产管理、采购管理。使用新管理信息系统后，提高了基础数据的准确性，减少了人员的工作量，提高了工作效率，加强了部门间的沟通，加快了流动资产的周转，提高了流动资金的利用率，给公司带来了很大的经济效益，但也遇到了各种问题。公司领导希望对该系统进行综合评价，以促进其更好地完善。

在生产效益方面：(1) 降低了原材料、产成品库存；(2) 提高了库存管理精度；(3) 提高了劳动生产率；(4) 降低了生产、管理成本；(5) 产品质量相应提高；(6) 提高了客户服务水平。

在财务效益方面：(1) 缩短了生产信息向会计部门传递的时间，提高了会计数据的准确度及会计核算管理工作的效率，缩短了会计结算周期；(2) 加快了流动资产的周转，降低了财务费用，提高了资金利润率；(3) 加强了成本分析、财务分析的及时性，降低了成本，提高了财务管理水平。

但通过评价也发现系统存在如下一些问题：(1) 资源管理范围小。市场的发展要求企业将客户需求和内部的制造活动以及供应商的制造资源整合在一起，形成一个完整的供应链，并对供应链上所有环节（如订单、采购等）进行有效管理。(2) 只支持典型生产方式。为了紧跟市场的变化，满足客户需求，多品种、小批量生产已在公司展开，公司由单一的生产方式向混合型生产发展，如何更好地支持和管理混合型制造环境，满足企业多元化经营需求，成为努力的方向。(3) 实时性较差。系统的实时性较差，一般只能实现事中、事后控制。严峻的市场形势要求强调企业的事前控制能力。实现事先计划、事中控制是现有系统所不具备的。(4) 缺乏与外部业务单元的联系。现在企业的发展，提出了要实现在不同平台上的互操作，支持跨国经营的多国家地区、多工厂、多语种、多币制应用需求，而现行系统只能实现企业内部单元的联系。

问题： 1. 评价 MIS 的目的是什么？

2. 如何评价 MIS 的建设情况？

本章导读

新系统投入正常运行，并有效运行一段时间之后，必须对新系统作全面的综合评价。系统评价的目的是为了估计系统的技术能力、工作性能和系统的利用率等。本章将简单介绍 MIS 综合评价的基本概念、综合评价的指标体系和综合评价的主要方法。

学习目的

通过本章的学习，应该重点掌握以下知识点：

1. MIS 综合评价的概念。
2. MIS 综合评价的步骤。
3. MIS 综合评价的主要指标。
4. MIS 综合评价的常见方法。

第一节　MIS 综合评价概述

一、MIS 综合评价的概念

所谓评价，是指根据确定的目标来测定对象系统的属性，并将这些属性变为客观的定量数值或者主观的效用评语的行为。

一个信息系统投入运行以后，是否达到预定的目标？是否具有期望的性能？如何分析其工作质量？如何对其所带来的效益和花费的成本的投入产出比进行分析？系统还存在哪些不足？这些都是我们所要解决的问题。

信息系统的评价分为广义和狭义两种。广义的信息系统评价是指从系统开发的一开始到结束的每一个阶段都需要进行评价。狭义的信息系统评价则是指在系统建成并投入运行之后所进行的全面、综合的评价。我们这里所指的是狭义的信息系统评价。

具体地说，任何一个实际应用的工程项目的目标都具有技术和经济两个方面的考虑：要么在一定的经济条件限制下，获得尽可能多的系统功能和尽可能高的系统性能；要么在满足一定功能和性能要求的条件下，以尽可能少的费用来实现。信息系统也应从技术和经济两方面进行评价，即进行技术评价和经济效益评价。前者也叫信息系统质量的评价，信息系统的质量首先表现在运行和使用上。后者是指对信息系统的运行结果所产生的直接经济效益和间接经济效益的评价。MIS综合评价是综合技术、经济、企业或组织的管理水平等对信息系统进行的全面评价。

信息系统综合评价是对一个信息系统的功能、性能和使用效果进行全面估计、检查、测试、分析和评审，包括用实际指标与计划指标进行比较，以求确定系统目标的实现程度。通过此评价，用户可以了解系统的质量和效果，检查系统是否符合预期的目标和要求，开发人员可以总结开发工作的经验、教训，这对今后的工作是十分有益的。

二、MIS综合评价的复杂性

不少人将信息系统的评价用软件的评价来代替。而事实上，软件只是信息系统的组成部分之一，并非全部。目前看来，对软件质量评价的研究比较多，而对信息系统评价的研究则比较少。而相对于软件来说，信息系统的耗资大，影响面广，理应受到更多的重视。

评价的复杂性来源于信息系统的复杂性。因为信息系统的成败不仅和其本身的质量有关，也和组织的管理水平，尤其是使用信息系统的人员素质有很大关系。特别要注意以下两点：首先，信息系统工程和一般工程不一样，其投资不可能是一次性的。随着系统的建设和运行，需要一系列不明显的费用投资（如运行费用、维护费用等），而且这些费用的比例越来越大。其次，信息系统的效果有着显著的滞后性、相关性和不明显性。信息系统的效果要在建成并使用一段时间之后才能显现，而且信息系统的效益与管理体制、管理基础、用户使用的积极性、用户的技术水平等有着密切的相关性。

信息系统的评价是一项难度较大的工作，它属于多目标评价问题。它所追求的不仅仅是单一的经济性目标或技术性目标，还涉及改善员工劳动强度和企业经营环境、增强市场竞争力等社会效益或企业文化方面的目标。上述目标的多重性产生了对信息系统进行多目标评价的必要性。

多目标评价方法是先提出信息系统若干评价指标，然后对各指标赋值，最后用各种方法将各指标组合成一个综合指标。需要注意的是，目前大部分系统评价还处于非结构化的阶段，只能就部分评价内容列出可度量的指标，许多内容还只能用定性方法作出叙述性的评价。如某些费用、效益指标，可以直接计量，但有些因素就无法直接计量，如管理者的水平等。

三、MIS 综合评价的实现

由于评价种类和目的的不同，信息系统的评价步骤和方法也不尽相同。但是，一般来说，为了保证系统评价整个过程高质量、有效地进行，遵循以下步骤是很有必要的。

（1）对评价方案作出简要说明。

（2）根据系统的功能和目标要求，确定评价的指标体系。

（3）对整个评价指标体系作出判断与评价。

（4）确定单项指标的权重。权重的确定需能反映出系统的功能与目标的要求。

（5）进行单项评价，查明方案在各项评价指标上的实现程度。

（6）进行单项评价指标的综合，得出某一大类指标的价值。

（7）进行大类指标的综合，依次进行，直到得出系统方案的总价值。

信息系统在运行与维护过程中不断地发生变化，因此，评价工作不是一次性的工作。系统评价应定期地进行或当系统有较大改进后进行。一般应在管理高层的直接领导下，由系统分析员或专门的审计人员会同系统开发人员和业务部门管理人员共同参与，定期对系统的运行状况进行审核和评价，为系统的改进和扩展提供依据。

系统评价结束后应形成正式书面文件即系统评价报告。该报告既是对新系统开发工作的总结，也是今后进行系统维护的依据。如果审计结果是系统基本适用但需要作一些改进，则要做好系统的维护工作。一旦审计结果确认系统已经不能够满足各项管理需求和决策需求，不能适应企业或组织未来的发展，则说明信息系统已经走完了它的生命周期，必须提出新的开发需求，开始另外一个新系统的生命周期，整个开发过程又回到系统开发的最初阶段。

第二节　MIS综合评价的指标体系

由于评价目的不同，评价的内容也不同。作为投资者，最关心投资效益；作为用户，主要关心新系统是否在功能上满足要求；而作为开发者，则希望通过系统评价明白他们的工作成果。

所谓MIS综合评价指标体系，是指一套能够反映所评价的信息系统的总体目标和特征并且具有内在联系、起互补作用的指标体系，它是信息系统整体状况的客观反映。一个合理、完善的指标体系，是对信息系统全面评价和分析的先决条件。

指标体系的设计应遵循科学性、先进性、系统性和可测性原则，应有效地反映信息系统的基本特征，全面地反映被评价对象的综合情况，从中抓住主要因素，以保证综合评价的全面性和可信度。

有学者从技术、经济和运行三方面建立指标体系，在此基础上，下面我们主要从用户满意、系统性能、经济效益三方面进行简要考察。

一、用户满意

用户对系统工作情况的满意程度有几个方面，如响应时间、操作方便性、友好性等。

对于信息系统用户来说，信息的及时提供是用户极为关心的事情。

信息系统的操作应当简单方便，人机会话简单明了。用户还希望信息系统在操作方面具有一定的容错性，系统要提供一定的帮助功能。

友好性是指用户界面友好。一个信息系统具有友好的用户界面是很有吸引力的。

二、系统性能

信息系统的性能是由信息系统的各个组成部分（包括计算机软硬件资源、

人员、规程和各种规章制度）形成的整体对使用者所表现出来的技术特性。信息系统在组织中发挥的作用，是通过信息系统的性能来体现的。系统性能评价是系统评价的主要内容。系统的性能包括：

1. 计算机资源的利用情况

信息系统集中了先进的计算机、外部设备、通信网络等硬件，系统软件、应用软件、网络软件等各种软件，以及数据库的各类信息，这些资源的利用程度可以从根本上反映系统开发成功与否。若一个系统的机器利用率不高，软件包大部分闲置不用，数据库中的数据不使用也不更新，那么这样的系统无论当初投资规模有多大，技术设备有多先进，从系统评价的观点来看，也是一个失败的项目。

2. 系统的可靠性

信息系统的可靠性是由其中的硬件系统的可靠性、软件系统的可靠性及数据的可靠性等因素共同决定的。硬件系统的可靠性可定义为：在一定的时间周期内，在给定的控制条件下，硬件系统所需功能的成功概率。软件系统的可靠性是指程序在所需精度下完成其功能的期望程度。具体地说，就是在运行环境中，在规定的运行时间内或规定的运行次数下，程序和所有数据元素运行不同测试案例的无差错概率。数据的可靠性是指数据的真实、准确和及时。考虑到硬件系统、软件系统的可靠性都是求概率的值，从而可以通过系统测试得到估计值。

3. 系统的可维护性

在系统的运行中，由于环境的变化、人为的失误，因而，系统运行离不开经常性的维护活动。系统的可维护性反映了为了确定系统的错误、修正错误所需作出的努力的大小。程序维护是指因业务处理的变化使系统业务出现故障时，需要修改部分程序。数据文件的维护是指因业务处理的变化，需要建立新文件，或者对现有数据文件进行修改。代码的维护是指随着系统的变化，旧的代码不能适应新的要求，需要修改旧的代码体系或制定新的代码体系。机器、设备的维护包括日常的保养和发生故障时的修复工作。

4. 系统的可扩充性

面对环境的变化、业务量的增多和业务范围的扩大，信息系统经常面临更新、扩充等新问题。系统的可扩充性是指系统的处理能力和系统功能的可扩充程度，可分为系统结构的可扩充性、软件功能的可扩充性、硬件设备的可扩充性等。这主要由硬件设备的特性、软件系统的特点、系统开发的规范性和标准化程度等因素决定。

三、经济效益

企业建立管理信息系统的目的在于提供完整、准确的信息，提高管理工作效率和经营决策水平，减少管理中的失误，使生产经营活动取得最佳的经济效益。评价 MIS 应用的经济效益，可以从直接经济效益和间接经济效益两方面来分析。

直接经济效益是可以计量的，它表现为应用管理信息系统后，由于合理地利用现有设备能力、原材料、能量等，使产品产量或提供的服务增长；由于劳动率提高，物资储备减少，产品或服务质量提高，非生产费用降低，使产品或服务的成本降低等。与直接经济效益有关的指标有：

（1）系统的投资额。

（2）系统运行费用。

（3）系统运行新增效益（很难作精确的计算）。

（4）投资回收期。

间接经济效益反映在企业管理水平的提高上，包括管理体制合理化，管理方法有效化，管理效果最优化；管理人员摆脱了繁杂的事务性工作，真正把主要精力用于从事信息的分析和决策等创造性工作上。与间接经济效益有关的指标体现在以下几个方面：

（1）对企业形象的改观、员工素质的提高所起的作用。

（2）对企业的管理体制与组织机构调整、业务流程优化的作用。

（3）对企业各部门间、人员间协作精神的加强所起的作用。

第三节　MIS 综合评价的方法

按评价方法所涉及的学科领域，可以把目前国内常用的评价方法分为专家评价法、经济模型法、运筹学与其他数学方法，以及组合模型方法等几大类，每一大类又可细分成多种方法。对 MIS 的评价要在信息系统评价指标体系研究的基础上，根据评价工作的要求和可操作性以及定性分析与定量分析相结合的原则，选用适当的评价方法。下面简单介绍几种常见的典型方法。

一、专家评价法

这是以领域专家的主观判断为基础的一类评价方法。专家评价法就是通常所说的德尔菲法，即由多名专家根据预先拟定的评分标准及专家的经验和主观认识各自对评价对象打分，然后用一定的方法对分数进行综合。专家评价法具有操作简单、直观性强的特点，一般用多位专家共同评价等措施来克服主观性强及准确度不高的缺点。

二、层次分析法

层次分析法（AHP 法）是一种实用的多准则决策方法，用于解决难以用其他定量方法进行决策的复杂系统的问题。它将定量与定性相结合，充分重视决策者和专家的经验和判断，将决策者的主观判断用数量形式进行表达和处理，能大大提高决策的有效性、可靠性和可行性。AHP 法非常适用于信息系统的评价，尤其适用于对多个信息系统的比较。

三、模糊综合评价法

模糊综合评价法是一种非常有效的多因素决策方法。由于评价指标体系既有定量指标，又有定性指标，各因素之间还有层次之分，因此，在进行评价时通常采用模糊综合评价法。在信息化项目中，涉及的评价因素很多，为了尽量全面考虑所有的评价因素，避免评价结果失真，可以采用模糊综合评价法对信息化项目进行评价。

四、数据包络分析法

数据包络分析（DEA）法可以看作是处理具有多个输入和多个输出的多目标决策问题的方法。该方法根据输入数据和输出数据来评价信息系统规模效益的优劣，即所谓的评价信息系统间的相对有效性。该方法具有完备的理论基础，适用于对多因素的变化进行定量动态分析和评价。该方法的主要缺点是由于因素多，从而产生了工作量大、处理困难等问题。

五、经济效益评价法

评价信息系统应用的经济效益，可以从直接经济效益和间接经济效益两方面来分析。其中费用—效益分析法，是信息系统经济效果评价的一种重要方法。企业信息技术和系统由于其隐含费用的存在，其成本计算可能变得比较困难。收益的计算就更加困难，有些只有靠经验才能使我们得出有关企业系统效益更加清楚的答案。只有搞清楚信息系统的费用和效益，才有可能对其作出公正的评价。

本章小结

MIS 评价是对已实施的 MIS 的工作情况、技术性能、经济效益等进行分析和评估。MIS 综合评价是综合技术、经济、企业或组织的管理水平等对信息系统进行的全面评价。MIS 的评价是一项难度较大的工作，它属于多目标评价问题。本章主要从用户满意、系统性能、经济效益三方面进行考察，并指出了一些常见的评价方法。

关键词汇

MIS 系统综合评价　　多目标评价　　评价指标体系　　评价方法

习　题

1. 什么是 MIS 的综合评价？
2. MIS 综合评价的大概步骤是什么？
3. 谈谈应该从哪些方面对 MIS 进行评价。
4. 你熟悉哪种综合评价方法？它适合用来评价 MIS 吗？

案例分析

内蒙古塞飞亚集团 ERP 应用总结

内蒙古塞飞亚集团公司位于内蒙古宁城县，始建于 1988 年，构建了集肉鸭繁育养殖、饲料生产、商品鸭屠宰加工、印刷包装、熟食研发、餐饮服务及生态环保的有机肥生产为一体的、独具特色、富有广泛辐射带动能力的富民产业。2003 年，建立了专家大院，组建了畜禽、饲料、食品 3 个研究所和网络信息中心，是自治区企业信息化示范单位，是国家发改委“畜禽养殖加工企业信息化示范项目”、国家信息产业部“全国电子信息应用贷款项目（倍增计划）”和“电子信息产业发展基金项目”的承担单位，是内蒙古自治区认定的企业技术中心，是国家农业产业化重点龙头企业、国家级高新技术企业。塞飞亚草原鸭成为国家驰名商标；集团的肉鸭产业是全国农副产品深加工食品工业示范项目、国家星火计划项目；集团已连续五年被中国农业银行内蒙古分行评为 AAA 级资信企业。

（一）信息化建设的动因

从 2000 年开始，我国政府的工作重点放在引导企业应用信息化技术，迎接新经济时代和经济全球化带来的挑战，以信息化带动工业化，以现代化及企业的发展后劲实现新一轮跨越。推进企业信息化已经成为整个信息化推进工作的重中之重。从该公司的情况来看，其信息化建设的动因主要表现在：

（1）信息化建设是企业发展和市场竞争的需要；

（2）信息化建设是企业提升管理水平的需要；

（3）信息化是改变畜禽加工企业管理模式的需要。

（二）信息化建设目标及选型

1. 总体目标

内蒙古塞飞亚集团畜禽加工企业信息化建设项目的战略目标是，适应畜禽养殖加工行业的激励竞争和全球经济一体化的发展需要，为了保持高速增长的态势，希望通过管理流程的改进以及 ERP（企业资源计划）和其他业务管理信息系统的实施，优化业务流程、优化企业内外资源配置，增强企业产、供、销的协作能力，实现管理由粗放向集约的转变，以达到提高企业运营效率，全面提升公司综合竞争能力，取得良好经济效益的目标。

2. 选型背景和原则

塞飞亚集团是一个“公司＋农场＋农户”的产业链较长的农业产业化龙头企业，管理模式已经自成一体，管理思想清晰、成熟。因此，在选择软件提供商时，集团带着许多具体的问题，详细考察了制造业中特别是与自身生产特点相似的企业中 ERP 软件的整体实施及应用情况，并在咨询专家的帮助下，制定了选择 ERP 软件供应商时的八项标准：

（1）本土化原则。

（2）覆盖业务广原则。

（3）ERP 系统可扩充。

（4）系统可充分定义。

（5）系统易于维护。

（6）开发工具的难易。

（7）售后服务与支持。

（8）软件商的信誉和稳定性。

基于上述背景和原则，经过对国内外数家 ERP 软件提供商的考察、分析和比较，内蒙古塞飞亚集团最终选择了北京和佳软件技术有限公司的 ERP 软件。该公司具有雄厚的技术实力和丰富的项目实施经验，其核心产品 ERP 软件是国家 863/CIMS 主题专家组和中国软件行业协会力推的国产优秀软件产品，特别是和佳 ERP 采用特殊的计算方法，解决了流程行业和离散行业共用一套 ERP 系统的难题。

（三）ERP 项目实施

1. 实施准备

（1）建立实施组织。

1）项目领导小组。由企业一把手主持，由与系统有关的总经理或副总经理、财务总监、企管部负责人、计划部负责人、项目实施小组经理构成。领导小组至少每周举行一次例会，领导小组组长需要经常关心、参与和指导实施工作，及时处理各种问题。

2）项目实施小组。项目实施小组主要负责实施 ERP 系统的日常工作。

3）项目职能小组。在项目实施小组的领导下，研究本部门实施 ERP 系统的方法和步骤，掌握与本部门业务有关的软件功能，并准备录入数据，学会应用各种报表提供的信息，培训本部门的使用人员，参与制定工作准则和工作规程，做好新旧系统的切换，运行新的系统。它是企业具体使用 ERP 的部门。

（2）人员培训。

对企业的各项管理人员进行计算机管理理论的培训和教育，让他们都知道实施计算机管理信息系统的目的和意义，初步理解管理信息系统的思想以及实施过程中的关键和难点所在，引起他们高度重视，从而以高度的热情投入到系统的实施工作中去，和佳公司针对各级人员提出了“全面培训”的概念，企业中与 ERP 有关的人员百分之百地接受培训。

（3）基础数据准备。

认真、详尽的数据准备为塞飞亚集团的 ERP 系统奠定了坚实的数据基础。

2. ERP 系统的实施

根据应用系统的业务和技术的原则和需求，塞飞亚畜禽加工企业信息化工程 ERP 主要包括：以财务为核心的企业核算体系和经营管理控制体系；养殖管理系统；生产、质量和生产支持的管理信息化系统；比质比价采购管理信息化系统；销售管理和客户关系管理系统；人力资源开发系统；协同办公自动化系统等。它采用了北京和佳软件公司 ERP 系统及 OA 系统共 27 个模块，覆盖种鸭繁育孵化、饲料生产、商品鸭养殖、肉鸭屠宰生产、食品深加工、包装物生产、原材料采购、产品销售网络、质量检验控制、生产现场监控管理等各个环节，贯穿整个肉鸭养殖加工产业链，为企业各级管理人员提供了经营、库存、销售、质量、财务、成本等各方面的生产经营信息，使企业信息和数据不仅统一而且共享。在数据存储、传递和处理方面做到安全、及时、准确、方便，从而提高了企业经营决策水平和决策能力，提升了企业的综合竞争能力。

（四）效益分析

1. 直接经济效益

塞飞亚集团肉鸭产业 2003 年末基础财务数据如下：年制造成本 23 627 万元，销售费用 385 万元，管理费用 1 436 万元，财务费用 497 万元，流动资金 12 055 万元，其中库存 4 421 万元，流动资金周转次数为 2.53 次，全员劳动生产率为 10.76 万元/人·年。

2001—2003 年塞飞亚集团主要经济指标（产值、利税、制造成本）实际平均增长率为 35%，三项费用（管理费用、财务费用、销售费用）实际平均增长率为 22.64%。

2003 年项目实施后效益如下：

（1）制造成本降低 1%，节支 236.3 万元。

（2）流动资金占用额减少2 000万元（加快周转速度0.5次），节省财务费用106.2万元（按5.31%的年利率计算）。

（3）管理费用与销售费用支出降低10%，节支182.1万元。

（4）减少各类管理人员49人，其中：财务对账、核算人员28人，统计分析数据人员14人，其他管理人员7人项目实施后年节支效益524.6万元。

预计实现效益：2005年700.8万元；2006年807.1万元；2007年919.1万元；2008年1 042.3万元。

2. 间接经济效益

（1）有利于提高畜禽养殖加工业管理水平，促进国内同行业实施信息化管理的进程。

（2）提高塞飞亚集团公司和品牌的知名度。

（3）运用ERP系统后，建立了以财务管理为中心的企业管理新机制。建立了财务预算控制体系，并逐步建立企业内部结算中心，塞飞亚集团每个成员企业内部有一个银行往来账户，加强了集团对成员企业资金使用的监管力度，使资金效益发生最优化，产生最大效益。

（4）通过ERP项目的实施，建立了以财务管理为中心的企业管理新机制，加强了塞飞亚集团对成员企业资金使用的监管力度，使资金效益最优化；销售公司、分厂和成员企业实现了资金流、物流、信息流的一体化管理。

（5）实现了塞飞亚决策的科学化、规范化、数据化管理，减少了决策的简单、盲目性。

（6）保障了塞飞亚集团全面计划管理，塞飞亚集团的产业特色决定了整个产业经营活动对计划的依赖，和佳ERP系统正好解决了塞飞亚集团多年来备受困扰的问题，公司各项生产活动全部按计划进行，提高了产业的联动效应。

（7）提高了整个企业计算机管理系统、软件应用系统和自动化系统的集成度，彻底解决了信息孤岛现象，企业内外信息资源得到充分共享，整体上提高了企业对市场迅速作出反应的能力和对内部管理的控制能力。

（8）全面建成企业Internet网，并部分实现了与外协供需商业伙伴的网络化商务往来。

（9）规范并细化了仓库管理，包括产品名称和种类（含包装规格和类型），批号或序列号，保存期或包装日期，责任方及联系电话，该批产品的数量、发货日期和发货数量，有效控制了各类库存资源，为产品标识和可追溯性的建立提供了保证，从而提高了对客户的服务质量。

（10）促进了企业体制、机制的管理创新，根据管理咨询实施方案，建立了科学的管理体系，各部门职责明确、科学合理，使塞飞亚集团从传统的养殖生产管理模式转变为现代先进的养殖生产管理模式。

（五）实施体会

1. 领导重视、部门支持是搞好信息化的重要前提

塞飞亚集团畜禽养殖加工企业信息化建设，是响应党的十六大关于“坚持以信息化带动工业化，以工业化促进信息化”的号召，目的是全面打造数字化管理平台，实现企业信息化管理，用信息化促进企业管理变革。

塞飞亚集团已先后被内蒙古自治区信息化工作领导小组办公室及内蒙古自治区发展与改革委员会列为畜禽加工企业信息化试点单位，在企业信息化建设中，得到国家、自治区、市、县各级领导的关怀和重视，同时，在资金和技术等方面也得到了各级相关部门的大力帮助和支持，为塞飞亚信息化项目的实施提供了有利条件。

2. 加强领导、提高认识是搞好信息化的根本保证

塞飞亚集团畜禽养殖加工信息化系统不是单纯的计算机管理，而是实行信息化管理的系统工程，成功实施的关键是用科学的管理思想和先进的管理手段去规范企业的传统管理行为，无论思想和管理手段如何超前，技术如何先进，但有一点是肯定的，在整个项目的实施过程中，离不开人，因为企业管理的核心和决定因素是人，尤其是企业最高层领导始终如一的重视和支持是畜禽养殖加工企业信息化管理项目成功实施的决定性因素。所以，离开了一把手的支持将寸步难行。

3. 建设队伍、完善措施是搞好信息化的有力保障

要保证企业信息化项目的实施，必须有一支强有力的实施队伍和严密的保障措施。实施队伍不仅仅是指软件人员队伍，也包括管理人员。管理人员是系统运行的主体，系统的调研和分析、业务流程重组及最终系统的运行都必须有管理人员的积极参与和通力配合。如果没有一支高素质的管理人员队伍，再先进的信息化平台也只是空中楼阁。此外，还必须有一套严密的实施

组织和措施，使每个子系统的实施按总体要求编排实施计划，每个程序落实到人，按期考核。项目实施小组定期检查评审项目完成情况，随时根据项目进展情况协调各部门的关系。

4. 阶段性总结，循序渐进是搞好信息化的重要因素

在保证企业信息化项目的实施过程中，一个阶段工作完成后，须及时总结该阶段取得的成绩和存在的不足，考察阶段目标是否如期达到，为下一阶段目标及任务的完成提供可资借鉴的经验。实施过程中，要遵循科学的实施方法，既不能操之过急，也不能拖得太久。操之过急则可能“欲速则不达”，拖得太久则会推迟效益的获取，不利于保持员工的工作积极性，因此成功的机会也会相应减少。

5. 严格管理、计划控制是搞好信息化的重要手段

人们常说，“三分技术、七分管理”。在实施之前，如果企业的基础管理能够规范化，管理制度也相对较为完善的话，那么在实施项目时，肯定会缩短实施时间，并将大幅度提高成功的把握。反之，企业如果管理本身比较粗放，或处在完全凭个人经验决策的阶段，实施时则难度相对较大，但如果不进行信息化建设，肯定会更落后。所以，信息化系统的实施应该安排好时间，制定好合理的计划，早计划、早安排、早实施，才能早成功、早受益。

（六）总结

塞飞亚集团2003年以来之所以能够取得这样高速发展，信息化建设特别是ERP项目的实施，发挥了至关重要的作用。对于国内的企业尤其是国内的以传统养殖加工为主导产业的民营企业来说，实施信息化的历程是艰难的，无论在思想上、资金上，还是在基础准备工作中，都会有重重阻力和不足，这就要求项目立项之初，充分分析国家在信息化方面的产业政策，争取国家政策资金的大力扶持，同时，在实施ERP项目之前，对企业中高层管理人员进行不断的先进管理思想、管理理念培训，提高管理人员的认识；对企业的传统的基础管理进行规范，管理制度进行完善，流程进行优化再造保证通畅，这样在实施信息化项目后，会见到明显的效果，基本实现企业对信息化的期望。

课外实验 11

本实验的目的是学会使用现代综合评价软件进行MIS的综合评价。本实

验的内容是首先查找相关的综合评价的实例，然后使用现代综合评价软件（MCE）进行验证。

MCE（modern comprehensive evaluation）是我们开发的、有软件著作权的一个用来处理较复杂的综合评价问题的软件。该软件主界面见图 11—1。

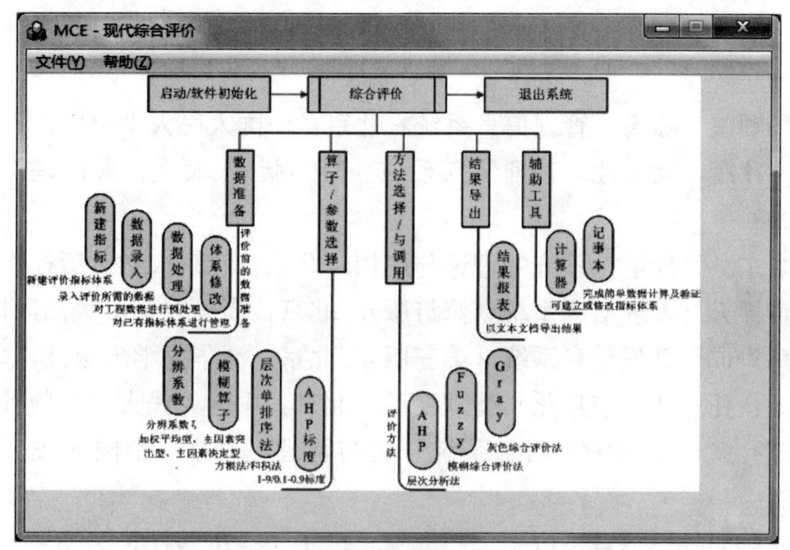

图 11—1　现代综合评价软件主界面

MCE 提供了现在被广泛运用的 AHP（层次分析法）、Fuzzy（模糊综合评价法）和 Gray（灰色综合评价法）三种综合评价方法。打开“文件”菜单，可看到 AHP、Fuzzy 和 Gray 三个子项。用户可根据实际评价工作的需要，选择相应的评价方法进行评价。

软件来源：清华大学出版社出版的《现代综合方法与案例精选》（第 2 版）。

参考文献

1. 朴顺玉，陈禹．管理信息系统．北京：中国人民大学出版社，1995

2. 仲秋雁，刘友德．管理信息系统（第二版）．大连：大连理工大学出版社，1998

3. 李东．管理信息系统的理论与应用．北京：北京大学出版社，1998

4. 黄梯云．管理信息系统（修订版）．北京：高等教育出版社，1999

5. 薛华成．管理信息系统（第三版）．北京：清华大学出版社，1999

6. 王众托．企业信息化与管理变革．北京：中国人民大学出版社，2001

7. 邝孔武，王晓敏．信息系统开发与管理．北京：中国人民大学出版社，2003

8. 张维明等．信息系统工程．北京：电子工业出版社，2003

9. 孙东川，林福永．系统工程引论．北京：清华大学出版社，2004

10. 张德等．组织行为学．北京：清华大学出版社，1999

11. 陈文伟．决策支持系统教程．北京：清华大学出版社，2004

12. 陈启申．供需链管理与企业资源计划（ERP）．北京：企业管理出版社，2001

13. 陈明亮．客户关系管理理论与软件．杭州：浙江大学出版社，2004

14. 金江军．企业信息化与现代电子商务．北京：电子工业出版社，2004

15. 杜栋．信息管理学教程（第二版）．北京：清华大学出版社，2004

16. 杜栋．企业信息资源管理．南京：河海大学出版社，2003

17. 杜栋．管理控制．北京：清华大学出版社，2002

18. 杜栋．协同管理系统．北京：清华大学出版社，2008

19. 杜栋．现代综合评价方法与案例精选．北京：清华大学出版社，2005

图书在版编目（CIP）数据

新编管理信息系统/杜栋等编著．—2版．—北京：中国人民大学出版社，2013.5
教育部面向21世纪信息管理与信息系统系列教材
ISBN 978-7-300-17275-0

Ⅰ.①新… Ⅱ.①杜… Ⅲ.①管理信息系统-高等学校-教材 Ⅳ.①C931.6

中国版本图书馆CIP数据核字（2013）第068553号

教育部面向21世纪信息管理与信息系统系列教材
新编管理信息系统（第二版）
杜　栋　庞庆华　编著
Xinbian Guanli Xinxi Xitong

出版发行　中国人民大学出版社
社　　址　北京中关村大街31号　　**邮政编码**　100080
电　　话　010－62511242（总编室）　010－62511398（质管部）
　　　　　010－82501766（邮购部）　010－62514148（门市部）
　　　　　010－62515195（发行公司）　010－62515275（盗版举报）
网　　址　http://www.crup.com.cn
　　　　　http://www.ttrnet.com(人大教研网)
经　　销　新华书店
印　　刷　北京宏伟双华印刷有限公司
规　　格　170 mm×228 mm　16开本
印　　张　23.75 插页1
字　　数　355 000
版　　次　2008年4月第1版
　　　　　2013年6月第2版
印　　次　2013年6月第1次印刷
定　　价　39.00元